QUESTIONS

DE

DROIT MARITIME

INTERNATIONAL

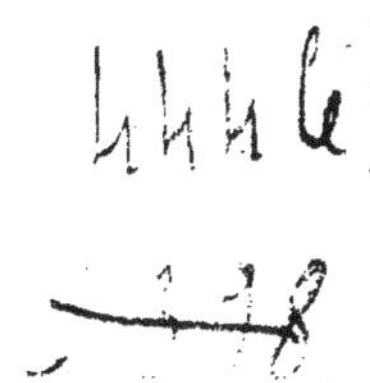

SAINT-DENIS. — TYPOGRAPHIE DE A. MOULIN.

QUESTIONS

DE

DROIT MARITIME

INTERNATIONAL

PAR

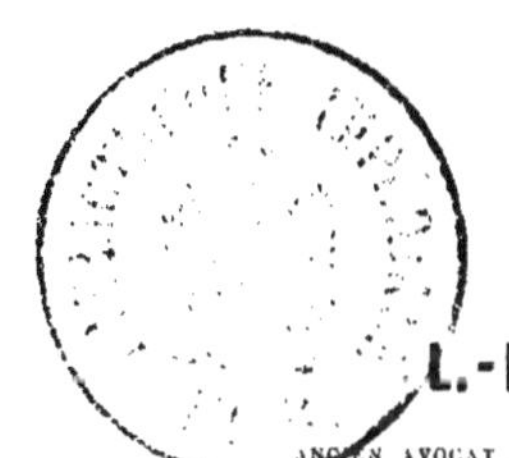

L.-B. HAUTEFEUILLE

ANCIEN AVOCAT AU CONSEIL D'ÉTAT ET A LA COUR DE CASSATION

PARIS

LIBRAIRIE DE GUILLAUMIN ET Cⁱᵉ

Éditeurs du Journal des Économistes, de la Collection des principaux Économistes
du Dictionnaire de l'Économie politique, du Dictionnaire universel du Commerce et de la Navigation, etc.

RUE RICHELIEU, 14

1868

PRÉFACE

———

Après avoir développé avec le plus grand soin et la plus sérieuse attention les grands principes qui doivent régir les relations des peuples belligérants sur l'Océan, avec ceux qui, usant de leur liberté naturelle, ont voulu rester spectateurs tranquilles et désintéressés de la lutte, il nous restait un devoir à remplir : c'était de surveiller avec la plus grande attention toutes les questions qui pourraient être soulevées entre toutes les nations maritimes, et surtout les solutions qu'elles recevraient de la part des différents gouvernements. Dans le cas où une guerre maritime serait venue troubler le calme de l'Océan, ce devoir devenait plus impérieux encore : surtout au moment où la déclaration solennelle du 16 avril 1856 semblait avoir fait faire au droit international maritime, un progrès immense dans la voie de la liberté des mers et de l'indépendance des peuples navigateurs.

Bien que les hostilités qui ont failli séparer la grande

république américaine en deux États distincts aient été surtout terrestres, elles ont cependant donné lieu à des entreprises maritimes, et surtout à des blocus. Nous avons donc dû examiner ces opérations, pour savoir si les deux belligérants se conformaient ou non aux règles immuables de la loi primitive ou divine, ou, du moins, s'ils respectaient la loi secondaire et les engagements contractés par eux envers les peuples restés neutres.

Nous avons rempli scrupuleusement ce devoir, et, toutes les fois que la conduite de l'une des parties engagées dans les hostilités s'est écartée de la voie que nous croyions la seule régulière et seule légitime, nous avons examiné la question soulevée et proposé la solution qui nous paraissait la plus conforme aux règles du droit international. Or, nous devons le dire à regret, mais la conduite des Éats-Unis du Nord, presque toujours contraire aux principes les plus sacrés de la loi reconnue par ces États eux-mêmes, nous a souvent fourni l'occasion de relever le mépris avec lequel ils traitaient les règles du devoir international.

Les diverses questions ainsi soulevées ont, d'abord, été examinées par nous dans des brochures séparées, ou même dans des articles destinés aux revues ou autres recueils périodiques [1]. Ces sortes de mémoires paraissaient au fur et à mesure que les questions se présentaient ; ils avaient alors une sorte d'actualité et d'opportunité.

Bien que ces questions soient aujourd'hui vidées, et

---

[1] La *Revue contemporaine* qui avait bien voulu nous offrir sa publicité, ce dont nous témoignons ici notre reconnaissance à son directeur, a publié la plupart de ces études.

que la guerre de sécession soit terminée, nous avons pensé qu'il était utile de conserver ces dissertations et de les réunir en un volume. C'est qu'en effet, toutes et chacune de ces questions touchaient aux principes mêmes du droit international maritime, et que, soulevées à l'occasion des hostilités américaines, elles se représenteront, sans aucun doute, dans toutes les luttes maritimes qui pourraient dans l'avenir troubler la paix des mers. Il est donc bon que les solutions que nous avons proposées, parce qu'elles nous paraissaient les plus conformes, les seules conformes aux règles de la loi divine et humaine, restent à la disposition de ceux qui désireront les consulter. Il pourra même être utile que les hommes, appelés dans l'avenir à rédiger des nouveaux traités, des actes internationaux sur ces matières si délicates, retrouvent la trace des difficultés qu'il est indispensable de prévoir, afin d'en prévenir le retour.

Ce recueil, d'ailleurs, nous paraît fournir une sorte de complément pratique à notre *Traité des droits et des devoirs des nations neutres*, en temps de guerre maritime, dont nous venons de publier une troisième édition.

I

LIBERTÉ DES MERS.

LA MER NOIRE.

Un des principes fondamentaux du droit international maritime, est la liberté des mers. Les bâtiments de guerre ou de commerce de toutes les nations peuvent parcourir, sans entraves, toutes les mers du globe. Tenter de restreindre cette liberté, s'opposer à cet usage illimité de la chose commune, s'est commettre un attentat contre l'indépendance des peuples, c'est, par conséquent, s'exposer à la guerre.

La loi des nations reconnaît cependant deux exceptions à ce principe; elle considère comme propriété privée d'un peuple certaines portions de l'Océan. Ces exceptions se bornent à deux cas parfaitement définis.

La première concerne la mer territoriale, c'est-à-dire cette partie de la mer qui baigne immédiatement les côtes d'un État. D'après l'opinion la plus généralement admise par les auteurs et par les traités, la mer territoriale s'étend jusqu'à la portée d'un canon placé à terre... « *Eo potestatem terræ extendi, quousque tormenta exploduntur...* » dit Bynkershœk [1].

[1] *De dominio maris,* cap. II, § ult. Voyez aussi : Grotius, *De jure belli et pacis,* lib. II, cap. III, § 13; Hubner, *De la saisie des bâtiments neutres,* t. Ier. part. I, ch. III, § 5; Vattel, *Droit des gens,* t. I, liv. I, ch. XXIII. Voyez aussi les traités

La seconde exception au principe de la liberté absolue des mers s'applique aux mers intérieures ou fermées. Maintenant que la mer Noire peut devenir le théâtre de la guerre, il est intéressant d'examiner si elle ne se trouve pas comprise dans cette exception. Cette question est soulevée par la teneur même des traités anciens et modernes [1] qui, par respect sans doute pour une ancienne coutume turque, exclut de cette mer les bâtiments de guerre des nations étrangères.

La mer Noire peut-elle être considérée comme une mer intérieure ou fermée? Pour répondre à cette question, il est nécessaire d'examiner les caractères constitutifs de ces mers.

D'après le droit international, une mer est réputée intérieure lorsqu'elle réunit les deux conditions suivantes : 1° Être séparée de la mer libre par un détroit assez resserré pour être dans toute sa largeur mer territoriale de l'État propriétaire des deux rives, de telle sorte qu'il soit impossible de passer le détroit sans traverser le territoire de cet État, sans s'exposer au feu de son artillerie.

La seconde condition est que toutes les terres baignées par cette mer soient soumises au souverain propriétaire des deux rives du détroit. La réunion de ces deux conditions est indispensable pour constituer, en droit, une mer fermée ou intérieure [2].

Si l'on considère la position géographique de la mer Noire, il est évident qu'elle remplit la première condition. Elle ne communique à la grande mer, à la mer commune que par un détroit, ou plutôt par une série de détroits connus sous le nom de Dardanelles et de Bosphore, dont les deux rives sont sous la domination turque, et tellement resserrées qu'il y 'a impossibilité de les traverser sans violer le territoire de

constitutifs de la neutralité armée de 1780, et les règlements particuliers : Toscane, 1ᵉ août 1778; Gênes, 1ᵉʳ juillet 1779; Russie, 13 décembre 1787; Autriche, 7 août 1803, etc.

[1] V. notamment les traités de Constantinople du 13 juillet 1700, et de Londres du 13 juillet 1841. Les stipulations relatives à la mer Noire ont été souvent répétées dans les actes intermédiaires.

[2] V. Galiani, *De' doveri, de' principi...* part. I, cap. X, § 1.

cette puissance et sans s'exposer au feu de son artillerie[1].

Mais si la première condition est remplie, la seconde ne l'est pas. La mer Noire baigne en Europe et en Asie les possessions de deux puissances différentes; la Turquie et la Russie dominent sur ses deux rives. De plus, elle reçoit le Danube, l'un des plus grands fleuves de l'Europe qui, dans son cours navigable, arrose ou traverse le territoire de plusieurs souverains allemands, et notamment de l'Autriche. Or, tous les États arrosés ou traversés par la partie navigable de ce fleuve ont le droit incontestable de suivre cette voie et d'emprunter la navigation de la mer Noire et des détroits pour communiquer avec la mer Méditerranée, la mer libre et les autres parties du monde.

La mer Noire, ne remplissant pas cette dernière condition, n'est pas, ne peut pas être considérée comme une mer intérieure, comme une mer fermée; c'est une mer commune, dont l'accès doit rester libre, non-seulement à tous les peuples qui habitent ses rives ou les bords du Danube, mais encore à tous ceux qui, pour un motif quelconque, soit de commerce, soit de guerre, veulent accéder à ses rivages. Il faut cependant excepter les nations qui seraient en guerre avec la Porte Ottomane, puisque celle-ci a évidemment le droit de s'opposer à l'entrée dans les détroits des bâtiments de ces nations, et qu'elle a même celui de détruire ces bâtiments ou de s'en emparer, lorsqu'elle les trouve, soit sur le territoire ennemi, soit sur le territoire commun (la haute mer), et surtout sur son propre territoire (les détroits).

Telle est, sous le point de vue du droit international, la véritable position de la mer Noire : elle est libre et ouverte à toutes les nations. En fait, il n'en est pas complétement ainsi : elle est libre quant à la navigation commerciale; elle est fermée aux bâtiments de guerre, puisque ces derniers ne peuvent pénétrer ni dans les Dardanelles ni dans le Bosphore, sans une autorisation spéciale, un firman du grand-seigneur.

[1] V. notre traité des droits et des devoirs des nations neutres..... 3ᵉ édit., t. I, p. 92 et suiv.

Cet état de choses repose sur des traités exprès consentis par les principales puissances de l'Europe.

Quelle est l'origine, la cause de cette singulière anomalie? C'est dans les faits historiques qu'il faut la chercher, car on ne peut invoquer aucun principe à son appui.

Pendant longtemps la Turquie posséda la plus grande partie des côtes de la mer Noire. Celle qui ne lui était pas soumise était habitée par des peuples peu civilisés et complétement étrangers à l'art de la navigation. La Porte prétendait même à une domination plus ou moins complète sur la plupart de ces peuplades. Elle considérait donc, et avec une sorte de raison, la mer Noire comme une mer intérieure, lui appartenant exclusivement; elle fermait les détroits. Si son droit n'était pas absolu, il avait au moins une apparence, et aucune nation ne pensa à réclamer auprès d'une puissance qui était en quelque sorte en dehors des relations européennes.

Cet état de choses dura jusqu'en 1696. A cette époque, Pierre le Grand s'étant emparé d'Azow, mit sur la mer Noire le premier bâtiment de guerre russe [1]. Dans le traité de Constantinople, du 13 juillet 1700, ce prince eut soin de conserver Azow et de stipuler le droit de navigation sur la mer Noire pour les Russes. Ce fut vers cette époque que l'empire turc perdit ce qu'il possédait en Hongrie, mit fin à ses prétentions sur la Transylvanie et l'Esclavonie, et qu'enfin la Morée lui fut momentanément enlevée par les Vénitiens [2].

Pendant le xviiie siècle, la Turquie eut à soutenir une suite à peine interrompue de guerres contre la Russie, l'Autriche, la Pologne, Venise, etc., etc. Les succès furent d'abord assez partagés; deux fois la Russie se vit chassée des bords de la mer Noire [3]; mais, dans la seconde partie de cette période, la

[1] V. *Révolutions de l'Europe*, de Koch. Ce ne fut qu'en 1703 que la Russie s'ouvrit une issue sur la mer Baltique.

[2] Les Turcs, qui soutenaient la guerre en même temps contre la Russie et contre l'Empereur, les Polonais et les Vénitiens, furent forcés de céder ces diverses provinces par le traité de Cariowitz, le 26 janvier 1699.

[3] Le traité de Falczy, sur le Pruth, signé le 21 juillet 1711, enleva à Pierre le Grand la ville d'Azow et toutes ses possessions sur la mer Noire. Ce traité n'ayant

Porte se vit enlever une grande partie de ses possessions sur les rives de cette mer qu'elle était habituée à regarder comme un lac ottoman. Le traité de Routschouck-Kaynardgi notamment lui enleva la Bessarabie et toutes les places qu'elle possédait dans la Crimée, et assura à la Russie la prépotence sur l'ancienne mer intérieure turque.

Les diverses guerres qui eurent lieu depuis lors entre les deux empires se terminèrent toutes par de nouvelles conquêtes faites par la Russie. Il était impossible que la Turquie, en pleine décadence, résistât aux forces d'un empire aussi puissant que celui des czars. La mer Noire avait cessé d'être une mer intérieure ; la Porte, cependant, ne voulait reconnaître son abaissement que dans la mesure exigée par le vainqueur ; elle ouvrit les détroits à la navigation commerciale, parce que la Russie l'exigeait, mais elle continua à les tenir fermés pour les bâtiments de guerre. Elle retenait ainsi sur la mer Noire une ombre de souveraineté beaucoup plus dangereuse qu'utile.

La Turquie elle-même le reconnut, tardivement il est vrai. En 1840, le sultan Mahmoud avouait que la clôture des détroits aux bâtiments de guerre des nations occidentales le livrait sans défense aux attaques de la puissante flotte entretenue par la Russie sur la mer Noire ; mais cette dernière puissance demandait cette clôture, le sultan ne pouvait la refuser ; elle fut encore stipulée dans le traité du 13 juillet 1841 [1].

pas été exécuté de la part de la Russie, fut renouvelé le 16 avril 1712, à Constantinople.

En 1739, les Russes s'étaient de nouveau avancés sur la mer Noire et y avaient fait d'assez nombreuses conquêtes ; le traité de Belgrade, du 17 septembre, leur enleva presque toutes ces possessions et leur interdit d'avoir aucun bâtiment de guerre ou de commerce sur cette mer. (Art. 3.) Pour le commerce qu'ils pourraient faire, ils sont tenus de se servir des navires turcs. (Art. 9.)

[1] L'article 1er de ce traité est ainsi conçu : « Sa Hautesse le sultan déclare qu'il a la ferme résolution de maintenir à l'avenir le principe invariablement établi comme ancienne règle de son empire, et en vertu duquel il a été de tout temps défendu aux bâtiments de guerre des puissances étrangères d'entrer dans les détroits des Dardanelles et du Bosphore, et que tant que la Porte se trouve en paix, Sa Hautesse n'admettra aucun bâtiment de guerre étranger dans lesdits détroits.

Ce traité présente deux caractères tout à fait spéciaux : 1" il est passé entre le sultan et les cinq grandes puissances prépondérantes de l'Europe; la Turquie entre dans ce que l'on est convenu d'appeler le concert européen, son existence est mise, en quelque sorte, sous la protection de toutes les nations signataires; 2° les bâtiments de guerre ne sont exclus du passage des détroits que lorsque la Porte est en paix; dès qu'elle se trouve en état de guerre, elle peut permettre le passage à tous ceux qu'elle croit devoir lui venir en aide, et cependant, même dans ce cas, elle n'est jamais forcée d'ouvrir le passage : c'est une faculté qui lui est accordée, et non un devoir qui lui est imposé.

De ce traité, sainement interprété, il résulte donc que les flottes combinées de France et d'Angleterre ont pu, en 1855, sans violer aucune des stipulations, sans même exciter aucune réclamation de la part de la Russie, entrer dans la mer Noire après l'occupation militaire des provinces turques par l'armée russe, et surtout après la déclaration de guerre faite par le sultan au czar.

Si donc on consulte le droit international pur, la mer Noire est une mer commune; si, au contraire, on s'en rapporte au fait résultant des stipulations spéciales, cette mer n'est pas complétement libre. L'état de guerre qui existait en 1855 avait rompu tous les traités qui avaient existé entre la Turquie et la Russie : en présence de l'intérêt réel des puissances occidentales et de la Turquie elle-même, lorsque déjà, dans le parlement anglais, on s'était préoccupé de cette question, il n'était pas permis de douter que le traité à intervenir pour mettre fin aux hostilités rejetterait toute restriction que l'on voudrait apporter à la liberté de la mer Noire. Le traité de 1856 a démenti cette prévision; il a réglé cette question, en limitant à deux navires le nombre des bâtiments légers de guerre que chaque puissance peut avoir dans la mer Noire [1].

[1] V. art. 10, 14 et 19 du traité de Paris du 30 mars 1856. De Martens, recueil, continuation de Samwer, t. XV, p. 770 V. aussi la convention annexée à ce traité, même recueil, t. XV, p. 782, art. 3

II

LE BLOCUS.

Dans un article publié, le 30 mars 1860, sur le droit international, la *Gazette des tribunaux* a fait connaître la réponse adressée par lord Clarendon, ministre des affaires étrangères de Sa Majesté la reine d'Angleterre, aux négociants anglais, et relative au système que le gouvernement anglais comptait adopter envers le commerce neutre. *La propriété ennemie*, avait répondu Son Excellence, *sera confisquée à bord des navires neutres.* Nous sommes heureux de faire remarquer que, par un ordre spécial, donné dès le 28 mars 1854, Sa Majesté la reine d'Angleterre avait déclaré que ses vaisseaux ne saisiraient pas la propriété ennemie chargée sur les navires neutres ; *le pavillon couvre la marchandise.* Cet ordre portait également : 1° que la propriété neutre, prise à bord des navires ennemis, ne serait pas soumise à la confiscation ; 2° que le blocus serait effectif ; 3° et enfin, que le gouvernement n'était pas, quant à présent, dans l'intention de délivrer des lettres de marque.

Dans le moment même où cet ordre royal paraissait à Londres, le *Moniteur* français publiait une déclaration du gouvernement sur la conduite qu'il compte tenir, pendant la guerre, envers les nations neutres. Cette déclaration était entièrement conforme à l'ordre de Sa Majesté la reine d'Angleterre, que nous venons d'analyser [1].

L'alliance de deux peuples puissants aura donc pour résultat de proclamer et d'appliquer les principes les plus libéraux du droit international.

Parmi les questions tranchées par l'ordre royal anglais et par la proclamation française, il en est une qui mérite de fixer l'attention de tous les publicistes, parce qu'elle intéresse toutes les nations, sans exception, les belligérants et les neutres : c'est la question du blocus. Il nous paraît utile d'examiner l'origine du droit de blocus, de rappeler les règles tracées par les lois internationales pour son application, enfin de rechercher comment ce droit a été exercé dans les siècles précédents.

Le belligérant a le droit de nuire à son ennemi par tous les moyens directs et licites ; c'est la base fondamentale du droit de guerre.

La manière la plus efficace de nuire à un ennemi est de lui enlever ses places fortes, ses ports, de faire la conquête de tout ou d'une partie de son territoire.

Dans les guerres terrestres, la conquête résulte de l'occupation réelle du territoire par les forces du belligérant. Tant que cette occupation continue, le conquérant est maître de fait de la partie du sol ennemi dont il s'est emparé. Là, il dicte des lois, il règne ; sa souveraineté est aussi complète que dans ses propres États. Il peut donc admettre ou repousser les étrangers, permettre ou prohiber le commerce. Toutes les nations sont tenues de respecter les lois imposées par le vainqueur à sa conquête.

Pour s'emparer d'une place forte, d'une ville, il est souvent nécessaire de l'assiéger, quelquefois il suffit de former ce que l'on appelle le blocus, c'est-à-dire d'entourer la ville de forces suffisantes pour empêcher toute communication des habitants avec l'extérieur. C'est ordinairement le moyen de

---

[1] Voir la *Gazette des Tribunaux* du 30 mars.

réduire l'ennemi par la famine. Former le blocus d'une ville, c'est donc s'emparer du territoire qui l'environne, c'est faire la conquête d'une portion du sol de l'ennemi. Souverain de cette partie, le bloquant y dicte des lois; il défend à tous de traverser ce territoire qui lui appartient, il prononce contre les contrevenants telles peines qu'il juge convenables, et fait appliquer ces peines à tous ceux qui sont saisis sur son domaine en contravention à ses ordres; en un mot, il exerce ses droits de souveraineté.

On doit observer qu'il n'est pas nécessaire, pour que la conquête soit faite, pour que le blocus soit parfait, que les forces investissantes soient en état de prendre la place attaquée [1]; il suffit qu'elles soient réellement maîtresses du territoire environnant. Tant qu'elles ne sont pas repoussées par l'ancien souverain ou qu'elles n'abandonnent pas volontairement cette possession, le blocus existe. Mais il cesse dès que, par une circonstance quelconque, les troupes se retirent; alors l'accès de la ville est libre et permis à tous ceux qui veulent y entrer, avec la permission du souverain qui y commande. La liberté de communication existe, même lorsque l'armée investissante ne se serait retirée que momentanément et pour un temps très-court.

L'origine et les règles du blocus terrestre, telles que nous venons de les tracer, s'appliquent également au blocus maritime. Très-souvent l'investissement d'un port n'a pas pour but la prise de ce port, très-souvent il est fait par des forces insuffisantes pour atteindre ce but. Le blocus régulièrement formé est néanmoins valable; son but unique est alors de priver le lieu attaqué, et par conséquent l'État auquel il appartient, de tout commerce avec les étrangers.

Depuis le xvie siècle, le commerce en général, le commerce maritime surtout, est devenu, pour toutes les nations qui se livrent à la navigation, une source de prospérité, de richesse, et même de puissance. Ruiner le commerce d'un ennemi,

---

[1] Galiani est le seul publiciste qui soutienne l'opinion contraire. Voyez notre traité *des Neutres*, tit. IX, ch. 1er, t. III, p. 9.

c'est lui enlever une partie de ses forces, c'est par conséquent lui nuire. Le blocus est un moyen souvent efficace de succès.

Le belligérant, lorsqu'il veut former le blocus d'un port ou d'une côte, l'entoure de bâtiments de guerre, de telle sorte qu'il soit impossible d'y pénétrer sans passer sous le feu de son artillerie. Il s'empare donc de la mer territoriale de son adversaire, ou du moins de la partie de l'océan libre qui avoisine cette mer territoriale ; il en fait la conquête et la conserve par la présence continue de ses vaisseaux [1]. Maître de cette partie de la mer qui appartenait auparavant à son ennemi ou qui était libre, mais dont il détient la possession, il dicte des lois souveraines auxquelles tous doivent obéir. Il défend à tous sans exception, aux neutres particulièrement, de traverser le territoire devenu sa propriété, sous peine de confiscation du navire et de la cargaison. Cette loi doit être respectée de la même manière que le seraient les lois de douanes, qui prohibent l'importation ou l'exportation de certaines denrées. La sanction prononcée ne saurait soulever aucune réclamation de la part des nations étrangères, parce que ces nations ne sauraient, sans porter une atteinte grave à l'indépendance du peuple conquérant, s'immiscer dans les lois intérieures qu'il lui plaît de donner à sa nouvelle possession.

Telle est l'origine du blocus maritime, tels sont les principes qui le régissent [2].

Le droit international écrit, c'est-à-dire les traités intervenus entre les divers peuples navigateurs, est conforme à ces principes, auxquels il a ajouté quelques règles nécessaires pour l'application. Si de graves dissentiments ont éclaté

---

[1] « *Usus ille tantum acquiritur occupanti, quatenus occupat.* » Samuel Cocceïus, *Commentaire sur le livre de Grotius*, Mare liberum.

[2] Un grand nombre de publicistes ont reconnu que telle était l'origine vraie du droit de blocus. Voyez notamment : Hubner. *De la saisie des bâtiments neutres*, 1re partie, ch. VII, § 5. *Cocceïus ad Grotium* : de Rayneval, *De la liberté des mers*. Ortolan, *Diplomatie de la mer*, t. II, liv. III, ch. IX.

entre les peuples à l'occasion de cette question, on peut affirmer qu'ils ont pris leur source dans les lois intérieures des nations, dans les faits, et non dans les actes solennels et obligatoires.

Jusque vers le xviiie siècle, les traités internationaux ne s'occupent du droit de blocus que pour reconnaître et sanctionner son existence en faveur des belligérants, et pour rappeler aux neutres le devoir de le respecter. Tous ceux de ces actes qui traitent du commerce maritime et de la liberté des peuples pacifiques ajoutent cette restriction, que la liberté de commerce cesse avec les lieux assiégés, investis ou bloqués [1].

En 1742, un traité plus explicite sur cette matière fut conclu entre la France et le Danemark. Il fixa le nombre de bâtiments de guerre indispensable pour former un blocus [2]. En 1753, un second acte solennel prit les mêmes précautions [3]. Cependant ce ne fut qu'un quart de siècle plus tard (1778) que l'usage s'établit de donner une définition exacte du blocus dans les traités. Presque toutes les transactions internationales faites depuis cette époque entre les puissances maritimes [4], donnent une définition à peu près uniforme : « *Le*

---

[1] Il suffit de citer quelques-uns des nombreux traités qui contiennent cette disposition : 11 avril 1713. Traités d'Utrecht entre la France, la Hollande, l'Angleterre et l'Espagne, article 20, 1667 et 1668, entre l'Angleterre et l'Espagne ; 1763, entre la France, l'Espagne et l'Angleterre ; 20 juin 1766 entre l'Angleterre et la Russie ; 1778, entre la France et les États-Unis d'Amérique ; 1786, entre la France et l'Angleterre.

[2] L'art. 20 de ce traité porte : « Il a été convenu que nul port ne doit être réputé bloqué si l'entrée n'en est fermée au moins par deux vaisseaux du côté de la mer... de manière que les navires ne puissent y entrer sans un danger manifeste. »

[3] Ce traité entre la Hollande et les Deux-Siciles porte : Art. 22. « Il est convenu que nuls ports ou villes ne seront tenus pour assiégés ou bloqués à moins qu'ils ne soient investis, soit par mer par six vaisseaux de guerre au moins, à la distance d'un peu au delà de la portée du canon de la place..... tellement qu'on ne pourrait y entrer sans passer sous le canon des assiégeants. Le traité passé en 1818 entre la Prusse et le Danemark contient une disposition à peu près semblable.

[4] On peut citer notamment les traités constitutifs de la neutralité armée de 1780 passés entre la Russie, la Suède, le Danemark, la Prusse et la Hollande. Les puissances italiennes accédèrent à ces traités, qui furent approuvés par la France, l'Espagne et les États-Unis ; 1783, entre les États-Unis et la Prusse ; les traités de

» *port bloqué est celui où il y a, par la disposition de la puissance*
» *qui l'attaque avec des vaisseaux arrêtés et suffisamment pro-*
» *ches, un danger évident d'entrer.* »

La nature du blocus maritime ainsi fixée d'après les traités, il nous reste à examiner les usages adoptés par diverses nations, les lois intérieures, et surtout les abus qui ont pu s'introduire dans la pratique, car sur ce point, comme sur la plupart des questions du droit international, il n'arrive que trop souvent que les traités les plus solennels sont méconnus et remplacés par une jurisprudence dont la force est la base unique.

Aucun acte solennel n'a imposé au belligérant, qui forme le blocus d'un port, l'obligation de dénoncer le fait aux puissances neutres. Cependant il était difficile, souvent même impossible, d'exiger l'exécution d'une loi par des étrangers qui ne la connaissaient pas, d'appliquer la sanction pénale de cette loi à des hommes qui ignoraient l'existence de la législation spéciale et éphémère imposée à la conquête et qui n'étaient pas sujets du conquérant. Pour obvier à cet inconvénient, l'usage s'est introduit de faire connaître le blocus aux peuples pacifiques par un acte diplomatique, appelé *déclaration* ou *notification*. Cet acte n'est pas obligatoire de la part du belligérant; nous verrons que souvent le blocus n'est pas dénoncé, et que, même dans ce cas, il est obligatoire pour toutes les nations.

Il importe de préciser la valeur de l'acte diplomatique dont nous parlons. La déclaration est la dénonciation d'un fait existant; elle n'a de valeur qu'autant que ce fait existe, et seulement pendant qu'il existe. Elle ne peut suppléer le fait, elle n'est pas le blocus. L'introduction de cet usage a surtout eu pour but d'éviter aux neutres les pertes qui pouvaient résulter pour eux d'armements faits à la destination de pays avec lesquels ils ne pouvaient faire le commerce.

neutralité armée de 1800 ; enfin tous les traités conclus par la France et les États-Unis depuis 1815, soit avec les nouveaux États de l'Amérique, soit avec les peuples européens.

La déclaration diplomatique du blocus ne suffit pas pour éloigner du port déclaré investi les navires neutres. En effet, depuis la notification, l'occupation réelle a pu cesser, les forces ennemies ou la tempête ont pu disperser l'escadre chargée de serrer le port, le besoin de vivres, ou tout autre cause, a pu la forcer à quitter les lieux, à abandonner sa conquête. La mer est donc redevenue libre, le port est ouvert et chacun a le droit d'y entrer. Chaque navire neutre a le droit de vérifier ces faits et de s'assurer si le blocus existe réellement [1]. Lorsqu'un navire se présente pour entrer dans le port bloqué, les bâtiments de guerre chargés de l'investissement doivent avertir ce navire de l'état du port et le détourner de leur route. C'est ce que l'on peut appeler la notification spéciale. Si, après cet acte, le navire averti cherche à pénétrer dans la ligne du blocus, il est coupable de violation du blocus et doit encourir l'application de la peine prononcée par le souverain. La forme de la notification spéciale n'est pas encore bien arrêtée; cependant, dans ces derniers temps, la France a mis en usage un mode de procéder qui paraît devoir être adopté. Autant que le temps le permet, un officier des forces bloquantes se transporte à bord du navire neutre, instruit le capitaine de la position du port et inscrit sa déclaration sur les papiers de bord de ce navire [2].

La notification diplomatique ne peut pas être faite dans tous les cas; elle n'est possible que lorsqu'il s'agit de blocus

[1] De Martens, nouveau recueil, t. XV, p. 507, observations sur le décret de San-Yago, du 2 avril 1838, dit : « Il doit être loisible aux navires neutres d'aller s'en assurer (du fait). » Voyez également Ortolan, *Diplomatie de la mer*, loc. cit.

[2] V. la lettre écrite par M. le comte Molé, ministre des affaires étrangères, en 1838, à l'occasion du blocus des côtes mexicaines ; la dépêche du 11 mai de la même année, et les décisions du Conseil d'État jugeant comme conseil des prises dans les affaires relatives à la capture des navires brésiliens *le Lageiro*, *l'Aventura* et *la Luisa*.

V. également les traités conclus par la France : 1828, avec le Brésil ; 1835, avec la Bolivie ; 1839, avec le Texas ; 1843, avec le Vénézuela ; 1843, avec la république de l'Équateur; 1848, avec la république de Guatemala. Les États-Unis ont adopté les mêmes dispositions dans un grand nombre de traités.

prévus à l'avance et de longue durée. Il arrive souvent que, dans le cours d'une campagne, un commandant des forces navales de l'un des belligérants bloque un port ennemi, situé loin de son propre pays. Il est impossible de faire la déclaration officielle qui, souvent, n'arriverait qu'après la cessation du blocus. C'est ce que l'on appelle blocus de fait, blocus parfaitement régulier, et qui doit être respecté de toutes les nations. Dans ces cas, la notification spéciale peut seule être employée.

Ainsi, d'après les traités solennels comme d'après les principes mêmes du droit international, le blocus est un fait ; la déclaration diplomatique du blocus est facultative, elle n'a aucune valeur intrinsèque, elle ne peut ni suppléer à l'investissement, ni augmenter la durée réelle du fait lui-même.

Cependant, il faut l'avouer, dans presque toutes les guerres maritimes on a méconnu l'origine du blocus et les règles qui doivent le régir. Aux traités solennels on a substitué les lois intérieures des belligérants, lois toujours basées sur les intérêts du moment, et presque toujours en opposition avec les principes et les actes obligatoires. Par une conséquence naturelle, on a complétement dénaturé la déclaration diplomatique de blocus, en lui donnant une force qu'elle n'avait pas. Au lieu de servir à constater le fait existant, le blocus, elle l'a remplacé. Le belligérant ne se crut plus dans l'obligation d'envoyer des bâtiments de guerre pour investir les ports de son ennemi, il se borna à notifier à toutes les puissances *amies* que tel port, telle partie du littoral, ou même le littoral tout entier de son adversaire devait être considéré comme bloqué, et que toute communication était interdite avec ces lieux, sous peine de confiscation des navires et de leur cargaison. C'est ce que l'on appelle : *Blocus per notificationem, blocus sur papier;* ou encore : *Blocus de cabinet.*

Le premier exemple de blocus de cabinet fut donné par les provinces unies des Pays-Bas. En 1584, les États-Généraux, alors révoltés contre l'Espagne, déclarèrent bloqués tous les ports de la Flandre qui appartenaient encore à leur ennemi [1]. Depuis, ce prétendu blocus fut souvent renouvelé [2], mais les dispositions de ces nombreuses ordonnances ne furent jamais exécutées. Depuis cette époque, et tant que la Hollande put compter comme puissance maritime de premier ordre, elle appliqua ce système dans toutes les guerres qu'elle eut à soutenir sur mer; elle l'employa même contre l'Angleterre [3]. Cependant il est à remarquer que, dès 1663, cette même nation refusa de reconnaître le blocus décrété par l'Espagne contre les côtes du Portugal [4].

Presque toutes les nations maritimes ont suivi ce funeste exemple, presque toutes ont fait des blocus sur papier et se sont efforcées de justifier leur conduite par des arguments plus ou moins mauvais, mais auxquels la force prêtait une valeur irrésistible. De là sont nées les innombrables dénominations données au blocus fictif. Mais on doit faire remarquer qu'il n'existe pas un seul acte international [5] qui ait, je ne dirai pas reconnu, mais même mentionné ce genre de blocus. Et cependant, depuis la fin du seizième siècle, il n'est pas une nation qui n'ait signé plus d'un traité sur cette importante matière.

Il est facile de comprendre que, par lui-même, le blocus fictif ne peut avoir aucune efficacité. En effet, de ce qu'un souverain aura déclaré investi un port qui ne l'est pas réellement, il ne saurait résulter une interruption de communica-

---

[1] Voyez Édit du 27 juillet 1584. Bynkershoek, *Quœstiones jur. pub.*, lib. Ier, cap. II.

[2] Édits des 4 avril et 4 août 1586, 9 août 1622, 21 mars 1624, 26 juin 1630, 21 mars 1636, dans Bynkershoek, loc. cit.

[3] V. les placards contre l'Angleterre, en 1652 et 1666, contre la France, les 14 avril 1672 et 11 avril 1673.

[4] Sed quo jure jactitarint nunc non quæro, contentus monere eosdem ordines anno 1663, Hispanis quum hi Lusitaniam obsessam habere videri, vellent, id ipsum negasse, quod contra Anglos antea sibi arrogaverant. (Bynkershoek, loc. cit.

[5] La convention passée en 1669 entre la Hollande et l'Angleterre, alors unies pour faire la guerre à la France, n'est pas un traité, mais une loi intérieure des deux nations alliées.

tion avec ce port. Les navires nationaux et étrangers peuvent entrer et sortir librement, puisque aucune force réelle ne se trouve sur les lieux pour y mettre obstacle. Ce genre d'hostilité eût donc été complétement inutile, si les inventeurs du blocus sur papier n'avaient trouvé un moyen de le rendre efficace ; ils arrivèrent à ce but par une nouvelle violation des lois internationales. En créant le blocus de cabinet, les Hollandais créèrent aussi les droits que nous avons appelés droit de *prévention* et droit de *suite* [1].

Dès qu'un port ou une partie de côtes est déclaré bloqué ou réputé tel par la notoriété, tout navire rencontré à la mer, faisant route vers ce port ou cette côte, est déclaré saisissable et de bonne prise : c'est le droit de *prévention*.

Tout navire sorti d'un port frappé d'un blocus fictif, qui est rencontré sur la haute mer, avant d'avoir accompli son voyage de retour, par son entrée dans le port de destination, est réputé pris en flagrant délit de violation de blocus et déclaré de bonne prise : c'est le droit de suite [2]. Une relâche volontaire ou forcée ne suffit pas pour faire cesser le flagrant délit.

En réunissant ces deux sanctions, le blocus de cabinet obtient un effet très-puissant. Il frappe peu et d'une manière indirecte sur le belligérant, dont les navires sont toujours de bonne prise lorsqu'ils tombent entre les mains de l'ennemi, mais il ruine la navigation neutre. Il n'est pas besoin d'une longue discussion pour montrer combien le blocus de cabinet, aidé des deux prétendus droits accessoires, est différent du blocus régulier. Dans ce dernier, un fait est accompli, une partie du territoire est conquise ; le vainqueur dicte des lois auxquelles tous, sujets et étrangers, doivent obéir, car c'est un devoir pour l'étranger de reconnaître le fait et de s'y soumettre [3].

[1] V. notre traité *Des droits et des devoirs des nations neutres*, t. II, p. 204.

[2] Voyez l'édit hollandais du 26 juin 1630, art. 3, et la convention de 1669 entre l'Angleterre et la Hollande citée ci-dessus ; voyez aussi les ordonnances françaises de 1704 et 1714.

[3] « Vicini et medii sequuntur possessionem, quia cum judicandi facultas jus eis non competat, naturali ratione factum possessionis respiciunt... »(Cocceïus, *De Jur. bell. in amicos*, § 788.)

Tant que la conquête existe, le blocus continue, il cesse avec elle. Dans l'autre cas, il n'y a aucun fait de la part du belligérant, il y a seulement un acte de volonté, acte obligatoire sans doute pour les propres sujets, mais parfaitement nul à l'égard des étrangers, qui ne peuvent jamais être forcés à obéir à une loi émanée d'un souverain étranger dont ils n'habitent pas le territoire.

Les droits de *prévention* et de *suite* ont été exercés par presque toutes les nations de l'Europe jusqu'en 1815, pour soutenir, soit des blocus de cabinet, soit même des blocus réels et réguliers; mais jamais ils n'ont été reconnus ni sanctionnés par un acte solennel. Les lois intérieures des belligérants seules font mention de ces droits exorbitants.

Depuis 1815, presque tous les traités internationaux qui se sont occupés des intérêts maritimes ont aboli ces usages barbares également contraires aux droits des belligérants et à l'équité; presque tous ont réglé la forme du blocus en exigeant qu'il soit réellement formé.

Par leur déclaration, les gouvernements français et anglais, en proclamant l'exécution du blocus réel et effectif, montrent qu'ils savent aussi bien garder la foi promise et respecter les droits de leurs amis que combattre leurs ennemis.

Aucun port ne sera réputé bloqué si ce n'est celui : *où il y a, par la disposition de la puissance qui l'attaque avec des vaisseaux arrêtés et suffisamment proches, un danger évident d'entrer.* Le droit de prévention et de suite n'existera pas, enfin nul navire ne sera capturé pour violation de blocus, s'il n'a préalablement reçu la notification spéciale.

III

UNE QUESTION SUR LE DROIT DE BLOCUS.

Comme tous les droits résultant de la loi internationale, le droit de blocus a donné lieu aux interprétations et surtout aux actes les plus erronés et les plus iniques. A la fin du siècle dernier et dans les permières années de celui-ci, les grandes puissances maritimes étaient belligérantes; elles continuèrent, mais en les aggravant beaucoup, les excès auxquels l'exercice de ce droit avait donné lieu pendant les guerres précédentes. Le système des blocus fictifs et tous les abus qu'il entraîne furent poussés aux dernières limites du possible, de telle sorte que toutes les marines neutres furent ruinées [1]. Plus tard, on vit apparaître une prétention nouvelle et aussi peu fondée, celle de former des blocus en pleine paix, de fermer les ports de nations non ennemies à la navigation des autres peuples. Le but de cette mesure étrange, pour les peuples qui la prenaient, était de ruiner le commerce d'un pays dont ils avaient à se plaindre, sans

---

[1] V. les *Ordres du Conseil britannique* des 6 mars 1793, 8 janvier 1794, 20 mai 1806, 7 janvier et 11 novembre 1807, et les décrets français de Berlin du 21 novembre 1806, et de Milan, du 17 décembre 1807. — V. aussi Klüber, *Droit des gens modernes de l'Europe*, t. II, n. 310 et 55; Ortolan, *Diplomatie de la mer*, t. II, p. 287 et 55; notre *Traité des droits et des devoirs des neutres*, t. II, tit. IX, ch. v, et notre *Histoire du droit international maritime*, 3ᵉ et 4ᵉ périodes.

s'exposer aux frais et aux risques de la guerre, et aussi sans renoncer pour leurs propres sujets aux bénéfices des relations commerciales avec les autres parties du pays attaqué [1].

Dans ces dernières années, quelques publicistes ont cherché à provoquer les grandes puissances maritimes à violer de nouveau les principes fondamentaux du droit de blocus. Mais cette fois, ce qui ne s'est jamais vu, cet acte serait, en apparence du moins, au profit des peuples neutres, mais en réalité tout en faveur du belligérant le plus faible sur mer. A l'occasion du différend qui amena, il y a quelques années, une rupture entre la Confédération germanique et le royaume de Danemark, quelques journaux allemands ont prétendu que, dans le cas où la guerre éclaterait, la France et l'Angleterre refuseraient de reconnaître les blocus formés par les Danois contre les ports de leurs ennemis.

Nous sommes loin d'ajouter une foi pleine et entière à une nouvelle donnée et répétée par les journaux de l'une des parties intéressées; cependant nous pensons qu'il est utile d'examiner la question soulevée et qui peut se formuler ainsi : *Une nation neutre peut-elle, sans violer ses devoirs essentiels, sans prendre une part active et directe aux hostilités, c'est-à-dire sans cesser d'être neutre, refuser de reconnaître un blocus régulièrement formé par un belligérant contre un ou plusieurs ports de son ennemi?*

Pour résoudre cette question, il nous suffira d'exposer rapidement l'origine du droit de blocus et les règles auxquelles son exercice est soumis.

La guerre est un fléau terrible, elle ne doit donc être entreprise que pour de justes causes, et après avoir épuisé tous les moyens d'obtenir le redressement des griefs reprochés; enfin elle doit avoir pour but d'arriver au rétablissement de la paix par des stipulations conformes aux règles de l'équité. Mais chaque nation est complétement indépendante de toutes les autres, elle ne reconnaît aucun juge supérieur sur la terre; et

---

[1] Sur ce système de blocus que nous avons appelé pacifique, V. nos deux ouvrages cités dans la note précédente.

à cause de cette indépendance absolue, elle est seule apte à apprécier la justice de ses prétentions. Quel que soit le motif ou le prétexte d'une guerre, les peuples étrangers, et surtout ceux qui veulent rester neutres, n'ont pas le droit d'examiner la justice ou l'injustice des demandes émises par les parties contendantes. Chacun est libre de se ranger sous la bannière de son choix et de prendre part aux hostilités ; mais celui qui veut rester simple spectateur de la lutte doit s'abstenir de toute intervention même morale, respecter les droits que la guerre confère aux nations qui y sont engagées, et remplir les devoirs qu'elle impose aux pacifiques. C'est à ces conditions que le neutre conserve son indépendance et a le droit de ne souffrir d'aucune des conséquences directes de l'état violent où sont engagés ses voisins.

Le principal droit que donne la guerre au peuple qui la fait est celui de nuire à son ennemi par tous les moyens licites et directs qui sont en son pouvoir, afin de le contraindre à reconnaître son injustice et de le forcer à accepter les conditions de paix qu'il veut lui imposer. Un des faits les plus efficaces pour atteindre le but, fait qui est en même temps licite et direct, est la conquête du territoire de l'adversaire, la prise de ses ports, de ses places fortes, etc. Mais pour s'emparer d'une forteresse, il faut souvent faire une attaque régulière, et même un long siége. Il arrive quelquefois que l'assiégeant, désespérant d'enlever la ville de vive force, se borne à l'investir, à la priver de toute communication avec l'extérieur, afin de la réduire par la famine. Ce dernier mode est appelé *blocus*. Pour qu'un blocus soit réellement formé, il n'est pas nécessaire que celui qui le fait ait la puissance nécessaire pour s'emparer de la place, ni même qu'il ait l'intention de la prendre, le fait matériel de l'envahissement suffit.

Pour bloquer une ville, il faut donc l'entourer avec une force suffisante pour empêcher tout secours d'y pénétrer et lui enlever toute communication avec le dehors ; c'est-à-dire qu'il faut faire la conquête de tout le territoire qui environne la place et conserver cette conquête par une occupation constante et non interrompue. Le blocus est donc la conquête d'une partie du pays ennemi.

Il est de principe reconnu et incontesté que la conquête confère à celui qui l'a faite tous les droits de souveraineté sur le territoire dont il s'est emparé [1]. Le bloquant règne donc en maître sur la zone du sol ennemi occupée par ses soldats; il y exerce le pouvoir législatif et le pouvoir juridictionnel; il peut dicter des lois, les faire appliquer, et punir tous ceux qui, les ayant violées ou ayant tenté de les violer, sont arrêtés dans l'étendue de son nouveau territoire. En vertu de ce droit, il défend à tous les hommes, à ceux même qui ne sont pas ses sujets, de traverser le domaine conquis pour communiquer avec la ville, et il édicte des peines, souvent même très-sévères, contre tout individu qui tentera de transgresser ses ordres.

En agissant ainsi, il ne fait qu'user du droit qu'il tient de la conquête. Et aucune nation, même neutre, ne saurait contester avec justice cet accomplissement légitime d'un pouvoir légitime; elle ne saurait se plaindre que ceux de ses sujets qui sont allés sur le territoire du belligérant pour violer les lois de ce même belligérant, et qui ont été saisis sur ce territoire, soient punis par l'application des peines édictées par l'autorité compétente contre ce crime. Le peuple qui voudrait s'opposer à l'exercice plein et entier du droit de conquête, cesserait, par ce seul fait, d'être neutre, il se ferait réellement l'ennemi du bloquant, dont il paralyserait ainsi les opérations militaires, et l'allié de son adversaire.

Telles sont, sous ce point de vue, les règles de l'investissement ou blocus terrestre. Elles sont complétement applicables au blocus maritime. On doit même observer que, le plus souvent, ce dernier est formé sans aucune intention de s'emparer du port attaqué, mais seulement pour priver l'ennemi des ressources souvent très-importantes qu'il tire du commerce étranger.

[1] *Potest autem imperium victoria acquiri... quo casu victor imperium habet...* Grotius. *de Jure belli et pacis,* lib. III, cap. VIII, § 1.

En vertu du droit de la guerre, les bâtiments de l'un des belligérants font la conquête des approches de l'un des ports de l'autre; ils s'emparent d'une partie de la mer territoriale qui, auparavant, appartenait à l'ennemi de leur souverain. Ordinairement, les vaisseaux chargés de faire un blocus se tiennent hors de la portée du canon de la place, et par conséquent sur la mer libre; mais, par leur artillerie, ils dominent réellement sur une portion du domaine maritime de l'adversaire, tandis que, par leur présence, ils soumettent à leur juridiction la partie des eaux communes sur laquelle il flottent. Tant qu'ils restent dans cette position, la nation à laquelle ils appartiennent est en possession réelle et légitime de cette partie de l'Océan. La conquête est donc complète, le bloquant jouit de tous les droits de la souveraineté du territoire maritime occupé, il en jouit tant qu'il n'abandonne pas ce nouveau domaine, mais il les perd dès qu'il cesse son occupation de fait [1].

Usant de cette souveraineté, le conquérant défend, sous peine de confiscation du navire, de la cargaison, ou même de destruction complète, à tout commerçant, à quelque nation qu'il appartienne, de traverser son domaine pour pénétrer dans la place; il ordonne à ses bâtiments de guerre chargés de l'investissement de saisir les navires coupables pour leur appliquer cette peine ou de les couler, s'ils ne peuvent parvenir à les prendre.

Cette peine, prononcée par tous les peuples contre ceux qui violent un blocus, est conforme à la plus stricte équité; elle est prononcée par le seigneur territorial contre ceux qui viennent jusque sur les lieux soumis à sa juridiction, braver son autorité. Elle n'est d'ailleurs autre que celle qui est appliquée, même en temps de paix, dans tous les pays, à ceux qui tentent d'enfreindre les lois de douanes. Toutes les nations reconnaissent ces lois et abandonnent à la justice de l'offensé ceux de leurs sujets qui se sont rendus coupables.

---

[1] *Jus illud tantum acquiritur occuponti, quatenus occupas.* Sam. Cocceïus, *Commentaire sur le Mare liberum,* de Grotius, cap. v.

Par la même raison, les souverains qui veulent conserver la neutralité, qui, par conséquent, sont dans l'obligation de s'abstenir de toute intervention dans les actes de guerre, doivent reconnaître et respecter un blocus régulièrement formé et régulièrement maintenu, et abandonner au belligérant ceux de leurs sujets qui se rendraient coupables de l'avoir violé.

Quelles sont les conditions exigées pour qu'un blocus soit régulièrement formé et régulièrement maintenu.

Le blocus, nous venons de l'établir, est une conquête, par conséquent un acte de guerre ; il ne peut donc pas être fait lorsque la guerre n'existe pas. Une conquête en temps de paix serait un acte d'agression inqualifiable à l'égard de la nation attaquée. De plus, il faut bien remarquer que le blocus n'intéresse pas seulement le souverain du port investi, il intéresse également les puissances neutres : il restreint leur commerce et les prive de certains avantages ; en un mot, il limite leur indépendance naturelle, ce qu'aucun souverain n'a le droit de faire en temps de paix.

La guerre seule, et la guerre solennelle, impose à l'indépendance essentielle des nations qui ne la font pas certaines restrictions parfaitement déterminées et limitées par la loi internationale. Aujourd'hui que les hostilités privées sont complétement abolies chez tous les peuples civilisés, la guerre ne peut être faite que par une puissance souveraine : ce principe est reconnu par toutes les nations modernes et proclamé par tous les publicistes [1]. Pour donner à la guerre le caractère solennel qu'elle doit avoir, et pour imposer aux pacifiques les devoirs qui en découlent, il faut qu'elle ait été régulièrement déclarée à l'adversaire et officiellement notifiée à toutes les nations intéressées à connaître son existence, afin qu'elles puissent conformer leur conduite aux obligations qui naissent pour elles de ce nouvel état de choses [2].

---

[1] V. Grotius, *de Jure belli et pacis*, lib. 1, cap. iii. (Vattel, *le Droit des gens*, liv. III, ch. 1, § 4; Kluber, 9e partie, tit. II, sect. II, ch. 1, § 236.)

[2] La question de savoir si la déclaration de guerre à l'ennemi est indispensable

Le belligérant fait la guerre par ses délégués ; il y emploie ses troupes régulières ou irrégulières, ses flottes, et lorsque ce moyen est permis, ses corsaires. Cependant on doit remarquer que jamais un blocus n'a été formé par des armateurs, du moins nous n'en connaissons pas un seul. Il y a lieu de croire que, par une sorte d'accord tacite, les corsaires, quoique régulièrement autorisés par leur souverain à prendre une part active aux hostilités, ont été reconnus incapables de former un blocus régulier, et que cette opération militaire est exclusivement réservée aux bâtiments de guerre.

Ainsi donc, le blocus ne peut être régulièrement formé que par les bâtiments de la flotte d'un souverain belligérant faisant une guerre solennelle. C'est sans doute à cause de l'absence de ces conditions essentielles, qu'un célèbre chef de partisans, autorisé, soutenu même, tacitement du moins, par son souverain, ayant voulu bloquer un des ports de son ennemi, fut obligé d'y renoncer, aucune puissance maritime n'ayant consenti à reconnaître la régularité de cette mesure.

L'usage de la plupart des nations belligérantes est de dénoncer aux souverains neutres les blocus qu'elles ont formés, afin qu'elles les fassent connaître à leurs sujets. Elles le font par des notifications officielles, souvent même elles emploient la voie diplomatique. Les actes de cette nature, quoique très-usités, ne sont pas nécessaires pour la validité des blocus. Autrefois, et lorsque plusieurs nations élevaient la prétention

pour donner le caractère solennel aux hostilités est controversée. Pour l'affirmative, voyez Grotius, *de Jure belli et pacis*, liv. III, cap. III; § 5 ; Vattel, *Droit des gens*, liv. III, ch. IV, §§ 61 et 55 ; de Rayneval, *De la liberté des mers*, t. Ier, et notre *Traité des droits et des devoirs des nations neutres*, tit. III, t. I, p. 138. Dans le sens contraire, v. Bynkershoek, *Quæstiones juris publici*, lib. I, cap. II; de Martens, *Précis du droit des gens moderne de l'Europe*, § 167, et Klüber, *Droit des gens moderne*, § 238 et 239.

La nécessité de la notification officielle des hostilités aux puissances neutres est reconnue par tous les auteurs; voyez notamment Bynkershoek, Klüber, de Martens et notre ouvrage ci-dessus aux lieux cités.

Des conditions exigées par la loi internationale pour donner à la guerre, et par conséquent au blocus, un caractère régulier, il résulte qu'aucune des parties du présent article ne peut s'appliquer aux événements dont l'Italie méridionale a été le théâtre il y a quelques années.

de faire respecter les blocus fictifs, à l'aide de la confiscation des navires neutres qui se dirigeaient vers le port fermé ou qui en étaient sortis, la notification était très-importante; elle constituait réellement le blocus tout entier, et tenait lieu d'investissement et de conquête. Mais aujourd'hui, il n'en est plus ainsi; la notification ne peut changer l'époque du commencement du blocus, elle n'a aucune influence ni sur la durée, ni sur la régularité de l'opération. La seule utilité qu'elle puisse présenter est d'empêcher les sujets neutres d'entreprendre des expéditions commerciales que la fermeture du port de destination pourrait rendre désastreuses. Un acte de cette nature ne peut empêcher les navigateurs pacifiques de mettre à la voile et de se diriger vers le port déclaré bloqué pour vérifier si l'investissement dénoncé existe réellement. S'ils trouvent les bâtiments belligérants fermant l'entrée du port, c'est-à-dire l'accès de la mer territoriale, ils doivent se retirer et ne pas tenter l'entrée de nouveau pendant le même voyage. Celui qui méconnaît cette obligation, qui cherche par ruse ou par fraude à traverser le domaine du blocus, est coupable de violation de blocus; il s'expose à être pris et soumis à la confiscation et même à être détruit par l'artillerie des assiégeants.

La notification officielle, même à l'époque où elle était le plus en usage, n'était pas toujours possible; souvent elle parvenait à la connaissance des neutres intéressés, lorsque l'investissement réel existait déjà depuis longtemps, ou même lorsque déjà il n'existait plus. C'est ce qui arrivait notamment, lorsque le commandant d'une force navale belligérante, dans les mers lointaines, pensait devoir, dans l'intérêt de son pays, mettre le blocus devant un port ennemi, sans pouvoir en prévenir son souverain dans un délai rapproché; c'est pour cette raison que, dans ces temps, on était obligé de reconnaître, à côté des blocus notifiés, des blocus de fait, c'est-à-dire qui n'avaient pas été portés à la connaissance des peuples pacifiques, et qui cependant n'étaient pas moins obligatoires.

Aujourd'hui ces abus ont cessé d'exister. Pour être régulier, et par conséquent obligatoire pour les nations neutres, le blocus doit exister réellement. La conquête de la mer territoriale ennemie doit avoir été faite, et elle doit être maintenue par une force suffisante, présente sur les lieux ; si, par quelque circonstance que ce soit, les bâtiments se retirent, le blocus cesse d'exister. Un très-grand nombre de traités internationaux ont reconnu que le blocus doit être réel [1], c'est-à-dire, comme l'expliquent quelques-uns de ces actes, formé par des bâtiments *arrêtés* et suffisamment proches pour qu'il soit impossible de pénétrer dans le port attaqué sans s'exposer au feu de leur artillerie [2]. La convention de 1742 entre la France et le Danemark allait même jusqu'à fixer le nombre de bâtiments de guerre indispensable pour former un blocus légitime [3].

La déclaration du 16 avril 1856, sur le droit maritime, annexée au traité du 30 mars de la même année, n'entre dans aucun détail ; mais elle exige que le blocus soit effectif [4]. Cet acte a été signé par sept puissances européennes, et,

---

[1] Tous les traités de la fin du XVIIe siècle sainement interprétés exigent la réalité du blocus. Il en existe même quelques-uns qui sont très-explicites. V. notamment, 1662, *Hollande et Alger*, art. 3 ; Dumont, *Corps diplomatique*, t. VI, part. II, p. 445 ; *Hollande et Suède*, 1667, t. VII, part. 1re, p. 37 ; 1774, *Hollande et Angleterre*, même volume, p. 282. Tous les traités des XVIII et XIXe siècles qui se sont occupés des blocus, ont expressément exigé qu'ils fussent réels.

[2] V. les traités de 1780 constitutifs de neutralité armée signés par la Russie, le Danemark, la Suède, la Prusse, l'Autriche, la Hollande, le Portugal et toutes les puissances italiennes, furent acceptés et reconnus par la France, l'Espagne et les Etats-Unis d'Amérique. Ils définissaient le blocus de la manière suivante : « Pour déterminer ce qui caractérise un port bloqué, on n'accorde cette dénomination qu'à celui où il y a, par la disposition de la puissance qui l'attaque avec des vaisseaux arrêtés et suffisamment proches, un danger évident d'entrer. Les traités de 1800 entre les mêmes puissances ont reproduit cette stipulation.

[3] Le traité de 1742, France et Danemark, art. 20, n'exige que deux vaisseaux pour former un blocus V. Wenek, *Codex, ju. gent. recentissimi*, t. I, p. 591. Mais celui de 1753, entre la Hollande et les Deux-Siciles, veut qu'il y ait au moins six vaisseaux à la distance d'un peu au delà de la portée du canon. V. Moser's Versuch, t. VII, p. 588

[4] La déclaration sur le droit maritime du 16 avril 1856, porte : « 4° Les blocus, pour être obligatoires, doivent être effectifs, c'est-à-dire maintenus par une force suffisante pour interdire réellement l'accès du littoral de l'ennemi. »

sur ce point du moins, il a été reconnu et sanctionné par toutes les nations du monde.

Les navires neutres qui se présentent une première fois pour entrer dans un port bloqué ne sont pas réputés coupables, ils peuvent vérifier eux-mêmes l'existence réelle de l'investissement. Un grand nombre de traités modernes exigent qu'il soit fait à chacun de ces bâtiments une notification spéciale dont ils règlent même la forme [1]. Toutes les nations n'ont pas adopté cette manière de procéder.

L'Angleterre notamment n'est liée par aucune convention de cette nature, nous ne pensons pas que le Danemark en ait souscrit une seule. Mais la première de ces puissances ne saurait se trouver offensée, lorsqu'elle sera neutre, que les belligérants prennent à l'égard de ses sujets des précautions qui sont complétement favorables aux navigateurs pacifiques. Quant à la seconde, qui a si longtemps et si énergiquement lutté pour la juste indépendance des peuples neutres, il ne nous paraît pas douteux que, même lorsqu'elle sera belligérante, elle adopte un système conforme aux principes de la loi internationale.

Le blocus, lorsqu'il est fait et maintenu de la manière indiquée par le droit des nations, est donc un acte de guerre licite et direct que le belligérant a le droit incontestable de faire, lorsqu'il le trouve utile à ses intérêts. Il peut arriver, il est vrai, qu'il nuise à quelques peuples neutres, qu'il interrompe leur commerce avec les lieux attaqués et leur enlève quelques bénéfices, mais c'est là une conséquence indirecte de l'état d'hostilité que les peuples pacifiques doivent supporter, comme ils supportent toutes les pertes que peuvent leur causer la prise d'une ville ou la conquête d'une province par

[1] Le premier traité qui s'occupe de cette réglementation spéciale est celui du 4 septembre 1816, entre les États-Unis d'Amérique et la Suède (de Martens, recueil, t. VIII, p. 251); mais, depuis, presque tous les actes du droit secondaire constatent des progrès constants. V. notamment les traités suivants : 31 août 1828, entre la France et le Brésil; de 1835, France et Bavière; de 1827, États-Unis et Suède; 1828, États-Unis et Prusse; 1831, États-Unis et Mexique; 1839, France et Texas; 1841, France et Nouvelle-Grenade, etc., etc.

l'un des belligérants, ou les dommages que peuvent entraîner la prohibition du commerce de contrebande de guerre, l'exercice de la visite, etc., etc.

Nous n'hésitons donc pas à résoudre la question soulevée par les journaux allemands de la manière suivante :

Un blocus régulièrement formé par les forces navales d'une puissance souveraine et belligérante, contre un ou plusieurs points du littoral de son ennemi, régulièrement maintenu par la présence constante des bâtiments de guerre de l'attaquant, doit être reconnu et respecté par toutes les nations neutres sans exception. Celle qui refuserait de le faire violerait en même temps ses devoirs et les droits du belligérant ; elle cesserait d'être neutre pour prendre parti dans la lutte, et devrait être traitée en ennemie par le souverain dont elle aurait ainsi attaqué les droits.

Refuser de reconnaître un blocus est un acte d'intervention aussi complet que de s'opposer à la prise d'une ville, à la conquête d'une province ou à tout autre acte licite de guerre. Toute espèce d'intervention est incompatible avec la neutralité et entraîne le peuple qui la fait dans les hostilités. Supposons que le belligérant persiste à maintenir le blocus, il enlèvera les navires marchands du neutre qui tenteront de le violer ; ce dernier se trouve donc dans l'obligation, pour protéger les siens contre le fait qu'il ne veut pas reconnaître, d'employer la force contre le bloquant et d'envoyer des vaisseaux pour contraindre, même par la force, ceux qui font l'investissement à se retirer. Certes ce n'est pas la conduite d'un peuple neutre.

Il peut arriver et il arrivera souvent, surtout lorsque le neutre coupable est puissant, que l'offensé, dans la crainte de s'attirer un nouvel et formidable ennemi, subira cette violation de ses droits sans oser se plaindre ; mais cette condescendance forcée ne peut changer la loi. Bien qu'assurée de l'impunité, la nation neutre ne sera pas moins coupable d'avoir violé tous les devoirs que lui impose le droit international primitif et secondaire.

L'intervention des peuples qui se prétendent pacifiques aurait de déplorables résultats. En effet, l'impossibilité de former des blocus efficaces peut paralyser complétement l'un des belligérants, et celui-là même peut-être qui soutient la cause la plus juste et le livrer à la discrétion de son adversaire. Elle peut aussi le porter, le forcer même à employer des moyens de guerre plus énergiques et plus terribles que le blocus, et par exemple à bombarder les ports qu'il lui est défendu d'investir. Enfin, elle peut porter d'autres puissances maritimes ou terrestres à prendre le parti du belligérant opprimé et à intervenir en sa faveur, et avoir ainsi pour résultat d'étendre beaucoup les malheurs d'une guerre qu'il était possible de restreindre dans un cercle étroit. L'une des deux premières conséquences arriverait infailliblement dans l'espèce à l'occasion de laquelle nous avons soulevé cette question.

Le Danemark, y compris les duchés, ne compte que 2 millions 741,394 habitants ; il est probable qu'en cas de guerre à l'occasion du Holstein et du Lauenbourg, il ne pourrait pas compter sur la population de ces pays qui s'élève à 594,565 âmes ; il serait attaqué par la confédération germanique, qui a 34,000,000 d'habitants, ou du moins par la Prusse, qui en possède 17,000,000. Il serait donc difficile, sinon impossible, au gouvernement danois, malgré toute l'énergie dont il a si souvent fait preuve, de lutter longtemps contre des forces aussi disproportionnées.

Mais cette puissance si faible sur terre possède une marine militaire de beaucoup supérieure à celle de toute l'Allemagne réunie, et digne de rivaliser, non pour le nombre, mais pour l'habileté et la solidité, avec celles des nations occidentales, une marine qui a depuis longtemps fait ses preuves. Libre d'employer tous ses moyens d'attaque et de défense, le Danemark peut parvenir à compenser l'immense désavantage qui résulte de la faiblesse de sa population.

En bloquant les ports de l'Allemagne il peut ruiner son commerce et la forcer à faire une paix conforme aux principes de la justice. Mais si les puissances se disant neutres avaient refusé de reconnaître les blocus réguliers par lui formés, il aurait été forcé de se soumettre aux exigences de ses ennemis ou de recourir à des mesures de guerre, aussi légitimes sans doute que le blocus, mais beaucoup plus désastreuses; il aurait bombardé les ports qu'il se serait contenté de bloquer, si l'intervention étrangère n'était venue entraver l'exercice de ses droits.

IV

DE LA LÉGALITÉ DES BLOCUS AMÉRICAINS

LEVÉE ET REPRISE DES BLOCUS DE GALVESTON (TEXAS)
ET DE CHARLESTON (CAROLINE DU SUD).

Dès l'origine des hostilités entre les deux partis américains, les fédéraux formèrent, ou du moins prétendirent former le blocus des principaux ports des États confédérés, et, entre autres de Charleston, dans la Caroline du Sud. Le 31 janvier 1863, les confédérés attaquèrent les forces navales chargées de cette opération et les forcèrent à se retirer, après leur avoir fait subir de graves pertes. Immédiatement, les autorités locales ont fait connaître aux consuls étrangers résidant dans la ville la levée forcée du blocus, elles les ont même invités à s'assurer de la réalité du fait. Le consul anglais s'embarqua sur le steamer *Petrel* et s'avança jusqu'à cinq milles au delà de la ligne du blocus : il n'aperçut aucun bâtiment de guerre ennemi. Le blocus était levé. Mais, dès le 1er février, une escadre de vingt bâtiments fédéraux avait repris les opérations abandonnées. D'un autre côté, à Galveston (Texas), un fait analogue avait eu lieu. Les forces bloquantes avaient été battues et mises en fuite par les bâtiments confédérés, l'entrée du port avait été dégagée. Le gouverneur s'était empressé de proclamer le commerce libre avec tous les peuples. Cette

3

liberté dura dix jours entiers, après lesquels une nouvelle escadre du Nord vint reformer le blocus.

Ces faits si simples donnèrent lieu à une polémique fort animée dans les journaux des deux républiques belligérantes. Les presses anglaise et française elles-mêmes y prirent part. Suivant les partisans de l'État du Sud, les blocus de Galveston et de Charleston, déjà notifiés par la voie diplomatique, ayant été levés forcément et par suite d'un combat avec la flotte ennemie, ne pouvaient être repris qu'après une nouvelle notification et un délai de soixante jours entre cet acte et la fermeture des ports. Les fédéraux soutenaient, au contraire, que le blocus notifié n'avait pas cessé d'exister, malgré l'échec reçu et l'éloignement momentané des croiseurs; ou que du moins la première notification suffisait pour autoriser la reprise immédiate de l'investissement.

Nous pensons qu'il est utile, nécessaire même, d'examiner ces prétentions si opposées, nous serions même tenté de dire si étranges, car nous devons avouer que nous ne pouvons partager aucune des deux opinions, qui nous paraissent fondées sur une fausse interprétation de la loi internationale.

Déjà [1], nous avons établi l'origine et la nature du droit que possède un belligérant d'investir les villes et ports de son adversaire; nous avons défini le blocus. Sans revenir sur ces principes déjà connus, nous rappellerons que le blocus n'est autre chose que la conquête d'une partie de la mer territoriale de l'ennemi, et que cette conquête, pour exister, doit être maintenue par l'occupation actuelle et permanente du territoire envahi. Ainsi donc, le belligérant qui veut bloquer un des ports de son adversaire envoie un nombre suffisant de bâtiments de guerre pour faire la conquête de la mer territoriale environnant ce port, et pour maintenir cette mer sous l'empire de leur souverain, par une occupation suivie et constante. Tout le temps que ces bâtiments occupent leur poste, ils rangent sous le pouvoir de leur nation toute la portion de

---

[1] Voir notre *Traité des droits et des devoirs des nations neutres*, etc.

mer qui est battue par leur artillerie. Ils sont souverains de cette portion de l'ancien territoire de leur ennemi; ils y dictent des lois absolues, auxquelles doivent obéir tous les hommes qui s'y trouvent, amis ou ennemis, à quelque peuple qu'ils appartiennent. La loi généralement dictée dans ce cas, c'est la défense expresse de traverser ce domaine conquis pour aller dans le port fermé; la peine, en cas d'infraction, c'est la confiscation du navire et de la cargaison.

Pour qu'il y ait blocus, il faut non-seulement qu'il y ait conquête de la mer territoriale, mais encore que cette conquête existe actuellement, parce que c'est elle qui, seule, donne à l'attaquant la souveraineté de cette partie des eaux privées et, par conséquent, le pouvoir de dicter des lois et de les exécuter à l'égard des étrangers. Du moment où le conquérant cesse de tenir les lieux sous le feu de ses canons, sous sa puissance, ces lieux retournent immédiatement dans le domaine de leur premier souverain, de la même manière que, dans le cas d'invasion terrestre, l'autorité de l'envahisseur existe sur le terrain par lui occupé, mais s'évanouit dès qu'il se retire.

La conquête et l'occupation actuelle sont donc les éléments constitutifs du blocus; lorsqu'ils sont réunis, on a le blocus effectif. Toutes les nations navigantes, une seule, l'Angleterre exceptée, ont reconnu ce principe depuis longtemps, toutes l'ont inscrit dans leurs traités solennels. Enfin l'Angleterre l'a proclamé, elle aussi, dans le plus solennel de tous les traités sur cette matière, puisqu'il a reçu l'adhésion de tous les peuples du monde, dans la déclaration du 16 avril 1856. Cet acte dit que « les blocus, pour être obligatoires, doivent être effectifs, c'est-à-dire maintenus par des forces suffisantes pour empêcher réellement l'accès du rivage ennemi. »

Le blocus est donc une conquête, c'est-à-dire une opération de guerre, licite d'après toutes les lois internationales. De ce fait incontestable, il résulte que le belligérant a le droit parfait de former tous les blocus qu'il croit utiles pour nuire à son ennemi, pour le contraindre à mettre bas les armes ou à lui accorder les satisfactions qu'il réclame, et qu'il peut exercer ce droit sans prendre l'avis des étrangers, sans avoir égard aux conséquences qu'il peut avoir pour les peuples restés neutres. Une autre conséquence de ce droit incontestable du belligérant, c'est que les nations pacifiques n'ont pas le pouvoir de s'opposer à son exercice et que leurs sujets sont obligés de subir les lois du souverain territorial, c'est-à-dire de s'abstenir de traverser sous aucun prétexte la mer privée dont il a fait la conquête, et qu'il maintient sous son obéissance par une occupation réelle et continue.

Mais, par cela même que le blocus est une conquête et une occupation permanente, un fait matériel, en un mot, il cesse dès que ce fait n'existe plus, dès que les bâtiments de guerre chargés de l'occupation s'éloignent, pour quelque cause que ce soit, volontaire ou involontaire. Les vents, une tempête, les maladies, le manque de vivres, les forces de la nation attaquée, ont contraint le bloquant de s'éloigner ; l'occupation a pris fin, la conquête n'existe plus, il n'y a plus de blocus, la mer territoriale est retournée à son premier souverain, qui seul peut désormais y exercer sa juridiction. Tous ceux auxquels il veut bien permettre l'entrée et le séjour sur ces eaux peuvent accepter cette permission. Sans doute, le belligérant, repoussé par les vents ou par la force, peut revenir, se réemparer de la mer ennemie, recommencer l'occupation, et, par conséquent le blocus, mais c'est un blocus nouveau, et alors même que l'interruption n'aurait duré que quelques jours, quelques heures, comme cela est arrivé à Galveston, et surtout à Charleston, la mer a été libre, légitimement libre pendant le temps de l'interruption, comme si elle n'avait jamais été conquise auparavant et comme si elle ne devait jamais l'être plus tard.

Pour exercer son droit de guerre, et pour rendre obligatoire à l'égard des neutres le blocus par lui formé, le belligérant n'a nul besoin de l'approbation de ces mêmes neutres ; il n'est pas même tenu de faire connaître aux gouvernements étrangers l'existence de la conquête par lui faite ; de même qu'il n'est pas obligé de leur communiquer à l'avance, ou même après l'exécution, ses plans de campagne. Le blocus n'a pas besoin d'être notifié; c'est un fait qui existe ou qui n'existe pas, et auquel une notification diplomatique ne peut ajouter ou enlever aucune valeur, si l'investissement est réel. L'absence de notification ne peut faire que le belligérant ne soit pas souverain d'une partie du domaine maritime de son adversaire, qu'il n'ait pas le droit de dicter des lois à sa conquête. Si au contraire, le blocus n'existe pas, si la conquête n'a pas été faite, si l'occupation n'est pas continue, toutes les notifications diplomatiques du monde, rédigées en la meilleure forme possible, ne peuvent faire que le port, dont l'accès est ouvert et libre, soit fermé au commerce de l'univers. Jamais un navire neutre ne peut être légitimement saisi pour s'être introduit dans un lieu dont le blocus a été notifié, mais devant lequel il n'existe pas un blocus établi de fait.

Il y a plus, la notification dont il s'agit, sous quelque forme qu'elle doive se produire, n'entre pas dans les devoirs imposés par la loi internationale aux belligérants. L'indépendance naturelle du peuple qui a les armes à la main, et le pouvoir qu'il possède de nuire à son ennemi par tous les moyens directs et légitimes, s'oppose à ce qu'il soit tenu à faire un acte de cette nature. D'un autre côté, il n'existe pas un seul traité qui ait imposé cette formalité aux peuples en guerre. On peut donc dire que la notification diplomatique du blocus n'est pas obligatoire. L'un des plus ardents partisans des blocus fictifs, et par conséquent de la notification diplomatique qui en est la base unique, sir W. Scott lui-même, après avoir développé le système des blocus *per notificationem*, c'est-à-dire des blocus sur papier, admet qu'il existe une espèce de blocus, auxquels il donne le nom de blocus *de facto*, qui ne sont pas, qui souvent même ne peuvent pas être notifiés, et qui cependant ne sont pas moins obligatoires. Le blocus *de facto* du savant magistrat anglais, c'est le blocus effectif, le seul que nous reconnaissons, le seul que la Grande-

Bretagne puisse pratiquer désormais, si elle veut exécuter loyalement la déclaration solennelle de 1856.

Cependant presque toutes les nations, et la France elle-même, ont pris l'habitude de notifier les blocus qu'elles forment contre les ports ennemis, lorsque ces opérations doivent avoir une certaine durée. Le but principal de cet acte est de faire connaître aux navigateurs neutres l'interdiction de commerce portée contre la ville attaquée et, par conséquent, d'épargner aux peuples amis les mécomptes, les pertes même que peuvent entraîner des expéditions commerciale qui ne peuvent atteindre leur destination. Ce but est donc de pure courtoisie. Peut-être aussi le belligérant compte-t-il, en effrayant les navires neutres par les conséquences d'un blocus, les détourner de faire un commerce dont il veut priver son adversaire. Au reste, quel que soit le but réel de cette notification, elle n'est jamais obligatoire. C'est un procédé qu'il est bon de conserver avec son caractère propre de bienveillance, sans accorder à l'acte lui-même aucune valeur intrinsèque en dehors des faits de conquête et d'occupation, qu'il doit seulement constater.

Depuis près de trois siècles, les notifications de blocus sont devenues la source d'immenses abus. On a soutenu et fait prévaloir par la force qu'un acte de cette nature était par lui-même, et indépendamment de la conquête et de l'occupation de la mer territoriale ennemie, un véritable blocus, obligatoire pour les nations pacifiques; que, par conséquent, le seul fait de ne pas se soumettre à ses prescriptions entraînait la confiscation du navire et de la cargaison. En un mot, la notification a été l'origine des blocus fictifs, auxquels, pour cette raison, on a donné le nom de blocus sur papier. Les Hollandais ont inventé ce système tyrannique; mais c'est entre les mains de l'Angleterre qu'il est devenu une arme véritablement terrible, avec laquelle cette puissance a ruiné souvent le commerce de tous les peuples neutres.

De ce qui précède, nous pouvons conclure que la notification diplomatique n'est pas une formalité essentielle du blocus, même alors qu'il est formé pour le première fois; et à plus forte raison qu'elle ne saurait être déclarée obligatoire lorsqu'il s'agit d'un blocus qui, après avoir été formé une première fois, dénoncé aux peuples neutres et levé par suite d'un combat désastreux, est reformé plus tard. Cette seconde conquête est complétement séparée de la première, mais elle est de la même nature et ne peut être soumise à d'autres obligations.

Pourquoi les États confédérés, les États-Unis, et même une partie de la presse européenne, semblent-ils attacher une importance aussi grande à cette question de notification? Les parties intéressées elles-mêmes nous le font connaître; elles parlent d'un délai de soixante jours, qui, sans doute, doit s'écouler entre la date de la notification et la mise en vigueur du blocus. Nous avons en vain parcouru tous les actes diplomatiques, tous les ouvrages les plus favorables au commerce des peuples pacifiques, nous n'avons trouvé aucune trace de l'obligation imposée au belligérant d'accorder un délai de soixante jours aux places qu'il veut investir. Ce délai n'existe pas, il n'a jamais existé dans l'usage des nations, et les proclamations du président Lincoln des 19 et 27 avril 1861 ne l'ont pas accordé à ceux qu'il appelle et veut traiter comme des rebelles. La raison s'oppose à ce qu'une nation en guerre soit forcée de prévenir soixante jours à l'avance qu'elle est dans l'intention de conquérir une partie du territoire ennemi; on ne peut admettre la nécessité de laisser au port que l'on veut priver de tout commerce extérieur le temps de s'approvisionner de toutes les marchandises d'importation dont il a besoin, et d'expédier une grande partie des produits qu'il veut exporter.

Il est vrai que, dans la notification du blocus de tous les ports de la Caroline du Sud et de la Virginie, faite quelques jours plus tard par le commodore Prendergast, commandant alors cinq ou six petits bâtiments, cet officier accorde un délai de quinze jours aux navires neutres qui se trouveraient, à cette époque, dans les ports conquis par cette notification, pour sortir librement, avec ou sans cargaison, et continuer leur voyage. Ce n'est pas, sans doute, pour obtenir de nouveau un semblable délai que les citoyens confédérés croient devoir réclamer une nouvelle notification. Au reste, nous ferons remarquer que cette partie de l'acte de l'officier américain est contraire à toutes les lois internationales.

Tous les traités modernes qui se sont occupés de la question des navires neutres entrés dans un port belligérant, avant le blocus de ce port, accordent à ces bâtiment le droit de quitter ce port, lorsqu'ils le jugent convenable, soit sur lest, soit avec les marchandises chargées à bord avant l'investissement. Les États-Unis eux-mêmes ont pris des engagements très-nombreux de cette nature. Quelques actes émanés de ces mêmes États-Unis et de la France vont plus loin; ils autorisent la sortie du navire neutre à toute époque *avec sa cargaison*, sans aucune restriction. L'art. 12 de la convention conclue le 30 septembre 1800 entre la France et les États-Unis contient une stipulation formelle sur ce point. La notification du commodore Prendergast est donc contraire aux obligations contractées par son propre gouvernement. Il ne pouvait limiter le temps de la sortie des navires, soit sur lest, soit chargés de marchandises mises à bord avant l'investissement. Quant aux bâtiments ayant pris tout ou partie de leur cargaison après le commencement du blocus, il résulte d'une circulaire de M. Seward, en date du 16 octobre 1861, adressée à lord Lyons, représentant de la Grande-Bretagne à Washington, qu'ils seront considérés comme coupables de violation de blocus et confisqués. Cette décision peut être juste à l'égard des Anglais, parce qu'il n'existe sur ce point aucune convention entre leur gouvernement et celui des États-Unis, mais elle ne saurait s'appliquer aux bâtiments français ni à ceux de la plupart des autres nations. En effet, vis-à-vis de quelques-uns, les États-Unis sont obligés à laisser sortir les navires avec leurs cargaisons; vis-à-vis de quelques autres, ils se sont engagés à ne considérer comme coupables de violation de blocus les navires ayant pris charge postérieurement au commencement de l'investissement, que dans le cas où, avertis de rentrer dans le port pour y décharger les objets mis tardivement à bord, ils se représenteraient une seconde fois pour sortir sans avoir fait ce déchargement.

On peut donc affirmer que, même alors que la reprise des blocus de Galveston et de Charleston eût dû donner lieu à une nouvelle notification, cet acte ne pouvait indiquer aucun délai pour l'exécution du blocus, qui devenait obligatoire pour toutes les nations neutres le jour même de son établissement réel et effectif.

Mais si les prétentions élevées par les habitants des deux États du Nord-Amérique, et discutées par les journaux britanniques, ne nous paraissent susceptibles d'aucune discussion sérieuse, les blocus des ports du Sud par les bâtiments des États-Unis ont soulevé des questions qu'il est important d'examiner et de résoudre.

Dès le commencement de la guerre, le ministre de Sa Majesté Britannique à Washington, lord Lyons, déclarait au président Lincoln que la Grande-Bretagne ne reconnaîtrait les blocus des ports du Sud qu'autant qu'ils seraient réels et efficaces. Depuis, non-seulement dans la presse de France et d'Angleterre, mais dans les débats parlementaires des deux pays, on a dit et répété que les deux gouvernements avaient reconnu les blocus formés par les États-Unis contre les ports des États confédérés, et chacun, suivant son opinion, a loué ou blâmé cette reconnaissance. Mais est-ce qu'un blocus, pour exister et produire tous ses effets à l'égard des peuples intéressés, a besoin d'être reconnu par les puissances neutres? Est-ce que ces puissances ont le droit de refuser de le reconnaître?

D'après la loi primitive internationale, et aussi d'après le droit secondaire, c'est-à-dire d'après les traités, sur ce point toutes les nations du monde sont aujourd'hui parfaitement d'accord: *le blocus, pour être obligatoire, doit être effectif, c'est-à-dire maintenu par une force suffisante pour interdire réellement l'accès du rivage ennemi.* Le blocus est donc, comme nous l'avons dit, la conquête et l'occupation permanente de tout ou du moins d'une partie de la mer territoriale qui précède et baigne le port attaqué. Ces conquête et occupation par la force peuvent seules donner à l'attaquant le domaine souverain, et par conséquent le droit de juridiction sur les abords du rivage. Nous ne disons pas que toute la mer territoriale doive être conquise et assurée. Cette mer n'ayant d'étendue que la plus longue portée d'un canon placé à terre, pour la conquérir et l'occuper réellement, il faudrait que les bâtiments bloquants se tinssent sous la portée de l'artillerie de la place, ce qui est impossible. Mais il faut nécessairement qu'une partie du territoire maritime ennemi soit conquise et occupée, c'est-à-dire tenue sous le feu des canons attaquants. Les bâtiments chargés de l'investissement se tiennent donc sur la mer libre, sur la mer qui appartient à tous les hommes, assez proches du rivage pour que les boulets par eux lancés tiennent sous leur puissance matérielle une partie des eaux qui, naturellement et sans cet envahissement, appartiendraient à leur adversaire. Ainsi formé par un nombre de vaisseaux suffisant pour croiser leurs feux, le blocus est effectif dans le sens de la loi internationale : c'est la conquête et l'occupation du territoire ennemi, c'est un fait de guerre.

Un fait de guerre n'a pas besoin de la sanction des puissances étrangères. Supposons qu'au lieu de former un blocus, le belligérant veuille s'emparer d'un port, et ce qui est pire encore, le bombarder, il ne serait pas tenu de demander l'assentiment des peuples restés pacifiques, et la prise serait parfaitement valable sans la reconnaissance de ceux qui assistent aux hostilités en simples spectateurs. Comme toutes les opérations directes, comme toutes les conquêtes, toutes les occupations de territoire, le blocus dépend exclusivement du belligérant. L'opinion des autres peuples ne peut avoir sur la partie intéressée aucune influence autre que celle qu'une politique habile peut lui donner. Le blocus, lorsqu'il est effectif, existe donc indépendamment de toute reconnaissance ; il existe avec toutes ses conséquences, c'est-à-dire que les neutres sont obligés d'obéir au bloquant, de s'abstenir de traverser la mer territoriale par lui occupée, et qu'en cas d'infraction à cette défense émanée du souverain, ils sont soumis aux peines par lui prononcées.

Il y a plus, les puissances pacifiques n'ont pas le droit de s'opposer à un blocus effectif. Un refus de le reconnaître serait un acte hostile ; il ferait perdre au neutre la qualité de neutre, car il constituerait une immixtion directe aux hostilités, c'est-à-dire la violation du premier devoir de la neutralité. Autant vaudrait s'opposer à une bataille, à la prise d'une ville, ou à tout autre opération de guerre.

Mais il en serait autrement si, au lieu d'être effectif, le blocus était fictif. Comme l'opération de guerre appelée blocus a pour effet médiat de nuire au commerce des neutres, et même souvent d'entraîner la saisie et la confiscation des propriétés de leurs sujets, les puissances pacifiques ont le droit, nous dirons même le devoir, d'examiner si le fait appelé blocus par un belligérant est réellement un blocus effectif, et, dans le cas où il ne remplirait pas cette condition, de s'opposer à l'interruption du commerce de leurs nationaux et à leur condamnation. Cependant le prétendu blocus, non réel, non effectif, cet acte sans nom auquel on donne un nom qui ne lui appartient pas, pourrait produire les effets du blocus véritable si les tiers intéressés y consentaient, s'ils le reconnaissaient, soit tacitement en n'élevant aucune réclamation contre l'atteinte portée à leurs droits, soit par un acte formel.

Cette distinction nous force à examiner la nature même des blocus formés par les États-Unis contre les ports de leurs adversaires. Ces opérations étaient-elles réelles ou fictives? Les bâtiments des attaquants avaient-ils réellement fait la conquête d'une partie de la mer territoriale des États confédérés? Avaient-ils maintenu cette conquête par une occupation continue, de telle sorte que leur artillerie ait toujours assuré la soumission du nouveau territoire?

Les documents reçus en Europe établissent suffisamment qu'aucune de ces conditions n'a été complétement remplie.

Au lieu de se tenir incessamment sur un point de la mer commune et libre, de manière à dominer une partie de la mer privée de l'ennemi, et d'empêcher *réellement* l'accès du port attaqué, c'est-à-dire à quatre ou cinq milles au plus de la côte, les bâtiments fédéraux avaient établi *des croisières* au large, à des distances telles que les eaux territoriales des confédérés ne pouvaient pas être réputées conquises ; ils se tenaient à dix, douze et quinze milles, souvent hors de vue de la terre. Dès qu'ils apercevaient un navire, ils couraient à sa rencontre, et lorsqu'il était destiné pour le port si inexactement investi, ils le saisissaient et le condamnaient à la confiscation. Ils allèrent plus loin ; ils établirent leurs croisières sur les côtes mêmes des pays neutres qu'ils soupçonnaient de commercer avec les ports déclarés fermés, ou sur la route la plus fréquentée par les navires. C'est ainsi que les Bermudes, colonies anglaises, ont été et sont restées peut-être plus étroitement bloquées que la plupart des ports confédérés, et que le détroit de Bahama était mieux surveillé que la côte de Virginie. Ces faits étaient étranges, mais nous avons de nombreuses preuves, il suffira d'en citer quelques-unes. Le navire anglais *Emily Saint-Pierre*, parti de Calcutta en destination de Charleston, a été arrêté et pris à douze milles au large du port bloqué, pour violation d'un blocus qui, s'il existait, ne pouvait étendre son action au delà de quatre milles. *Le Gladiator*, partant des Bermudes pour l'Angleterre, fut attaqué presque dans les eaux anglaises par un croiseur américain qui se tenait près de ces côtes neutres, et ne dut son salut qu'à la présence d'un bâtiment de guerre de sa nation, le *Desperate;* sur les rivages de l'île de Cuba, *la Blanche*, navire du commerce britannique, fut poursuivie jusque sur les eaux espagnoles, et brûlée, après son échouage sur le sol neutre, par un bâtiment américain, faisant dans ces parages le blocus de Charleston.

Est-ce là un blocus réel et effectif dans le sens des traités et de la loi internationale? Évidemment non. Il est constaté que sur cinq navires expédiés pour les ports les plus étroitement bloqués, quatre arrivaient à leur destination. Il n'y avait ni conquête, ni occupation ; la seule chose qui existait, c'était le parcours de la mer commune, mer sur laquelle aucun belligérant n'a jamais eu le droit de dicter des lois aux peuples indépendants et pacifiques. C'est un blocus fictif, de la nature de ceux que nous avons appelés *Blocus par croisière*. Les Américains pouvaient, avec tout autant de droit et de raison, en établir de semblables à l'embouchure de la Manche, devant Liverpool, le Havre, ou tout autre point qu'il leur aurait plu de choisir ; ils n'auraient pas été plus illégitimes.

Mais dès que le blocus des côtes confédérées était purement fictif, il cessait d'être un droit de la guerre appartenant au belligérant et au-dessus de toute contestation, il cessait d'être obligatoire pour les puissances neutres. Ces dernières avaient le droit de résister aux prétentions des États-Unis et de protéger, même par la force, leurs sujets contre des actes aussi contraires à la loi générale qu'aux traités. Ces croisières, faussement appelées blocus, ne pouvaient donc produire d'effet qu'autant que les gouvernements pacifiques y consentaient au moins tacitement. C'est justement ce que les Américains ont obtenu dans la guerre. La France et l'Angleterre, s'inspirant sans doute d'un sentiment de réserve et de longanimité dont les États fédéraux devraient leur savoir gré, ont souffert que leur pays, déjà si gravement atteint par la disette de coton, le fût plus fortement encore par ces prétendus investissements ; ils ont vu, sans faire aucune réclamation, les navires de leurs sujets saisis, jugés et condamnés à la confiscation pour violation de blocus fictifs. Dès lors, on a eu raison de dire que ces deux puissances avaient *reconnu* les blocus américains.

La conduite des grandes puissances maritimes dans ces circonstances doit exciter le plus vif intérêt chez tous les peuples navigateurs, parce que ces puissances étaient neutres alors, et que leurs actes, en cette qualité, faisaient connaître la manière dont elles interprétaient la déclaration du 16 avril 1856, et par conséquent la manière dont elles comptaient l'appliquer elles-mêmes, lorsqu'elles seraient belligérantes.

La France a donc reconnu, tacitement du moins, et en fait, le blocus par croisière comme un blocus *effectif, c'est-à-dire maintenu par des forces suffisantes pour empêcher réellement l'accès du littoral ennemi.* L'Angleterre a fait la même reconnaissance, mais d'une manière beaucoup plus explicite. Nous ne connaissons pas d'actes diplomatiques sur ce sujet, mais les ministres de la Grande-Bretagne ont plusieurs fois, dans les deux chambres du Parlement, déclaré que les blocus américains, les blocus *institués* comme les a appelés lord John Russell, étaient réguliers et devaient être réputés obligatoires. Ainsi donc, la reconnaissance n'est pas seulement tacite, elle est presque expresse.

Nous avons déjà plusieurs fois fait connaître les motifs qui dirigent la conduite de l'Angleterre dans cette importante circonstance. Cette puissance, dans toutes les guerres où elle a été engagée, a toujours fait usage des blocus fictifs; c'est avec cette arme redoutable que toutes les fois qu'elle est belligérante elle anéantit, à son profit, les marines commerciales des peuples neutres. Jamais, et dans aucun traité, elle n'avait voulu admettre la réalité du blocus comme une règle internationale. En 1856, désirant obtenir des autres nations une concession très-importante, elle consentit enfin à proclamer le principe fondamental du droit de blocus. Mais cette concession lui pèse; elle regrette un système dont elle a toujours su tirer de si grands avantages; elle veut, à l'aide d'une interprétation plus ou moins loyale, anéantir la portée de la déclaration la plus solennelle qu'elle ait jamais souscrite. En fait, elle souffre que le commerce de ses sujets soit restreint, que leurs navires soient saisis et confisqués, lorsqu'ils sont rencontrés par les croiseurs belligérants; elle admet même la violation de son domaine maritime. En droit, ses ministres, ses magistrats de l'ordre le plus élevé (le sollicitor général) proclament que l'acte de 1856 n'a apporté aucun changement aux règles des blocus, que ces règles sont restées ce qu'elles étaient en 1800. L'Angleterre agit ainsi parce qu'elle a intérêt à le faire : elle reconnaît les blocus fictifs pour pouvoir faire des blocus fictifs; elle souffre la violation de sa mer territoriale parce qu'elle veut pouvoir employer, comme autrefois, ce moyen pour ruiner les neutres. Au reste, il faut bien le reconnaître, le commerce anglais, malgré la capture de quelques-uns de ses navires, a fait de très-bonnes affaires avec les deux républiques américaines; malgré la guerre et à cause de la guerre, il réalisait d'immenses bénéfices dans ces contrées. Le manque de coton fut une calamité, cela est vrai, mais le gouvernement anglais ne tenait pas à le faire cesser; il voulait prolonger la guerre afin de ruiner le Sud assez complétement pour le mettre hors d'état de rétablir jamais ses immenses et magnifiques plantations. Il espérait que l'Inde anglaise prendrait dans la production la place laissée vacante par la Louisiane, la Géorgie et les autres États à coton. Cela eut été, à ses yeux, une magnifique affaire de joindre le monopole de la matière première au monopole des tissus fabriqués. L'Angleterre avait donc un intérêt puissant à reconnaître la validité des blocus fictifs, même alors qu'ils lui faisaient quelques torts, parce qu'elle maintenait ainsi sa politique ancienne, assurait et augmentait encore sa suprématie commerciale et maritime.

Mais la France n'avait pas les mêmes raisons pour agir de la même manière. Depuis 1584, époque où les Hollandais imaginèrent les blocus fictifs, et même dans les jours de sa plus grande puissance, la France a toujours repoussé cet odieux abus de la force. Dans tous les traités par elle signés, lorsqu'il a été question des blocus, elle a toujours exigé qu'ils fussent effectifs. C'est dans ce sens que fut rédigé le traité du 30 septembre 1800 avec les États-Unis. Enfin cette puissance n'a jamais fait usage des blocus fictifs qu'une seule fois, en 1807, et encore était-ce par représailles contre ses ennemis. Cette politique s'est continuée jusqu'à nos jours; c'est encore la France qui, après avoir inventé, prescrit et appliqué à toutes les nations neutres, sans exception, même à celles avec lesquelles elle n'était liée par aucune convention, le système si libéral et si conforme à la loi primitive, de la notification spéciale à faire à chaque navire ami, a fait triompher dans le Congrès de Paris le principe de la réalité du blocus. Comment donc notre pays a-t-il pu abandonner cette politique, si juste, si loyale, deux fois séculaire, et laissé anéantir l'œuvre de 1856? Comment a-t-il pu consentir à contribuer, lui-même à ce déplorable résultat en reconnaissant, tacitement, il est vrai, les blocus fictifs des Américains? On ne saurait admettre comme vraie la cause qui a été alléguée; il n'est pas possible que le gouvernement français n'ait pas voulu agir seul et en dehors du concours de l'Angleterre dans cette grave question. Nous venons de démontrer quel est l'intérêt de la Grande-Bretagne; il est complétement opposé au nôtre. Elle s'est laissé guider par ce puissant mobile; n'est-il pas juste que nous obéissions, nous aussi, à notre intérêt qui est celui de tous les peuples navigateurs? D'ailleurs, nous avions à faire valoir auprès des États-Unis un titre que ne possèdent pas les Anglais, nous pouvions, nous devions exiger du belligérant l'exacte exécution de l'article 12 du traité du 30 septembre 1800, qui veut que les blocus soient réellement formés.

Il est peut-être temps encore de ne pas laisser établir comme précédent une interprétation si fatale de la déclaration du 16 avril 1856, si nuisible aux intérêts de la France et de toutes les nations du monde, une seule exceptée. Espérons que, dans sa sagesse, le gouvernement de l'empereur, résistant à l'entraînement de sentiments trop généreux, assurera autant qu'il est possible l'exécution complète et loyale des principes proclamés par la déclaration de Paris, et achèvera l'œuvre déjà commencée par la France, en affranchissant notre navigation et celle de toutes les puissances secondaires des calamités qu'engendrent les blocus fictifs. Il suffit, pour atteindre ce but, d'une note diplomatique énergique et précise.

V

LE BLOCUS AMÉRICAIN

DEVANT LE PARLEMENT D'ANGLETERRE.

Les débats qui ont eu lieu en 1862 en France, au sein du Corps législatif, en Angleterre, dans les deux Chambres du parlement, au sujet des blocus décrétés par les États-Unis du nord de l'Amérique contre les côtes, ports, rivières, etc., des États confédérés du Sud, nous ont paru de nature à appeler l'attention des hommes politiques, à quelque nation qu'ils appartiennent. Cette étude était d'autant plus nécessaire, que la guerre qui divisait alors les deux républiques de l'Amérique septentrionale était la première guerre maritime qui eût sérieusement troublé les relations commerciales du monde depuis près d'un demi-siècle; qu'elle était la première qui eût éclaté depuis que le congrès de Paris, dans sa déclaration du 16 avril 1856, a posé quelques-uns des principes destinés à régler les rapports des belligérants avec les neutres. Tous les peuples navigateurs avaient donc un intérêt puissant à examiner comment les grandes puissances comprennent et appliquent les règles proclamées par la réunion des principaux États de l'Europe. Il s'agit, en effet, de savoir si, comme toutes les nations l'ont pensé, la loi internationale a réalisé un progrès véritable, dans le sens de la liberté, en rendant impossible, en partie du moins, le retour des malheurs qui ont autrefois accablé les neutres; ou si, au contraire, malgré les stipulations d'un traité solennel, signé par les représentants de sept grandes puissances, accepté par presque toutes les autres, on peut encore craindre de voir se renouveler les excès commis contre les nations pacifiques et indépendantes pendant les guerres qui ont marqué les quinze premières années de ce siècle.

Dès le commencement des hostilités entre les deux fractions de la république américaine, les États-Unis du Nord ont notifié le blocus de toutes les côtes, ports, havres et rivières des États confédérés du Sud, sur l'Océan et sur le golfe du Mexique. Cette mesure, qui frappait une côte de 3,000 milles d'étendue, causait le plus grand préjudice au commerce neutre; elle frappait surtout l'Angleterre et la France, qu'elle privait du coton, cette matière première indispensable à leurs fabriques. Ce blocus était-il réel, effectif? Il serait facile d'établir que toute la marine fédérale, employée exclusivement à cette opération, n'eût pas suffi pour investir réellement la dixième partie de cette immense étendue des côtes, des ports, baies et rivières qu'elle contient. Mais nous laissons cette question de côté; ce qu'il nous importe de constater, dans l'intérêt de tous les peuples maritimes, c'est la manière dont la Grande-Bretagne et la France ont apprécié la mesure prise par le gouvernement de Washington; cette appréciation nous montrera comment les deux puissances interprètent la quatrième proposition de la déclaration de Paris, du 16 avril 1856 : « Les blocus, pour être obligatoires, doivent être effectifs, c'est-à-dire maintenus par une force suffisante pour interdire réellement l'accès du littoral de l'ennemi. »

L'Angleterre, après avoir reconnu aux deux partis le droit des belligérants légitimes, proclama son intention d'observer une parfaite neutralité, et dès le 7 mars 1861, lord Lyons, son ministre à Washington, signifia au cabinet américain que son gouvernement ne reconnaîtrait pas le blocus des ports du Sud, à moins que ce blocus ne fût complet et effectif. La

question était donc parfaitement posée ; la conduite de la
Grande-Bretagne, ses déclarations officielles indiquaient clairement ce qu'elle entendait par un blocus complet et effectif.

Plusieurs navires anglais furent pris par les Américains et
condamnés comme coupables de violation du blocus des ports
du Sud. D'un autre côté, le commerce et l'industrie souffrirent
de la disette du coton. Dans cet état de choses, plusieurs
membres du parlement, soutenant que le blocus américain
n'était pas effectif, interpellèrent le ministère sur sa conduite.
D'abord les réponses furent peu concluantes, on se bornait à
dire que l'investissement était suffisant. Mais les 8 et
10 mars 1862, lord J. Russell à la Chambre des lords et le
sollicitor général à la Chambre des communes ont nettement
déterminé la conduite du gouvernement sur cette importante
question.

Lord J. Russell reconnaît que les côtes frappées d'interdit
commercial ont 3,000 milles d'étendue, que les bâtiments
employés au blocus ne sont pas en nombre suffisant, qu'une
très-grande quantité de navires ont pu forcer le prétendu
investissement, comme le constatent M. Bunch, consul
britannique à Charlestown, et beaucoup d'autres personnes.
Mais les États-Unis ont fait les plus grands efforts pour renforcer le blocus ; ils y ont envoyé 34 bâtiments armés de
126 canons et portant 10,123 hommes. Ce renfort était encore bien insuffisant pour rendre le blocus effectif, dans le
sens de la loi internationale ; mais, ajoute le ministre, bien
qu'il soit évident qu'il y aura beaucoup d'irrégularité dans
le maintien du blocus, nous voyons cependant que généralement les États-Unis du Nord sont *dans l'intention* de faire sta-
tionner des bâtiments devant tous les ports, et qu'ils ont fait
beaucoup d'efforts pour y parvenir. Quant aux nombreux
navires qui ont violé le blocus, c'étaient de petits bâtiments
de 50 à 350 tonneaux ; ce fait ne peut donc rien prouver.
D'ailleurs, le noble lord rappelle que, dans la dernière guerre
contre les États-Unis (1812 à 1814), l'Angleterre avait
déclaré bloquée une côte de 2,000 milles d'étendue, sans en-

voyer un bien grand nombre de bâtiments de guerre pour établir l'investissement. La conclusion de M. le ministre des affaires étrangères est que le gouvernement doit reconnaître comme effectif le blocus *notifié* des côtes de la Confédération du Sud, et c'est dans cette conviction, qu'après avoir consulté les jurisconsultes de la couronne, il a écrit à lord Lyons que le gouvernement de Sa Majesté est d'avis que le blocus est dûment établi, qu'il est effectif et conforme aux prescriptions de la loi internationale.

Dans la Chambre des communes, le débat fut beaucoup plus complet ; plusieurs orateurs soutinrent que le blocus américain n'existait pas, et que, par conséquent, il ne devait pas être reconnu par l'Angleterre. M. Lindsay, notamment, démontra l'inefficacité absolue des mesures prises par les États-Unis du Nord et réclama l'application des principes proclamés par la déclaration de Paris. Ce fut le sollicitor général qui prit la parole au nom du ministère ; dans un discours très-développé, il a nettement mis au jour les opinions, les tendances du gouvernement britannique. Dans la première partie, il s'occupe surtout des principes généraux, ensuite il discute les faits spéciaux allégués contre la réalité du blocus des côtes de la Confédération. L'Angleterre, dit le savant magistrat, ne peut avoir deux manières d'apprécier la validité des blocus : l'une applicable, lorsqu'elle est neutre, l'autre réservée pour le temps où elle est belligérante. Elle doit dans tous les cas juger de la même manière. Si les conditions que l'on veut mettre aux blocus étaient sérieusement obligatoires, on peut affirmer que dans le monde entier il n'a jamais existé un blocus régulier, et qu'il n'en existera jamais. Aucune loi n'a déterminé le nombre de frégates ou autres bâtiments de guerre nécessaire pour former un blocus réel ; aucune loi ne le pouvait. Ces détails sont laissés à l'appréciation du belligérant ; lui seul est juge de la force nécessaire pour atteindre son but. Du moment où il fait tout ce qu'il peut ou tout ce qu'il croit utile de faire pour réaliser son opération, les neutres doivent reconnaître le blocus et le respecter. Les officiers chargés des opérations peuvent seuls être en état de déterminer le nombre de bâtiments indispensables et la position qu'ils doivent occuper. La déclaration de Paris, ajoute l'orateur, n'a émis aucun principe nouveau dans cette matière; elle n'a rien modifié dans la loi internationale relativement au blocus. M. Dallas, ministre américain, l'a lui-même reconnu. Les règles sont donc aujourd'hui ce qu'elles étaient autrefois. Il n'y a rien de changé sur ce qui concerne les forces indispensables pour former un blocus, ou la position que doivent occuper ces forces. Rien n'établit qu'un blocus, une fois notifié, doive continuer sans aucune interruption, ni qu'après une interruption il doive être notifié de nouveau comme s'il avait été levé. Une fois notifié, il continue d'exister jusqu'à ce que le belligérant, par un acte nouveau, fasse connaître que l'investissement a pris fin. Ainsi, le 8 février 1798, le blocus du port du Havre fut notifié, on envoya *des forces suffisantes* pour le former; mais, par des circonstances que le sollicitor général ne peut dire, et aussi par la très *grande paresse* de l'officier chargé du commandement, ce blocus ne fut exécuté en fait ni en 1798, ni pendant la plus grande partie de l'année suivante. Mais le blocus existait, la notification n'avait pas été révoquée, elle maintenait le droit du belligérant. Les bâtiments qui avaient pu entrer dans le port n'étaient pas coupables, ils avaient profité de l'espèce de tolérance de fait qui leur était accordée. Mais ceux qui étaient arrêtés à la mer se dirigeant vers ce port étaient coupables, parce que, connaissant la notification, ils violaient la loi de la puissance qui bloquait; ils étaient condamnés. En 1809, l'île de la Trinité était bloquée par un seul bâtiment; ce bâtiment s'était absenté pour se concerter avec d'autres croiseurs occupés ailleurs. Un navire, faisant route vers le point soi-disant investi, fut saisi; la cour de vice-amirauté l'acquitta; mais, sur l'appel, lord Stowell le fit condamner comme coupable de violation du blocus formé par la frégate absente. Le même système est appliqué par le sollicitor général à ce qu'il appelle les adoucissements du blocus, adoucissements qu'il plaît au belligérant attaquant d'apporter à l'exercice rigoureux de ses droits, en faveur de ceux qu'il croit pouvoir ménager. Ainsi, en 1806, l'embouchure de l'Elbe était frappée par un blocus plus ou moins fictif, mais la Grande-Bretagne permettait aux petits navires des villes hanséatiques de faire le commerce avec les lieux fermés. Néanmoins, aux yeux de l'organe du gouvernement, ce blocus existait réellement.

La conclusion de cette argumentation est facile à tirer. Le blocus est aujourd'hui ce qu'il a toujours été : aux yeux de l'Angleterre, tout ce qui a pu être fait en 1798, en 1803, en 1806 et dans les années suivantes, est légal encore aujourd'hui. La déclaration du 16 avril 1856 n'a rien changé. La quatrième proposition contenue dans cet acte n'a aucune valeur. Le président des États-Unis n'a donc violé aucune loi internationale ; il a fait un blocus conforme aux règles de cette loi ; il a fait, *bona fide* (style de chancellerie anglaise), tous les efforts qu'il a cru devoir faire pour le rendre effectif. Les nations pacifiques, et par conséquent l'Angleterre, doivent donc reconnaître ce blocus comme effectif et le respecter. D'ailleurs, ajoute le même orateur, comment pourrait-on ne pas le reconnaître? Il faudrait faire escorter les navires du commerce destinés pour les ports fermés par la notification, c'est-à-dire faire de la neutralité armée. Mais la neutralité armée, c'est la guerre, et la plus déloyale de toutes les guerres, parce qu'elle n'est pas avouée.

Nous connaissons donc aujourd'hui ce que le gouvernement anglais entend par un *blocus effectif*, nous savons comment il interprète le quatrième principe proclamé par le Congrès de Paris. Aux yeux de la Grande-Bretagne, le blocus *notifié* est toujours *effectif*, quels que soient le nombre et la force des bâtiments employés à le maintenir, quelle que soit l'étendue des côtes frappées par l'interdit commercial. A la puissance attaquante seule et à ses officiers appartient le droit de juger quelles sont les forces et les mesures nécessaires pour rendre l'investissement réel. Le blocus notifié continue à exister de droit, quelles que soient les interruptions qu'il subisse en fait, et alors même que, pendant un temps très-long, il ne se trouve sur les lieux aucun bâtiment de guerre pour le maintenir. Il continue à exister jusqu'à ce qu'une nouvelle proclamation du belligérant ait notifié aux neutres qu'il a été levé.

Ces doctrines sont celles que professait l'Angleterre en 1689, en 1755, en 1793, en 1803, 1804, 1807, et depuis; c'est le blocus *per notificationem*, le blocus de cabinet, le blocus par croisière, le blocus sur papier enfin, proscrit par la déclaration du 16 avril 1856. Le monde entier apprend aujourd'hui, nous ne dirons pas avec surprise, mais avec effroi, que le Congrès de Paris n'a fait faire aucun progrès à la loi internationale en ce qui concerne le blocus, et que les peuples sont exposés à voir se renouveler les grands malheurs qui se sont produits autrefois lorsque l'un des belligérants s'est trouvé assez fort pour abuser du droit de la guerre.

Nous ne voulons pas examiner ici la valeur des doctrines professées au nom de la Grande-Bretagne par le sollicitor général; nous nous contenterons de faire une seule observation, relative à ce qu'il dit de la déclaration de Paris. A ses yeux, la quatrième proposition de cet acte n'a aucune valeur; elle n'a apporté aucune modification à la loi internationale préexistante, et il appuie cette assertion sur l'autorité de M. Dallas, représentant des États-Unis à Londres. M. Dallas, Américain, ne pouvait pas s'expliquer autrement, parce qu'en effet sa patrie, depuis qu'elle existe comme puissance, a toujours proclamé que les blocus devaient être réels et effectifs. La France et la plupart des autres puissances auraient tenu le même langage, parce que toutes ou presque toutes ont depuis longtemps adopté le principe de la réalité du blocus. Mais il n'en est pas de même de l'Angleterre, qui n'a jamais voulu reconnaître cette vérité dans aucun traité, et qui depuis deux cents ans a toujours soutenu comme un droit le pouvoir d'établir des blocus sur papier. La déclaration de Paris, sur ce point, peut donc ne rien changer à l'égard des États-Unis, de la France et de beaucoup d'autres pays ; mais elle contient une innovation très importante à l'égard de la Grande-Bretagne : cet acte se compose de quatre propositions qui se tiennent étroitement entre elles ; en violer une seule, c'est anéantir le pacte tout entier. Si l'Angleterre ne se croit pas liée par l'obligation de ne former que des blocus effectifs, les autres puissances ne sauraient être tenues à exécuter la défense d'armer en course lorsqu'elles seront belligérantes.

En France, dans la séance du Corps législatif du 13 mars 1862, à l'occasion de la discussion de l'adresse, un député, M. Calvet-Rogniat, a appelé l'attention du gouvernement sur les blocus américains et sur la discussion qui avait eu lieu le 8 du même mois au sein de la Chambre des communes anglaises. Il a démontré que ces blocus étaient purement fictifs, et concluait à ce que le gouvernement prît les mesures nécessaires pour que notre commerce avec les ports de la confédération du Sud pût reprendre son cours. M. Billault, ministre sans portefeuille, a répondu que la France, l'Angleterre et les autres puissances étaient d'accord pour maintenir les principes arrêtés en 1856, relativement à la réalité des blocus ; mais que, dans l'application, il s'agissait de réclamer contre des faits souvent très-difficiles à constater. De toutes les puissances, ajoutait le ministre, qui sont intéressées dans la question, il n'y en a pas une seule qui ait pensé à contester aux blocus américains le caractère effectif. Dans une pareille matière, il est prudent et sage de ne marcher que d'accord avec les autres peuples.

Cette réponse est bien loin sans doute de celles faites par le gouvernement anglais ; elle pose en principe le respect et l'exécution des stipulations de la déclaration de 1856, mais elle ne nous paraît pas conforme aux règles fondamentales de la loi internationale. Un grand nombre de nations sans doute étaient intéressées dans la question du blocus des côtes de la confédération du Sud, mais il en était deux dont le commerce souffrait spécialement de cette prétendue mesure de guerre, c'étaient l'Angleterre et la France ; ces deux puissances étaient donc naturellement appelées à demander aux États-Unis du Nord de respecter les principes de la loi internationale. La première, pour se réserver, lorsqu'elle sera belligérante, le droit de faire usage des blocus fictifs, s'abstient de faire aucune observation au gouvernement de Washington; mais la France n'a pas le même intérêt à garder le silence, et elle ne peut, sans danger pour elle-même et pour les autres nations, s'associer à la politique de la Grande-Bretagne, politique qui est complétement contraire à celle qu'elle suit depuis plus d'un siècle. D'ailleurs, la France est dans une position beaucoup plus favorable que l'Angleterre pour faire entendre de justes observations au cabinet américain.

La déclaration de 1856 ne peut pas être opposée aux États-Unis du Nord, qui ont refusé d'y adhérer. Mais cette puissance est liée envers la France par le traité de 1800, qui exige formellement que les blocus soient réels (art. 12) ; elle est liée avec toutes les autres puissances maritimes, l'Angleterre exceptée, par les conventions les plus explicites sur ce point important. Il était donc, ce nous semble, dans le droit, nous dirons presque dans le devoir de la France, de faire au président Lincoln de justes représentations sur la non-réalité des blocus par lui dénoncés, et de le rappeler à la scrupuleuse exécution des traités conclus par son pays, traités qu'il méconnaît non-seulement en faisant des blocus fictifs, mais encore en fixant, aux navires neutres qui étaient dans les ports de la confédération du Sud, un délai de quinze jours pour en sortir, alors qu'aux termes de ces actes solennels tout bâtiment qui se trouve dans cette position doit être libre de sortir *avec sa cargaison*, lorsqu'il le jugera convenable. Ces observations faites avec une sage fermeté, mais avec la cordialité qui doit toujours régner dans les relations de puissances amies, ne pouvaient compromettre la bonne intelligence qui règne entre les deux nations; elles auraient donné à notre pays la position qu'il a toujours eu à cœur jusqu'ici de conserver. Les blocus sur papier n'étaient pas reconnus; le principe pour lequel nous avons si souvent combattu était maintenu; enfin, la déclaration du 16 avril 1856 était sanctionnée par un acte d'exécution.

Les débats dont nous venons de nous occuper prêtent un nouvel appui à l'opinion que nous avons souvent énoncée et soutenue, savoir : qu'il est nécessaire, qu'il est indispensable au repos et à la prospérité de toutes les nations de faire enfin une loi internationale maritime pour régler les rapports entre les belligérants et les peuples neutres, et de prendre les mesures capables d'assurer l'exécution de cette loi envers et contre toutes les puissances.

A ce propos, qu'on nous permette de rétablir la vérité d'un fait historique qu'on se plaît à dénaturer, parce qu'il a la plus grande importance. Dans un de nos ouvrages, nous avons dit et prouvé, en citant les actes, que le système connu sous le nom de blocus continental avait été établi par l'empereur des Français, Napoléon Ier, par représailles des blocus fictifs décrétés par l'Angleterre contre la France et ses alliés. Ce fait est incontestable, et cependant il a été contesté. M. le sollicitor général, dans le discours par lui prononcé dans la Chambre des communes, affirme que nous avons commis une erreur grave ; que c'est l'Angleterre qui s'est vue dans la nécessité, pour répondre aux mesures iniques prises par la France, d'user des blocus fictifs. Pour prouver cette assertion, il fait remarquer que le décret de Berlin, décret qui institua le blocus continental, est du 21 novembre 1806, tandis que le premier des ordres du conseil britannique qui ont mis sous le blocus fictif toutes les côtes de France, porte la date du 7 janvier 1807, et est, par conséquent, postérieur au décret français ; d'où il résulte, d'après M. le sollicitor général, que c'est la France et non l'Angleterre qui a pris l'initiative des mesures si graves qui ont alors ruiné le commerce neutre et anéanti l'indépendance des peuples pacifiques ; le savant magistrat anglais va même jusqu'à prétendre que la preuve de ce fait se trouve dans l'ouvrage qu'il nous a fait l'honneur de citer. Nous nous demandons avec étonnement comment un personnage aussi élevé en charge et en savoir a pu commettre une erreur historique aussi manifeste. L'orateur ministériel anglais n'ignore pas que les blocus fictifs ne s'établissent pas exclusivement par des ordres du conseil; il sait parfaitement que l'on emploie souvent pour cet objet ce que lui-même appelle dans son discours « des notifications diplomatiques. » Voici les faits, et ils ne peuvent être révoqués en doute : les pièces sont là pour prouver leur exactitude.

Le 16 mai 1806, — nous prions l'honorable sollicitor général de bien remarquer cette date, — *le 16 mai 1806*, le ministre des affaires étrangères, M. C. J. Fox, agissant au nom de S. M. le roi de la Grande-Bretagne, notifia à tous les ministres et agents représentant les nations neutres à Londres, que les côtes, rivières et ports, depuis l'embouchure de l'Elbe jusqu'au port de Brest inclusivement, étaient mis en état de blocus et devaient être *considérés comme bloqués*. Cette pièce importante doit être connue du savant magistrat; elle a été rapportée par tous les recueils; nous-même, nous l'avons citée avant le décret de Berlin, et avant de parler de l'ordre du conseil du 7 janvier 1807. D'ailleurs, elle a dû laisser des traces dans les archives du Foreign-Office, car elle donna lieu à des explications très-vives entre les cabinets de Londres et de Washington. C'est même dans cette discussion que M. Forster, alors ministre anglais en Amérique, pour établir la validité du blocus de 1806, alléguait une grave considération, que M. le sollicitor général a presque ressuscitée devant la Chambre des communes : « M. Fox, disait M. Forster, n'a notifié le blocus qu'après s'être assuré, auprès des lords de l'Amirauté, que l'Angleterre avait *assez de vaisseaux pour le former et l'intention de le faire*. D'où il concluait que le blocus, appuyé sur la *possibilité* et l'*intention*, était parfaitement régulier. Ainsi donc, sans parler des blocus partiels établis sur papier par divers actes de 1805 et de 1806, sur les colonies françaises, sur les embouchures de l'Ems, du Weser, de l'Elbe, de la Trave, sur la ville de Venise, etc., etc., *le 16 mai 1806*, un blocus fictif fut mis par l'Angleterre sur toutes les côtes comprises entre l'embouchure de l'Elbe et le port de Brest inclusivement. C'est en représailles de cet acte, et *sept mois et cinq jours après*, que l'empereur des Français rendit le décret de Berlin, du 21 *novembre* 1806. Les ordres du conseil britannique, des 7 *janvier* et 11 *novembre* 1807 (il y a en trois qui portent cette dernière date), aggravèrent énormément les mesures proclamées par l'acte du 16 mai 1806, et provoquèrent le décret français de Milan, du 17 *décembre* 1807.

Telle est la vérité historique. Nous osons espérer que M. le sollicitor général aura la loyauté de le reconnaître, et, en relisant avec plus de soin l'ouvrage par lui cité devant les Communes anglaises, de constater que tous ces actes y sont relatés dans l'ordre des dates et exactement appréciés.

VI

PROPRIÉTÉS PRIVÉES

DES SUJETS BELLIGÉRANTS SUR MER.

En matière de droit international, toutes les innovations ont une très-grande importance, parce que chacune d'elles tend à modifier les rapports des peuples entre eux, à donner de nouveaux droits, à créer de nouveaux devoirs aux nations ; à des êtres moraux complétement indépendants les uns des autres, qui ne sont liés entre eux que par les règles de la loi divine, ou par les conventions expresses qu'ils ont consenties. Il est donc nécessaire que toutes les questions nouvelles soient examinées avec calme et réflexion, qu'elles soient envisagées dans leur véritable jour et dans les conséquences qu'elles peuvent amener ; il faut repousser avec soin tous les entraînements, de quelque part qu'ils viennent, et ne jamais se laisser aveugler par les grands mots que tous les novateurs emploient pour donner crédit à leurs idées ; il faut enfin, trop souvent, arracher le masque dont on se sert pour faire adopter des mesures dont le but unique et réel est la satisfaction de projets ambitieux.

Nous considérons donc que c'est un devoir pour chaque citoyen d'étudier, autant qu'il le peut, les questions de cette nature ; de rechercher leurs origines, les circonstances qui les ont fait naître et les hommes qui les ont mises en avant; et surtout de faire connaître quelles peuvent être, soit pour le pays, soit pour le genre humain, les conséquences de la mesure proposée. C'est ce devoir que nous venons remplir en examinant, avec tout le soin dont nous sommes capable, une question que l'on peut appeler nouvelle, puisque, soulevée timidement et d'une manière purement théorique vers la fin du siècle dernier, elle n'a réellement été proposée aux nations que depuis quelques années. Elle peut se formuler ainsi : *Sur mer, les propriétés privées des sujets de l'un des belligérants doivent-elles être respectées par l'ennemi ?*

Pour rendre notre travail plus clair et plus complet, nous donnerons d'abord un exposé de l'origine même de la question; nous discuterons ensuite les arguments, bien peu nombreux, qui ont été proposés pour la soutenir; enfin, nous examinerons la question elle-même et les conséquences qu'elle pourrait entraîner, si elle était admise comme principe du droit international maritime.

L'abbé Mably est le premier qui ait énoncé cette idée, que la propriété privée sur mer devait être respectée par l'ennemi. Ce n'est pas une proposition formelle qu'il fait, mais il s'étonne « que les puissances maritimes, qui regardent le commerce comme le fondement le plus solide de leur grandeur, n'aient pas, depuis longtemps, défendu à leurs vaisseaux d'insulter les navires marchands ennemis et de s'en saisir [1]. »

Un quart de siècle s'écoula sans que personne relevât l'idée du savant abbé ; mais en 1782, un autre ecclésiastique, philosophe et même diplomate, Galiani, en dit quelques mots : car on doit remarquer que ce n'est que dans une note, et à propos de la course, que l'auteur napolitain fait mention de cette proposition. Il semble même ne s'élever contre la capture des propriétés privées que lorsqu'elle est faite par des

---

[1] Mably, *Droit public de l'Europe, fondé sur les traités*, 2ᵉ édit., 1748, t. II, p. 310.

corsa'res, et ne pas contester celle qui serait opérée par les bâtiments de guerre[1] .

Quelques années après, en 1785, l'un des fondateurs de la liberté américaine, l'un des premiers diplomates de la jeune république, Franklin, tenta de faire l'application de cette idée, restée jusqu'alors à l'état de pure théorie. Il avait été chargé de conclure des traités d'amitié et de commerce avec plusieurs États européens ; ce fut dans celui qu'il signa avec la Prusse qu'il fit cet essai. Cédant à des idées très-philosophiques peut-être, mais fort peu pratiques, le roi de Prusse et l'envoyé américain insérèrent dans cet acte une stipulation complétement nouvelle dans la pratique internationale. L'art 23 contient cette clause : « En cas de rupture entre les » parties contractantes, les femmes et les enfants, les gens » de lettres de toutes les facultés, les cultivateurs, artisans, » manufacturiers et pêcheurs qui ne sont point armés, et qui » habitent des villes, villages ou places qui ne sont pas for- » tifiés, et en général tous ceux dont la vocation tend à la » subsistance ou à l'avantage du genre humain, auront la » liberté de continuer leurs professions respectives et ne se- » ront point molestés en leurs personnes, ni leurs maisons » ou leurs biens incendiés ou autrement détruits, ni leurs » champs ravagés par les armées de l'ennemi..... Mais si l'on » se trouve dans la nécessité de prendre quelque chose de » leurs propriétés pour l'usage de l'armée ennemie, la valeur » en sera payée à un prix raisonnable. Tous les vaisseaux » marchands et commerçants employés à l'échange des pro- » ductions de différents endroits, et, par conséquent, desti-

---

[1] *De' doveri de' principi neutrali verso i principi guerreggianti*, etc., etc., capo 10, § 2, *Del corseggiare*, p. 430. Voici la note entière : « E più volte nell' età nostra è avvenuto il caso di vedersi entrar un sovrano, o il suo, generalissimo, lieto e festoso, in qualche città conquistata, accolto con acclamazioni, accordar grazie, confirmar i privilegi, conservar i magistrati, rispettar la proprietà d'ogni privato, preservar i magazzini de' negozianti ; e in quello stesso tempo, da un armatore, suo suddito, predarsi parte delle robbe di quelli stessi magazzini, state prima imbarcate per oggetto d'innocente commercio, ed esser dichiarate di buona preda. Oh, atroce e doloroso contrasto di legislazioni !

» nés à faciliter et à répandre les nécessités, les commodités
» et les douceurs de la vie, passeront librement et sans être
» molestés..... [1]. »

On doit remarquer que dans aucune des conventions par
eux conclues avec les États maritimes de l'Europe, les négociateurs américains n'ont inséré de clauses de cette nature.
Au reste, le traité de 1785 fut réformé sur ce point par celui
de 1799. Dans ce dernier, la stipulation de respect de la propriété privée ennemie fut reproduite, mais seulement en ce
qui concerne les biens à terre ; il n'y est plus question de la
propriété maritime, des navires et de leurs cargaisons [2].
Enfin, dans le traité intervenu entre les mêmes parties en
1829, on voit que les art. 13 à 24 de l'acte de 1799 sont remis
en vigueur et doivent avoir la même force que s'ils étaient
répétés dans le nouveau traité ; quant à celui de 1785, il n'en
est parlé que pour renouveler la stipulation de l'art. 12 qui
supprime la confiscation en matière de contrebande de
guerre [3].

En 1792, l'Assemblée législative française rendit un décret
qui prononçait l'abolition : 1° de la prise des propriétés privées sur mer ; 2° et de la course maritime. Elle invita le pouvoir exécutif à entrer en négociation avec toutes les puissances
maritimes du monde, pour les engager à reconnaître ce double principe. La ville de Hambourg seule répondit favorablement à cet appel philosophique.

Cette question était tombée dans un oubli à peu près complet depuis plus d'un demi-siècle, lorsqu'elle fut de nouveau
soulevée par le gouvernement des États-Unis d'Amérique.

Une guerre qui restera célèbre dans les fastes de l'histoire
venait de prendre fin ; la sagesse et la modération de l'empereur des Français avaient achevé ce que la valeur de nos
armées avait si heureusement commencé ; la paix avait été
signée, le 30 mars 1856, dans un congrès où sept nations

---

[1] Voyez de Martens, *Recueil des traités*, t. IV, p. 47.
[2] Voyez art. 23 de ce traité, même recueil, t. VI, p. 689.
[3] Voyez traité de 1829, de Martens, nouveau recueil, t. VII, p. 619.

européennes, et les plus puissantes de l'Europe [1], étaient représentées. Avant de se séparer, les plénipotentiaires crurent devoir régler quelques points du droit international maritime, droit que les traités de 1815 avaient complétement négligé. Une déclaration faite le 16 avril proclama quatre principes importants : le premier était entièrement nouveau ; les autres étaient depuis longtemps reconnus par toutes les puissances ; malheureusement, quoique reconnus, ils étaient toujours violés dès que la guerre éclatait. Nous n'avons pas ici à examiner ces principes ; si nous devions le faire, nous serions dans l'obligation de combattre énergiquement le premier : l'abolition de la course en temps de guerre maritime [2]. Toutes les nations non représentées au congrès, même celles qui ne possèdent pas un seul navire, furent invitées à adhérer aux résolutions prises, par les grandes puissances, dans la déclaration du 16 avril 1856. Toutes acceptèrent les principes proposés ; trois seulement refusèrent de souscrire à l'abolition de la course maritime. Au nombre de ces dernières, se trouvaient les États-Unis d'Amérique. Trop habiles pour ne pas apercevoir les funestes conséquences que pouvait entraîner pour eux l'adoption d'une pareille mesure, ils déclarèrent repousser cette innovation, à moins qu'elle ne fût complétée par une disposition ainsi conçue : « et que la propriété parti-
» culière des sujets ou citoyens d'une puissance belligérante,
» sur les hautes mers, ne puisse être saisie par les vaisseaux
» armés d'une autre puissance, si ce n'est quand il y a con-
» trebande. »

La dépêche de M. Marcy, ministre de l'Union américaine, va même plus loin : sans la demander d'une manière positive, sans en faire une condition de l'acceptation de la déclaration, elle propose la suppression de toute espèce de contre-

---

[1] La France, l'Angleterre, la Sardaigne, l'Autriche, la Prusse, la Turquie et la Russie.

[2] Sur ce sujet, voyez : 1° notre *Traité des droits et des devoirs des nations neutres*, etc., etc., édit. 2°, t. I, tit. III, chap. II, sect. III, § 3, et notre *Histoire des origines, des progrès et des variations du droit international maritime*, tit. VI.

bande de guerre, l'abolition du droit de visite, et l'entière liberté du commerce neutre, excepté avec les places bloquées [1]. Nous verrons bientôt le président Buchanan aller plus loin et demander l'abolition du blocus.

La proposition américaine n'eut aucune suite; le gouvernement qui l'avait faite était arrivé au terme de ses pouvoirs;

céda la place à un autre président, dont le cabinet exprima même le désir que la dépêche du 28 juillet 1856 ne fût pas oumise à l'examen des puissances signataires de la déclaration du 16 avril.

Tout en adhérant sans condition expresse aux principes proclamés par le congrès, le Brésil, cédant, comme il le dit lui-même, à l'invitation des États-Unis, émit le vœu que « toute propriété particulière inoffensive, sans exception des navires marchands, fût placée, sous la protection du droit maritime, à l'abri des attaques des croiseurs de guerre [2]. » Ce vœu ne donna lieu à aucune réponse, du moins il n'en a été publié aucune.

La question resta dans cet état jusqu'à la fin de 1859; à cette époque, et à l'occasion de la paix conclue entre la France et l'Autriche, il fut fortement question de réunir un congrès nouveau. La proposition relative à la propriété privée des sujets belligérants sur mer fut reprise, afin de pouvoir être proposée aux plénipotentiaires des grandes puissances. Mais cette fois ce furent les villes de Brême et de Hambourg qui eurent l'honneur de l'initiative. Ces deux villes sont essentiellement commerçantes, il est vrai, mais elles ne possèdent aucune marine militaire et sont appelées nécessairement à rester neutres dans toutes les guerres maritimes.

Brême commença [3]. Une assemblée d'armateurs et de né-

---

[1] Voyez la dépêche de M. Marcy au gouvernement français, du 28 juillet 1856.

[2] Voyez la note adressée, le 18 mars 1858, par le ministre des affaires étrangères du Brésil, au ministre de France à Rio-Janeiro.

[3] Il est assez difficile de préciser les dates des faits relatifs à Brême et à Hambourg; nous avons dû nous en rapporter sur ce point, d'ailleurs peu important, à une brochure publiée à Hambourg sous ce titre : *German resolutions and British policy,* par C. W. Asher.

gociants fut spécialement convoquée, le 2 décembre 1859, pour exprimer ses vœux sur les modifications à introduire dans le droit maritime en temps de guerre; elle adopta la proposition suivante : « L'inviolabilité de la personne et de la » propriété sur mer en temps de guerre forme, *en tant que* » *les nécessités de la guerre ne les limitent pas inévitablement,* » une des exigences du sentiment juridique de notre épo- » que. » Le 8 décembre, les prévôts des marchands décidèrent que le vœu des négociants de Brême serait transmis à tous les cabinets européens, et que les autres villes libres seraient invitées à faire des démarches analogues.

Dans les premiers jours du même mois de décembre 1859, une députation du commerce de Hambourg remit au sénat de cette ville un mémoire sur les diverses questions que soulève le droit maritime, et dont la solution pourrait former, dès à présent, un complément utile à la déclaration du 16 avril 1856. A la suite des quatre questions relatives aux neutres, la députation demandait l'adoption de deux principes généraux fort importants : 1° la sûreté de la propriété privée sur mer, non-seulement vis-à-vis des corsaires, mais encore vis-à-vis des bâtiments de guerre des princes belligérants; 2° la restriction du blocus aux lieux fortifiés, le blocus ne devant avoir pour effet que d'empêcher d'apporter dans la place bloquée des objets de contrebande de guerre. (La contrebande de guerre étant défendue en tous temps et en tous lieux ennemis, cette demande n'était autre que celle de l'abolition du blocus.)

La chambre de commerce de New-York fit aussi quelques démarches auprès du président de la république pour obtenir qu'il reprît la proposition faite par son prédécesseur. Une lettre écrite par le chef du pouvoir exécutif aux représentants du négoce maritime prouve que, loin de renoncer à son idée première, le gouvernement de l'Union ne l'a un instant suspendue que pour lui donner plus d'étendue. Dans ce document, le président Buchanan démontre que la sécurité demandée pour les propriétés privées sur mer resterait sans efficacité réelle pour les Américains si le droit de blocus était maintenu, et il annonce qu'il a déjà fait des ouvertures aux cabinets européens pour obtenir l'abolition de ce droit, bien plus menaçant pour le commerce des États-Unis que la prise des navires marchands [1].

Le 19 mai 1860, une commission de la chambre des députés de Prusse, saisie de l'examen d'une proposition faite par M. de Ronne sur l'inviolabilité de la propriété maritime en temps de guerre, a fait son rapport, qui tend à « exprimer » l'espoir que le gouvernement profitera de toutes les occa- » sions pour faire reconnaître, par le droit des gens, le prin- » cipe de l'inviolabilité de la personne et de la propriété. » privée sur mer en temps de guerre. » Il est probable que les conclusions de ce rapport seront adoptées par la chambre.

Ainsi donc la proposition de M. Marcy, abandonnée, en apparence du moins, par le gouvernement américain lui-même, fut relevée, non par une grande puissance maritime, mais par deux villes qui ne possèdent aucune force navale, et par une nation puissante sur terre, mais très-faible sur mer et n'ayant aucun moyen de faire la guerre sur l'Océan. Cette reprise fut diversement accueillie par les nations naviguantes.

En Angleterre, le *Times* répondit par un article très-énergique, trop énergique peut-être, à ce qu'il regarde comme une proposition insensée. Quelques négociants de Bristol, de Manchester et d'autres villes s'adressèrent à lord Palmerston pour lui demander son appui en faveur de la proposition ; mais ce ministre leur déclara positivement qu'il lui était impossible d'adopter un système dont le résultat menacerait la suprématie de la Grande-Bretagne sur les mers. Enfin, un membre de la chambre des communes, M. Lindsay, le même qui, dans la séance du 11 juillet 1857, s'était si vivement élevé contre la proposition de M. Marcy, écrivit à lord John Russell, et lui exposa les motifs pour lesquels il serait désirable que les navires de commerce fussent à l'abri

[1] La lettre du président Buchanan se trouve transcrite en entier dans le numéro du journal hebdomadaire anglais *The Economist*, du 28 avril 1860.

de toute capture en temps de guerre. Le ministre des affaires étrangères a cru devoir répondre que la question serait examinée par le gouvernement, mais qu'elle était susceptible de graves objections.

En 1867, quelques négociants de Liverpool et de Manchester ont de nouveau élevé la voix en faveur de l'idée nouvelle, il ne paraît pas qu'aucune suite ait été donnée à cette manifestation purement individuelle et qui, d'ailleurs, est en opposition absolue avec les principes du gouvernement britannique.

En France, le *Journal des Débats* a plusieurs fois énoncé des opinions contraires à la proposition, et, dans un article spécial, il l'a même combattue directement avec beaucoup de force et de raison [1]. *La Presse*, le journal belge *Le Nord*, et sans doute quelques autres feuilles périodiques, ont soutenu les idées nouvelles.

L'*Invalide russe* a pris parti pour l'inviolabilité des propriétés privées sur mer en temps de guerre, mais sans développer son opinion.

Quelques brochures ont été publiées en faveur de l'innovation demandée dans les lois internationales. Nous en connaissons deux : l'une, en allemand, ne s'occupe nullement de discuter la proposition ; elle sert à l'auteur de prétexte pour faire un cours de gallophobie au profit de ses compatriotes : l'autre a été publiée à Hambourg, probablement par un Allemand, mais en langue anglaise et sous ce titre : *German resolutions and British policy*. L'auteur s'occupe beaucoup plus de la liberté de la navigation commerciale et de l'examen de la déclaration du congrès de Paris du 16 avril, que de l'immunité de la propriété privée à la mer, en faveur de laquelle il ne donne pas un seul argument.

E. Cauchy, dans son excellent ouvrage le *Droit maritime international* etc., prend énergiquement la défense de l'idée américaine; on pourrait presque croire que son travail n'a eu d'autre but que de la faire triompher.

[1] Voyez *Journal des Débats* du 19 juillet 1858.

Telle est l'histoire de l'origine et du développement de la proposition que nous voulons examiner.

Le traité de 1785 entre la Prusse et les États-Unis d'Amérique a posé la question d'une manière spéciale, beaucoup plus rationnelle, à notre avis, et complétement différente de celle adoptée d'abord par l'abbé Galiani, et, depuis, par les autres apôtres du nouveau système. Nous pensons donc nécessaire de l'examiner le premier.

Les trois plénipotentiaires américains, Franklin, J. Adam et Jefferson, connaissaient les usages de la guerre sur terre et sur mer; leur propre pays venait d'en faire et en faisait encore une rude épreuve : ils savaient, par conséquent, que les propriétés privées des sujets ennemis ne sont pas plus respectées par les armées, sur terre, que ne le sont les navires par les croiseurs, sur l'Océan; ils savaient que tout ce qui peut être utile à une armée est pris par elle, quel que soit le propriétaire et sans jamais payer un prix quelconque; ils n'ignoraient pas que souvent même, lorsqu'il le croit utile à ses intérêts, ou lorsqu'il le peut sans se causer aucun préjudice à lui-même, l'envahisseur détruit les propriétés mobilières et immobilières des sujets ennemis. Le roi de Prusse était sur ce point aussi instruit que les plénipotentiaires américains. Frédéric le Grand connaissait, lui aussi, par expérience, la manière dont on fait la guerre sur terre. Mais Franklin et le roi de Prusse étaient philosophes : mus par des sentiments très-humains sans doute, du moins en apparence, ils voulurent tenter de réformer des usages qu'ils regardaient comme barbares. Ils s'attaquèrent à la guerre terrestre d'abord; ils posèrent en principe que tous les individus qui ne portent pas les armes seraient respectés dans leurs personnes, que les propriétés mobilières et immobilières ne seraient jamais ni enlevées ni détruites; enfin, que tout ce dont l'armée d'invasion aurait besoin serait pris par elle, mais exactement payé à l'habitant. Telle est la principale disposition de l'art. 23 du traité de 1785. Ce n'est qu'ensuite, et par voie de conséquence, qu'elle est étendue aux propriétés privées sur mer.

Les traités de 1799 et de 1829 prouvent jusqu'à l'évidence la vérité de ce que nous avançons ici. Tous les deux ont conservé la stipulation principale, celle relative à la propriété privée à terre ; et tous les deux ont supprimé la conséquence, la partie de l'article qui imposait au belligérant le respect de la propriété privée sur mer. L'idée philosophique de Franklin et du roi de Prusse, bien qu'elle fût erronée, comme nous espérons le démontrer, reposait cependant sur la vérité des faits. Le traité de 1785 constatait l'état des choses et entreprenait de le réformer.

Cet acte donne lieu à une réflexion fort importante. Franklin et ses collègues avaient été chargés par leur gouvernement de conclure des traités, non pas seulement avec la Prusse, mais encore avec divers autres États européens. Il fut l'un des négociateurs du traité de 1778 avec la France ; il conclut celui de 1783 avec la Suède ; John Adam seul signa celui de 1782 avec les provinces unies des Pays-Bas. Aucun de ces traités ne contient de stipulations semblables à celle de 1785 ; aucun ne fait une allusion, même éloignée, à l'idée qui nous occupe. Rien, dans les communications diplomatiques de l'époque, ne peut faire penser qu'il ait jamais été question d'imposer ou de demander, à une nation autre que la Prusse, le respect de la propriété privée des sujets ennemis. Cette pensée ne se trouve déposée que dans la convention conclue entre les États-Unis et la Prusse, entre une nation exclusivement maritime du nord de l'Amérique et une puissance exclusivement continentale du nord de l'Europe, dont la marine était à peu près nulle ; c'est-à-dire entre deux peuples qui étaient dans la quasi-impossibilité de se faire la guerre sur terre, et qui ne pouvaient se rencontrer sur mer.

De ce silence dans toutes les autres transactions diplomatiques, de la nature du traité dans lequel se trouve la seule tentative faite pour établir la nouvelle règle relative à la propriété ennemie, n'est-il pas permis de conclure que les auteurs de la proposition eux-mêmes n'avaient d'autre but que de faire parade de vains sentiments philosophiques et humanitaires, mais qu'ils ne croyaient nullement à la réussite de cette tentative, et qu'ils ne cherchaient pas même à l'obtenir? Cette conclusion se trouve parfaitement justifiée par les traités conclus en 1799 et en 1829 entre les deux puissances signataires de l'acte de 1785. En effet, ces deux conventions conservent la stipulation de l'art. 23, mais seulement en ce qui concerne la guerre terrestre, et la suppriment pour le cas de guerre maritime. Elles stipulent l'inviolabilité de la propriété privée des sujets ennemis à terre, entre deux peuples qui ne peuvent pas se rencontrer à terre ; et non-seulement elles ne consacrent pas cette inviolabilité pour les navires de commerce et leurs cargaisons, mais encore elles annulent les conventions déjà existantes sur cette question. Cependant, si la guerre peut avoir lieu entre la Prusse et les États-Unis d'Amérique, ce ne peut être que sur mer, lorsque la Prusse aura une marine, si elle parvient jamais à en créer une. Il est donc bien évident que les parties contractantes, ou du moins l'une d'elles a eu la volonté d'anéantir et a anéanti en réalité la convention de 1785, dans sa partie relative au droit maritime, c'est-à-dire dans la partie que nous avons à examiner, et que par conséquent ce fameux traité ne peut plus être invoqué en faveur de la proposition américaine.

L'abbé Mably confond dans une seule phrase deux idées bien distinctes : l'abolition de la course et le respect de la propriété privée sur mer. Il n'appuie son opinion que sur un seul motif : le commerce est le fondement le plus solide de la grandeur des nations ; elles doivent donc faire tous leurs efforts pour conserver et rendre plus abondante cette source de prospérité. Il invoque, à l'appui de sa double proposition, le témoignage des négociants de tous les pays du monde, et il affirme que tous applaudiraient à l'adoption de ces principes. Cet auteur n'invoque d'ailleurs contre la prise des propriétés privées sur mer ni l'exemple de ce qui se passe dans les guerres terrestres, ni même les sentiments d'humanité que doivent avoir tous les hommes. Sans aucun doute, l'unanimité des commerçants serait acquise au projet de l'abbé

Mably, car ils verraient dans son adoption un moyen de faire de nouveaux bénéfices, ou du moins de conserver ceux déjà faits ; mais il me paraît facile de répondre à son argument par un seul mot. Les négociants ne forment qu'une partie de la nation ; c'est l'intérêt général de la population qui doit être cherché, et non pas seulement l'intérêt d'un petit nombre. Nous pensons, et nous espérons prouver, que le bien de l'ensemble des peuples exige que la guerre maritime conserve l'usage de prendre les propriétés privées, et que, par conséquent, il n'y a pas lieu à s'arrêter aux vœux des négociants.

Galiani, et après lui M. Marcy, le réprésentant du gouvernement américain de 1856, et tous ceux qui ont adopté les idées nouvelles et se sont chargés de les propager, s'appuient uniquement sur deux arguments : 1° la propriété privée des sujets ennemis sur terre est respectée par les armées d'invasion. Il est donc juste que ce respect soit étendu aux propriétés privées des sujets ennemis sur mer ; 2° les lois de l'humanité exigent que l'on ne dépouille pas des biens qu'il possède l'homme, même sujet ennemi, qui ne porte pas les armes, mais qui reste paisiblement occupé de ses travaux pacifiques. Ces deux arguments, on ne manque pas de les assaisonner de tous les grands mots utiles et nécessaires pour frapper les esprits superficiels, pour entraîner les hommes qui n'ont pas le courage de combattre les idées les plus étranges, lorsqu'elles sont présentées sous le manteau de l'humanité ou avec une apparence de philosophie. Tous les moyens sont employés pour flétrir la capture de la propriété privée sur mer : cet usage est un reste barbare de la barbarie de nos pères, dont nous devons rougir, et qu'il faut abolir immédiatement. Cet usage est condamné d'avance, et nul n'osera élever la voix pour soutenir que cette proposition n'est pas une conquête immense pour l'humanité, un progrès que les forts esprits du xixe siècle seuls étaient capables de faire faire au genre humain. Malgré ces anathèmes, nous allons développer l'idée déjà émise dans nos travaux antérieurs [1] et prouver que la base même de la proposition dont il s'agit est fausse, parce que la propriété des sujets ennemis à terre n'est pas respectée ; que cette proposition non-seulement n'est pas conforme, mais encore est directement contraire aux lois de l'humanité ; et enfin que l'intérêt bien entendu de toutes les nations européennes, de la France notamment, et surtout celui des puissances maritimes secondaires, qui sont le plus souvent appelées à rester simples spectatrices des grandes luttes sur l'Océan, est de rejeter cette innovation.

On demande que la propriété privée sur mer soit inviolable de la part de l'ennemi, en se fondant sur ce fait que la propriété privée est inviolable sur terre [2] ; que l'homme de mer désarmé et conduisant un navire de commerce soit respecté comme le laboureur et l'artisan est respecté à terre. On s'étonne que les nations civilisées, se conduisant avec une si parfaite humanité dans les guerres terrestres, continuent à se montrer si inhumaines, si barbares, sur l'Océan ; et on cherche les motifs d'une conduite si bizarre, si contraire aux lois de la morale. Les négociants de Brême et de Hambourg, plus préoccupés de leurs bénéfices que des questions humanitaires, ne parlent pas, il est vrai, de cette odieuse contradiction ; mais tous les organes de la presse et tous les écrivains qui se sont chargés de commenter les propositions nouvelles, s'appuient surtout sur cette anomalie insoutenable à leurs yeux, tous réclament l'application à la guerre maritime des principes si remplis d'humanité mis en pratique depuis si longtemps sur le continent. Mais on doit remarquer que si tous invoquent ces prétendus principes, il n'en est pas un seul qui ait pris la peine de les mettre sous les yeux de ses lecteurs. Ils se bornent à affirmer qu'ils existent, et que la

---

[1] Voyez notre *Histoire des origines, des progrès et des variations* **du droit international maritime,** tit. VI.

[2] Voici en quels termes s'exprime M. Marcy dans sa dépêche du 28 juillet 1856 : « La nécessité de l'amendement repose sur de si puissantes considérations, et le système sur lequel il s'appuie a été si longtemps sanctionné par toutes les nations éclairées *dans leurs opérations militaires sur terre,* que le président a de la peine à croire qu'il puisse rencontrer une opposition sérieuse. »

propriété privée du sujet ennemi sur terre est inviolable pour le belligérant, que ce dernier la reconnaît comme telle et la respecte.

Nous nions l'existence d'aucune règle, d'aucune loi internationale, d'aucun traité, celui de 1785 excepté, d'aucun acte quelconque qui ait proclamé le principe de l'inviolabilité de la propriété privée sur terre ; par conséquent, nous nions l'existence même du principe : car, s'il existait, il aurait été souvent violé, et il n'est pas possible que ces violations si nombreuses, si fréquentes, n'aient pas amené des récriminations et même des stipulations spéciales pour en prévenir le retour. Le principe n'existe donc pas. Mais en fait la propriété privée des sujets ennemis est-elle respectée dans les guerres terrestres? Pour répondre à cette question, il suffit d'ouvrir l'histoire. Pour constater les faits, nous ne remonterons pas loin ; nous ne parlerons pas des campagnes de Turenne dans le Palatinat, nous ne rappellerons pas même les grandes guerres du commencement de ce siècle, qui cependant sont encore si près de nous; nous nous bornerons à constater les faits tels qu'ils se sont passés dans les guerres les plus récentes de ce XIXe siècle, si plein d'humanité sur terre, si barbare dans sa conduite sur mer.

La propriété privée à terre est de deux natures essentiellement différentes : elle est immobilière ou mobilière. La première n'a pas de similaire sur mer ; sur cet élément, tout ce que possède l'homme est essentiellement meuble ; nous pourrions donc écarter toute comparaison avec cette nature de possession, nous l'acceptons cependant.

Lorsqu'un belligérant s'empare d'une province, d'un département, d'une ville appartenant à son ennemi, respecte-t-il les propriétés immobilières privées? Non, il ne les respecte pas toujours ; nous dirons même qu'il ne les respecte presque jamais d'une manière complète. Sans doute, il ne peut pas s'emparer du sol et l'emporter chez lui ; il est dans la nécessité de le laisser en place. Mais combien de maisons, de constructions, propriétés immobilières privées des sujets ennemis sont occupées militairement et ne rentrent dans les mains de leurs possesseurs inoffensifs que dans un état complet de délabrement et de ruine! Combien sont rasées, incendiées, etc., etc.! Et alors même que le vainqueur se montrerait plus clément ou plus politique, car c'est son intérêt seul qui le rend clément, il se fait le plus souvent payer la rançon de ces biens qu'il prétend respecter. Qu'est-ce, en effet, que les contributions de guerre? qu'est-ce que les frais de guerre imposés par le vainqueur au vaincu? C'est réellement la rançon des immeubles un instant conquis et non détruits. Sans doute ces charges sont souvent imposées au gouvernement; mais le gouvernement ne possède pas par lui-même les sommes qui sont exigées de lui, il est obligé de les prélever sur ses sujets, qui paient entre ses mains les frais de la guerre, et qui paient en raison de leurs propriétés immobilières. L'ennemi s'empare donc de cette manière d'une portion de leurs possessions territoriales. D'ailleurs il arrive très souvent que des contributions de guerre sont frappées par l'envahisseur sur les habitants du pays envahi, et qu'elles sont payées par chaque citoyen en raison de ses propriétés.

L'invasion d'une partie du Piémont par l'armée autrichienne n'est pas loin de nous, quelques années se sont à peine écoulées depuis cet événement, tout le monde se le rappelle encore. Des contributions de cette nature furent levées sur les habitants par l'ennemi. On a pu trouver que le général allemand usait rigoureusement des droits de la conquête, on a pu dire qu'il ruinait le pays: mais nul n'a pu lui contester le droit dont il usait. Nul n'a prétendu, nul n'a pu prétendre qu'il violait un principe du droit internatial reconnu et approuvé, pour les guerres terrestres, par tous les peuples civilisés.

Sans aucun doute il est arrivé et il arrive souvent encore que le conquérant respecte la propriété immobilière privée des sujets ennemis; mais il n'agit ainsi que lorsque son propre intérêt l'exige. Nous ne sommes plus au temps où un belligérant enlevait les populations tout entières des pays tombés entre ses mains, les réduisait en esclavage, ou les transportait dans des contrées lointaines ; au temps où il les dépouillait pour distribuer leurs terres à ses soldats. Les populations européennes sont trop nombreuses, trop agglomérées ; la propriété territoriale est divisée entre un trop grand nombre de citoyens, pour qu'il soit possible d'employer de pareils moyens. Le belligérant, ne pouvant s'emparer de tous les hommes pour les faire prisonniers ou pour les transporter dans d'autres pays, est forcé de leur laisser la possession du sol. S'il agissait autrement, s'il tentait de dépouiller les propriétaires, chaque cultivateur, chaque paysan deviendrait un soldat et un soldat furieux ; il faudrait se résoudre à combattre sans cesse un ennemi exaspéré et se présentant sous toutes les formes, à tous les instants. L'armée qui avait suffi pour faire la conquête serait beaucoup trop faible pour la conserver, il faudrait l'augmenter considérablement ; il faudrait en outre l'entretenir de toutes les choses nécessaires à la vie, que le sol confisqué ne lui fournirait certainement pas. Le vainqueur trouverait sa ruine dans sa conquête. Bien peu de nations seraient assez puissantes pour soutenir de pareilles luttes contre une seule province, et elles ne le feraient qu'en se soumettant à des pertes et à des sacrifices hors de toute proportion avec les faibles avantages qu'elles pourraient en retirer. Telle est la véritable raison de la modérations des belligérants dans les guerres modernes, en ce qui concerne les biens immeubles privés des sujets ennemis Le conquérant se montre clément par intérêt et dans la mesure de son intérêt : le respect pour l'ennemi, les sentiments d'humanité n'y sont pour rien.

La preuve de ce que nous avançons est facile à donner. Ouvrons une fois encore l'histoire des peuples civilisés de l'Angleterre, des États-Unis eux-mêmes. Dès que l'intérêt du vainqueur cesse d'exister, dès que le belligérant se trouve en présence d'une population faible, peu agglomérée, dont il n'a rien à redouter, sa modération cesse : il confisque les proriétés même immobilières, pour se les approprier, pour les donner ou pour les vendre à ses propres sujets ou à des étrangers. N'est-ce pas ainsi que les États-Unis ont acquis la plus grande partie des territoires qu'ils possèdent, et qui, naguère encore, appartenaient aux peuples indigènes de l'Amérique? N'est-ce pas en refoulant au loin, dans l'intérieur des terres, ces tribus souvent inoffensives, toujours trop faibles pour résister aux forces de la République, qu'elle s'est emparée des terres les plus fertiles et les plus riches? Sans doute, on a souvent fait consacrer le résultat du droit de la guerre par de prétendus traités ; mais il est bien constant que ces actes n'ont fait que sanctionner la conquête déjà faite, la spoliation déjà accomplie; ils ont suivi et non précédé la prise de possession des biens immobiliers des sujets ennemis.

Dans la guerre si funeste de la Secession, les États-Unis du Nord n'ont-ils pas prononcé la confiscation des propriétés immobilières de leurs ennemis vaincus?

Il y a quelques années à peine, le gouverneur général de l'Inde n'a-t-il pas décrété la confiscation des possessions territoriales des ennemis vaincus, pour les donner à ceux qui avaient servi la Grande-Bretagne avec zèle et dévouement? Le parlement anglais, tout entier, a approuvé l'acte du gouverneur général et blâmé énergiquement le ministre qui avait cru devoir faire des observations à lord Canning. La guerre faite en 1854 par la France et l'Angleterre à la Russie est certainement celle dans laquelle les belligérants ont agi avec la plus grande modération, et cependant l'Angleterre a détruit même les maisons des habitants très-paisibles et très-inoffensifs des rivages de la mer d'Azof. Nous ne parlons que des propriétés privées immobilières brûlées, saccagées, détruites par les attaques de l'ennemi ; des villes entières bombardées, etc., etc. Cependant personne n'a accusé ni les États-Unis d'Amérique, ni l'Angleterre, ni aucun des belligérants, d'avoir violé les lois de la guerre terrestre ; et personne ne pouvait formuler une pareille accusation, parce qu'aucune règle morale, aucune loi internationale, aucun traité n'a jamais imposé au belligérant le devoir de respecter les propriétés privées des sujets de son ennemi. Le droit de la guerre est celui de nuire à l'adversaire par tous les moyens. Ce droit est incontestable, et la nation qui renonce à l'exercer n'agit ainsi que par politique et dans son propre intérêt. En droit, et aussi en fait, nous pouvons donc dire que la propriété, même immobilière, des sujets ennemis n'est pas respectée par les belligérants dans les guerres terrestres.

Mais si la propriété immobilière n'est pas à l'abri des atteintes de l'ennemi, quelle est la position de la propriété mobilière ? Celle-ci est-elle l'objet d'un respect absolu de la part des troupes envahissantes ?

Nous ne parlerons pas des faits de maraude, si fréquents dans les guerres terrestres et très-rares dans les guerres maritimes, parce qu'ils sont à peu près impossibles. Ces actes appartiennent à des hommes isolés, agissant en dehors et même contre les ordres de leurs chefs. Nous parlerons moins encore des villes livrées au pillage et abandonnées à la fureur aveugle des soldats. Ces faits, quoiqu'il y en ait encore quelques-uns que l'on pourrait citer, sont devenus très-rares, et ont toujours soulevé, avec raison, l'indignation générale contre leurs auteurs. Nous nous bornerons à rappeler ce qui arrive dans toutes les guerres d'invasion, sans donner lieu à aucune réclamation ; ce qui est, en réalité, le droit de la guerre, que toutes les nations acceptent et exercent comme tel.

Une armée entre dans le pays ennemi ; elle est dans la nécessité de pourvoir à sa subsistance, et, autant que possible, sans épuiser ses propres magasins ; elle doit vivre, comme l'on dit, sur le pays ennemi. Par quels moyens peut-elle y parvenir ? Elle ordonne aux habitants d'apporter les blés, les farines, les bestiaux dont elle a besoin, et si ses ordres ne sont pas exécutés, elle emploie la force et enlève de la maison de chaque habitant, non-seulement les vivres, les marchandises, mais encore l'argent. Toutes les bêtes de somme et de trait, tous les moyens de transport sont mis en réquisition pour le service de l'armée, et les propriétaires eux-mêmes sont entraînés loin de leur pays pour faire les charrois ; trop heureux encore si on leur permet de remmener dans leurs foyers les animaux qu'ils ont conduits, et qui souvent forment toute leur fortune ; trop heureux s'ils échappent aux traitements les plus inhumains ! Ainsi donc, récoltes, bestiaux, bêtes de trait ou de somme, moyens de transport, argent même, tout est enlevé au sujet ennemi. La France, elle-même, agit ainsi en Algérie ; elle vide les silos. s'empare des troupeaux, prend, en un mot, tout ce qui appartient aux sujets ennemis, et elle ne dépasse pas le droit de la guerre ; elle ne viole pas ses devoirs. La Russie, dans le Caucase, l'Angleterre dans tous les pays où elle porte ses armes, les États-Unis d'Amérique eux-mêmes agissent de la même manière. L'Autriche, entrant dans le Piémont, en 1859, ne fit pas autrement, et cependant on ne peut pas dire que le général Giulay ait outrepassé ses droits ; on ne lui a jamais fait sérieusement le reproche d'avoir violé les lois internationales.

Il arrive souvent que les nécessités de la guerre imposent aux populations des sacrifices beaucoup plus grands encore. Combien de fois n'a-t-on pas vu l'ennemi incendier et détruire les récoltes même sur pied, brûler les maisons avec tout ce qu'elles contenaient, en un mot, anéantir toutes les propriétés des sujets ennemis ? Et ces faits si désastreux, qui frappent surtout les provinces que l'ennemi est forcé d'évacuer, ont lieu, non pas pour en tirer une utilité quelconque pour lui-même, non pas pour vivre aux dépens de la conquête, mais seulement pour priver l'adversaire des ressources que le pays aurait pu lui fournir. Quelquefois même ce dernier prétexte n'existe pas. C'est ainsi que les pêcheurs de la mer d'Azof ont eu leurs filets détruits, leurs barques brûlées, leurs pêcheries anéanties par les bâtiments anglais qui avaient pénétré dans cette mer lointaine. On a même vu des souverains, se sentant incapables de repousser une invasion, anéantir toutes les propriétés de leurs propres sujets, pour mettre l'armée ennemie dans l'impossibilité de vivre dans un pays dévasté et privé de toutes ses ressources.

Tel est le droit de la guerre, et ce droit a toujours été exercé sur terre dans toute sa plénitude. Cela est si vrai, que dans toutes les capitulations, le vaincu demande et souvent obtient la stipulation expresse que les propriétés privées seront respectées. Cette convention spéciale, qui, le plus souvent, est achetée par une contribution de guerre en argent, serait un non-sens si la loi générale de la guerre terrestre imposait à l'ennemi l'obligation de ne pas toucher les propriétés privées. Mais elle est, au contraire, très-utile, elle est indispensable même, parce que le droit international ne contient rien de semblable.

Comment donc peut-on affirmer que la propriété privée des sujets ennemis est respectée dans les guerres terrestres? Nous ignorons quelle peut être la cause de l'*erreur* commise sur ce point par les auteurs des propositions de 1856 et de 1859, et par tous ceux qui les ont suivis dans cette voie. Quant à Galiani, il a pris soin lui-même, dans la courte note où il émet le vœu que nous combattons [1], de nous indiquer la source de son *erreur*. Il a pris pour point de comparaison entre la guerre maritime et la guerre terrestre, une grande ville et un navire de commerce; il s'étonne que la cité et les propriétés mobilières qu'elle renferme soient respectées par le vainqueur; tandis qu'un corsaire, sujet du même conquérant, enlève le navire et tout ce qu'il porte. Il est facile de comprendre que cette comparaison erronée devait conduire l'auteur à une fausse conclusion.

Il arrive souvent, en effet, que, dans les villes prises même sans capitulation, l'ennemi fait respecter les propriétés privées. Cette modération n'est pas le résultat d'un devoir: elle n'a pas pour base une loi internationale, elle prend sa source dans l'intérêt même du conquérant. Sans répéter ici ce que

[1] Voyez ci-dessus le texte même de cette note, p. 4.

nous avons dit en parlant des propriétés immobilières, nous nous contenterons de faire remarquer que le pillage, outre le grand danger qu'il entraînerait de la part des habitants exaspérés, serait sans aucun avantage pour l'armée envahissante et serait même nuisible pour elle. Comment, en effet, transporter cette masse d'objets mobiliers de toute nature pour les faire profiter aux capteurs? Quels moyens de transport pourrait-on employer pour les faire parvenir sur le territoire, souvent éloigné, du conquérant? Les laisserait-on aux soldats? Mais tout le monde sait que le soldat surchargé de butin n'est plus propre à la guerre; qu'il ne peut ni soutenir les marches ni livrer de combats. Il serait également impossible de les conserver sur place; d'ailleurs, la plus grande partie de ces objets seraient complétement inutiles à une armée en campagne. Tout serait bientôt gaspillé et perdu, et l'armée serait privée de toutes les ressources qu'elle aurait pu tirer de la ville et de ses habitants; elle serait bientôt forcée d'abandonner sa conquête, ou, si elle la conservait, elle ne pourrait le faire qu'en faisant peser sur son propre pays des sacrifices qu'elle aurait pu lui éviter en agissant avec plus de modération à l'égard de la ville prise. En laissant au contraire les citoyens en possession de leurs biens mobiliers, le vainqueur les maintient dans le calme et la tranquillité et se réserve toujours la faculté de profiter de ces dépôts, de ces magasins, dans la mesure de ses besoins, il conserve le droit de réquisition pour en user en temps opportun, et celui de frapper des contributions de guerre pour payer, aux dépens de la cité, ses troupes et même les denrées achetées par lui aux habitants. En un mot, il vit sur le pays conquis. Ce sont sans doute quelques exemples de cette modération qui ont causé l'erreur de Galiani.

L'intérêt de l'envahisseur, qui est toujours la mesure exacte de son désintéressement apparent, peut se présenter sous d'autres formes. Toute invasion a pour but ou d'occuper temporairement le pays, pour priver le gouvernement ennemi des ressources qu'il en tirait et le forcer à faire la paix, ou de s'emparer définitivement de la partie conquise pour la joindre à ses États. Nous venons de montrer les raisons qui, dans la première hypothèse, doivent engager le conquérant à se montrer très-clément à l'égard de la propriété ennemie. Dans la seconde, son intérêt est plus grand encore. Il doit, en effet, ménager ses nouveaux sujets pour se concilier leurs sympathies et pour conserver la prospérité de ses nouveaux États, afin d'en tirer des avantages plus considérables. Dans notre siècle, d'ailleurs, quel est le souverain qui pourrait se résoudre à régner sur des ruines et sur la misère?

La guerre de 1859 nous fournit un exemple frappant de cette espèce spéciale d'intérêt qui peut porter un belligérant à respecter les propriétés privées des sujets de son adversaire. La France avait entrepris la campagne d'Italie pour soustraire la Lombardie et la Vénétie au joug de l'Autriche, et pour les incorporer aux États de son allié le roi de Sardaigne. Entrées dans la première de ces provinces, les troupes françaises ont respecté, avec la plus scrupuleuse attention, toutes les propriétés de ceux qu'elles regardaient comme des frères et qu'elles venaient arracher à la domination étrangère. Tous les objets, les vivres même qu'elles avaient à demander au pays conquis, furent exactement payés. D'ailleurs l'empereur, dans sa prévoyante sollicitude pour ses soldats et pour les Italiens, avait pris toutes les précautions possibles pour que son armée n'eût que bien peu de chose à demander au pays conquis. Aussi peut-on affirmer que jamais guerre ne causa moins de dommage aux habitants, et que la présence des Français fut pour ce pays, même au point de vue de l'intérêt matériel, un grand bienfait.

Le même principe régit donc les propriétés privées mobilières et immobilières; d'après le droit de la guerre terrestre, elles sont soumises à la loi qu'il plaît au vainqueur de leur imposer : elles peuvent être saisies et confisquées. En fait, la propriété mobilière du moins devient le plus souvent la proie du vainqueur. Son intérêt est toujours la base et la mesure de sa modération; il ne renonce à exercer une partie du droit que lui donne la guerre, que pour retirer de la guerre même de plus grands avantages.

Un seul point de l'argument mis en avant par les partisans de la proposition de M. Marcy nous reste à examiner. Les hommes désarmés, paisibles, les laboureurs, les artisans sont respectés sur terre par le conquérant, tandis que sur mer les matelots désarmés et paisibles aussi, chargés de la conduite des navires marchands, sont emmenés loin de leur pays et retenus prisonniers. Cette différence existe réellement; nous en donnerons la principale cause ci-après, mais nous devons dès à présent réduire à sa juste valeur la modération des armées envahissantes. Ici encore l'intérêt bien entendu de la conquête est la source unique de cette modération. Si l'invasion a pour but l'annexion d'une province, le vainqueur ne peut, ne doit ni détruire ni enlever la population ; si, au contraire, il ne s'agit que d'une occupation temporaire, cette population est précieuse pour l'armée qu'elle fait vivre par son travail. D'ailleurs, il est matériellement impossible d'emmener prisonnier un peuple tout entier, de le transporter au loin dans un lieu sûr, et de le garder ; et quand il serait possible, ce moyen serait tellement onéreux pour le conquérant, qu'il se verrait dans la nécessité d'y renoncer. L'intérêt du belligérant est donc l'unique règle de sa conduite.

Nous pouvons conclure que la guerre maritime n'offre avec la guerre terrestre aucune des dissemblances qu'invoquent M. Marcy et ses partisans, à l'appui de leur proposition. Le principal fondement sur lequel on voulait asseoir le nouveau système s'écroule, et avec lui s'évanouissent toutes les conséquences plus ou moins philosophiques et humanitaires que l'on en voulait tirer.

Mais admettons un instant que la guerre terrestre déploie réellement toute l'humanité que l'on a bien voulu lui attribuer; supposons qu'elle se montre pleine de modération et qu'elle respecte d'une manière absolue, non-seulement les propriétés immobilières qu'elle ne peut enlever, mais encore les propriétés mobilières des sujets de l'ennemi ; nous prouverons facilement que cette conduite ne peut être appliquée à la guerre maritime.

La mer, par sa nature même, diffère essentiellement de la terre ; sans entrer ici dans l'examen approfondi de ces différences, il nous suffira d'en signaler une seule et d'en tirer les conséquences, pour prouver que les règles applicables au sol terrestre ne sauraient l'être à l'Océan.

La terre est, par sa nature même, susceptible de subir le joug de l'homme, d'être possédée par lui et entièrement soumise à sa puissance ; en fait, toute la surface terrestre habitée par les peuples civilisés est possédée en propre par les diverses nations. Chacune d'elles commande en maître sur la portion de cette surface qui lui appartient ; puis, la propriété utile de ce même territoire est répartie entre les citoyens et régie par les lois intérieures de l'État. Mais par ce fait même que la terre est possédée en propre par les citoyens, par les nations, elle est soumise aux chances de la guerre, et par conséquent de la conquête, parce que la conquête est de tous les moyens de nuire à l'ennemi le plus direct et le plus efficace, puisqu'elle enlève au vaincu toutes les ressources indispensables pour continuer la guerre. Ces ressources, en effet, hommes et choses, se trouvent soumises au conquérant, qui en use pour son propre compte. Devenu souverain du sol, il est par cela même souverain du peuple et de ses possessions. Alors même qu'il n'abuse pas de ce droit, qu'il respecte ces propriétés, il en tire tous les produits, tous les avantages que l'ancien possesseur pouvait y trouver.

La mer, au contraire, est essentiellement libre ; elle ne peut être possédée à aucun titre ni public ni privé, par aucun peuple, par aucun homme. Mais par cela même qu'elle n'appartient à personne, elle appartient à tout le genre humain. Toutes les nations peuvent en user pour la navigation, pour la pêche et pour tous les autres avantages qu'elles peuvent en tirer. En fait, toutes les nations se servent de la mer, qui est comme le trait d'union destiné par la Providence à relier entre eux les peuples les plus éloignés. Les belligérants se rencontrent sur ce vaste espace commun; ils s'y combattent, non pour s'emparer du lieu sur lequel flottent leurs vaisseaux, mais pour enlever la propriété de l'ennemi, les vaisseaux eux-mêmes, ou du moins pour la détruire. La différence peut se formuler ainsi : sur terre, la conquête du sol prive l'ennemi des ressources que lui donnent les propriétés publiques et privées, pour les transporter au vainqueur. Sur mer, le seul moyen de nuire à l'ennemi est de le priver des avantages qu'il tire des propriétés publiques ou privées, pour profiter soi-même de ces avantages, en s'emparant de ces propriétés. Si on laisse passer un navire, si on le respecte, puisque c'est le mot consacré par les novateurs, il sera conduit avec tout son chargement dans les ports de l'ennemi, qui, désormais, en tirera tout le profit, soit direct par la consommation, soit indirect par l'impôt, et même par la prospérité de ses propres sujets. Si, au contraire, le bâtiment est pris par l'autre belligérant, il sera envoyé dans le pays de ce dernier, où il portera tous les avantages dont l'adversaire sera complétement privé.

Un exemple rendra cette différence plus frappante. Lorsque les Français s'emparèrent de la Lombardie, si cette conquête avait été une conquête ordinaire, ils pouvaient parfaitement respecter tous les blés, tous les fourrages qui appartenaient aux habitants des terres conquises, parce que, d'une part, l'Autriche ne pouvait plus profiter de ces denrées, et que, de l'autre, elles restaient à la disposition des vainqueurs, qui pouvaient en faire usage lorsqu'ils le jugeraient utile. Mais supposons ces mêmes blés, ces mêmes fourrages, chargés sur un navire autrichien rencontré par un croiseur français : si ce dernier doit respecter cette propriété, le navire ira à Venise ou dans tout autre port appartenant encore à son souverain, et sa cargaison servira exclusivement aux sujets autrichiens, au gouvernement autrichien, qui en tirera tous les avantages, qui peut-être même en fera l'acquisition pour nourrir son armée; qui, par conséquent, deviendra plus fort, plus en état de continuer la lutte.

Il existe, en outre, une différence très-essentielle entre la propriété privée à terre et cette même propriété sur mer. La première, nous croyons l'avoir démontré, n'est pas toujours susceptible d'être prise et confisquée par le conquérant, soit à cause de la population, dont la soumission est très-importante, soit à cause de la difficulté ou plutôt de l'impossibilité de la transporter dans le pays étranger. C'est pour cette dernière raison que souvent, lorsqu'il se trouve dans la nécessité d'évacuer sa conquête, le vainqueur incendie et détruit les propriétés mobilières privées, afin d'enlever à son adversaire les ressources qu'il pourrait en tirer.

Il n'en est pas ainsi sur mer. Le navire, quelque grand qu'il soit, est monté par un petit nombre d'hommes dont la révolte ne peut être à craindre pour le capteur. Les marchandises sont sur le véhicule même qui peut les transporter aussi facilement dans un port appartenant à son nouveau souverain, qu'il les aurait transportées dans celui de l'ancien propriétaire; sans aucun frais, sans aucun effort, il change de route et se rend avec tout son chargement au lieu de la destination nouvelle qui lui est assignée.

Le navire lui-même est une espèce de propriété spéciale dont il importe de préciser la nature, parce que seule elle suffit pour justifier la capture à laquelle elle est, et à laquelle, dans notre opinion, elle doit rester soumise. Le bâtiment de mer est à la fois la maison des hommes qui le dirigent, un vaste magasin mobilier et un moyen rapide et sûr de transporter dans les pays lointains toutes les choses et tous les individus que l'on peut y placer. Il n'existe pas à terre d'objet mobilier qui puisse être comparé au navire. Mais ce chef-d'œuvre de l'industrie humaine n'est pas seulement propre aux opérations pacifiques du commerce; il n'est pas exclusivement apte aux usages de la paix, il peut aussi servir à toutes les opérations de la guerre. Sans être soumis à la moindre transformation, il peut être employé à transporter des troupes, soit pour défendre les possessions lointaines menacées par l'ennemi, soit pour attaquer celles de cet ennemi et faire une descente sur son territoire. Il peut être utilisé pour porter des vivres et des munitions de toute espèce, et coopérer de la manière la plus efficace à tous les actes de la guerre.

La France et l'Angleterre surtout, les deux nations les plus puissantes par leurs flottes, se sont servies des navires du commerce pour transporter leurs armées sur les côtes de la mer Noire; et, sans le secours de la marine privée, il leur eût été très-difficile, impossible peut-être, d'entretenir leurs forces débarquées à plus de mille lieues de leur pays, d'envoyer les vivres, les munitions, l'artillerie, nécessaires pour terminer glorieusement un siége qui restera justement célèbre dans l'histoire des nations.

Mais il y a plus, il n'existe pas un seul navire de commerce qui ne soit propre à devenir une machine de guerre, et cela, sans exiger de grandes dépenses. Tout bâtiment, grand ou petit, peut recevoir un armement proportionné à sa force et être employé au combat, non-seulement comme corsaire, ce qui, aujourd'hui, paraîtrait peu important aux yeux de quelques personnes, mais même par son emploi immédiat et direct par l'État, emploi que la déclaration de 1856 n'a pas aboli. Au reste, les États-Unis savent parfaitement quel immense parti on peut tirer, à la guerre, des navires particuliers armés; la dépêche de M. Marcy, du 28 juillet 1856, elle-même nous l'apprend.

En poursuivant notre comparaison entre la guerre maritime et la guerre terrestre, nous arrivons à constater l'immense différence qui existe entre les hommes de mer et ceux que leurs occupations retiennent au sol. On a comparé le marin au laboureur et à l'artisan; nous nous étonnons que des hommes qui ont, ou du moins qui doivent avoir quelque connaissance des choses de la mer aient pu commettre une si grande erreur. En quelques mois un laboureur, un artisan peut devenir un bon soldat; il ne deviendra presque jamais un bon matelot, alors même qu'il pourrait passer un très-long temps à apprendre cet état spécial. Le métier de marin est difficile; il faut un long apprentissage pour faire un matelot; il faut le plus souvent s'être, dès l'enfance,

familiarisé avec la mer; et même alors plusieurs années de navigation sont nécessaires pour former ces hommes à leur rude
mais si utile travail, pour les habituer à cette vie que nous
n'avons pas craint d'appeler contre nature. Mais, une fois
formé, cet homme spécial est, en même temps, homme de
mer et homme de guerre. Dans tous les pays du monde, et
quel que soit le mode de recrutement des équipages de la
flotte, les marins qui montent les navires du commerce sont,
en cas de besoin, appelés à manœuvrer les bâtiments de
guerre. Aussitôt qu'ils sont rentrés dans un des ports de leur
pays, ils peuvent être levés pour le service de l'État, pour faire
la guerre. Ces hommes ne peuvent pas être remplacés par
d'autres : il faut être marin pour faire le métier de marin; ils
sont donc indispensables en temps de guerre maritime.

Un fait historique prouvera la vérité que nous avançons
beaucoup mieux que tous les raisonnements. En 1755,
l'Angleterre, avant toute déclaration de guerre, fit enlever
par ses bâtiments tous les navires français occupés à la pêche
de la morue, et le premier ministre de cette puissance expli-
qua en plein parlement l'importance de cette capture, qui,
avant même le commencement des hostilités, privait la France
de dix à douze mille matelots. Loin de nous la pensée d'approuver ou même de justifier un fait aussi contraire aux lois
de l'honneur qu'à celles qui régissent les nations, un acte de
piraterie; mais le ministre anglais disait la vérité : il avait
porté une grave atteinte à la puissance maritime à laquelle
il voulait faire la guerre. Nous le demanderons, quel dommage
eût fait à la France l'enlèvement d'un pareil nombre de soldats ou d'un nombre décuple de cultivateurs?

Il n'y a donc aucune comparaison possible entre les propriétés privées à terre et les propriétés privées sur mer;
entre le navire, même de commerce, flottant sur l'Océan, et
toute espèce de propriété terrestre; enfin, entre le matelot et
le laboureur, l'artisan, ou tout autre individu habitué à vivre
sur la terre. Les différences sont si grandes, si absolues, qu'il
est impossible de pouvoir appliquer à ces choses et à ces

hommes des règles uniformes. Ainsi, en admettant même, ce qui n'est pas, que la propriété privée des sujets ennemis sur terre soit respectée, nous soutenons que la propriété privée des sujets ennemis sur mer doit continuer à être soumise à la prise et à la confiscation. C'est ce qu'il nous sera facile de prouver.

M. Marcy, et après lui les négociants de Brême et de Hambourg, et les publicistes qui ont embrassé la même cause, présentent la mesure par eux proposée comme impérieusement réclamée par les lois de l'humanité; c'est la seconde base qu'ils donnent à leur système. Nous avons anéanti la première, examinons celle-ci; nous ne pensons pas qu'elle soit plus solide. Depuis quelques années on a singulièrement abusé du prétexte de l'humanité pour couvrir des systèmes qui étaient fort peu humains; mais ce mot est toujours accueilli avec faveur par le grand nombre; il est par conséquent bien propre à voiler les desseins les plus habiles et les plus contraires aux principes de l'humanité invoquée. La proposition de rendre inviolable la propriété privée des sujets ennemis sur mer est dans ce cas : non-seulement elle n'est pas conforme aux lois de l'humanité, mais encore elle est complétement contraire à ces lois sainement entendues.

La guerre est le fléau le plus terrible dont Dieu puisse affliger le genre humain; mais il n'est pas seulement terrible par le nombre d'hommes qui succombent sous les coups immédiats de l'ennemi, il l'est encore, et surtout, par les conséquences moins immédiates peut-être, mais inévitables, qu'il entraîne. Les peuples souffrent beaucoup plus par ces conséquences que par les faits directs de la guerre. Les maladies, les privations, les fatigues font beaucoup plus de victimes que le fer et le feu. Ce ne sont pas seulement les soldats appelés sous les armes qui souffrent de ce fléau; tous les citoyens des États belligérants sont frappés par les suites de la guerre : l'absence de commerce, la stagnation des affaires, les bras enlevés à la culture du sol, l'augmentation des impôts, et trop souvent l'invasion avec toutes les déprédations et toutes les misères qui l'accompagnent, pèsent sur les populations tout entières ; et le fardeau devient de plus en plus lourd à mesure que la guerre se prolonge, à mesure qu'elle consomme un plus grand nombre d'hommes et qu'elle engloutit de plus immenses trésors. Cette aggravation n'est pas seulement en raison directe de la durée du fléau ; elle se fait sentir dans une proportion beaucoup plus forte, qu'il est impossible de formuler d'une manière mathématique, mais qui est incontestable.

Cependant la guerre est absolument nécessaire ; elle est la seule barrière qui puisse être opposée aux passions humaines, le seul frein que l'on puisse mettre à la tyrannie, à l'ambition des nations. La guerre sera nécessaire, indispensable même, tant que la nature humaine ne sera pas complétement changée. Aussi longtemps qu'il s'élèvera des contestations et des procès entre les citoyens d'un même État, aussi longtemps qu'il se trouvera des hommes capables de commettre des vols ou des assassinats, la guerre devra exister. C'est le tribunal unique qui puisse juger les peuples. Les nations sont à l'égard les unes des autres dans un état d'indépendance absolue. L'offensé n'a d'autres ressources que d'en appeler aux armes, de se faire justice lui-même, et de réduire l'offenseur à réparer sa faute ou son crime. La guerre est donc un mal nécessaire ; mais il est juste, il est conforme aux lois de l'humanité de limiter ses ravages le plus possible. A nos yeux le seul moyen d'atteindre ce but est de limiter la durée du fléau. En agissant ainsi, on parviendra à diminuer les fatales conséquences dont nous venons de parler ; les maladies, les fatigues, les privations de tout genre qui font un si grand nombre de victimes, seront abrégées ; les impôts pèseront moins lourdement et moins longtemps sur les populations ; tous les citoyens, même ceux qui ne prennent pas une part active aux hostilités, verront leurs souffrances allégées.

Mais pour que la guerre soit de courte durée, il faut lui laisser toute son énergie ; il faut que les belligérants puissent user du droit qu'ils tiennent de la loi primitive, de se servir réciproquement de tous les moyens directs, admis par la morale des nations, afin que l'un des deux soit réduit à demander ou à accepter la paix le plus promptement possible. La guerre doit être terrible, afin d'inspirer un grand effroi aux peuples et aux souverains, parce que cet effroi peut les détourner de vaines querelles, les porter à se montrer plus modérés dans leurs prétentions, même les plus justes; et, par conséquent, éviter les ruptures, ou abréger les hostilités. C'est dans cette conviction que nous avons applaudi à toutes les découvertes, à tous les perfectionnements qui, de nos jours, rendent les armes de guerre si meurtrières. Ces inventions, ces perfectionnements sont, en réalité, des services rendus à l'humanité, parce qu'en faisant la guerre plus terrible, ils en abrégeront forcément la durée, et, par conséquent, épargneront aux nations belligérantes d'immenses souffrances et même conserveront la vie à un grand nombre de soldats.

S'il est besoin de donner des preuves de ce que nous avançons, les dernières années de notre histoire les fourniront. Depuis dix ans, deux grandes guerres ont été entreprises et glorieusement terminées par la France. Toutes les deux ont été courtes, sans doute; mais cependant l'une d'elles a duré près de deux ans, tandis que l'autre s'est terminée en quelques semaines. Dans toutes les deux, de grandes nations militaires se heurtaient les unes contre les autres ; mais, sous le rapport de l'humanité, même en ne considérant que les hommes directement employés au service, il y eut une immense différence.

Dans l'expédition d'Orient, l'armée française, même avant d'avoir rencontré l'ennemi, avait déjà fait des pertes très-sensibles. Quatre batailles et les nombreux assauts donnés pendant le siége de Sébastopol firent beaucoup moins de victimes humaines que les maladies, les privations et les souffrances de tout genre que durent subir les troupes pendant cet hiver si rigoureux passé sur le sol inhospitalier, et même que les premières chaleurs de l'été, lorsque les deux parties, réconciliées, négociant déjà les préliminaires de la paix, restaient en présence sans se livrer aucun combat. Que l'on calcule le nombre des victimes, et l'on verra que les conséquences de la guerre sont beaucoup plus terribles que la guerre, alors même qu'elle est conduite avec la vigueur qui a caractérisé cette lutte acharnée. D'un autre côté, si nous jettions un coup d'œil sur les armées ennemies, si nous examinions les vides immenses faits dans les troupes russes, nous verrions que les soldats qui ont été victimes des conséquences que nous signalons, souvent même des seules fatigues de la route et avant d'avoir aperçu l'armée alliée, ont été beaucoup plus nombreux que ceux qui sont tombés sur les champs de bataille. Mais que serait devenue cette guerre, si la sagesse de l'empereur n'y eût mis fin aussitôt qu'il eut atteint le but désiré, si la modération après la victoire ne lui avait fait proposer à son puissant ennemi des conditions honorables pour tous? Sans doute, la France et ses alliés auraient triomphé; mais de quels cruels sacrifices auraient été payés ces nouveaux triomphes !

La guerre d'Italie fut si rapidement conduite que les conséquences désastreuses dont nous parlons eurent à peine le temps de se développer. Là, pas de maladies, pas de ces souffrances extrêmes qui frappent de mort, mais des combats nombreux, incessants, et trois ou quatre batailles en six semaines. C'est une guerre terrible, il est vrai, mais c'est la guerre faite dans l'intérêt de l'humanité. Le nombre des victimes a été considérable, beaucoup trop considérable; mais il eût été beaucoup plus grand encore si les armées belligérantes avaient dû tenir la campagne pendant tout l'été dans les plaines humides de la Lombardie et de la Vénétie, si elles avaient dû hiverner sur les champs de bataille. Nous avons négligé de faire figurer dans ce tableau comparatif les maux que la guerre fait peser sur les populations entières des pays belligérants, maux que nous avons déjà signalés. Les effets de la durée des hostilités sur les armées suffisent pour établir le principe que nous soutenons.

Nous pouvons donc dire avec vérité que la guerre énergiquement conduite, que la guerre la plus courte est en même temps celle qui fait directement le moins de victimes et qui inflige aux nations le moins de souffrances. Nous pouvons affirmer, par conséquent, que les moyens qui tendent à abréger la durée des hostilités sont les seuls qui puissent être considérés comme conformes aux lois de l'humanité. Le système proposé par M. Marcy, par les villes de Brême et de Hambourg et par le commerce anglais, est-il de nature à atteindre ce résultat? Évidemment non; bien loin de là, il aurait pour effet nécessaire de prolonger les guerres ou de les rendre plus désastreuses.

Le droit du belligérant est de nuire à son ennemi par tous les moyens directs qu'il possède ; le but de la guerre est de contraindre l'ennemi à faire la paix ; ces principes sont incontestables, on peut même dire incontestés. Ainsi que nous venons de le démontrer, toutes les mesures qui sont de nature à rendre la guerre plus courte, c'est-à-dire à accélérer la soumission de l'ennemi, sont des mesures conformes aux règles de l'humanité. La capture des propriétés privées de l'ennemi sur mer, la confiscation de ses navires marchands, la détention de ses hommes de mer, la ruine de son commerce maritime, sont-elles de nature à le réduire à demander ou à accepter la paix? Depuis longtemps déjà, mais surtout dans notre siècle, le commerce maritime est, pour les nations qui s'y livrent, une source de richesses et de prospérité, et, par conséquent, de forces réelles. On peut affirmer que de nos jours il n'existe pas un seul peuple navigateur qui puisse continuer la guerre après la ruine de sa marine marchande, ou même qui puisse résister longtemps à l'interruption complète de son commerce sur mer. La détention des hommes de mer, la prise des navires a, en outre, pour résultat inévitable de rendre les expéditions miliaires lointaines, sinon complétement impossibles, du moins excessivement difficiles, et de livrer tous les établissements d'outre-mer à la merci de l'ennemi. La nation la plus puissante du monde sur l'Océan, la Grande-Bretagne, serait forcée d'accepter les conditions de paix les plus onéreuses, si son ennemi parvenait à ruiner sa marine marchande ou même à la priver, pendant quelques mois seulement, de l'arrivée des cotons ou des débouchés indispensables à ses cotons fabriqués. La prise de la propriété privée sur mer est donc un moyen très-efficace de nuire à l'ennemi; elle est de nature à forcer un des deux adversaires à faire la paix, et, par conséquent, à abréger la durée du fléau de la guerre.

Si l'on admet que la propriété privée sur mer est inviolable, le contraire arrivera nécessairement. Le commerce continuera à se faire comme en temps de paix; les fabriques, alimentées par les matières premières exotiques, dont le prix n'aura pas même varié, travailleront et exporteront leurs produits comme par le passé; l'État trouvera dans cette prospérité les moyens d'entretenir ses armées, de réparer et d'augmenter ses flottes, de continuer les hostilités, et même de les étendre. Les navires de commerce rentrés dans les ports serviront de transports militaires, les matelots seront levés pour le service des bâtiments de guerre, lorsque le besoin s'en fera sentir. L'adoption de ce système aurait donc pour résultat de prolonger les hostilités et toutes les calamités qu'elles entraînent; mais là ne s'arrêteraient pas ses funestes conséquences : elle rendrait, en outre, la guerre plus cruelle, plus atroce. En effet, il n'est pas possible qu'un peuple consente à rester éternellement en guerre avec un voisin qu'il ne peut plus parvenir à vaincre; privé d'un moyen efficace de nuire à son adversaire, il en cherchera d'autres. Le commerce maritime est une des principales ressources de son ennemi; il prendra toutes les mesures possibles pour le priver de ces avantages; ne pouvant plus s'emparer des navires sur la haute mer, il les détruira dans leurs refuges; ne pouvant ruiner le commerce sur l'Océan, il l'anéantira dans les ports. Il attaquera de vive force, il bombardera toutes les villes maritimes. L'humanité aura alors à déplorer des malheurs beaucoup plus grands, beaucoup plus réels, que la prise des navires marchands et la détention des hommes qui les montent.

Le projet dont il s'agit est, non-seulement contraire aux lois de l'humanité sainement entendues, mais encore aux règles les plus sacrées de la morale internationale, et même de la morale privée. Son adoption aurait pour résultat d'assurer l'impunité de tous les attentats commis par les peuples, et aussi de créer, dans l'intérieur des États belligérants, une classe d'hommes tout à fait en dehors des calamités publiques, et profitant, pour s'enrichir, des malheurs qui pèsent sur leurs concitoyens.

Un peuple éloigné, et qui ne peut être atteint que par mer se rend coupable des actes les plus criminels envers un autre État, même plus puissant que lui ; il refuse toute satisfaction et consigne tous ses bâtiments de guerre dans ses propres ports, fortifiés avec soin et mis à l'abri des attaques. Comment l'offensé pourra-t-il se faire justice, si la propriété privée de son ennemi est déclarée inviolable ? Il faudra donc armer une puissante flotte, envoyer une armée nombreuse, faire la conquête du pays. Mais il est peu de nations qui puissent entreprendre de semblables expéditions et supporter les frais qu'elles entraînent. Le coupable restera donc impuni ; il aura pu se jouer de toutes les lois de l'honneur international et être assuré de n'avoir jamais rien à craindre de ses victimes. Si, au contraire, la propriété privée sur mer reste soumise à la prise, ce peuple recevra immédiatement le châtiment qu'il a mérité ; il sera promptement réduit à réparer ses crimes.

D'un autre côté, n'est-il pas contraire à toutes les notions du juste de voir les citoyens de pays engagés dans les hostilités continuer tranquillement leur négoce les uns avec les autres, tandis que leurs concitoyens se combattent à outrance ; s'enrichir aux dépens de ceux-là même qui sacrifient leur vie pour la défense de la patrie commune ? Cette séparation absolue des intérêts de quelques particuliers privilégiés des intérêts généraux de leur pays serait loin d'être un progrès : ce serait un retour à l'état d'isolement primitif et de barbarie, au profit de quelques hommes qui ont su n'avoir plus d'autre culte que celui de l'argent.

Mais comment une idée aussi contraire à la saine raison

a-t-elle pu être mise en avant par des hommes qui, cependant, ont brillé par leurs lumières et ont laissé des noms justement célèbres? par l'abbé Mably et par Galiani? par Franklin et par Frédéric? Comment une proposition de cette nature a-t-elle été faite, au nom du gouvernement des États-Unis, par un ministre américain, et, plus tard, renouvelée par les citoyens de plusieurs villes commerçantes?

La première question est à peu près résolue par l'exposé historique qui précède. L'abbé Mably et Galiani ont émis cette opinion sans la discuter, sans l'examiner, et en quelque sorte d'une manière incidente; ils n'ont pas même formulé une proposition. Quant à Franklin et au roi de Prusse, ils n'étaient pas fâchés, sans doute, de faire parade de leurs idées philosophiques; ils savaient qu'ils pouvaient sans aucun danger se donner cette satisfaction dans un traité entre deux nations que leur situation géographique et la nature de leurs relations mettaient à l'abri de toutes chances de collision.

La seconde question doit être divisée. Examinons d'abord la plus importante, celle qui concerne les États-Unis d'Amérique.

Dans ce pays, les idées humanitaires sont, tout le monde le sait, subordonnées aux intérêts matériels. Nous sommes loin de blâmer la politique des États de l'Union sur ce point; nous croyons, nous aussi, qu'ils ont fortement raison de mettre le salut et la prospérité de l'État au-dessus de toutes les utopies, plus ou moins philanthropiques, qui peuvent passer par la tête des philosophes. Ce n'est donc pas par humanité que le cabinet de Washington a ressuscité, en 1856, l'idée de Franklin, qui sommeillait oubliée depuis 1792; et s'il s'est servi du mot *humanité*, c'est qu'il n'ignore pas la puissance que ce mot exerce sur les peuples de l'Europe, plus vieux sans doute, mais beaucoup moins positifs que les négociants de New-York et de la Nouvelle-Orléans. Il a donc obéi à un autre mobile, et ce mobile n'est autre que son intérêt. Nous avons dit ailleurs [1] quel était cet intérêt; il

---

[1] Voyez notre *Histoire des origines, des progrès et les variations du droit international maritime*, tit. VI.

est indispensable de donner ici quelques développements.

La politique américaine avait un double but en proposant à l'Europe de déclarer la propriété privée inviolable sur les mers.

Tout le monde connaît le système non pas inventé, mais hautement proclamé par le président Monroë, et depuis beaucoup étendu, développé et même complétement changé par ses successeurs. D'après ce système tel qu'il est entendu aujourd'hui, la république américaine se croit en droit de prétendre à la domination non-seulement de l'Amérique septentrionale tout entière, mais encore des deux parties du nouveau monde et de toutes les îles qui en dépendent. Or, pour arriver à son application, il faut, avant tout, soutenir avec Monroë, mais dans un autre sens que celui qu'il donnait, en 1820, à cette prétention [1], qu'aucune puissance européenne n'a le droit de se mêler de ce qui se passe en Amérique ; que tout ce qui peut arriver sur ce continent doit rester complétement indifférent aux habitants de l'ancien monde.

Mais les États-Unis pourraient longtemps soutenir un pareil principe sans le faire adopter par la France, par la Russie, et surtout par l'Angleterre. Ces deux dernières puissances possèdent dans l'Amérique septentrionale des colonies dont la surface est beaucoup plus considérable que celle même des États de l'Union [2] ; elles ne peuvent donc pas admettre qu'elles doivent rester étrangères à des affaires qui, réellement, les touchent de très-près ; et que le gouvernement américain ait seul le droit de régler ces affaires au gré de son ambition et de ses intérêts. Or, ce que le cabinet de Washington ne peut obtenir par la voie directe, il cherche à se l'assurer par une voie indirecte ; c'est pour arriver à ce but qu'il a fait la proposition dont nous nous occupons.

---

[1] A cette époque, le président Monroë n'avait d'autre but que d'empêcher les souverains européens formant la sainte Alliance d'intervenir pour empêcher, par la force, les colonies de quelques-uns d'entre eux de conquérir leur liberté.

[2] Les possessions anglaises de l'Amérique du Nord occupent une superficie de trois millions de milles carrés ; celles de la Russie, cinq cent mille milles.

Le second mobile qui pousse les Américains dans cette voie n'est pas moins important; mais il frappe plus vivement les populations, parce qu'il est d'une application plus immédiate. Les États-Unis occupent sur les deux Océans une immense étendue de côtes; ils possèdent des ports et des havres nombreux et excellents; le commerce maritime est un élément essentiel de leur existence. La marine marchande américaine est la plus considérable du monde; elle dépasse, pour le nombre et le tonnage des navires, la marine britannique elle-même. Mais, chez eux, la marine militaire est loin d'être proportionnée à l'immense développement du commerce. M. Marcy lui-même nous donne les motifs de cette infériorité relative. « Les États-Unis, dit-il, regardent les « marines puissantes et les grandes armées régulières, en « tant qu'établissements permanents, comme nuisibles à la « prospérité d'une nation et dangereux pour la liberté civile. « Les dépenses pour les maintenir sont à la charge du peu- « ple; ils sont, aux yeux de ce gouvernement et dans une « certaine mesure, une menace contre la paix des nations, « une force considérable toujours prête à servir aux éventua- « lités de la guerre et une tentation pour s'y précipiter. »

Les citoyens des États-Unis ont donc à la mer un très-grand nombre de navires marchands, et leur gouvernement n'entretient qu'une force relativement restreinte pour protéger cet immense commerce. En cas de guerre maritime, les propriétaires et les négociants auraient donc beaucoup à souffrir de la prise des propriétés privées; l'État lui-même en souffrirait tellement qu'il serait bientôt forcé d'accepter la paix. C'est à ce grave danger que les Américains veulent échapper; et c'est pour parvenir à ce but qu'ils ont ressuscité la question de l'inviolabilité de la propriété privée sur mer.

Il importe de ne pas perdre de vue la position spéciale des États de l'Union américaine. Leur territoire est situé à mille lieues des côtes de l'Europe; une guerre ne peut les atteindre que par mer et sur mer. Leur marine militaire, peu nombreuse, mais excellente, saura toujours se mettre à l'abri des coups des adversaires plus puissants ; leur marine marchande seule est vulnérable : c'est le seul point par lequel ils puissent être attaqués avec quelques chances de succès. Si l'on permet que ce point unique soit mis hors des atteintes des hostilités, les Américains n'auront plus aucun frein ; ils mettront à exécution dans toute leur étendue les projets qu'ils attribuent à Monroë.

L'ambition de ces républicains n'est un mystère pour personne ; eux-mêmes proclament hautement leurs projets ; ils veulent, et avec cette volonté énergique et patiente qui caractérise leur race, dominer sur les deux Amériques. Le Mexique, déjà démembré par eux, ruiné par les dissensions intestines qu'eux-mêmes excitent et entretiennent, ne tardera pas à tomber tout entier entre leurs mains. Les petites républiques du Centre-Amérique seront facilement amenées à demander leur annexion à des voisins puissants, qui déjà commandent en maîtres sur leur territoire, et qui les auraient absorbées depuis longtemps sans l'intervention des Européens. Enfin, nous avons vu récemment un président de l'Union proclamer officiellement que l'île de Cuba ne pouvait, ne devait pas appartenir à d'autres qu'aux États-Unis. Si la marine marchande de ce pays est déclarée inviolable en temps de guerre, il pourrait poursuivre en sûreté l'exécution de ces plans, et les réaliser beaucoup plus tôt que ses hommes d'État ne le pensaient. Aucune nation d'Amérique n'est assez forte pour opposer aux États-Unis une résistance sérieuse, et ils seront complétement à l'abri de la force des États européens. Quelle est, en effet, la nation assez puissante pour envoyer aussi loin de son pays des flottes et des armées capables de réduire les Américains ? Une seule, la France, pourrait tenter une entreprise de cette nature. Mais le succès de l'entreprise, même de la part de la France, serait très-douteux, et, dans tous les cas, il serait trop chèrement acheté par les immenses sacrifices d'hommes et d'argent qu'il faudrait supporter.

Tel est, en réalité, le double but que se sont proposé les Américains en 1856, lorsqu'ils ont demandé que la propriété privée ennemie fût déclarée inviolable de la part des belligérants. Ce but est purement politique, favorable aux intérêts des États-Unis, contraire aux intérêts de l'Europe et de l'univers commercial ; l'humanité n'a jamais eu plus d'influence réelle sur les demandes du cabinet de Washington que sur celles des négociants de New-York.

Mais comment les villes de Brême et de Hambourg ont-elles été amenées à joindre leurs vœux à la proposition américaine ? Ce fait est tellement contraire aux intérêts réels de ces deux cités, que nous n'hésitons pas à considérer comme le résultat d'une erreur l'adhésion donnée par elles à une mesure dont la première conséquence serait la ruine de leur commerce et de leur marine.

Ces villes sont essentiellement commerçantes ; leur marine marchande est très-florissante, mais elles ne possèdent pas de marine militaire. Le seul rôle qu'elles aient rempli jusqu'ici dans les grandes guerres maritimes, le seul qu'elles soient appelées à remplir dans l'avenir, c'est le rôle de neutres. Elles doivent donc s'occuper surtout d'obtenir des grandes puissances toutes les garanties possibles pour la liberté de la navigation des peuples pacifiques. C'est pourquoi nous trouvons parfaitement rationnelle la demande faite par les négociants de Hambourg, aux puissances qui devaient se réunir en congrès au mois de décembre 1859, de rendre la déclaration du 16 avril 1856 plus explicite sur les points qu'elle avait traités, et de la compléter en tranchant certaines questions qu'elle avait omises [1]. Sans doute, nous ne saurions admettre la justice de toutes les demandes faites par ces commerçants ; mais nous comprenons qu'elles aient été faites par une nation appelée à rester spectatrice paisible des luttes acharnées des autres peuples.

La proposition brémoise et hambourgeoise ne concerne que les navires belligérants et leurs cargaisons ; elle ne parle pas des bâtiments neutres. Si elle est acceptée, elle laissera

---

[1] Voyez le Mémoire remis le 1er décembre 1859 au sénat de Hambourg par une députation des négociants de cette ville.

donc les navires neutres dans la position où ils sont actuellement; elle n'enlèvera aucune des entraves mises par les belligérants à la navigation pacifique.

La prohibition de certains commerces connus sous le nom de contrebande de guerre ne sera pas abolie, et les belligérants continueront, sans doute, comme ils l'ont toujours fait, à étendre cette prohibition aux objets les plus innocents, et à saisir les neutres portant chez leurs ennemis, non-seulement des armes, des munitions et des instruments de guerre, mais encore des bois et autres objets propres à la construction et au radoub des bâtiments, des vivres, des métaux précieux, en un mot, toutes les denrées qu'ils jugeront à propos de ranger dans la classe du prohibé [1]. Les peuples en guerre ne renonceront pas à prononcer, dans certains cas par eux déterminés, la confiscation des navires neutres coupables de contrebande, et à faire subir le même sort à leur cargaison entière.

La proposition n'enlève pas aux parties en guerre le droit de blocus. Si les traités les plus récents sont fidèlement exécutés, si la déclaration du 16 avril 1856 est sainement interprétée, ce droit pèsera moins lourdement sur les neutres, il est vrai, mais le nouveau sytème sera complétement étranger à ce bon résultat. Et si les traités ne sont pas respectés, on verra reparaître le blocus sur papier, les droits de prévention et de suite, etc., etc. [2], si terribles pour les navigateurs neutres.

Les nations en guerre, tout en déclarant insaisissables les propriétés privées de leurs sujets, ne renonceront pas à interdire aux neutres certains commerces connus sous le nom de commerces nouveaux, et à confisquer tous les bâtiments qui

---

[1] L'Angleterre, dans la déclaration datée du 7 juin, publiée seulement le 27 juin 1860, excepte des dispositions de cet acte plus que bienveillant pour les sujets britanniques *« le commerce d'articles ou choses qui pourront être déclarés par la » reine comme étant contrebande de guerre.»* (*Moniteur* du 29 juin 1860.)

[2] Sur les blocus fictifs et les droits de prévention et de suite, voyez notre *Traité des droits et des devoirs*, etc., etc., tit. IX, t. II, 2ᵉ édit., et notre *Histoire des origines et des progrès*, etc.

violeront cette défense; elles continueront à imposer aux navires pacifiques les conditions qu'elles leur imposaient pendant les guerres anciennes, et à punir par la saisie et la prise tout bâtiment qui osera enfreindre les lois qu'elles auront promulguées.

Nous sommes loin d'approuver ce système d'oppression mis en pratique par les belligérants contre les neutres; nous l'avons souvent et énergiquement combattu; mais ce système existe, et ce n'est pas la proposition Marcy qui le fera cesser.

La position du commerce pacifique resterait donc exactement la même : il demeurerait soumis à toutes les anciennes chances de confiscation; il aurait toujours à redouter les croiseurs des deux parties. Les négociants belligérants, au contraire, seraient en parfaite sécurité; pourvu qu'ils s'abstinssent de faire la contrebande et de violer les blocus, ils pourraient parcourir l'Océan sous les yeux même des flottes ennemies. L'état de choses existant se trouverait complétement renversé.

Le bâtiment neutre, quoique souvent victime des injustices des nations en guerre, présentait beaucoup moins de chances de prise que le navire belligérant; au moyen de ce nouveau système, ce dernier, au contraire, serait à l'avenir beaucoup plus en sûreté que l'autre. Les conséquences de ce bizarre résultat sont faciles à déduire. Jusqu'ici les navires neutres faisaient une partie des transports des propriétés privées des parties en guerre, ou du moins de la plus faible des deux; ils profitaient du commerce de commission, si important sur mer. Dans l'hypothèse dont il s'agit, ils perdraient complétement cette branche considérable de trafic. Les sujets des peuples en guerre non-seulement n'auraient aucun intérêt à charger leurs marchandises sous pavillon neutre, mais au contraire trouveraient plus de sécurité sur les navires de leurs concitoyens; ils abandonneraient donc les neutres pour se servir de leurs propres moyens de transport; mais là ne s'arrêteraient pas les pertes que ce système doit faire supporter au commerce pacifique. Les négociants des pays en paix eux-mêmes chercheraient à profiter des chances favorables que présenterait la navigation belligérante ; ils chargeraient leurs marchandises sous ce pavillon privilégié et déclaré inviolable, même pour l'ennemi. Les nations neutres seraient réduites à voir leurs bâtiments désarmés pourrir dans leurs ports, leurs matelots inoccupés chercher dans d'autres métiers les moyens de vivre, en un mot leur marine anéantie ; car tout le monde sait qu'une marine qui reste inoccupée est une marine ruinée, et qu'il faut un long temps et de grands efforts pour la faire revivre.

L'intervention des commerçants de Brême et de Hambourg pour l'adoption de la proposition de M. Marcy ne peut donc s'expliquer que par une erreur. Ces deux villes font un commerce très-important avec les États-Unis ; leurs sujets ont, comme le gouvernement du Brésil en 1858, cédé aux sollicitations intéressées des Américains. Ils ont été séduits par les grands mots ; ils ont agi sans réfléchir aux conséquences de leur démarche, car nous ne pensons pas qu'ils soient disposés à sacrifier leurs intérêts au bien de l'espèce humaine.

En résumé, la proposition de déclarer inviolable, sur mer, la propriété privée de l'ennemi, faite en 1856 par M. Marcy, au nom du gouvernement américain, reprise en 1859 par les villes de Brême et de Hambourg, et en 1860 par l'une des chambres prussiennes, patronnée aujourd'hui par quelques négociants anglais ayant à leur tête ce même M. Lindsay qui, en 1856, l'avait déclarée absurde, n'est pas acceptable. Elle est contraire aux lois de l'humanité, au nom desquelles on l'a présentée ; elle est le résultat d'un calcul politique, assez habile pour donner le change à quelques esprits trop portés à accepter tout ce qui leur est proposé sous une apparence plus ou moins philosophique : elle doit donc être repoussée par toutes les nations.

Il eût été plus logique de la part des États-Unis, nous dirons même plus loyal et plus digne d'une grande nation, d'agir avec franchise et de dire au monde entier : La guerre maritime seule peut mettre un frein à mes entreprises, je désire me débarrasser de ce frein, et pour y parvenir je vous propose d'abolir la guerre maritime. Ainsi posée, la question eût été peut-être plus conforme aux prétendues lois de l'humanité que l'on invoque, et elle eût été claire pour tous. Au reste, il faut l'avouer, les États-Unis arrivent progressivement et avec une rapidité assez grande à cette franchise que nous réclamons. En 1856, la dépêche de M. Marcy, sans demander positivement l'abolition de la contrebande de guerre et du droit de visite, attaquait vivement ces deux moyens employés dans la guerre maritime [1]. Depuis cette époque, de grands progrès ont été faits ; le président Buchanan lui-même propose l'abolition du blocus, et, vis-à-vis de ses concitoyens, il motive sa demande sur cette considération : que tant que le droit de blocus existera, l'immunité de la propriété privée sur mer sera sans efficacité, puisque l'on pourra rendre cette propriété inactive en l'enfermant dans les ports, et, par conséquent, forcer les États de l'Union à désirer la paix [2]. Il aurait pu ajouter : et à la demander. La contrebande de guerre n'existant plus, la visite étant abolie, le droit de blocus détruit, la propriété privée ennemie déclarée inviolable, la guerre maritime serait bien près d'être impossible, et les États-Unis toucheraient presque au but auquel ils aspirent. Ils se trouveraient presque complétement à l'abri de toutes les colères de l'Europe, presque libres de poursuivre leur système d'envahissement et d'annexion de tous les États qui se partagent aujourd'hui le continent américain.

Cependant il reste encore un point très-important pour atteindre complétement le but, et ce point n'a pas encore été attaqué. On n'a pas encore demandé que les attaques à force ouverte, que les bombardements et la conquête effective du territoire maritime fussent abolis. Avec les canons à longue

---

[1] Voyez la dépêche adressée le 28 juillet 1856 par **M.** Marcy au gouvernement français.

[2] Voyez la lettre du président de l'Union à la chambre de commerce de New-York, citée au commencement de cet article.

portée et les bâtiments blindés, l'Europe pourrait encore
anéantir les navires marchands jusque dans les ports des
États-Unis, et faire de leurs jeunes et magnifiques cités des
monceaux de ruines; et tant que le droit d'user de ces
moyens existera, la guerre maritime existera; elle existera
plus terrible, plus meurtrière qu'elle n'a été jusqu'ici, et les
États-Unis seront dans la nécessité de tenir compte de la juste
volonté des États de l'Europe.

La guerre maritime, comme la guerre terrestre, est un
fléau, mais un fléau inévitable; elle ne peut pas être aboli
sans livrer la mer entière à la tyrannie de quelques nations
puissantes, et le commerce de l'univers aux marchands privilégiés de ces mêmes nations; et, par conséquent, sans ruiner tous les autres États navigateurs; mais elle a besoin d'être
réglementée, surtout en ce qui concerne les rapports des belligérants avec les peuples pacifiques. Que toutes les puissances s'appliquent sincèrement, et sans arrière-pensées
d'égoïsme, à obtenir cette réglementation, à la rendre conforme aux prescriptions immuables de la loi divine, et elles
auront fait une œuvre réellement conforme aux lois sacrées
de l'humanité; elles auront amoindri considérablement, et
au profit du genre humain tout entier, les malheurs inséparables de la guerre [1].

Les commerçants anglais qui ont élevé la voix en faveur
de la proposition Marcy, n'ont certainement pas aperçu les
conséquences que son adoption doit forcément entraîner. S'ils
les avaient comprises, ils se seraient sans doute bien gardés

[1] Depuis que ce travail est achevé, la France et l'Angleterre ont publié leurs déclarations relatives à la guerre avec la Chine (*Moniteur* du 28 juin 1860). Les deux
puissances belligérantes s'accordent pour autoriser la continuation du commerce
entre les sujets anglais et français et les *sujets de l'empire chinois*. C'est un commencement de mise en pratique de la proposition Marcy. Il est permis de penser qu'en
ce qui concerne l'Angleterre du moins, on a pris plus de souci des recettes de l'Échiquier que des principes internationaux; c'est en effet un moyen de forcer tout le
commerce de la Chine à passer par les mains des Anglais, puisque tous les navires
chinois qui seront engagés dans un trafic avec des sujets britanniques seront invio-
lables, tandis que tous ceux qui seront destinés à commercer avec les autres peuples
seront soumis à la confiscation.

de donner leur adhésion à un pareil système. Comment, en effet, admettre que des hommes, aux yeux desquels l'adoption sincère de la maxime si simple et si juste : *Le pavillon neutre couvre la cargaison qu'il porte*, est une grave atteinte portée à la puissance maritime de l'Angleterre, vont aujourd'hui proclamer que les navires ennemis eux-mêmes sont exempts de la capture?

Les conséquences immédiates et forcées de l'adoption de la proposition américaine, seraient l'abolition de la visite des navires neutres à la mer, de la contrebande de guerre, du droit de blocus et de ses accessoires, les droits de *prévention* et *de suite*; c'est l'abolition de toutes ces armes dont la Grande-Bretagne sait si bien se servir, dans l'intérêt et pour l'accroissement de sa puissance maritime. Comment serait-il permis de saisir et de confisquer un navire ami et neutre, alors qu'il sera défendu d'arrêter un navire ennemi? Cela est impossible..... Mais alors à quoi peut servir la visite des navires rencontrés à la mer? Elle doit être supprimée. Lorsque l'on sera forcé de respecter le bâtiment ennemi, qui cherche à entrer dans un port bloqué, il sera impossible de prendre le navire neutre qui tentera la même entrée. Certes ce n'est pas à ces résultats, que tendent les efforts des hommes d'État britanniques, et les négociants, leurs concitoyens, quoique très-désireux de pouvoir, en cas de guerre, accaparer le commerce de commission de l'univers, ne voudraient pas acheter ce nouveau monopole à un prix aussi élevé.

VII

DEVOIRS DES NEUTRES EN CAS DE GUERRE

A PROPOS DU TRAITÉ DES ÉTATS-UNIS AVEC LE MEXIQUE.

La guerre qui, un moment, divisa en deux grands États la république des États-Unis, a donné à tous les peuples navigateurs et commerçants l'occasion d'examiner comment les traités conclus depuis un demi-siècle et plus, sont interprétés par le gouvernement amér[i]cian, et même de quelle manière les nations européennes entendent et veulent appli-ʳuer les principes posés par elles le 16 avril 1856. Dans cette éᵗ ᵈle spéciale, nous nous bornerons à examiner la conduite tenue par le cabinet de Washington; après avoir très-succinctement remis sous les yeux de nos lecteurs les diverses infractions aux traités commises par lui comme belligérant, nous étudierons avec soin un acte important qu'il a commis contre son devoir de neutre.

Depuis longtemps, les États-Unis ont pensé qu'aucune guerre réellement importante ne pouvait les atteindre. Entourés de nations faibles, séparés de l'Europe par l'Océan, défendus d'ailleurs par une marine puissante, ils se considéraient comme à l'abri de toutes les grandes commotions. Quelle nation de l'ancien continent pouvait en effet espérer pouvoir leur faire une guerre sérieuse, transporter des armées nombreuses sur ce sol lointain et les entretenir? Une seule le pouvait, mais quels immenses sacrifices d'hommes et d'argent eût entraînés une pareille entreprise! Ils étaient donc tranquilles : l'impuissance de leurs voisins, l'impossibilité où se trouvaient les grandes nations européennes de les attaquer, leur donnaient la conviction qu'ils seraient toujours libres de rester neutres dans les grands conflits, et de recueillir les fruits d'une situation que leurs forces maritimes pouvaient faire respecter par les belligérants. Par suite de cette conviction, ils ont conclu avec tous les peuples du monde, l'Angleterre exceptée, les traités les plus clairs, les plus explicites qui existent aujourd'hui en faveur des neutres. Nous devons ajouter aussi que ces actes sont basés sur les principes les plus justes, les plus conformes à la loi divine internationale. C'est ainsi qu'ils ont proclamé la nécessité de la réalité du blocus, l'abolition des droits de prévention et de suite, la limitation de la contrebande de guerre aux armes et munitions de guerre, enfin le grand principe : le pavillon couvre la cargaison. Mais la scission des États du Sud est survenue, les États-Unis se sont trouvés engagés dans une grande guerre, ils sont belligérants, et dès lors ils ont complétement violé les principes qu'ils avaient proclamés avec tant d'emphase. Ils ont notifié des blocus fictifs, et comme un investissement sur papier ne saurait arrêter la moindre barque, ils ont employé les anciens droits anglais de prévention et de suite ; ils ont cherché à étendre la liste des prohibitions, et voulu considérer comme contrebande le commerce d'un navire neutre, parti d'un port neutre, en destination pour un autre port neutre ; enfin ils ont élevé la prétention de saisir et d'enlever des passagers à bord d'un navire portant un pavillon ami. Un de leurs bâtiments de guerre est allé jusque dans un port neutre, dans un port anglais, pour s'emparer de force d'un navire qui s'y était réfugié, et, chassé de cette position par l'autorité locale, ce même bâtiment a élevé la prétention de tenir le port de Southampton en quelque sorte bloqué pendant plus d'un mois, pour empêcher son adversaire de sortir, ou le prendre au moment de son départ. Il est difficile de savoir où se seraient arrêtées ces prétentions si l'Angleterre, dont les intérêts commerciaux se trouvaient compromis, n'y eût mis ordre. Elle se fit rendre MM. Mason et Slidell, et elle força le *Tuscarora* à respecter sa souveraineté territoriale et à ne prendre la mer que vingt-quatre heures après la *Nashville*.

Incapables de combattre un nouvel ennemi aussi puissant, les États-Unis ont cédé sur ces deux points, mais ils ont maintenu les blocus fictifs ; ils ont proclamé et répètent sans cesse que les nations neutres ne peuvent reconnaître la souveraineté des États confédérés sans violer tous leurs devoirs, et par conséquent sans s'exposer à être traitées comme ennemies. Ils veulent faire regarder une reconnaissance de cette nature comme un acte d'intervention directe, contraire à tous les principes du droit des gens. Enfin ils signalent comme une grave infraction aux devoirs de la neutralité la contrebande de guerre qui peut se faire en faveur de leurs ennemis. Il semble que le gouvernement fédéral ait oublié sa propre origine, et la conduite qu'il a plus d'une fois tenue envers les autres nations. Il ne peut cependant pas ignorer que la reconnaissance des colonies anglaises de l'Amérique, par la France, a été le premier pas important fait par elles dans la voie de l'affranchissement. Il ne peut avoir oublié que les États-Unis ont été les premiers à reconnaître l'indépendance des colonies espagnoles révoltées contre leur métropole, et que cependant on n'a jamais prétendu qu'ils eussent, uniquement par ce fait, donné au cabinet de Madrid le droit de les traiter en ennemis. Quant à la contrebande de guerre, il est probable qu'elle est très-active entre les îles anglaises et les États du Sud ; mais on peut affirmer qu'elle l'est beaucoup plus encore entre les ports anglais d'Europe et d'Amérique et ceux des États-Unis ; et que, sans les immenses secours de cette nature qu'il a tirés d'Europe, jamais le gouvernement de Washington n'aurait pu soutenir la lutte jusqu'à ce jour. Si une puissance neutre voulait remplir très-consciencieusement tous ses devoirs, elle devrait sans doute empêcher ses sujets de porter des armes et des munitions chez les belligérants et de leur en vendre, même dans ses propres ports ; mais alors cette prohibition frapperait également les deux parties en guerre ; et l'une ne pourrait réclamer le privilége refusé à l'autre. Aujourd'hui, les nations neutres commerçantes trouvent plus avantageux de laisser leurs sujets faire les bénéfices énormes que procure le commerce de contrebande, elles le laissent donc faire avec les deux belligérants, et aucun de ceux-ci ne peut se plaindre, s'il en profite lui-même. Son seul droit dans ce cas est de saisir et de confisquer les objets prohibés destinés à son adversaire.

Telles ont été les prétentions et la conduite des États-Unis comme belligérants. On peut affirmer qu'elles sont contraires à tous les principes qui régissent les relations des peuples entre eux ; elles sont d'ailleurs en contradiction complète avec les idées libérales professées jusqu'ici par les Américains. Mais c'est leur conduite comme neutres que nous voulons examiner. Un fait très-grave, accompli par le gouvernement de Washington, était sur le point de recevoir la dernière sanction du Sénat, il était très-important que cette assemblée connût bien la portée de l'acte qui était soumis à sa ratification.

La France, l'Espagne et l'Angleterre avaient depuis longtemps de justes sujets de plainte contre les gouvernements qui s'étaient succédé si rapidement dans la république mexicaine ; le dictateur actuel surtout, Juarez, s'était indignement joué des engagements pris avec les trois nations ; il avait exercé les plus odieuses persécutions contre leurs sujets établis au Mexique. Les trois puissances résolurent de mettre fin à ces excès : une expédition fut entreprise dans ce but ; mais, par suite de circonstances qu'il est inutile de rappeler ici, l'Espagne et l'Angleterre traitèrent avec Juarez et se retirèrent. La France seule, ne pouvant avoir aucune confiance dans les promesses du président mexicain, persista dans ses projets. Ses troupes, quoique réduites à un très-petit nombre par la retraite de l'armée espagnole, restèrent sur le territoire de la république et s'avancèrent même sur la capitale ; plusieurs combats furent livrés, et plus tard les renforts nécessaires pour compléter une armée étant arrivés, les hostilités purent prendre plus d'activité et de développement. La France était donc en guerre avec le Mexique. Dans cette position, les États-Unis d'Amérique avaient le droit de choisir le rôle qu'il leur convenait de prendre. Ils pouvaient ou se ranger du parti de l'un des belligérants, de Juarez, et faire la guerre à la France, ou observer la neutralité. Nul ne saurait contester au président et au parlement des États-Unis le droit absolu de choisir entre ces deux partis ; s'ils pensèrent devoir opter pour la neutralité, nul ne pouvait les dispenser de remplir les devoirs qu'elle impose, et d'y rester fidèles jusqu'à ce qu'ils jugeassent de leur intérêt de prendre part à la lutte. On doit remarquer que la guerre ne peut, ne doit pas être faite sans une déclaration préalable ; la neutralité, au contraire, est un fait ; pour l'embrasser, il suffit de ne pas faire acte de guerre, de ne pas dénoncer les hostilités. Or, les États-Unis n'avaient pas déclaré la guerre à la France, ils devaient donc être considérés comme neutres ; ils devaient remplir les devoirs imposés aux neutres.

Cependant, le président de la république du Nord signa avec Juarez un traité par lequel il s'obligeait à prêter au gouvernement mexicain une somme considérable (12,000,000 de dollars suivant quelques personnes, 25,000,000 selon d'autres) ; plusieurs provinces mexicaines furent affectées à la sûreté du remboursement de ce prêt. Cet acte a reçu la signature des deux parties et a été présenté par M. Lincoln à la sanction du sénat ; mais cette assemblée n'a pu s'occuper de l'affaire avant la clôture de la session. Aux États-Unis, et d'après le vœu exprès de la constitution, aucun traité ne peut être ratifié définitivement par le président qu'après avoir été soumis au sénat et approuvé par les deux tiers au moins des membres présents de cette assemblée. La convention dont nous nous occupons ne pouvait donc être définitive avant la session suivante du parlement. Cependant nous ferons observer que le pouvoir exécutif des États-Unis avait conclu ce traité, lui avait donné, par le seul fait de sa présentation au sénat, une sorte de consécration et se considérait comme assuré d'obtenir la sanction de l'assemblée. Il était en effet difficile de penser que le président de la république pût éprouver un refus du sénat.

Cet acte mérite un sérieux examen. Un gouvernement neutre peut-il prêter directement à un gouvernement belligérant les sommes dont ce dernier se servira pour soutenir la guerre? un prêt de cette nature ne constitue-t-il pas une violation flagrante des devoirs de la neutralité, une immixtion directe aux hostilités, et, par conséquent, ne range-t-il pas la nation qui le fait dans la classe des belligérants, en la rendant l'alliée de l'une des parties, l'ennemie de l'autre? Telles sont les questions soulevées par le traité conclu entre le président de l'Amérique et le dictateur mexicain. Avant de les discuter, il est indispensable de bien préciser la position des États-Unis à l'égard des contrées limitrophes et les prétentions qu'ils élèvent très-ouvertement sur ces pays.

Depuis longtemps déjà, les États-Unis, justement fiers de leurs rapides progrès et de la vaste étendue de leur territoire, ont rêvé la domination de tout le continent de l'Amérique septentrionale, et même peut-être celle de l'Amérique méridionale; ils ont pensé qu'ils pouvaient devenir, par ces conquêtes, les maîtres du monde et tenir la vieille Europe à leurs pieds. Entourés de peuples faibles et incapables de leur résister, ils ont déjà, et depuis longtemps, commencé à préparer l'exécution de ce plan gigantesque, et ils le poursuivent avec cet esprit de suite, cette ténacité qui caractérise si bien la race à laquelle ils appartiennent. Une condition essentielle de réussite était d'isoler les peuples dont ils voulaient faire leur proie de tous ceux qui auraient pu les protéger. Pour y parvenir, le gouvernement de la république a élevé la prétention d'exclure les nations européennes de toute espèce d'influence dans les affaires des États américains; s'appuyant sur les opinions, qu'il attribue faussement à un de ses hommes d'État les plus célèbres, au président Monroë, il pose en principe que, quoi qu'il puisse arriver en Amérique, aux Américains seuls appartient le droit de s'en préoccuper, et, au besoin, d'y mettre ordre. Quant aux Européens, ils ne peuvent, sans violer ce droit et se rendre coupables d'intervention, se mêler des affaires du nouveau monde, et dans le cas où ils le feraient ils contraindraient la grande république à prendre les armes pour soutenir ceux qu'elle regarde déjà comme ses vassaux. Sans doute et plusieurs fois, la France et l'Angleterre ont attaqué le Mexique pour obtenir le redressement des insultes faites à leurs pavillons; mais ces attaques par mer et sans aucune prise de possession d'une portion du territoire n'avaient aucune importance aux yeux des États-Unis; peut-être même étaient-ils satisfaits de voir les flottes européennes travailler en leur faveur, en affaiblissant encore le pays dont ils voulaient s'emparer. Les anciennes colonies espagnoles qui avaient secoué le joug de la mère-patrie étaient la proie la plus facile en même temps et la plus utile que convoitaient les Américains. Ces pays possédaient des ports sur les deux océans; ils pouvaient seuls permettre l'établissement d'une voie de communication entre les deux grandes mers; enfin, la richesse de leurs productions était sans égale; ce fut donc du côté du Mexique et des petits États du centre Amérique que se portèrent les efforts des États-Unis.

Les républiques qui se partagent l'isthme de Panama étaient complétement incapables de se défendre, il n'y avait donc aucune mesure à garder à leur égard; mais l'Angleterre, elle aussi, convoitait cette précieuse possession; il fallait ménager un si rude adversaire, il fallait au moins sauver les apparences avec une puissance, formidable sans doute, mais que le besoin de coton rendait déjà fort souple envers le gouvernement de Washington. Au lieu donc d'attaquer directement ces petits voisins, on lâcha contre eux ces aventuriers que les États-Unis recèlent en si grand nombre et dont ils savent si admirablement employer l'audace. Il est vrai que Walker ne réussit pas, mais ce ne fut pas la faute du gouvernement américain. Il mit en effet une complaisance exemplaire à laisser faire ouvertement dans ses ports les armements, enrôler des volontaires sur son territoire, en un mot, faire tous les préparatifs dirigés contre des États dont il se disait l'ami. Sans doute, et pour paraître étranger à ces actes de piraterie, le cabinet de Washington envoyait quelques croiseurs avec la mission apparente de s'opposer aux flibustiers, mais en réalité pour être les témoins impassibles de leurs exploits. Si on nous taxait d'exagération, nous pourrions rappeler ce fait qui a dû frapper tous les hommes d'État de l'Europe : le commandant d'un croiseur ainsi envoyé pour s'opposer au débarquement de Walker prit ses instructions au sérieux, il ne comprit pas le but réel de ses chefs, il s'empara de l'aventurier et le ramena prisonnier à New-York. Mais au grand scandale du monde entier, le forban, qui faisait si bien les affaires occultes de son pays, fut mis en liberté et put reprendre ostensiblement la direction d'une nouvelle expédition, dans laquelle il succomba enfin sous les coups de ceux qu'il attaquait contre le droit des gens. Quant à l'officier assez maladroit pour s'être emparé de ce noble patriote, il fut vivement blâmé par son gouvernement, heureux encore de n'avoir pas été mis en prison pour avoir attenté à la liberté d'un de ses concitoyens.

Mais si les aventuriers n'ont pas réussi, les compagnies prétendues commerciales, qui sont de véritables conquérants, ont obtenu un plein succès. Elles enserrent déjà ces contrées, et, sous prétexte de protéger leurs établissements et les convois qu'elles dirigent d'une mer à l'autre, elles ont été jusqu'à exiger des gouvernements locaux l'autorisation de se faire garder par des troupes américaines, entretenues à leurs frais. Le but est déjà presque atteint : les Yankees sont maîtres à peu près absolus d'une partie de l'isthme. Le traité qui a ainsi livré le pays aux Américains a été difficile à obtenir, mais l'astucieuse politique de la grande république a fini par l'arracher. Elle a employé tour à tour les promesses, les menaces, les attaques fictives contre ses propres convois, et surtout elle a fomenté et entretenu des guerres civiles continuelles, qui, après avoir ruiné la contrée, objet de sa convoitise, ont fini par la lui livrer.

Les mêmes manœuvres ont également été employées contre le Mexique, cette autre et bien plus importante proie qui excitait et excite encore si vivement l'ambition des États-Unis. Ce vaste empire est, dans l'esprit des Américains, fatalement destiné à venir accroître les étoiles de leur pavillon. Depuis que la Nouvelle-Espagne a secoué le joug de sa métropole, elle n'a pu parvenir à établir un gouvernement stable. En vain Iturbide et plus tard Santa-Anna ont tenté de fonder un ordre régulier dans leur malheureuse patrie ; ils n'ont pu y parvenir, et, dans un espace de quarante années, le Mexique a compté quarante empereurs, présidents, dictateurs ou autres chefs de pouvoir. A peine arrivé au but de leur ambition, chacun de ces tyrans subalternes était attaqué et bientôt renversé par ceux-là même qui l'avaient aidé à s'élever. Assurés de ne pas se maintenir longtemps au pouvoir, ces souverains d'un moment se livraient à tous les excès pour s'enrichir eux et leurs créatures. Cette violente anarchie, favorisée et soigneusement entretenue par les États-Unis, devait leur permettre, dans un avenir plus ou moins éloigné, de s'emparer des vastes provinces qui bornaient leurs frontières. Mais ce qui était surtout pressant, c'était de se procurer quelques ports sur l'Océan pacifique ; il fut bien facile d'atteindre ce but. On prétexta une insulte au pavillon américain, cette insulte on l'avait soldée sans doute ; d'ailleurs, dans un pays déchiré comme le Mexique par les guerres civiles, quel pavillon n'a pas été souvent insulté ? Sous ce prétexte, on s'empara de la moitié environ de ces vastes et fertiles contrées, et notamment de la Californie, dont on ne soupçonnait pas alors les richesses métalliques, mais qui possédait d'excellents ports sur l'Océan pacifique. C'est déjà un beau succès, mais cela ne suffit pas, il faut que tout le pays passe sous la domination de l'Union. Le même système, qui a déjà donné de si beaux résultats, a continué et continue encore à être employé contre le Mexique. Le dictateur actuel, Juarez, est un des héros éphémères que l'argent et les intrigues des États-Unis ont mis à la tête du Mexique. Par ces moyens, on espérait arriver à forcer les habitants eux-mêmes à chercher un asile et la tranquillité à l'ombre du drapeau étoilé. Les Américains, qui sont très-humains, comme on sait, n'auraient eu garde de repousser des malheureux qui venaient implorer leur annexion à la république. On se croyait presque arrivé au but, ou pouvait espérer que bientôt l'isthme de Tehuantepec serait la possession absolue de la république, lorsqu'éclata la révolte des États du Sud. Cette grave affaire, d'abord traitée assez légèrement par le Nord, qui sembla toujours, malgré son peu de succès, conserver l'espoir de soumettre ceux qu'il appelait des rebelles, est venue suspendre un peu l'élan de l'ambition américaine, mais le temps d'arrêt n'était pas définitif, et les hommes d'État de Washington considéraient toujours le Mexique comme leur appartenant en principe, et surtout comme ne pouvant appartenir à nul autre, pas même à ses propres habitants.

Dans ces circonstances il est facile de comprendre combien l'expédition combinée des trois puissances européennes contre le Mexique a dû effrayer les hommes qui sont à la tête de l'Union américaine. Des considérations étrangères à notre sujet ont fait retirer l'Espagne et l'Angleterre. La retraite de cette dernière nous a peu surpris, elle ne sait pas résister aux volontés de ses anciennes colonies; elle a fait au Mexique ce qu'elle a fait, il y a quelques années, à San-Juan-de-Nicaragua. La France est restée seule, et seule elle suffisait pour ajourner indéfiniment ou empêcher à jamais le succès des plans, très-habiles sans doute, des Américains. Si, comme nous en étions convaincus, elle était parvenue à établir dans les provinces, si vastes encore qui composent le Mexique aujourd'hui, un pouvoir fort et honnête, que ce pouvoir fût monarchique ou républicain, ce pouvoir ne consentirait jamais à l'annexion de son pays à une autre puissance, et il saurait au besoin se défendre contre des attaques ouvertes. L'expédition française vint donc, en réalité, mettre des bornes aux empiétements continuels des États-Unis, une limite à leurs ambitieux projets. Et, nous le déclarons hautement, si elle eût atteint ce résultat, cette expédition aurait sauvé l'équilibre du monde, sérieusement menacé par l'insatiable avidité de ce peuple si jeune encore, qui réclame un continent tout entier pour son domaine. Si les États-Unis eussent été resserrés au nord par les possessions anglaises, au midi par la puissante confédération des États du Sud et par le Mexique régénéré, ils auraient eu encore une assez belle mission à remplir, celle de peupler et de défricher les immenses déserts du centre de leur pays.

Si la république du Nord eût été en mesure de le faire, nous sommes convaincus qu'elle eût mis tout en œuvre pour traverser les projets de la France, elle eût prêté à Juarez des forces de terre et de mer; peut-être même eût-elle été jusqu'à faire la guerre plutôt que de voir renverser ses projets d'agrandissement. Mais la position dans laquelle elle se trouvait lui interdisait de recourir aux moyens directs et loyaux. Elle ne pouvait fournir des secours réels au dictateur, parce que cette démarche eût entraîné probablement une rupture complète avec la France; elle était encore moins en mesure de déclarer la guerre à la nation qui avait l'audace de violer les principes fondamentaux posés par les successeurs de Monroë; dans cette impuissance, elle avait pensé devoir essayer des voies détournées. Le gouvernement de Washington tentait de fournir au prétendu chef du gouvernement mexicain les sommes nécessaires pour lever, armer et entretenir les armées qu'il devait opposer à la France, sommes sans lesquelles il était impossible à Juarez et aux aventuriers qui l'entouraient de résister un seul instant; sommes qui ne pouvaient que retarder leur chute de quelques jours, et dont une bonne part devait être absorbée, sans aucun doute, par les dilapidations malheureusement si fréquentes dans le pays.

En agissant ainsi, les États-Unis ont eu un double but :
1° Retarder autant que possible le succès de l'armée française,
et même courir la chance de faire échouer l'expédition, et
par conséquent de conserver toutes les espérances qu'ils ont
de s'emparer du Mexique tout entier ; 2° et trouver une facilité
de plus pour s'annexer, dans un avenir très-prochain, d'une
manière presque légitime, et même malgré le gouvernement
régulier établi par la France, plusieurs des provinces mexicaines, sans que les États étrangers puissent s'y opposer.

Le premier de ces deux résultats a été malheureusement atteint, quant au second, il était assez habilement préparé. Les
États-Unis prêtaient au gouvernement prétendu du Mexique une
somme très-considérable ; ils s'engageaient, de plus, à payer
à l'Espagne et à l'Angleterre, toutes les indemnités qui
seraient réglées en faveur de ces deux puissances. Ce prêt et
l'argent payé aux étrangers devaient être remboursés aux
Américains dans un délai déterminé, et les emprunteurs
affectaient spécialement à la sûreté de ce remboursement
plusieurs provinces de l'empire. Il est bien certain que le
Mexique devait être dans l'impossibilité de rendre les sommes
avancées. Quelle que fut l'issue de la guerre, épuisé par les
luttes antérieures, épuisé par les exactions continuelles, ce
pays ne pouvait pas être en état de rendre le prêt qui lui
était fait. Le cabinet de Washington était donc parfaitement
autorisé à prendre possession des territoires affectés à la
sûreté du paiement ; si Juarez, ou plutôt ses successeurs
anarchiques, existaient encore, ils ne pouvaient s'y opposer ;
si, comme cela paraissait probable, la France avait pu aider
les Mexicains à constituer un gouvernement régulier, on
aurait toujours été en droit de réclamer la remise de ces
gages, en prétendant, et avec une sorte de raison, que ce
gouvernement avait hérité du pouvoir avec les charges créées
par ses prédécesseurs. Les étrangers, enfin, auraient été
dans l'impossibilité d'intervenir dans ce débat quasi-judi-
ciaire. Comme on le voit, cette manœuvre ne manquait
pas d'habileté ; cependant, elle pouvait peut-être tourner

à la honte de ceux qui l'avaient si perfidement imaginée.

Les faits et leurs causes connus, il nous reste à apprécier la portée du prêt consenti par le gouvernement américain neutre au gouvernement mexicain belligérant, ennemi de la France.

Lorsqu'une guerre éclate entre deux ou plusieurs nations, les autres peuples sont libres de choisir le parti qui est le plus conforme à leurs sympathies, à leurs intérêts. Ils peuvent ou prendre part aux hostilités, et, par conséquent, devenir belligérants, ou, au contraire, rester en paix avec les deux adversaires, et, tranquilles spectateurs de la lutte, embrasser la neutralité. Le neutre conserve toute sa liberté; cependant l'état de guerre lui impose quelques obligations nouvelles qui peuvent se résumer dans ces deux devoirs : 1° abstention absolue de toute immixtion aux hostilités; 2° impartialité parfaite entre les deux belligérants [1]. Ces deux devoirs incombent également aux gouvernements et aux citoyens, ils sont même beaucoup plus étroits pour les gouvernements. Lorsqu'un sujet neutre viole ses devoirs, s'il tombe entre les mains du belligérant offensé, il voit ses propriétés confisquées, il est traité comme un ennemi, parce qu'il s'est, en réalité, rangé sous la bannière de l'ennemi; mais il est seul puni. Si l'infraction des devoirs de neutralité a été commise par un gouvernement, le fait est beaucoup plus grave, la nation tout entière est coupable, elle cesse d'être neutre, elle prend parti pour l'un des combattants contre l'autre, elle devient, par conséquent, belligérante, et doit s'attendre à être traitée comme ennemie par la partie lésée.

Quels sont les faits qui peuvent et doivent être considérés comme constituant une immixtion aux hostilités? A l'égard des simples citoyens, la loi secondaire, c'est-à-dire les traités intervenus entre les nations, ont clairement désigné ces faits; mais cette loi n'a pas pris la même précaution à l'égard des gouvernements. Il était en effet difficile de chercher à

[1] Sur ces deux devoirs de la neutralité. Voyez notre *Traité des droits et des devoirs des neutres*, etc., t. Ier, tit. V et VI, 2e édit.

prévoir les fautes à commettre par une nation entière ; d'ailleurs, le simple sentiment du bien et du mal, la loi divine, primitive ou naturelle, suffisent parfaitement pour indiquer quels sont les actes licites ou illicites. Le gouvernement neutre doit s'abstenir de tout fait de nature à fortifier l'un des belligérants, à le mettre plus en état de faire la guerre offensive ou défensive. Ainsi le devoir de la neutralité ne se borne pas à défendre au souverain neutre de fournir des armes, des munitions de guerre, des soldats, des bâtiments à l'un des belligérants ; il veut encore qu'il ne souffre pas des levées de soldats, même isolées, sur son territoire, le recrutement de matelots dans ses ports ; il exige même qu'il empêche le bâtiment de guerre, entré dans ses eaux, d'y acheter des armes ou des munitions de guerre, de renforcer son équipage ; en un mot, ce devoir impose au gouvernement neutre l'obligation de ne faire aucun acte de nature à aider l'un des combattants, à le rendre plus fort, plus apte à soutenir les hostilités. Qu'importe de quelle manière ce devoir est violé, que ce soit en accordant un passage à une armée ou à des troupes isolés, en prêtant des bâtiments de guerre ou de transport, et même de l'argent ! Les publicistes sont même d'accord sur ce point, que nous **avons** déjà établi [1], qu'un peuple, engagé par un traité, même antérieur au commencement des hostilités, à fournir un subside de guerre à l'un des belligérants, ne peut rester neutre. D'où il résulte que le gouvernement qui, pendant le cours de la guerre, fournit volontairement et librement des subsides à l'un des belligérants, perd sa qualité de neutre et devient lui-même belligérant. Il n'est pas nécessaire de rechercher si le service rendu par le gouvernement neutre à l'une des parties est gratuit, ou, au contraire, s'il est acheté par des avantages rémunératoires ; cette différence, en effet, ne modifie nulle-

---

[1] Voyez Galiani, *de' Doveri, den Principi neutrali*, etc., cap. v, § 3, n° 2 ; Bynkershoek, *Quæstiones juris publici*, lib. I, cap. x ; Klüber, *Droit des gens moderne de l'Europe*, t. II, part. II, sect. II, chap. II, § 288, et notre *Traité des droits et des devoirs*. etc., t. Ier. tit. IV, sect. III, 2e édit.

ment le résultat, qui est de favoriser l'un des belligérants au préjudice de l'autre.

Le prêt fait par le gouvernement des États-Unis au gouvernement du Mexique, alors en guerre avec la France, rentrait justement dans le cas prévu. Il avait été fait volontairement et librement, après l'ouverture des hostilités, à l'occasion de la guerre et pour les besoins de la guerre. Sans cette ressource extraordinaire, Juarez eût été dans l'impossibilité de lever des troupes, de les armer, de les entretenir; il constituait donc réellement un acte d'immixtion aux hostilités. En se rendant coupable de cette violation de ses devoirs, le cabinet de Washington avait cessé d'être neutre, il était devenu l'allié du Mexique, l'ennemi de la France.

Deux objections seront sans doute faites contre cette conclusion : 1° l'or, l'argent et les autres métaux précieux en barres ou monnayés ne sont pas rangés dans la contrebande de guerre par la loi secondaire; 2° un prêt est une opération commerciale destinée à produire un bénéfice au prêteur tout autant qu'à aider l'emprunteur : il doit donc être licite.

Nous avons soutenu et nous soutenons encore que l'or, l'argent, etc., ne sont pas des objets de contrebande de guerre; tous les traités solennels, à l'exception de neuf seulement, ont proclamé la liberté de ce commerce [1]. Ainsi donc, et malgré l'autorité de Grotius et d'un grand nombre de ses disciples, nous ne voulons pas que l'argent soit prohibé en temps de guerre [2]; nous repoussons le secours, si puissant cependant, que son opinion aurait pu donner à notre argumentation : c'est que dans cette affaire il ne s'agit pas de contrebande de guerre, il n'est pas question d'une opération commerciale entre citoyens d'États différents. La liste de contrebande ne s'applique qu'au commerce privé, et nous

[1] Voyez, dans notre ouvrage cité ci-dessus, tit. VIII, sect. II, § 2, l'énumération des traités qui ont étendu la prohibition aux métaux précieux.

[2] Grotius, *de Jure belli et pacis*, lib. III, cap. III, § 5, n° 2; Hubner, *de la Saisie des bâtiments neutres*, t. I, part. II, ch. 1, § 5. Sans adopter complétement cet avis, Ortolan l'admet dans certains cas exceptionnels : il fait de l'argent un objet de contrebande de circonstance. Voyez *Diplomatie de la mer*, liv. III, ch. VI.

nous occupons d'un fait complétement différent, d'un prêt fait par un gouvernement neutre à un gouvernement belligérant. Un gouvernement, en effet, ne fait pas le commerce, ou du moins il ne le fait pas d'une manière officielle, ostensible, par un traité solennel, signé par le chef de l'État, sanctionné par le Sénat; il ne peut pas se livrer loyalement aux spéculations privées. Ce fait est si vrai, si complétement admis par la loi secondaire, que cette loi dispense les bâtiments d'État de la visite en temps de guerre. L'unique raison de ce privilége est que ces bâtiments, ne pouvant pas faire de commerce, ne peuvent pas faire de contrebande. S'ils fournissaient à l'un des belligérants des armes, des munitions de guerre, en un mot des articles de contrebande de guerre, ils ne seraient pas coupables de contrebande, mais d'immixtion aux hostilités ; ils ne seraient pas soumis à la confiscation des objets prohibés, mais leur pays tout entier serait responsable de leur coupable conduite.

Ainsi, un navire marchand américain, rencontré à la mer chargé de piastres pour le compte du gouvernement mexicain, n'est pas coupable du fait de contrebande, il ne peut être saisi, ses piastres ne peuvent être confisquées, même alors qu'elles proviendraient d'un prêt, d'un don même fait par des citoyens américains, agissant comme simples particuliers, au gouvernement mexicain, parce que les piastres ne sont pas un article de contrebande. Mais le gouvernement américain ne pouvait pas, sans violer tous les devoirs de la neutralité, prêter au gouvernement mexicain les fonds dont il avait besoin pour faire la guerre à la France. Ce n'est donc pas au point de vue de la contrebande qu'il faut examiner le prêt fait par le président Lincoln au président Juarez, pendant et à l'occasion de la guerre de ce dernier contre la France. La contrebande, en effet, ne constitue pas l'unique moyen pour les neutres de faire acte d'immixtion directe aux hostilités. Cet acte ne peut être sainement interprété qu'en remontant aux intentions mêmes de ces auteurs, et en recherchant quels devaient être et quels auraient été réellement ses résultats.

C'est à l'aide de cette analyse morale, en quelque sorte, que nous pourrons juger sainement le fait signalé à l'attention publique de la France et de l'Europe. Quel a été le but de Juarez en signant le traité d'emprunt? Personne ne pourra contester qu'il avait l'intention : 1° d'éloigner les Anglais et les Espagnols de l'entreprise par eux commencée en donnant au traité par lui conclu avec ces deux nations une sorte de garantie morale plus grande que celle qu'il pouvait offrir lui-même, et par conséquent de priver la France de ses deux alliés; 2° et de trouver dans les fonds empruntés les ressources dont il manquait absolument pour, nous ne dirons pas continuer la guerre, mais pour la commencer. Dans son idée donc, c'était un moyen de combattre qu'il demandait aux États-Unis. Mais quelles étaient les idées qui portaient le gouvernement de Washington à prêter soixante ou cent vingt millions de francs au Mexique, au moment même où ces sommes énormes étaient si nécessaires aux besoins intérieurs de son pays? Nous les avons déjà indiquées, ces idées; elles se résument en peu de mots : faire échouer l'entreprise française pour amener plus tard l'annexion du Mexique entier, ou du moins assurer, par l'exécution même du traité, l'annexion des provinces hypothéquées au remboursement du prêt. Mais dans l'une ou l'autre de ces hypothèses, le prêt est un acte direct d'immixtion aux hostilités, puisque, dans les cas prévus, la destination première des fonds remis à Juarez était de combattre la France. L'habileté du ministre américain chargé de négocier le traité a été fort remarquable sans doute, puisqu'il était parvenu à assurer dans tous les cas à son pays une large rémunération [1]. Mais dans toutes les hypothèses, le prêt a pour but unique de donner au dictateur mexicain les moyens de faire la guerre contre la France. Ainsi donc, le prêteur et

[1] Si le prêt eût été réalisé, les États-Unis auraient pu prendre d'abord les provinces hypothéquées et conserver l'espoir de s'approprier plus tard le reste du Mexique; et dans le cas où l'expédition française aurait été couronnée de succès, la république américaine aurait encore la prétention de s'emparer du gage de sa créance, des provinces mexicaines les plus riches, les plus enviées, les plus utiles aux Yankees.

l'emprunteur avaient la même idée, l'un voulait aider l'autre à faire la guerre, et l'autre voulait employer les fonds à cette destination unique, sauf bien entendu les dilapidations inséparables d'un gouvernement comme celui de Juarez. Le prêt était donc, dans l'intention des deux parties, un moyen de guerre. De la part du belligérant, c'était un moyen licite ; mais de la part du neutre c'était une violation complète de ses devoirs, c'était une immixtion directe aux hostilités. Il est impossible de nier cette conclusion.

L'histoire des peuples n'a pas retenu un seul fait de cette nature ; on pourrait sans aucun doute en citer quelques-uns qui semblent avoir quelque analogie, mais nous n'en connaissons pas un seul qui réunisse au même degré le caractère de l'immixtion directe. L'Angleterre, pendant les guerres qui ont ensanglanté l'Europe au commencement de ce siècle, a consenti un très-grand nombre de traités de subsides avec plusieurs puissances ; elle s'engageait à payer à ces belligérants, pendant tout le temps des hostilités, des sommes déterminées, souvent fort considérables, pour les aider à faire la guerre. On pourrait même ajouter que ces sommes étaient non pas prêtées, mais données purement et simplement. Mais la position était tout autre : dans tous les cas où ces faits se sont présentés, le gouvernement prêteur ou donateur était belligérant lui-même, ou du moins sur le point de le devenir ; il consentait les prêts ou les dons pour soutenir ses alliés et susciter de nouveaux ennemis à son adversaire. Presque toutes les nations qui ont pris part aux coalitions contre la France ont été ainsi soutenues par la Grande-Bretagne, mais celle-ci n'était pas neutre. Les Américains ne sauraient donc invoquer sa conduite comme un précédent.

En 1854, au moment où les hostilités éclataient entre la France et l'Angleterre d'un côté et la Russie de l'autre, cette dernière puissance, dont les finances étaient loin d'être prospères, se trouvait fort embarrassée pour subvenir aux frais d'une lutte qui prenait des proportions gigantesques. Elle crut devoir recourir à un emprunt, et comme ses propres sujets n'avaient pas de ressources suffisantes, elle crut devoir s'adresser aux banquiers étrangers. Cette opération échoua, les 100 millions de roubles demandés ne furent pas souscrits ; sans doute quelques sujets des puissances neutres se présentèrent, nous croyons même que des citoyens américains se mirent sur les rangs, mais leurs offres furent jugées insuffisantes. Ce fait était grave, car nous pensons que les gouvernements pacifiques doivent s'opposer à ce que leurs sujets prennent une part aussi directe aux spéculations de ce genre ; cependant il n'a qu'une analogie fort éloignée encore avec le prêt consenti par le gouvernement américain au Mexique. D'un côté, de simples sujets entreprenaient une opération financière à leurs risques, périls et fortune ; ils agissaient *ut singuli* et ne pouvaient, par conséquent, engager la nation à laquelle ils appartenaient. A l'égard de la France, ils étaient protégés sans doute par les traités que cette puissance a avec presque tous les peuples du monde, traités qui tous déclarent que les métaux précieux sont objets d'un libre commerce en temps de guerre ; mais la Grande-Bretagne pouvait, usant de la faculté accordée par la convention passée entre elle et les États-Unis, considérer l'or et l'argent comme contrebande de circonstance, et dès lors les bâtiments américains couraient le danger d'être arrêtés, les fonds qu'ils portaient saisis et détenus jusqu'à la conclusion de la paix [1]. De l'autre côté, nous voyons un gouvernement neutre lui-même qui agit, qui fournit les fonds au gouvernement belligérant, dans le but unique de l'aider à faire la guerre, à la faire plus vive, plus énergique. L'histoire, nous le répétons, n'offre pas de précédents de cette nature.

D'ailleurs, et alors même que l'on pourrait citer de nombreux exemples de faits analogues ou identiques, alors même que l'on établirait que ces faits n'ont pas entraîné le gouvernement prêteur dans la guerre, ces exemples ne pourraient

[1] Voyez le traité anglo-américain de 1794-1795, art. 18, § 2 ; de Martens, t. V, p. 643.

justifier un acte que la loi internationale condamne et que la morale réprouve. La seule conséquence à tirer de ces précédents, s'ils existaient, serait que le belligérant offensé se sentait trop faible pour s'attirer un nouvel ennemi sur les bras, et préférait souffrir en silence une injure qu'il ne pouvait relever sans danger. Il arrive trop souvent que les nations en guerre ont beaucoup à souffrir de la conduite des peuples neutres puissants, et n'osent se plaindre, dans la crainte de les jeter complétement dans le parti opposé et de compromettre ainsi le succès de la guerre. Cette espèce de modération forcée est parfaitement licite, mais elle n'enlève rien au caractère même du fait commis par le neutre, qui devient alors un abus de la force aussi odieux que ceux que l'on a si souvent reprochés aux belligérants qui se sentent les plus forts. La tolérance politique de la partie lésée ne peut faire que le prêt dont il s'agit ne soit pas, de la part du neutre, une violation flagrante de ses devoirs, une immixtion directe aux hostilités; elle ne change rien au droit de l'offensé, qui consiste à considérer et à traiter le prétendu neutre comme un ennemi.

Mais, dit-on, le prêt par le gouvernement des États-Unis au gouvernement mexicain était fait à titre onéreux; c'est un acte de commerce fort habile sans doute, par lequel le prêteur achetait à très-bas prix des territoires d'une très-grande valeur. Or, aucun traité, aucune convention, aucune loi divine ni humaine n'a jamais défendu aux peuples pacifiques de faire des spéculations avec les belligérants, d'acheter ou de vendre toutes les choses non spécialement reconnues contrebande de guerre; les provinces d'un empire, quelque importantes qu'elles soient, les territoires les plus fertiles, les plus riches n'ont jamais été rangés dans la classe des objets prohibés; enfin, dans cette circonstance spéciale, c'était le belligérant qui vendait, c'était le neutre qui achetait; il ne pouvait donc y avoir lieu à regarder cette opération comme illicite, comme une immixtion aux hostilités. Cette objection peut paraître spécieuse, mais elle ne saurait soutenir la discussion. En effet, si on l'admettait, il en résulterait que les gouvernements neutres pourraient, sous prétexte de commerce avantageux, fournir directement à l'un des belligérants tous les objets, toutes les denrées même dont le commerce est défendu aux sujets. D'ailleurs, un gouvernement neutre peut-il faire des actes de commerce de cette nature sans violer ses devoirs? Nous avons déjà établi le contraire. Le profit que le gouvernement de Washington devait tirer du prêt fait à Juarez, quelque considérable qu'il fût, ne changeait pas la nature de l'acte; il pouvait lui donner un caractère tout à fait spécial et odieux à l'égard de l'emprunteur, le caractère usuraire, mais il ne pouvait le modifier en rien à l'égard de l'autre belligérant. C'était de l'argent fourni pendant la guerre, par un gouvernement neutre à un gouvernement en guerre et destiné à soutenir la guerre; c'était une immixtion directe aux hostilités.

Mais est-il bien vrai, comme nous l'avançons, que les fonds prêtés par les États-Unis au Mexique fussent destinés à aider les opérations de guerre de Juarez? ne devaient-ils pas seulement servir à payer aux puissances européennes les indemnités dues à leurs sujets pour les avanies que leur avait fait subir le dictateur? Ces deux questions ne sont pas sérieuses. Il est facile d'établir que les indemnités réclamées par l'Espagne et l'Angleterre, et même en y ajoutant celles que la France pourrait demander, elle aussi, ne s'élevaient pas à la somme prêtée. D'ailleurs, le contrat de garantie consenti par les États-Unis envers les agents des deux nations qui alors faisaient cause commune avec la France, était différent du contrat de prêt. Ces deux stipulations ne doivent même pas se trouver dans le même acte, ou si elles y ont été réunies, elles sont parfaitement distinctes. L'Espagne et l'Angleterre n'avaient et ne pouvaient avoir aucune confiance dans le gouvernement mexicain, qui, depuis longtemps, se faisait un jeu de violer tous les traités par lui signés; le chef du pays ne pouvait leur donner aucune sécurité. Les États-Unis sont intervenus dans le traité; ils ont donné leur garantie morale et matérielle ; ils ont promis de payer, au lieu et place de Juarez, les sommes qui seraient plus tard fixées. Ce n'est pas là un prêt, c'est une garantie, et nous n'avons pas attaqué cette convention qui, au reste, n'a pas été ratifiée par les deux puissances européennes. Mais il y a eu un autre contrat, un contrat de prêt d'une somme qui s'élève, si nous sommes bien informé, à 11 ou 12 millions de dollars, et sur laquelle Juarez devait toucher comptant 2 millions. Cette somme, réunie à celles des indemnités non encore fixées, devait faire les 25 millions portés dans le traité que le président Lincoln a présenté à l'approbation du sénat. Voilà le prêt dont nous parlons. Les fonds n'étaient pas destinés aux indemnités européennes, ils avaient uniquement pour but la guerre contre la France, et c'est pour cette raison que le président mexicain devait toucher, même avant la liquidation des indemnités, une somme considérable. Cette vérité se trouve encore établie par la conduite de M. Lincoln. Il connaissait parfaitement le refus fait par l'Angleterre et par l'Espagne de ratifier le traité de garantie ; il savait les motifs qui avaient porté ces deux puissances à sacrifier les indemnités dues plutôt que de sanctionner une convention dont le résultat le plus positif était de livrer une partie importante du Mexique aux États-Unis, et cependant il présenta le traité de prêt à la sanction du sénat. S'il était vrai que le prêt eût eu pour unique but le paiement des indemnités à régler, il est évident que le chef du pouvoir exécutif n'aurait pas demandé au sénat la ratification d'un traité non accepté par les autres nations intéressées.

Il est donc bien établi que le prêt dont nous nous occupons avait été fait uniquement pour aider Juarez dans la guerre contre la France ; il est bien reconnu que ce prêt fait par le gouvernement neutre à un gouvernement belligérant constituait de la part du prêteur une violation du premier, du plus important devoir de la neutralité : une immixtion directe aux hostilités. Quelles pouvaient, quelles devaient être les conséquences d'une pareille conduite ? Nous laisserons les États-

Unis eux-mêmes répondre à cette question. Que dirait le gouvernement de Washington, ce gouvernement qui menace de la guerre les neutres qui oseraient reconnaître les États confédérés du Sud, si la France, tout en soutenant qu'elle entend rester neutre et ne veut prendre aucune part aux hostilités, prêtait au gouvernement du président Davis quelques centaines de millions pour l'aider à soutenir la guerre contre les États-Unis? Nul doute qu'il ferait entendre les plus vives réclamations; la population tout entière se soulèverait pour former des meetings plus ou moins belliqueux; enfin, on déclarerait la France déchue de sa neutralité; on lui ferait même la guerre si on se trouvait en état de la soutenir; les États-Unis considéreraient et traiteraient, autant qu'ils le pourraient, en ennemie la nation prétendue neutre qui aurait ainsi pris une part directe aux hostilités. Et ils seraient parfaitement dans leur droit en agissant de cette manière, même alors que la France aurait stipulé, pour prix du service rendu aux confédérés, la cession de son ancienne colonie, la Louisiane.

Il ne peut donc exister aucun doute : le prêt fait par le gouvernement fédéral au gouvernement du Mexique était un acte très-grave, c'était la violation du premier et du plus important devoir de la neutralité, une immixtion directe aux hostilités : il constituait les États-Unis en état flagrant de guerre contre la France. Le président Lincoln a eu le temps d'y réfléchir. Sans doute, en présentant à la sanction du sénat le traité conclu avec Juarez, il avait donné son approbation personnelle aux dispositions de cet acte; mais à l'assemblée seule appartenait le droit d'autoriser le chef de l'État à donner sa ratification définitive et à rendre le traité obligatoire pour la république [1].

Si cette convention avait eu, par l'autorité du sénat, la ratification du président; si elle avait été exécutée, la France pouvait, et avec raison, considérer les États-Unis comme

---

[1] Le sénat a refusé de sanctionner ce fâcheux traité, et ainsi épargné à son pays une grave responsabilité.

ayant rompu la neutralité, comme s'étant volontairement, et sans aucune provocation, rangés au nombre de ses ennemis, et, en conséquence, les traiter comme les alliés de Juarez. Elle aurait eu le droit de leur faire la guerre directement, de les attaquer sur tous les points du globe où elle aurait pu les rencontrer. Elle est assez puissante pour ne pas craindre d'augmenter le nombre de ses ennemis. Mais elle pouvait aussi, sans en venir aux hostilités ouvertes, et en imitant l'exemple donné par les États-Unis eux-mêmes, leur faire une guerre occulte qui pouvait leur être très-onéreuse dans les circonstances actuelles. Le gouvernement de Washington n'a pas oublié sans doute que le 6 février 1778 deux traités furent signés par la France avec les colonies anglaises révoltées contre leur métropole ; l'un de ces traités portait reconnaissance des nouveaux États, l'autre contenait une alliance offensive et défensive. Ces deux actes servirent de base à la constitution définitive des États-Unis comme puissance indépendante. La France aurait pu conclure avec les confédérés du Sud des traités de la même nature ; et sans même aller jusqu'à celui d'alliance de guerre, l'autre, celui de reconnaissance, suffisait pour aider puissamment les États confédérés à assurer plus promptement leur complète indépendance. En agissant ainsi, le gouvernement de l'empereur n'aurait fait qu'user d'un droit incontestable. Cependant, il était possible que, mû par d'autres considérations politiques, et même par une modération toujours louable, il eût préféré n'agir ni par voie de guerre directe ni par voie de représailles contre une nation que la France elle-même a constituée il y a moins d'un siècle. Mais, s'il en avait été ainsi, que les Américains ne s'y trompent pas, cette conduite eût été de la part de la France un acte insigne de modération, car ils lui avaient donné le droit de les traiter en ennemis.

Aujourd'hui que le sénat a refusé la sanction au traité de prêt et que la France a abandonné le Mexique, cette question peut sembler dénuée d'intérêt ; cependant comme question de principe, il nous paraît utile de la maintenir dans ce recueil.

VIII

NÉCESSITÉ D'UNE LOI MARITIME

POUR RÉGLER LES RAPPORTS DES NEUTRES ET DES BELLIGÉRANTS.

Les hostilités qui ont été, en 1862, sur le point d'éclater entre deux puissantes nations maritimes [1] intéressaient au plus haut degré tous les peuples commerçants et navigateurs, c'est-à-dire tous les peuples civilisés de l'univers. Aussi, devant cette perspective menaçante, l'opinion s'est-elle vivement émue. On a calculé, avec plus ou moins d'exactitude, les forces respectives des futurs combattants et même les chances de succès de chacun d'eux. On a recherché de quel côté était le bon droit, ou du moins l'apparence de la justice, quoique le devoir absolu des nations qui veulent ne prendre aucune part aux hostilités soit de considérer la guerre comme également juste de la part des deux belligérants. Mais on s'est moins occupé du sort réservé dans un pareil conflit aux peuples qui, usant de leur indépendance, voulaient rester tranquilles spectateurs de la lutte et conserver avec les deux ennemis tous leurs rapports de commerce et même d'amitié. Il est d'une grande utilité cependant de rechercher si tous les

[1] L'Angleterre et les États-Unis d'Amérique.

malheurs qui ont accablé ces peuples pendant les précédentes guerres maritimes pouvaient ou devaient encore se renouveler, et s'il n'existait pas quelque moyen de prévenir le retour de ces calamités.

Cette question, moins urgente aujourd'hui que la crise s'est éloignée et que la paix paraît assurée sur l'Océan, n'a rien perdu de son intérêt et mérite d'être étudiée avec le plus grand soin. Pour la traiter d'une manière complète, nous rappellerons quelle a été depuis deux siècles la position des nations neutres, toutes les fois que les grandes puissances maritime, notamment l'Angleterre, se sont trouvées en guerre, et nous exposerons les motifs apparents et surtout les causes occultes, mais réelles, de la conduite des belligérants envers les nations pacifiques. Après avoir recherché, à l'aide des traités anciens et récents, et particulièrement de ceux qui ont été conclus par la Grande-Bretagne, quel sort est réservé aux neutres dans un conflit où cette puissance serait engagée, nous indiquerons le moyen le plus efficace pour empêcher les conséquences fatales de la guerre de s'étendre sur les nations qui ne veulent pas prendre part aux hostilités. Si, dans le cours de ce travail, l'Angleterre se trouve presque toujours en cause, c'est qu'elle est depuis un siècle et demi la puissance dominante sur l'Océan; qu'elle a été engagée dans presque toutes les guerres maritimes; que, toutes les fois qu'elle a eu les armes à la main, elle a refusé de se conformer à la jurisprudence des autres peuples, pour s'en tenir aux usages qu'elle-même s'est créés et qu'elle appelle son droit; enfin c'est elle qui, il y a quelques années, a été sur le point de déclarer la guerre pour venger une insulte faite à son pavillon.

Au début de cette étude, et pour la rendre plus claire et plus rapide, il est indispensable de retracer sommairement les droits que la guerre maritime confère aux belligérants et aux neutres, les devoirs qu'elle leur impose et les conséquences qu'elle entraîne. Ces droits et ces devoirs découlent du droit des gens, primitif, naturel ou divin, c'est-à-dire de ces notions du juste et du bien que Dieu a gravées dans le cœur de tous les hommes ; ils découlent aussi du droit secondaire ou conventionnel, de la jurisprudence internationale, qui résultent des conventions expresses conclues par les différents peuples.

La guerre est un fléau, et le fléau le plus terrible dont Dieu puisse affliger l'humanité. Mais entre peuples libres et complétement indépendants les uns des autres, qui ne reconnaissent et ne peuvent reconnaître aucun pouvoir supérieur, aucun juge commun, ce fléau est une nécessité ; il est le droit suprême, la justice des nations. Lorsque la guerre se borne à protéger le bon droit, à redresser des injures, le fléau, quelque terrible qu'il soit, devient un bienfait pour les États qui, sans cette ressource extrême, verraient leur honneur et leur indépendance à la merci d'un rival insolent ou ambitieux. Mais la guerre doit être renfermée dans de justes limites ; elle ne doit peser que sur ceux qui la font. Chaque peuple, en vertu de son indépendance essentielle, peut choisir et embrasser le parti vers lequel il est porté par ses sentiments ou son intérêt. Il peut ou s'allier à l'un des combattants et, par conséquent, devenir combattant lui-même, ou, au contraire, rester spectateur tranquille et désintéressé d'une lutte étrangère ; embrasser la neutralité.

La guerre donne à celui qui la fait un droit fort important, celui de nuire à son ennemi par tous les moyens *directs* qui sont en son pouvoir. Les moyens *directs* sont ceux qui frappent l'adversaire immédiatement et sans passer par une autre voie : tels sont l'invasion, la conquête du territoire, la prise des biens meubles et autres, le blocus, le siége, l'investissement des ports, places et forteresses qui lui appartiennent, le combat proprement dit, etc., etc. Il n'est pas besoin d'ajouter que les moyens, même directs, doivent en même temps être conformes aux lois de l'humanité et aux usages des nations civilisées.

Le devoir corrélatif de ce droit si large et si absolu de la guerre est le respect le plus complet des droits et de l'indépendance des nations restées neutres, qui observent fidèlement les obligations imposées par cette qualité.

Les peuples pacifiques continuent, malgré la lutte engagée entre les belligérants, à jouir complétement de leur indépendance naturelle, caractère essentiel de la nationalité, sans lequel il n'existe plus de nation. Ils ont le droit de ne pas se ressentir des conséquences immédiates des hostilités auxquelles ils restent étrangers. Ainsi ils peuvent continuer leurs relations de commerce et même d'amitié avec les deux parties, comme en pleine paix. Cependant cet état nouveau impose aux neutres des devoirs particuliers : ils doivent s'abstenir complétement de tout acte d'immixtion aux hostilités, et garder une stricte impartialité envers les deux belligérants.

Le premier de ces devoirs défend non-seulement de donner à l'un des adversaires des secours directs et immédiats de guerre, comme des subsides, des troupes formées, des bâtiments de guerre ou de transport, mais encore de lui fournir, même par la voie commerciale, c'est-à-dire à prix d'argent, des armes, des munitions et des instruments de guerre, ce que l'on désigne ordinairement sous le nom de contrebande de guerre.

L'impartialité consiste à traiter les deux belligérants de la même manière et avec une parfaite égalité dans tout ce qui concerne les relations d'État à État. Ainsi, lorsqu'un peuple pacifique accueille dans ses ports les vaisseaux de guerre de l'une des parties, lorsqu'il leur accorde ce que l'on appelle l'asile, il doit également recevoir ceux de l'autre partie et leur faire la même réception [1]. Cette obligation existe tout entière, alors même que, par des traités antérieurs à la guerre, le neutre aurait consenti à accorder l'asile aux bâtiments de l'une des parties, et qu'il n'aurait contracté aucun engagement de cette nature avec l'autre. Elle existe et doit

[1] Sur l'étendue et les limites du devoir d'impartialité et sur le droit d'asile, voir notre *Traité des droits et des devoirs des nations neutres*, t. I, p. 281 et 344, 3ᵉ édition, Paris, 1868.

être exécutée, malgré les conventions signées par le neutre et l'un des belligérants, stipulant pour ce dernier un accueil plus favorable que celui réservé à son adversaire[1]. Mais ce dernier devoir ne s'étend pas jusqu'à contraindre le neutre à entretenir avec les deux adversaires les mêmes relations de commerce ou d'amitié, dans la même mesure et aux mêmes conditions. Sous ce rapport, et pour tout ce qui concerne les actes des sujets entre eux, l'indépendance de la nation pacifique reste entière; elle peut suivre son intérêt ou ses sympathies sans violer ses obligations.

La guerre ne doit frapper que les belligérants; elle doit respecter complétement les neutres; ils ne peuvent pas souffrir des conséquences immédiates de l'état de choses violent auquel ils ne prennent aucune part. Il est impossible que ces peuples ne ressentent pas quelques effets du fléau, tels que la diminution du commerce, l'interdiction de certains trafics (contrebande de guerre) et de certaines relations (blocus), mais ces effets sont indirects et médiats; ils ne peuvent être évités.

Cette limitation des ravages de la guerre est assez aisée sur terre. Pour léser le neutre d'une manière directe, il faudrait que le belligérant franchît la frontière et entrât sur le territoire inviolable, acte souvent difficile et toujours dangereux, qui attirerait immédiatement toutes les forces de l'offensé, et souvent celles de ses voisins, contre le coupable. Au XIXe siècle, il ne peut plus être question du prétendu droit de passage des troupes sur le sol neutre, ni du droit plus exorbitant de s'emparer des places fortes des peuples pacifiques.

Sur l'Océan, il est beaucoup plus difficile de renfermer les hostilités dans les limites exactes qu'elles ne doivent pas

---

[1] Un grand nombre de traités ont consacré cette inégalité de traitement : il suffira de citer celui de 1794-1795, entre l'Angleterre et les États-Unis; celui de 1786, entre la France et l'Angleterre, et celui de 1810, entre l'Angleterre et le Portugal. Sur cette clause et sur les dangers qu'elle présente, voir l'ouvrage cité dans la note précédente, t. I, p. 353.

franchir. La mer est commune à tous les peuples, sans appartenir à aucun ; tous la parcourent en tous sens et s'y rencontrent sans cesse, le belligérant pour y poursuivre son adversaire, le neutre pour continuer son commerce pacifique. Ces rencontres entre l'homme armé et celui qui ne l'est pas, sur un espace ouvert, où il ne se trouve aucune protection permanente, peuvent devenir dangereuses pour le dernier surtout, comme la suite l'établira, lorsque le belligérant est un peuple puissant sur mer.

Dans les guerres sur terre, le droit de nuire à l'ennemi ne rencontre dans son exercice aucune difficulté par rapport aux neutres ; il n'en est pas de même sur mer. Un des moyens les plus efficaces de nuire à l'adversaire est certainement de s'emparer des navires qui lui appartiennent ; mais, pour les prendre, il faut les reconnaître, et comment pourra-t-on distinguer la nationalité d'un bâtiment sur l'Océan ? Le pavillon commercial ne saurait fournir une preuve satisfaisante ; depuis un temps immémorial, on a cessé d'y ajouter foi. S'il fallait s'en rapporter à ce signe, aujourd'hui sans valeur, il suffirait à un ennemi d'arborer des couleurs mensongères pour échapper à tout danger, et le droit du belligérant se trouverait paralysé. Pour obvier à ce grave inconvénient, la loi secondaire a donné aux croiseurs des nations en guerre un droit très-important, presque exorbitant, celui de visiter tous les navires de commerce qu'ils aperçoivent à la haute mer, quel que soit le pavillon que portent ces navires, pour s'assurer s'ils appartiennent réellement au peuple sous la protection duquel il se sont placés.

D'un autre côté, un bâtiment appartenant réellement à une nation neutre peut avoir été frété par le gouvernement ennemi du croiseur, pour faire un service de guerre, tel que le transport des troupes, des munitions et attirails des armées. Il peut même avoir violé son devoir de neutralité en se chargeant, pour les porter chez cet ennemi, d'armes, de munitions et d'instruments de guerre. Dans le premier cas, il a perdu sa nationalité, il est passé au service du belligérant, et doit.être traité comme tel, c'est-à-dire confisqué avec tout ce qu'il porte ; dans le second, il continue à appartenir à son pays, mais il a violé les devoirs de la neutralité, et tous les objets de contrebande qu'il porte sont soumis à la prise. Comment le bâtiment armé, qui rencontre un neutre coupable de l'une de ces deux infractions à ses devoirs, pourra-t-il le reconnaître ? Pour faciliter, pour assurer l'exercice de son *droit*, la loi secondaire étend le pouvoir du croiseur jusqu'à examiner la nature de la cargaison.

Ainsi donc le belligérant peut visiter tous les navires marchands qu'il rencontre pour vérifier leur nationalité et pour s'assurer, lorsqu'ils se dirigent vers un port de son ennemi, qu'ils n'ont pas violé les devoirs de la neutralité. Mais en armant le croiseur d'un pouvoir aussi grave, la loi internationale a réglé avec le plus grand soin le double but et le mode d'exercice de ce droit, afin qu'il ne porte pas atteinte à l'indépendance des peuples pacifiques en prenant le caractère d'un droit juridictionnel. Le but est de vérifier si le navire appartient réellement à une nation neutre, si, neutre par son pays, il n'a pas enfreint ses devoirs. Cette vérification doit être faite par les papiers de bord et sur les papiers de bord seulement. Tout autre mode d'exercice, toute espèce de recherches matérielles sont expressément interdits. Les bâtiments de guerre n'ont jamais été soumis à la visite ; il en est de même des navires de commerce, escortés par un vaisseau de guerre. L'Angleterre seule n'a jamais voulu reconnaître ce dernier point.

La guerre, nous l'avons dit, est un fléau ; elle pèse sur les peuples qui la font par ses effets directs, les conquêtes, les pertes d'hommes, les dépenses, et surtout par les conséquences qu'elle entraîne. Ces conséquences, dont on ne se rend pas toujours compte, sont beaucoup plus graves que les effets immédiats. Ceux-ci frappent la nation et les citoyens à l'instant même où ils se produisent ; mais les ravages qu'ils font sont faciles à réparer. Celles-là, au contraire, épuisent les sources mêmes de la prospérité publique et privée, et se font ressentir longtemps encore après que la paix a succédé à la guerre. Ces suites terribles ne doivent jamais être ressenties par les neutres; elles doivent peser exclusivement sur les belligérants eux-mêmes. Nous ne parlons ici que de la guerre maritime. Quelles sont ses conséquences immédiates? Pour les rendre plus frappantes, prenons comme exemple la nation la plus puissante sur mer, l'Angleterre, et supposons qu'elle respecte les traités et remplisse exactement tous ses devoirs envers les peuples pacifiques.

La Grande-Bretagne entre en guerre avec une autre nation maritime; dès ce moment, les navires de ses sujets sont soumis à la capture. Quelque nombreuse que soit sa flotte, elle ne saurait empêcher que des croiseurs isolés, que des corsaires, si l'usage en est autorisé, comme cela aurait lieu dans le cas d'hostilités contre l'Amérique du Nord, courent les mers et enlèvent quelques-uns de ses nombreux bâtiments marchands. Cette prise est un des effets directs de la guerre; mais voici quelle sera la conséquence. La navigation anglaise aura perdu sa sécurité. Le taux des assurances sera augmenté. Les chargeurs étrangers, qui ont l'habitude de se servir des navires anglais, et qui fournissent presque seuls les cargaisons de retour, chercheront une voie plus sûre et adopteront volontiers celle que leur offriront les navires des peuples neutres, assurés de ne pas être inquiétés lorsqu'ils remplissent leurs devoirs. Les citoyens anglais eux-mêmes trouveront dans ces transports pacifiques un moyen d'échapper à tous les risques de guerre. Ainsi le commerce de frêt, que l'on appelle ordinairement commerce d'économie, sera annihilé; les chargements de retour deviendront de plus en plus difficiles. Ces deux éléments si importants de la prospérité maritime seront perdus, ou du moins beaucoup amoindris. Un grand nombre de navires resteront donc sans emploi, désarmés, et, si la crise se prolonge, ils pourriront dans les bassins; les constructeurs, les armateurs et tous les intéressés à la grande industrie de la mer seront réduits à l'inaction et, par

conséquent, soumis à de graves pertes ; les capitaux chercheront un emploi plus sûr ou plus fructueux, et les hommes
eux-mêmes, ouvriers et matelots, privés de leurs travaux
ordinaires, seront réduits à demander des moyens de subsistance à des occupations étrangères. L'Angleterre, quelque
puissante qu'elle soit, souffrirait énormément de ces conséquences, si la guerre était de longue durée. Mais les nations
moins fortes ne pourraient traverser de semblables épreuves
sans voir leur marine commerciale complétement anéantie.

Le mal ne s'arrête pas même avec la guerre ; il se prolonge
encore longtemps après la cessation des hostilités. Une
marine une fois détruite par suite de circonstences semblables
demande de longues années pour pouvoir se relever. Les
armateurs et les propriétaires, ruinés par l'inaction ou par
la perte de leurs capitaux, ne peuvent immédiatement
remettre des navires à la mer ; les constructeurs habiles
n'existent plus, ou sont allés porter leur industrie dans des
pays plus florissants ; les matelots eux-mêmes ont pris d'autres
habitudes, il faut en former de nouveaux. D'un autre côté,
le commerce s'est détourné de ses voies anciennes ; il en a
choisi de nouvelles, qu'il est souvent difficile de lui faire
abandonner. Les marchés ont été envahis par des concurrents
intéressés à les conserver. Il faut souvent un temps très long
pour faire disparaître les terribles conséquences que la guerre
maritime doit entraîner pour les peuples belligérants. Mais
il est arrivé trop souvent que la nation la plus puissante,
abusant de ses forces, a su rejeter sur les peuples pacifiques
les malheurs qu'elle aurait dû supporter seule.

Les droits et les devoirs des belligérants et des neutres
sont clairement tracés par la loi primitive et aussi par la loi
secondaire. Les premiers ont à l'égard des autres le droit de
visite, pour s'opposer à la contrebande et aux actes d'immixtion ; les seconds, en remplissant leurs devoirs doivent ne
se ressentir en rien des conséquences immédiates de la
guerre.

Si les belligérants et les neutres remplissaient exactement

leurs devoirs respectifs, il serait facile de renfermer les maux de la guerre sur mer dans les limites qu'ils ne devraient jamais franchir. Malheureusement, il n'en est pas ainsi. Depuis plus de deux cents ans, toutes les fois que la puissance dominante sur mer s'est trouvée engagée dans des hostilités, elle a fait la guerre aux peuples pacifiques autant et plus qu'à son adversaire. L'Espagne, la Hollande, la France même, pendant le temps assez court où elles ont été en possession de la prépondérance maritime, ont tour à tour été coupables de graves abus de force. Ce fut la Hollande qui, dès 1584, inventa les blocus sur papier, ou blocus fictifs. Depuis cent cinquante ans qu'elle occupe le premier rang sur l'Océan, la Grande-Bretagne a suivi le même système, mais en le développant à son profit, de telle sorte que, chaque fois qu'elle se trouve en guerre, la position des peuples neutres devient plus précaire, plus dangereuse que celle même de l'ennemi. Quelle peut être la cause de cette anomalie? L'histoire nous l'apprend. D'après la loi internationale, le droit du belligérant est de nuire à son ennemi par tous les moyens directs; son devoir est de respecter l'indépendance du neutre. Ce dernier, en conservant sa pleine liberté, doit remplir les deux devoirs de non-immixtion et d'impartialité. Comment l'Angleterre a-t-elle appliqué ces principes?

La contrebande de guerre est parfaitement définie et limitée par la loi secondaire. La prohibition ne s'étend qu'aux armes, munitions et instruments de guerre, essentiellement et exclusivement préparés pour la guerre, et pouvant être employés à cet usage, sans avoir à subir aucune transformation, aucune préparation nouvelle. Tel est l'esprit de la plupart des conventions intervenues entre les peuples navigateurs depuis plus d'un siècle et demi. Plusieurs de ces actes ont été signés par la Grande-Bretagne elle-même, notamment le traité d'Utrecht 1713 et ceux de 1783 et 1786. Mais dès qu'elle est en guerre, cette puissance étend beaucoup le catalogue des marchandises de contrebande : elle y comprend tous les bois, fers, chanvres, goudrons, etc., propres à la construction et au radoub des bâtiments de mer, que l'on désigne ordinairement sous le nom de *munitions navales*, les blés, farines et autres denrées alimentaires, les métaux précieux en masse ou monnayés, et toutes les denrées dont elle prétend vouloir priver son ennemi. La prohibition a été étendue à tous les objets et marchandises du crû ou de la fabrique de l'ennemi. Il a été défendu aux neutres de faire le commerce, même entre eux, de transporter, même dans les ports de leurs propres pays, des produits du sol de l'adversaire. Les commerces nouveaux, c'est-à-dire ceux qu'ils ne faisaient pas en temps de paix, ont été interdits aux navigateurs pacifiques.

Le droit de blocus a reçu aussi des extensions complétement contraires aux principes les plus fondamentaux de la loi des nations. Le blocus n'est autre chose que la conquête faite par un belligérant du territoire maritime de son ennemi, à l'entour de la place ou du port qu'il veut fermer au commerce. Maître de cette partie des possessions de l'adversaire, il y dicte des lois qui doivent être respectées par tous les étrangers. Mais, pour qu'il y ait conquête, il est indispensable qu'il y ait prise de possession d'abord, puis occupation permamente. C'est par cette raison que l'on dit que le blocus doit être réel et effectif.

L'Angleterre n'a jamais voulu admettre ces principes dans la pratique. Dès qu'elle est en guerre, elle proclame le blocus de tels ou tels ports du littoral ennemi, ou de toutes les côtes; on l'a vue même prétendre que les côtes de France étaient naturellement bloquées, par leur position géographique à l'égard des côtes d'Angleterre. La proclamation est notifiée aux nations pacifiques, qui, dès lors, doivent s'abstenir de tout commerce avec les lieux ainsi mis en interdit. C'est ce qu'on a appelé le *blocus sur papier*. Le belligérant ne se met d'ailleurs pas en peine d'envoyer un seul bâtiment pour maintenir le prétendu investissement. La proclamation de blocus ne suffirait pas sans doute pour empêcher les navigateurs neutres d'entrer dans les ports déclarés fermés ou d'en sortir; mais pour assurer l'efficacité de cette mesure, on a inventé deux droits qui ne sont pas moins exorbitants, le droit de prévention et le droit de suite.

En vertu du premier, le belligérant s'attribue le pouvoir de saisir et de confisquer tout navire neutre rencontré à la mer, se dirigeant vers le lieu dont le blocus a été dénoncé, et ce à quelque distance qu'il soit de ce lieu. Ainsi, le port de la Nouvelle-Orléans étant déclaré bloqué, un croiseur belligérant rencontre, dans la Baltique, un navire neutre faisant voile pour cette destination, il l'arrête et le fait déclarer de bonne prise, avec toute sa cargaison : comme coupable de violation du blocus qui n'a jamais existé réellement, et qui, eût-il même existé pendant un temps, pouvait être levé au moment de la saisie du navire neutre ou du moins au temps de son arrivée. Un chiffon de papier remplace donc les bâtiments qui, après avoir fait la conquête de la mer voisine du territoire ennemi, devaient maintenir cette conquête par une occupation permanente.

Le droit de suite a beaucoup d'analogie avec celui de prévention. Tout navire sorti d'un port *déclaré bloqué* est en *flagrant délit* de violation de blocus, pendant toute la durée de son voyage et jusqu'à ce qu'il ait atteint son lieu de destination. Peu importe qu'il ait été aperçu ou non au moment de la sortie du port; peu importe qu'il y ait ou non des bâtiments de guerre chargés de former le blocus; s'il rencontre un croiseur il sera pris et confisqué avec son chargement. Ainsi, le port du Havre est bloqué par déclaration; un navire neutre, russe par exemple, en sort en destination de Calcutta; il est rencontré dans la mer des Indes, par un croiseur ennemi de la France; il est arrêté et confisqué comme étant en flagrant délit de violation du blocus du Havre.

Avec ces deux prétendus droits, appuyés par de nombreux croiseurs, une nation puissante peut rendre efficace, sinon contre son ennemi du moins contre les neutres, un blocus sur papier. Il serait trop long de donner ici la définition de toutes les variétés de blocus fictifs inventées par les belligérants et d'énumérer tous les avantages que présentent les prétendus droits de prévention et de suite à la nation qui est assez puissante sur mer pour les faire prévaloir; il suffira de parler du blocus par croisière dont les États-Unis du Nord ont fait usage dans leur querelle avec les confédérés du Sud. Il consiste à envoyer un ou plusieurs bâtiments croiser au large d'une côte préalablement déclarée bloquée. Tous les navires neutres, rencontrés se dirigeant vers cette côte ou la quittant, sont arrêtés et confisqués comme ayant violé un blocus. De cette manière, un aviso avec deux canons peut maintenir l'investissement d'un littoral de cent ou deux cents lieues.

Les nations puissantes ont également étendu hors de ses limites, ou plutôt complétement dénaturé le droit de visite. Ce droit, créé par la loi secondaire en faveur du belligérant, consiste à pouvoir visiter tous les navires marchands rencontrés, pour vérifier s'ils sont neutres ou ennemis, et lorsque la neutralité a été constatée et que le bâtiment se dirige vers un port de l'adversaire, pour s'assurer s'il porte des marchandises de contrebande. Dans les deux cas, les papiers émanés de l'autorité neutre doivent faire foi pleine et entière. Les formes de la visite ont été réglées par la loi internationale d'une manière si simple et si rationnelle, qu'elles enlèvent à ce droit tout caractère blessant pour le souverain pacifique; malheureusement elles sont rarement observées par le belligérant assez fort pour les violer impunément. Le visiteur arrivé à bord ne se contente pas de l'énoncé des papiers, il ouvre ou fait ouvrir les coffres et les armoires pour rechercher s'il ne s'y trouve pas quelques pièces suspectes. Lorsque la nationalité a été constatée, il continue les recherches pour ce qui concerne la destination et la nature du chargement. Il ouvre les écoutilles, pénètre dans la cale, bouleverse la cargaison, rompt ou brise les colis et fait subir à l'équipage et aux officiers un interrogatoire quasi-juridique, sans épargner même les mauvais traitements. Puis, sur une parole d'un homme, souvent effrayé ou ivre, interprétée par un individu qui, la plupart du temps, entend à peine ou même n'entend pas du tout la langue du neutre, le navire est arrêté, saisi et conduit dans un port du belligérant pour y être jugé par un tribunal d'amirauté appartenant à la nation qui a opéré la saisie. On a été plus loin. Si la visite légitime, les recherches dans les papiers, dans la cargaison, l'interrogatoire même n'ont donné aucun prétexte pour saisir le navire visité, il suffit, pour motiver l'arrestation de ce bâtiment, que le croiseur ait des *soupçons* sur la sincérité de ce qu'il a vérifié avec tant de soin, et il faut bien remarquer que la visite des neutres est confiée aux corsaires, c'est-à-dire à des hommes que l'amour du gain seul a poussés à prendre les armes, et qui trouvent beaucoup plus commode d'enlever un navire neutre désarmé que de combattre un ennemi armé. Lorsqu'il s'agit de courir la chance de se faire adjuger une prise, quel est le corsaire qui n'aura pas de soupçons? Si le neutre est condamné, il en profite; si, au contraire, il est reconnu innocent et mis en liberté, le corsaire en est quitte pour voir échapper sa proie.

Le principe que le pavillon neutre protége toutes les marchandises qu'il couvre est admis par toutes les nations du monde. L'Angleterre elle-même l'a reconnu et proclamé antérieurement au XIX⁰ siècle, dans dix traités conclus avec la France, l'Espagne, la Hollande et le Portugal. Cependant, toutes les fois qu'elle s'est trouvée engagée dans des hostilités, elle est revenue à sa maxime favorite : la propriété ennemie est confiscable sur le navire neutre. Non contente d'enlever la marchandise de l'ennemi, elle a déclaré que le navire neutre coupable du crime d'avoir favorisé le commerce de l'adversaire, c'est-à-dire en réalité d'avoir usé de son indépendance et de sa liberté, serait soumis à la confiscation, ainsi que toute la cargaison, même les marchandises appartenant aux neutres. Elle agissait ainsi pendant la guerre, et au rétablissement de la paix elle proclamait de nouveau que le pavillon neutre couvre la propriété ennemie.

A toutes ces causes de saisie et de confiscation, déjà si nombreuses, si arbitraires, on en ajouta beaucoup d'autres plus tyranniques encore et relatives au mode de justification de la nationalité. Enfin, en 1807, la Grande-Bretagne alla jusqu'à déclarer soumis à la confiscation tout navire neutre coupable de naviguer sur les mers, c'est-à-dire sur le domaine commun à tous les hommes, sans être muni d'un passeport anglais, acheté dans un port anglais au prix qu'il lui avait convenu de fixer. La France, de son côté, par le décret de Milan, 17 décembre 1807, déclara dénationalisé, et par conséquent confiscable, le bâtiment neutre porteur d'un passeport anglais [1]. De telle sorte que les navigateurs se trouvaient dans la position terrible d'être capturés par les Anglais s'ils n'obéissaient pas aux ordres du conseil britannique, ou de l'être par les Français s'ils s'y soumettaient. Il est vrai qu'à cette époque notre marine était loin de pouvoir assurer l'exécution du décret de Milan.

Ainsi les peuples pacifiques qui ont le droit parfait de commercer entre eux librement et sans aucune restriction, et avec les deux parties en guerre, à la seule condition de ne pas porter des objets de contrebande, se trouvaient réduits à ne pouvoir plus faire avec sécurité aucun commerce. L'extension arbitraire de la liste des marchandises prohibées, le blocus fictif escorté des prétendus droits de prévention et de suite, la confiscation de la propriété ennemie, et même du navire qui la porte, celle des marchandises du crû ou de la fabrique de l'adversaire, la visite, les recherches, les arrestations sur soupçons, les exigences excessives pour la justification de la nationalité, et enfin l'exécution de toutes ces mesures confiées à des hommes avides, toujours soutenus par leur gouvernement dans les plus graves abus qu'ils commettaient, rendaient la navigation neutre presque absolument impossible. L'Océan était réellement devenu le domaine privé du belligérant le plus fort.

Pour justifier, ou plutôt pour motiver leur conduite à l'égard des neutres, les belligérants s'appuient, en général, sur le droit qu'ils ont de nuire à leur ennemi par *tous les moyens* qui sont en leur pouvoir. Ils ne font aucune distinction entre les

---

[1] Voir l'ordre du conseil britannique, du 14 novembre 1807 (*Gazette de Londres,* du 14 novembre 1807), et *Mémoires sur les principes de la neutralité,* 1812, p. 151, pièce, n° 418.

moyens directs et les moyens indirects. Les blocus fictifs, l'extension de la contrebande et toutes les mesures prises contre la navigation neutre, pouvant nuire à cet adversaire, peuvent donc être employés. Ce raisonnement n'a pas besoin de réfutation : cependant on doit remarquer que, si les belligérants ont le droit de se nuire mutuellement, les peuples pacifiques ont, de leur côté, le droit de conserver leur indépendance ; si donc on adopte le prétexte donné, il en résulte que chaque guerre maritime devient universelle, et que tous les peuples, attaqués dans leur indépendance, sont autorisés à recourir aux armes pour ne pas subir le joug des belligérants.

Ainsi par exemple, l'Angleterre était sur le point de déclarer la guerre aux États-Unis d'Amérique pour obtenir réparation d'une insulte grave faite à son pavillon, insulte qui n'est autre chose qu'un abus du droit de visite combiné avec une extension de la contrebande de guerre : si les hostilités s'étaient engagées, l'Angleterre aurait-elle eu le droit de faire subir au Danemark, à la Russie, à la France, restés neutres, les exigences qu'elle-même repoussait par la guerre ? Évidemment non ; ou alors ces puissances auraient eu à leur tour le droit et le devoir de demander une juste satisfaction et de recourir à la force pour l'obtenir. D'ailleurs, au moment de la visite du *Trent* par le *San-Jacinto*, les Américains étaient belligérants et reconnus comme tels par tous les peuples ; la Grande-Bretagne était neutre ; elle avait elle-même proclamé sa neutralité ; si on admet le prétexte mis en avant pour justifier l'oppression des neutres, l'Amérique avait le droit de l'invoquer. Elle savait nuire à son ennemi en enlevant MM. Mason et Slidell ; elle avait le droit de les enlever, et l'Angleterre devait le souffrir sans se plaindre ; il ne lui avait été fait aucune injure. Le prétexte qui donne lieu à de pareils abus doit donc être repoussé.

Les divers points de contact qui existent entre le neutre et le belligérant, la visite, la contrebande, le blocus, le privilége du pavillon neutre de couvrir la cargaison, étaient de nature à faire naître de nombreux conflits, mais ils ont été réglés avec soin par la loi secondaire. Par conséquent, ils ne peuvent donner lieu aux abus de la force reprochés aux nations en guerre. On peut l'affirmer avec d'autant plus de certitude, que ces abus ne sont jamais commis par les peuples secondaires, engagés dans les hostilités; et que les puissances prépondérantes qui les commettent lorsqu'elles ont les armes à la main, les prohibent de toutes leurs forces lorsqu'elles sont neutres. En 1710, le gouvernement danois, en guerre avec la Suède, voulut élargir le cercle de la contrebande et y comprendre les blés, les farines et les autres denrées alimentaires; mais l'Angleterre, qui souvent avait employé ce procédé, s'y opposa et força le roi Frédéric IV à retirer son règlement.

Les causes alléguées par les belligérants pour justifier la violation des principes du droit maritime ne peuvent donc soutenir le plus léger examen ; elles n'existent pas; leurs motifs réels, vainement dissimulés, ont été révélés par l'histoire; ils ne sont aujourd'hui un secret pour personne. Ces motifs sont : l'ambition, le désir de faire retomber sur les peuples neutres les conséquences immédiates de la guerre; la jalousie commerciale. Plusieurs fois, mais surtout au commencement de ce siècle, alors que sa prépondérance maritime était sans contre-poids, l'Angleterre a laissé voir le premier mobile qui dictait sa conduite. Elle a proclamé elle-même, dans ses ordres du conseil, ses vues ambitieuses. Nation belligérante, elle persécutait et détruisait les marines neutres pour « conserver cette puissance maritime que, par les faveurs spéciales de la Providence, elle tient de la valeur de son peuple » (*ordre du conseil du 19 novembre 1807*), puissance qu'elle déclarait essentielle au bonheur et à l'indépendance du genre humain.

Les effets de la guerre, on le sait, sont terribles pour les nations qui la font, si, comme il est juste, ils retombent exclusivement sur elles. Mais les belligérants, lorsqu'ils se sont trouvés assez puissants pour ne pas redouter la vengeance des neutres, sont parvenus à rejeter sur ceux-ci les résultats désas-

treux des hostilités justes ou injustes dans lesquelles ils étaient
engagés.

La première, la plus terrible des conséquences immédiates
de la guerre, est la ruine, ou du moins, pour les peuples très-
puissants, l'amoindrissement de la marine marchande et du
trafic maritime. La sécurité relativement plus grande dont
doivent jouir les navires neutres attire à eux tous les transports, même ceux des sujets de la nation en guerre. En détruisant cette sécurité, les belligérants conservaient à leurs
sujets le commerce de transport; en rendant la navigation des
peuples pacifiques plus dangereuse que celle de leurs propres
nationaux, ils arrivaient infailliblement à attirer dans leurs
ports et sur leurs bâtiments tout le commerce que faisaient,
en temps ordinaire, les peuples restés neutres, et, par conséquent, à ruiner la marine et l'industrie de ces peuples. C'est
ce qu'ont fait les belligérants puissants. En même temps qu'ils
protégeaient, comme ils en ont le devoir et le droit, le plus
efficacement possible les navires de leurs sujets, ils multi-
pliaient à l'infini les cas de saisie et de confiscation complète
des navires neutres. En un mot, ils renversaient complètement la question. Les conséquences les plus fâcheuses de la
guerre, au lieu de peser exclusivement sur ceux qui l'avaient
provoquée, retombaient sur les peuples qui auraient dû en
être complétement garantis.

Bientôt il ne suffit pas à la nation dominante et armée de
détourner de son commerce les conséquences immédiates de
la guerre, de conserver à sa marine commerciale tous les avantages qu'elle avait pendant la paix; elle voulut que la guerre
devînt, pour elle-même, un moyen d'accroître son commerce
et sa marine, d'amoindrir, de ruiner, d'anéantir des concurrents incommodes même en temps de paix. La jalousie mer-
cantile se joignit à l'ambition. On multiplia toutes les entraves
mises au commerce des neutres, à ce point qu'il leur fut impossible de faire, pendant la durée des hostilités, les opérations les plus licites. De cette manière, tous les navires pacifiques qui persistaient à prendre la mer étaient saisis et

confisqués ou du moins arrêtés, conduits dans un port étranger, détenus pendant des mois, en attendant un jugement, inique le plus souvent, et qui, alors même qu'il leur rendait la liberté, ne la leur rendait que lorsqu'ils étaient ruinés par les frais et les lenteurs de la procédure, par un séjour prolongé dans un pays étranger. Les autres bâtiments, n'osant pas affronter de pareils risques, restèrent désarmés dans les ports, et ruinèrent par leur inactivité même leurs propriétaires. Les capitaux furent perdus ou compromis, la marine des peuples neutres fut anéantie, et, lorsque vint la paix, le peuple qui avait fait de sa force cet habile et terrible usage se trouva seul maître du commerce du monde ; il n'avait plus de concurrents. Sa politique peu scrupuleuse lui avait donné le monopole de l'univers.

Les motifs de la conduite des belligérants puissants, tels qu'ils viennent d'être indiqués, ne sauraient être contestés. L'histoire en fournit les preuves les plus positives. Toutes les persécutions que ces tyrans des mers font subir aux neutres ne peuvent atteindre que très-indirectement l'ennemi. Le blocus fictif, par exemple, frappe bien légèrement l'adversaire en comparaison du tort fait au neutre. Il arrive même qu'il a pour but exclusif d'assurer au belligérant le commerce qu'il enlève aux nations pacifiques. Ainsi, en 1805, la Grande-Bretagne, avait déclaré le blocus des colonies françaises ; les navires neutres étaient donc exclus de ces établissements. Cependant, malgré le blocus, la puissance belligérante autorisa ses propres sujets à faire le commerce avec les îles françaises et permit même aux colons français d'écouler leurs produits dans ses possessions voisines, mais exclusivement dans ses possessions. Évidemment, le blocus n'avait pour but et pour résultat que de priver les neutres d'un commerce avantageux, et de l'assurer aux navigateurs anglais ; cette mesure ne nuisait en rien à l'ennemi.

En 1807, le blocus fictif avait été mis sur toutes les côtes de la France et de ses colonies, sur toutes les côtes des alliés de la France et de leurs possessions, sur toutes les côtes des puissances assez soumises à l'influence de la France pour participer au blocus continental. Plus de la moitié de l'Europe était donc interdite au commerce des neutres. Cette mesure importait essentiellement « au maintien des droits de la Grande-Bretagne et même à son salut. » Tout navire neutre qui tentait de la violer, en quelque endroit qu'il fût rencontré, devait être saisi et confisqué. Ces menaces étaient exécutées avec la plus grande rigueur. Cependant le commerce des pays non ennemis de l'Angleterre, mais bloqués à cause de leur soumission à la France, était fait par les Anglais eux-mêmes, au moyen de licences accordées par les autorités britanniques. Dans une seule année, seize mille licences de cette nature furent délivrées. En 1811, on en donna encore huit mille [1]. Ainsi, le commerce qui, d'après l'avis du conseil britannique, était si dangereux pour le salut de la Grande-Bretagne lorsqu'il était fait par les peuples pacifiques, devenait au contraire très-utile lorsqu'il était le partage exclusif des sujets du belligérant. Un pareil blocus, en faisant peu de mal à l'ennemi, portait un coup terrible au trafic des neutres; il atteignait parfaitement le but de l'Angleterre, dont le commerce maritime était ainsi plus florissant pendant la durée des hostilités qu'il ne l'avait été avant le commencement de la guerre.

Les faits qui viennent d'être rappelés peuvent-ils se reproduire de nos jours? L'Angleterre voudrait-elle faire revivre les prétentions qu'elle a si longtemps soutenues?

La réponse serait facile si nous nous en tenions à nos souvenirs historiques; mais il vaut mieux laisser de côté un passé trop sombre et examiner l'avenir avec de meilleures espérances. Des faits très-importants se sont produits depuis quelques années; le droit international maritime semble entrer dans une nouvelle phase. Sans doute les peuples ne possèdent pas encore ce code complet et uniforme, désiré depuis si longtemps; mais la déclaration du 16 avril 1856, délibérée par sept puissances, au nombre desquelles était l'Angleterre,

[1] Sur le régime des licences et tous les excès commis à cette époque par les belligérants, voir Klüber, *Droit des gens modernes de l'Europe*, t II, p. 144, n° 315.

acceptée ensuite par toutes les nations, à l'exception de deux seulement (l'Espagne et les Etats-Unis d'Amérique), a introduit quelques modifications dont l'influence peut être très-grande, si elle est sincèrement et loyalement secondée par les grandes puissances maritimes. C'est donc au point de vue de ce document, à l'aide des faits, peu nombreux encore, accomplis depuis sa promulgation, et aussi des dispositions déjà manifestées par la Grande-Bretagne, qu'il importe de chercher la solution de la question posée.

La déclaration de Paris du 16 avril 1856 n'a pas le caractère d'un traité proprement dit ; c'est l'acte de reconnaissance de certains principes de droit. Elle ne doit donc subir aucune altération, aucune suspension par le fait de la guerre ; elle oblige même les nations qui pourraient devenir belligérantes ; enfin elle est perpétuelle et ne doit cesser d'exister qu'après avoir été dénoncée par une des parties, ou violée. Il est en effet évident que tout les principes qu'elle contient sont solidaires et que la violation d'un seul entraîne l'annulation de tous les autres.

Cet acte important contient quatre propositions : la course est et demeure abolie ; le pavillon neutre couvre la marchandise ennemie, à l'exception de la contrebande de guerre ; la marchandise neutre, à l'exception de la contrebande de guerre, n'est pas saisissable sous pavillon ennemi ; les blocus, pour être obligatoires, doivent être effectifs, c'est-à-dire maintenus par une force suffisante pour interdire réellement l'accès du littoral de l'ennemi.

Il faut d'abord remarquer que ce document ne donne aucune définition de ce que l'on doit entendre par contrebande de guerre ; il ne parle ni de la visite ni des autres prétentions élevées à l'encontre des neutres, par les belligérants. Sur les quatre propositions énoncées, deux au moins, celles relatives à l'abolition de la course et au blocus, sont incomplètes et peuvent par conséquent donner lieu à des difficultés.

Dans le cas où la guerre eût éclaté entre l'Angleterre et les États-Unis du Nord, comment les belligérants auraient-ils déterminé la contrebande de guerre? A l'égard de la France, il existe un traité ancien (1786) qui contient sur ce point les stipulations les plus complètes et les plus libérales. Il limite la prohibition aux armes, munitions et instruments de guerre. Mais ce traité est périmé depuis longtemps ; il a été déchiré par plusieurs guerres ; enfin il n'a jamais été ni remis en vigueur, ni même rappelé dans les conventions subséquentes. Doit-il être considéré comme encore existant? Dans l'usage des nations, il est reconnu que les traités anciens, se rapportant à des principes reconnus par la jurisprudence internationale, même périmés, doivent continuer à régler les rapports des parties, tant qu'il n'ont pas été formellement abrogés ou remplacés par d'autres stipulations spéciales sur le même sujet. L'Angleterre se conformera sans doute à cet usage. Le traité de 1786 servira de règle entre elle et la France, pour la contrebande de guerre.

En appliquant le même système aux autres peuples, on arrive à ce résultat, que la contrebande de guerre sera différente avec les diverses nations. Ainsi, avec la Suède, le traité de 1803 comprend dans la prohibition les munitions navales et même admet la contrebande *par accident*, c'est-à-dire la prohibition du commerce des articles qu'il plaît au belligérant de frapper de cette espèce d'interdit. Seulement, dans ce dernier cas, il n'y a pas lieu à confiscation de ces objets spéciaux, mais seulement à la détention et au droit de préemption.

A l'égard du Danemark, la convention de 1780, qui range les munitions navales dans la classe de la contrebande, serait exécutée. Il en serait ainsi avec toutes les autres puissances, de telle sorte que la contrebande varierait presque avec chaque peuple.

Mais, d'un autre côté, l'Angleterre a sa propre jurisprudence, qui prohibe les blés, farines et autres denrées alimentaires, ainsi que les métaux précieux et les munitions navales, qui admet la *contrebande par accident*, et même avec la confiscation. Il peut arriver qu'elle refuse l'application des traités périmés ou anéantis par la guerre, pour suivre et faire appliquer ses propres usages aux navigateurs neutres. Dans ce cas, qui n'est plus, il est vrai, qu'une hypothèse éloignée, ceux-ci se trouveraient dans la fâcheuse position de 1806 à 1814, c'est-à-dire qu'ils seraient à la merci d'un belligérant tout-puissant sur l'Océan.

L'exercice du droit de visite soulève les mêmes difficultés. Il est réglé, il est vrai, d'une manière uniforme par tous les traités. On pourrait dire qu'il existe sur ce point une jurisprudence bien établie. A l'égard de la France, de l'Espagne et de plusieurs autres puissances, l'Angleterre est liée par des traités anciens, et par conséquent d'une application douteuse, qui avaient réglé ce droit de la manière la plus libérale et la plus conforme à la loi internationale. Depuis 1713 jusqu'en 1786, toutes les conventions sont très-positives et très-claires ; elles enlèvent à la visite toutes les apparences d'un droit juridictionnel et déterminent avec le plus grand soin le mode de son exercice. Les papiers de bord du navire neutre suffisent pour remplir le double but que l'on se propose : établir la nationalité du navire et, s'il y a lieu, l'innocuité de la cargaison. Cependant quelques actes, et notamment la convention imposée, en 1801 par l'Angleterre aux trois cours du Nord, après le premier bombardement de Copenhague, ont des principes absolument contraires à cette jurisprudence, mais parfaitement conformes au système particulier de la Grande-Bretagne. En présence de cette contradiction, quelle sera la règle de conduite ? Si, comme on peut le craindre, les Anglais veulent appliquer leur système, les neutres seront exposés à toutes les vexations, à toutes les persécutions qu'ils ont eu à subir au commencement de ce siècle.

La question relative aux navires convoyés est également restée sans solution. Toutes les autres nations soutiennent que les navires de commerce sont exempts de la visite lorsqu'ils sont accompagnés, convoyés par un bâtiment de guerre. L'Angleterre seule persiste à vouloir soumettre à ce droit les navires escortés comme ceux qui naviguent isolément. Cette question a été vivement débattue pendant les guerres de

1755, 1765, 1778, 1793 et 1803 ; elle a même donné lieu à des conflits sanglants entre les neutres et les belligérants. Si un très-grand nombre de traités récents ont consacré le principe que les navires convoyés sont exempts de la visite, on doit observer que l'Angleterre n'est partie dans aucun de ces actes ; elle n'a consenti sur ce point qu'une seule convention, celle de 1801, qui résout le problème dans un sens complétement opposé et soumet les navires convoyés à la visite.

Dans toutes les difficultés que soulève l'exercice du droit de visite, quel parti adoptera l'Angleterre? Telle était la question qu'on se posait en voyant cette puissance à la veille de courir aux armes. Aujourd'hui la guerre s'est éloignée, mais la question reste. L'Angleterre belligérante renoncerait-elle à ses anciennes prétentions pour se ranger aux règles admises par les autres peuples? On doit l'espérer, puisqu'elle s'est prononcée avec tant d'énergie contre un abus du droit de visite, abus qu'elle avait pratiqué autrefois et qu'elle repousse, sans doute, aujourd'hui, aussi bien pour les autres que pour elle-même.

Dans un assez grand nombre de conventions récemment conclues avec les nouveaux États fondés en Amérique, les États-Unis ont introduit une modification essentielle dans l'exercice de la visite. D'après toutes les stipulations internationales, le croiseur qui veut visiter un navire doit s'arrêter à une assez grande distance (à une portée de canon en général) et envoyer une embarcation à bord. Dans les actes dont il est question, les États-Unis ont supprimé cette condition et l'ont remplacée par celle de s'arrêter aussi loin que le permettront « l'état de la mer et du vent et le degré de suspicion inspiré par le bâtiment visité. » Cette modification est très-importante ; elle change complétement le caractère de la visite, mais elle n'a pas été encore acceptée par les puissances européennes. A peine les hostilités étaient commencées entre les deux fractions de la république de l'Amérique du Nord, qu'un événement est venu prouver combien il est nécessaire de maintenir une distance assez grande entre le croiseur et le navire visité. Un bâtiment de guerre des États-Unis le *San-Jacinto*, voulant visiter un navire français, *le Jules et Marie* du Havre, s'approcha tellement près de lui que, soit brutalité, soit maladresse, il l'aborda et le démâta.

Le premier principe posé par la déclaration du 16 avril 1856, l'abolition de la course, ne pourrait recevoir son application dans une guerre entre une nation européenne et les États-Unis. Le gouvernement de Washington a refusé de l'admettre; il n'a pas voulu briser la seule arme avec laquelle il pût combattre ses ennemis. Ces derniers, de leur côté, auraient recours aux mêmes armes. La course se trouverait rétablie de fait avec tous ses inconvénients et ses dangers pour les neutres.

La déclaration de 1856 veut que, pour être obligatoires, les blocus soient effectifs, c'est-à-dire maintenus par des forces suffisantes pour interdire l'accès du rivage. La définition donnée par les traités de 1780 et de 1800, relatifs à la neutralité armée, était plus précise : le port bloqué est celui où il y a, par la disposition de la puissance attaquante, des bâtiments *arrêtés et assez proches* pour rendre l'entrée dangereuse. Mais là n'est pas le défaut principal de l'acte nouveau, défaut qui, au reste, se trouvait également dans les autres. Tous laissent subsister les droits de prévention et de suite, si contraires à tous les principes et si redoutables pour les peuples pacifiques. Sans doute, les Américains sont liés avec presque tous les États par des traités qui permettent au navire neutre de venir vérifier, par lui-même, l'existence réelle de l'investissement. Dans ce système, qui est celui de la France et qui a été adopté par presque toutes les nations, il n'y a violation de blocus et, par conséquent, lieu à saisie et à confiscation, que dans le cas où le navire neutre arrivé sur le lieu et après avoir été averti de l'existence du blocus par l'un des bâtiments chargés de le former, se présente une seconde fois, pendant le même voyage, pour entrer dans le port fermé. Mais aucune stipulation de cette nature n'a été consentie par l'Angleterre. Si elle prétendait maintenir tous les abus du blocus fictif que nous avons décrits plus haut, la déclaration de 1856 ne serait qu'un vain mot. Cette déclaration n'a pas encore reçu une complète application; aucune guerre maritime sérieuse n'a encore troublé l'Océan depuis qu'elle a été promulgué; il est donc difficile de savoir exactement comment les signataires de cet acte, et particulièrement l'Angleterre, l'interpréteront. Cependant, il est possible de tirer des inductions assez précises de la conduite tenue par ces puissances à l'égard des deux parties belligérantes qui, pendant trois années, ont divisé l'ancienne république américaine.

Dès l'ouverture des hostilités entre les États-Unis du Nord et les confédérés du Sud, l'Angleterre déclara qu'elle admettait la légitimité de la guerre de la part des deux parties; qu'elle entendait conserver entre elles une exacte neutralité, et qu'elle ne reconnaîtrait comme valables que les blocus effectifs. La question est donc parfaitement posée, et la conduite de l'Angleterre peut montrer ce qu'elle entend par un blocus effectif. Peu de temps après l'ouverture des hostilités, le chef d'escadre Prendergast notifia le blocus des côtes de la Caroline du Sud et de la Virginie. Cet investissement était évidemment fictif; celui qui le déclarait n'avait sous ses ordres que cinq ou six petits bâtiments; il ne pouvait donc pas bloquer, d'une manière effective, une côte qui a plus de trois cents lieues marines d'étendue; le prétendu blocus ne pouvait être qu'une simple croisière. Cependant, plusieurs navires marchands anglais ont été saisis; ils ont été condamnés par la cour d'amirauté américaine, comme coupables de violation de blocus.

L'Angleterre est très-portée à soutenir ses sujets à l'étranger; quelquefois même elle les protége lorsque leur conduite est répréhensible. Néanmoins, dans cette circonstance, elle n'a fait aucune réclamation. Elle a donc reconnu, comme réel et effectif, un blocus fictif, ou, ce qui est la même chose, un blocus par croisière. De ce fait important, il est permis de conclure que cette puissance, qui, en sa qualité de neutre, regarde comme effectif un blocus par croisière, et souffre que les bâtiments de ses sujets soient confisqués pour l'avoir violé, ne changera pas d'avis lorsqu'elle sera belligérante. Ainsi donc, sur ce point encore, les nations neutres sont exposées à voir leurs droits violés, comme ils l'ont été de 1806 à 1814. Les blocus fictifs, accompagnés des droits de prévention et de suite, sont une menace de ruine suspendue sur leurs marines marchandes.

Le principe que le pavillon neutre couvre la marchandise ennemie, à l'exception de la contrebande de guerre, a été admis par la déclaration du 16 avril; il avait déjà été proclamé par tous les peuples navigateurs et par l'Angleterre elle-même. Il est vrai que, depuis la fin du XVIIIe siècle, elle a toujours refusé d'admettre cette base essentielle du droit des neutres dans les actes qu'elle a consentis. Elle a même imposé le principe contraire à plusieurs nations, et notamment, en 1794, aux États-Unis, en 1810 et en 1842, au Portugal. Elle s'est départie de ce système en signant la déclaration de 1856. Elle se trouve donc engagée envers tous les peuples représentés au congrès de Paris, et envers tous ceux qui, depuis, ont adhéré à la déclaration, c'est-à-dire envers tous les États civilisés, l'Amérique du Nord et l'Espagne exceptées, à respecter, lorsqu'elle sera belligérante, la propriété ennemie couverte par le pavillon ami.

La Grande-Bretagne mise à l'épreuve eût-elle respecté ses engagements? Il faut le croire; cependant on serait tenté d'en douter en songeant au passé de cette puissance navale, qui a toujours cherché et trop souvent réussi à rejeter sur les neutres les conséquences de la guerre. Les doutes que des faits anciens peuvent faire naître sur les intentions de l'Angleterre se trouvent encore aggravés par la manière dont le peuple et le parlement lui-même ont accueilli la déclaration du 16 avril. Dès le mois de juillet 1857, ont voit un membre de la Chambre des communes attaquer cette partie du traité avec une très-grande vivacité, faire ressortir toutes les graves conséquences que doit entraîner son exécution pour la prospérité maritime du pays, et terminer en déclarant que l'Angleterre ne consentira jamais à admettre que le pavillon neutre puisse couvrir la propriété ennemie. Cette opinion n'était pas celle d'un individu isolé ; ce qui prouve que M. Lindsay était réellement l'organe du sentiment du peuple anglais, c'est que les ministres présents à la séance ne crurent pas devoir se lever pour rappeler le député au respect dû à un traité signé, quelques mois auparavant, par la souveraine de la Grande-Bretagne ; c'est que l'incident se termina par cette déclaration, au moins étrange, qu'en cas de guerre maritime le gouvernement s'adresserait à la Chambre des communes, pour être relevé des obligations contenues dans le traité de Paris. A la Chambre haute, il est vrai, un noble lord crut devoir soutenir la déclaration vivement attaquée par plusieurs de ses collègues, mais les arguments mêmes dont il se servit ne sont pas de nature à dissiper toutes les craintes. Lord Clarendon, pour défendre le traité, répondit que l'adoption de ce principe par l'Angleterre est une question de *politique* et non pas de *droit* ; il montra les États-Unis d'Amérique, avec leur puissante marine, toujours disposés à protéger les neutres, et, par conséquent, pouvant forcer l'Angleterre à renoncer à ses anciens usages. Si les États-Unis devenaient belligérants, l'Angleterre n'aurait plus la même raison politique pour exécuter la déclaration. Il est donc permis de croire que la Grande-Bretagne n'est pas encore complétement convertie aux droits des neutres, et qu'elle se réserve la liberté d'agir selon ses intérêts.

En résumé, la contrebande de guerre et la visite, omises par l'acte de 1856, ne sont réglementées que par des traités anciens, qui peuvent être considérés comme abrogés, et qui d'ailleurs n'ont jamais été complétement exécutés. L'abolition de la course reste sans application possible dans toute guerre qui éclaterait entre les États-Unis et une autre nation. Le principe que le pavillon couvre la marchandise paraît devoir être d'une exécution très-difficile. Enfin, les blocus effectifs se trouvent transformés en blocus fictifs ou par croisière, accompagnés des prétendus droits de prévention et de suite.

Toutes, ou du moins presque toutes les questions soulevées par la neutralité sont donc restées sans solution. Les abus qui se sont produits à une autre époque peuvent se reproduire. Les nations qui désirent garder la neutralité sont encore menacées de subir les conséquences d'une guerre qu'elles n'ont pas provoquée et qui ne devraient pas les atteindre.

N'existe-t-il aucun moyen de conjurer ce danger et d'assurer à tous les peuples, neutres ou belligérants, le plein et entier exercice de leurs droits, en les contraignant à remplir exactement leurs devoirs? Ce moyen existe, mais avant de l'indiquer, il est indispensable de bien établir les sources du mal auquel il s'agit de porter un remède efficace.

Une cause première, dont l'importance ne saurait être contestée, exerce une influence funeste sur le sort des neutres : c'est l'absence de règles adoptées par tous les peuples, reconnues, respectées par tous, d'une sorte de code maritime international. Sur terre, le besoin de lois de cette nature ne peut se faire sentir. En effet, en quelque pays civilisé que se trouve un homme, il est sur le territoire d'une nation qui a ses lois, ses règlements; il est dans l'obligation et même dans la nécessité de les observer et de les respecter; la puissance territoriale le saisit à son entrée sur le domaine privé du peuple qu'il vient visiter. Sur mer, il n'en est pas ainsi. L'Océan est libre ; il n'appartient à aucun peuple; il est commun à tous ; tous le parcourent avec un droit égal ; tous s'y rencontrent avec leurs mœurs, leurs usages, leurs lois. Sur cet espace indépendant, chacun reste indépendant. Mais il résulte de cette position même une foule d'occasions de conflits qu'il serait important de prévenir par des règlements précis. Une loi commune à tous les navigateurs est donc indispensable. Mais aucun peuple au monde n'a le droit de promulguer un code de la mer, exécutoire pour toutes les nations. Une pareille loi, nécessaire à la sécurité et à l'indépendance des peuples, ne peut être faite que par la réunion de tous les intéressés.

Le mal que nous avons signalé a une autre cause plus importante. Il est un fait qui n'a pu échapper à aucun écrivain, à aucun observateur attentif, c'est que l'oppression des nations neutres n'existe et ne peut exister que lorsque l'un des belligérants est la puissance prépondérante sur mer. Il ne saurait en être autrement. Si la guerre éclate entre deux peuples de forces à peu près égales, chacun d'eux, complétement occupé à combattre son ennemi, a un intérêt puissant à ménager ceux qui sont restés spectateurs de la lutte; il remplit ses devoirs envers tous, afin de ne pas augmenter le nombre de ses adversaires. Il n'y a donc pas, il ne peut pas y avoir d'oppression. Il en est de même si un ou plusieurs des peuples neutres sont assez puissants pour pouvoir défendre leur indépendance attaquée. La crainte de les offenser, de les forcer à prendre les armes, retient la nation en guerre dans la ligne exacte de ses devoirs. Si, au contraire, le bellligérant est le peuple le plus puissant sur mer, si, supérieur de beaucoup à son adversaire, il est en état de le combattre avec une partie de ses forces seulement, tandis que l'autre reste disponible pour effrayer et, au besoin, pour frapper les peuples neutres qui voudraient défendre leurs droits méconnus, l'oppression est possible, et, il faut le dire, du moment qu'elle est possible, elle est mise en pratique.

L'absence d'un équilibre maritime est donc la principale cause du mal. Il est remarquable que les peuples européens qui ont fait tant et de si longues guerres, dépensé tant de trésors, versé tant de sang pour établir la pondération des puissances continentales, semblent avoir complétement méconnu l'importance d'un équilibre sur mer. La nécessité d'un contrepoids n'en est pas moins clairement établie, et l'histoire nous enseigne où nous devons le chercher.

En 1669, l'Angleterre et la Hollande s'étaient réunies contre la France; elles avaient décrété un blocus fictif de toutes les côtes de leur ennemie; c'était plus même qu'un blocus fictif, c'était une sorte d'interdit général jeté sur les États du roi très-chrétien. Tout commerce était défendu avec les pays désignés dans la proclamation des deux alliées. En vertu des fameux droits de prévention et de suite, elles arrêtaient sur toutes les mers et confisquaient tous les navires neutres qui faisaient route vers les ports de la France ou qui en étaient sortis. Les peuples pacifiques firent entendre les plus vives réclamations, mais en vain. Deux puissances très-respectables, quoique secondaires, la Suède et le Danemark, se coalisèrent pour résister à ces actes tyranniques et sauver le commerce et la navigation de leurs sujets. Elles firent escorter les bâtiments marchands par des vaisseaux de guerre, avec ordre de résister aux exigences injustes des croiseurs, et menacèrent de déclarer la guerre à celui des belligérants qui oserait porter atteinte à leurs droits et à leur indépendance. A cette époque, l'Angleterre et la Hollande n'avaient pas trop de toutes leurs forces pour lutter contre la marine de la France ; elles craignirent de s'attirer de nouveaux adversaires et n'osèrent pas exécuter les menaces de leur proclamation envers les deux puissances du nord. C'est la première ligue des neutres mentionnée par l'histoire; on voit qu'elle atteignit son but immédiat.

En 1780, lorsque la France prit parti pour les colonies du nord de l'Amérique révoltées contre leur métropole, la Grande-Bretagne prétendit mettre en pratique contre les neutres toutes les rigueurs de ce qu'elle appelait ses lois particulières. La Russie, la Suède, le Danemark et la Prusse se réunirent alors, et formèrent l'alliance connue sous le nom de *neutralité armée*. Les coalisés s'engagèrent à défendre avec énergie leurs droits, trop souvent méconnus et foulés aux pieds par les nations en guerre. Chacun d'eux dut armer un certain nombre de vaisseaux et de frégates, non pour attaquer les belligérants ou pour faire la guerre, mais pour établir des croisières chargées de veiller à la sûreté de leurs sujets sur mer, pour escorter les navires de commerce et les protéger contre les entreprises injustes dont ils pouvaient être victimes. Les quatre puissances s'engagèrent en outre à soutenir, avec toutes leurs forces, celle d'entre elles qui pourrait être attaquée à l'occasion de l'union, et, par conséquent, à faire la guerre à l'agresseur. Cette alliance fut notifiée à toutes les nations maritimes pacifiques et belligérantes. Tous les peuples neutres y adhérèrent et entrèrent dans la coalition. La France, l'Espagne, les États-Unis, et plus tard la Hollande, applaudirent à cette innovation et approuvèrent les principes proclamés par les alliés. L'Angleterre protesta contre ce qu'elle appelait une violation des traités et un attentat contre ses droits de puissance belligérante; mais peu jalouse de réunir contre elle toutes les forces des États secondaires et surtout de voir tous les ports de l'Europe fermés à son commerce, elle se résigna en fait à respecter les droits des peuples pacifiques.

Les traités constitutifs de la neutralité armée contiennent tous l'énonciation de quelques-uns des principes fondamentaux du droit maritime, et forment par conséquent une ébauche d'un code universel des mers.

La guerre de 1793 exposa les neutres aux mêmes dangers que la précédente; une neutralité armée fut tentée, mais, en présence de la haine profonde excitée par les principes et les excès de la Révolution française, elle resta sans effet. En 1800, la Grande-Bretagne, profitant de son immense supériorité maritime et de la préoccupation des grandes puissances européennes, accablait les neutres de vexations. La Russie, la Suède, le Danemark et la Prusse se réunirent de nouveau pour la défense de leurs droits et de leurs intérêts, et signèrent les traités constitutifs d'une neutralité armée, sur les bases de celle de 1780. L'Angleterre n'avait pas oublié que la première coalition l'avait forcée à renoncer aux avantages qu'elle est habituée de tirer de toutes ses guerres maritimes. Elle craignait, d'ailleurs, que cette alliance, si elle se renouvelait ainsi, passât dans les habitudes des peuples neutres, et devînt une sorte de droit, dont le résultat immédiat eût été de créer un contre-poids presque permanent à sa puissance navale. Elle résolut de la rompre à tout prix, et, pour y parvenir, de frapper un coup terrible, qui non-seulement anéantît la réunion existante, mais encore effrayât ceux qui, dans l'avenir, auraient la pensée de tenter une semblable entreprise. Les traités avaient été signés au mois de décembre 1800 ; dès que la fonte des glaces de la Baltique permit de pénétrer 'dans cette mer, et avant que la Suède et la Russie eussent pu envoyer leurs contingents, le 2 avril 1801, sans aucune déclaration de guerre, la flotte danoise fut anéantie, dans le port même de Copenhague, par les forces anglaises, après un combat des plus acharnés et dont le résultat fut quelque temps douteux.

Cet événement n'eût pas suffit cependant pour rompre l'alliance ; mais la mort tragique de Paul Ier, empereur de Russie, arrivée à la même époque, lui porta un coup fatal, dont elle ne put se relever. Abandonnés par la Russie, dont le nouveau souverain s'était jeté dans les bras de l'Angleterre, privés de la moitié de leurs forces, la Suède et le Danemark durent subir la loi du plus fort.

De ces faits historiques, il résulte donc que, pour éviter aux peuples neutres les immenses désastres dont les menace toute guerre maritime dans laquelle la nation prépondérante sur l'Océan se trouve engagée, il est indispensable de créer à cette puissance un contre-poids et d'établir sur mer l'équilibre qui existe sur le continent européen.

Il est donc nécessaire de donner aux relations internationales maritimes des règles générales, reconnues par toutes les nations, qui assurent à toutes, et à chacune en particulier, la libre et entière jouissance de son indépendance, même lorsque la guerre vient rompre les rapports de quelques-unes d'entre elles. Depuis longtemps les auteurs les plus accrédités ont réclamé avec instance cette législation universelle. Il suffira de citer l'abbé Galiani, Azuni, Klüber, Ortolan et Massé ; nous-même nous avons souvent demandé de voir enfin tous les peuples neutres s'entendre pour rédiger un code des mers. La plupart des États ont émis le vœu que les questions toujours litigieuses de la neutralité soient enfin tranchées d'un commun accord. Tout récemment encore, la presse russe et la presse française ont élevé la voix dans le même sens. La nation américaine vient, par l'organe de son ministre des affaires étrangères, M. Seward, de recommander, quoique d'une manière peu explicite, cette importante solution à l'attention de la Grande-Bretagne. Mais il faut se hâter, c'est actuellement, c'est, autant que possible, pendant la paix qu'il faut régler les droits de la guerre.

Les traités destinés à fonder le code maritime doivent être rédigés d'une manière uniforme et prévoir toutes les circonstances du droit des neutres et toutes celles qui, dans la navigation, peuvent intéresser les rapports des nations entre elles; ils seront déclarés perpétuels pour ces dispositions fondamentales. Les parties contractantes s'imposeront l'obligation de faire insérer dans toutes les conventions de commerce et de navigation par elles consenties les mêmes stipulations, de manière à arriver, dans le plus bref délai possible, à les faire adopter par tous les peuples et à l'égard de tous les peuples. Pour atteindre plus promptement le but, chacune d'elles dénoncera, dès qu'elle le pourra légitimement, les conventions existantes, pour les remplacer par les nouvelles.

Ces traités pourraient être conclus au moyen de négociations séparées, sur l'initiative d'une ou de plusieurs des nations intéressées. Cependant il serait peut-être préférable de confier à un Congrès, dans lequel tous les peuples seraient représentés, le soin de faire la loi destinée à les régir tous. Elle serait ainsi acceptée par le plus grand nombre des États et bientôt adoptée par ceux qui n'auraient pas pu assister au Congrès. L'Angleterre elle-même, si elle ne donnait pas l'exemple, finirait par le suivre. Elle connaît trop bien son propre intérêt pour exposer son commerce à être repoussé de presque tous les autres pays, et pour s'exposer elle-même, sans de justes motifs, à une coalition maritime générale.

Mais il ne suffit pas de proclamer des lois; il est indispensable d'assurer leur exécution par tous sans exception, même par les plus puissants, et de donner aux peuples restés neutres dans une guerre la force nécessaire pour former un contrepoids à la prépondérance des belligérants.

Pour atteindre ce but, il suffirait de suivre les exemples que nous ont donnés les peuples du Nord, et de créer, en 1868, une coalition de neutralité armée semblable à celles de 1669 et de 1780, qui, en réunissant en un seul faisceau les forces éparses de tous les neutres, assurerait à tous et à chacun le respect et la sécurité qu'ils ne peuvent obtenir lorsqu'ils sont isolés.

Jamais époque ne fut plus favorable pour la réalisation d'un pareil projet. Pendant une longue paix maritime, toutes les nations ont étendu leur commerce et leur navigation dans des proportions jusqu'ici inconnues. Les découvertes de la science et de l'industrie ; la rapidité et la régularité des communications de toute nature, favorisées par les applications de la vapeur et de l'électricité, ont donné aux transactions un développement prodigieux. Tous les peuples ont donc un intérêt immense à prévoir les accidents susceptibles de troubler cette prospérité et à empêcher que les conséquences d'une guerre étrangère viennent interrompre leur commerce ou porter un coup fatal à leur marine.

D'un autre côté, la seconde puissance navale du monde, celle qui, depuis plus d'un siècle, a fait les plus constants efforts pour assurer à toutes les nations la liberté et l'indépendance sur l'Océan, la France, semble, comme ses intérêts bien entendus l'y portent, devoir rester neutre dans toute lutte maritime prochaine. Avec ses forces, avec sa loyauté bien connue, elle deviendra la tête de la nouvelle coalition de neutralité armée, en même temps qu'elle sera l'un des plus fermes appuis des principes libéraux qu'elle a si énergiquement soutenus. Autour d'elle viendront se grouper toutes les autres nations maritimes, qui, ainsi réunies, formeront un ensemble assez formidable pour contrebalancer la supériorité navale des belligérants. Dans cette ligue puissante, tous les membres trouveront la sécurité de leur commerce international, la garantie de leur indépendance, sans être jamais exposés à se voir entraînés, malgré eux, à prendre une part active dans une lutte à laquelle ils sont et désirent rester étrangers. L'équilibre maritime, si important pour le repos et la liberté de l'univers, sera établi. Formé en prévision de la guerre, il subsistera pendant la paix et deviendra un élément définitif des relations internationales des peuples civilisés.

L'Angleterre, pas plus qu'aucune autre nation, ne saurait se montrer offensée de la formation de la ligue de neutralité armée. Si, comme on doit le supposer, elle a l'intention de se conformer aux lois générales des nations et d'exécuter fidèlement et loyalement toutes les conventions qu'elle a consenties, l'union des neutres ne peut lui causer aucun préjudice, lui porter aucun ombrage. Cette association ne peut demander, et ne demandera en effet, que l'exact accomplissement des devoirs bien connus des belligérants, des règles de la jurisprudence internationale. Dans le cas où elle rencontrerait chez un peuples d'injustes prétentions, ce serait un motif de plus de réunir les forces isolées des neutres contre l'ennemi commun.

Il n'est pas nécessaire d'attendre que la guerre soit déclarée ou sur le point de l'être pour former la nouvelle union de tous les peuples ; il est même plus avantageux de profiter de la paix pour l'établir d'une manière stable. Le congrès chargé de la rédaction du code maritime universel peut constituer en même temps la neutralité armée, qui sera ainsi permanente comme la loi qu'elle est destinée à défendre. Les mêmes traités fonderont les deux institutions appelées à se prêter un mutuel appui.

Cette loi commune des nations et cette ligue de neutralité, conçues dans l'expectative des guerres à venir, seront un jour un des moyens les plus énergiques de maintenir la paix. Par elles se trouvera atteint un triple but, également désirable pour tous les États du monde : la protection efficace des droits naturels de tous les peuples, même les plus faibles, contre les entreprises des belligérants puissants ; la constitution d'un équilibre maritime, et enfin la création d'un code de la mer uniforme et accepté par toutes les nations.

IX

LE DROIT MARITIME INTERNATIONAL

DEVANT LE PARLEMENT BRITANNIQUE [1].

Il y a peu de temps [2], nous élevions la voix pour démontrer à la France et à tous les peuples navigateurs l'urgente nécessité de formuler une loi maritime pour régler les rapports des nations qui sont en guerre avec celles qui veulent rester étrangères aux hostilités. Moins d'un mois après, un membre du Parlement anglais fit à la Chambre des communes une motion tendant à signaler l'insuffissance de la loi maritime internationale telle qu'elle existe, et appeler la prompte attention du gouvernement sur ce sujet. Nous aurions été heureux de nous être rencontrés avec l'auteur de cette proposition nouvelle, et de voir le parti dont il est l'organe, dans cette circonstance, demander effectivement la rédaction d'un code maritime international complet, tel que nous le comprenons, tel que nous le réclamons depuis plus de quinze années. Malheureusement, il n'en est rien ; la proposition de M. Horsfall n'a rien de commun avec la loi internationale, dont nous avons entretenu nos lecteurs. Elle est faite comme la nôtre au

---

[1] Voyez ci-dessus la question huitième.

[2] Examen de la motion sur l'insuffisance de la loi maritime internationale, faite à la chambre des communes d'Angleterre, par M. Horsfall.

nom du progrès de la civilisation, au nom de l'humanité ; c'est le seul point de ressemblance qui se trouve entre les deux projets, encore craignons-nous beaucoup que ces mots et les idées qu'ils représentent ne soient complètement étrangers à l'innovation réclamée par le membre du Parlement anglais. Il nous paraît important d'examiner à fond cette motion, de la mettre dans son véritable jour et de démontrer quelles seraient les conséquences de son adoption pour les peuples qui, se laissant séduire par des apparences trompeuses, consentiraient à modifier la loi existante dans le sens indiqué par le représentant de Liverpool. Pour faire cet examen, nous nous servirons principalement d'un document très-important, d'un rapport fait en 1860 par un comité de la Chambre des communes, chargé de constater l'état du commerce maritime de la Grande-Bretagne, et de la discussion qui a eu lieu dans le Parlement les 11 et 17 mars 1861, à l'occasion de la présentation de la motion elle-même.

La proposition de M. Horsfall fut présentée dans les termes suivants : « L'état de la loi internationale, en ce qui concerne les neutres et les belligérants, n'est pas satisfaisant et appelle la prompte attention du gouvernement. » Il était difficile de trouver un principe exprimé d'une manière plus abstraite, plus vague, et l'adoption aurait laissé au ministère une grande liberté d'action. Cet énoncé semblait même indiquer qu'il s'agissait de modifier la loi actuelle en ce qui concerne les rapports, toujours si mal définis, des peuples en guerre avec ceux qui restent pacifiques. Mais dans ses explications, l'auteur précisa sa pensée. L'unique but de la motion était d'engager le gouvernement anglais à proposer à tous les peuples de ranger au nombre des règles internationales celle-ci : « La propriété privée des belligérants, à la mer, doit être respectée par l'ennemi et ne peut être soumise à la capture. » Ainsi restreinte, la proposition change complètement de caractère. Ce n'est plus la loi entre les belligérants et les neutres qu'il s'agit de modifier ; ce ne sont plus les rapports encore si mal définis entre ces deux classes de peuples que l'on veut réglementer ;

on désire changer le droit de la guerre, le but est de régler les relations des deux belligérants entre eux. Il est évident en effet que la capture de la propriété privée des sujets de la nation en guerre, ou l'immunité absolue aujourd'hui réclamée en faveur de cette propriété, concerne spécialement les rapports directs des peuples engagés dans la lutte. Nous ne disons pas que cette question ne présente aucun intérêt pour les neutres, nous verrons bientôt, au contraire, que la motion est, dans l'esprit même de son auteur, destinée à nuire au commerce maritime des nations pacifiques; mais, dans l'énoncé du moins, il ne s'agit que des droits de la guerre exercés entre belligérants. C'est le rêve de l'abbé Mably et aussi de l'abbé Galiani, c'est la proposition faite en 1856 par M. Marcy, ministre d'État du président Pierce, reprise, mais sous un jour, avec un autre but, par M. Horsfall.

Ainsi donc, c'est le droit de la guerre qu'il s'agit de modifier; ce sont des limites qu'il faut apporter aux moyens jusqu'ici employés par les belligérants pour se nuire mutuellement. Mais comment arriver à ce résultat? Des traités internationaux seuls peuvent le faire obtenir; et il faut nécessairement que ces traités soient acceptés par tous les peuples; un seul qui refuserait d'entrer dans cette voie nouvelle pourrait renverser toute l'économie du système. C'est pour cette raison, sans doute, que les auteurs de la proposition ont cherché à appeler à leur aide ce qu'ils appellent les progrès de la civilisation et les idées d'humanité.

Les motifs sur lesquels M. Horsfall et ses adhérents ont cru devoir appuyer leur motion, sont de deux natures bien différentes; on doit même convenir qu'il est très-difficile de les concilier ensemble. Les uns, qui ont pour objet d'appeler la sympathie de tous les peuples sur le projet de loi nouvelle, sont mis en avant et proclamés bien haut par tous les organes de la publicité dont on peut disposer, parce qu'ils s'adressent à tous; les autres, au contraire, sont spécialement destinés à convaincre la Chambre des communes, le gouvernement et le peuple anglais, de l'immense utilité, et même de l'indispensable nécessité de la mesure pour maintenir et augmenter encore le commerce maritime et la puissance navale de la Grande-Bretagne.

Le premier ordre d'arguments se réduit à deux principaux : 1° les progrès de la civilisation et les intérêts de l'humanité exigent que désormais la propriété innocente du sujet belligérant soit respectée sur mer, qu'elle cesse d'être soumise à la capture de la part de l'ennemi. La guerre maritime doit enfin adopter les usages, pleins de douceur et d'humanité, qui sont depuis longtemps pratiqués dans les guerres terrestres, où les propriétés privées ne deviennent jamais la proie du vainqueur; 2° l'immunité réclamée pour la propriété ennemie, chargée sur navire ennemi, est la conséquence naturelle et logique du second principe proclamé par la déclaration de Paris, du 16 avril 1856 : le pavillon neutre couvre la propriété ennemie, à l'exception de la contrebande de guerre.

Nous devons rendre justice aux partisans de la motion dans le Parlement anglais; ils n'ont pas beaucoup insisté sur la question d'humanité et de civilisation; ils en ont dit quelques mots, mais sans chercher à produire à l'appui de cette assertion des arguments d'ailleurs très-difficiles à trouver, et qui auraient pu ne pas avoir beaucoup de succès devant l'assemblée qu'il s'agissait de convaincre. Cependant cette partie de la discussion, à peu près abandonnée devant la Chambre des communes, doit être examinée, parce qu'elle peut être employée au dehors pour séduire les étrangers et les pousser à désirer et à demander l'adoption de la proposition dans leur patrie.

L'immunité, réclamée pour la propriété ennemie à la mer, n'est pas conforme aux lois de l'humanité; elle est même absolument contraire à ces lois. La guerre est un fléau, mais elle est absolument nécessaire; elle est la seule barrière qui puisse être opposée aux passions humaines, le seul frein capable de contenir la tyrannie et l'ambition des nations. La guerre, comme le disait lord Palmerston dans cette discussion, est et sera indispensable tant que le genre humain sera le genre humain. Mais la guerre n'est pas seulement terrible par le nombre des victimes qui tombent sous les coups de l'ennemi, elle l'est encore, et surtout, par les conséquences qu'elle entraîne, conséquences qui frappent et les hommes qui ont les armes à la main et aussi ceux qui ne sont pas appelés au service militaire, c'est-à-dire le peuple tout entier. Parmi les soldats, les maladies, les privations, les fatigues font beaucoup plus de victimes que le fer et le feu de l'ennemi. L'absence de commerce, la stagnation des affaires, l'augmentation des impôts, et trop souvent l'invasion avec toutes les déprédations et toutes les misères qui l'accompagnent, pèsent sur les populations entières. Ces calamités deviennent de plus en plus insupportables à mesure que la guerre se prolonge; l'aggravation n'est pas seulement en raison directe de la durée des hostilités, elle est beaucoup plus considérable encore. Il est facile de citer des exemples frappants de cette vérité incontestable, nous nous bornerons à rappeler la guerre de 1854 contre la Russie. Les puissances alliées, la France et l'Angleterre même, avant d'avoir rencontré l'ennemi, avaient déjà fait des pertes très-considérables; quatre batailles livrées et les assauts donnés à Sébastopol firent moins de victimes que les maladies, les privations et les souffrances de tout genre que subirent les armées pendant un hiver rigoureux, ou même pendant les premières chaleurs de l'été, alors que les deux parties, déjà réconciliées et négociant les préliminaires de la paix, restaient encore en présence, mais sans combattre. Si on examine combien la Russie a perdu d'hommes, non pas dans la lutte directe, mais par les suites de cette lutte, par les marches, les fatigues, les épidémies, on restera convaincu que les conséquences de la guerre sont beaucoup plus désastreuses que la guerre elle-même, et que ces conséquences deviennent de plus en plus terribles lorsque les hostilités se prolongent. Dans une autre circonstance plus récente encore, où deux grandes puissances militaires se heurtaient également, dans la guerre d'Italie, ces conséquences désastreuses se sont à peine fait sentir. Là, pas de maladies, pas de ces fatigues qui frappent de mort, mais quatre ou cinq batailles livrées en quelques semaines, des combats presque quotidiens. Ce fut une guerre terrible sans doute, mais une guerre faite dans l'intérêt de l'humanité. En effet, que l'on réfléchisse et l'on verra combien le nombre des victimes eût été plus considérable si les armées avaient été forcées de tenir la campagne pendant tout l'été dans les plaines humides de la Lombardie et de la Vénétie, et de passer l'hiver sur les champs de bataille. Nous pouvons donc affirmer que la guerre la plus courte est celle qui fait le moins de victimes et qui inflige aux peuples le moins de souffrances, et, par conséquent, celle qui est le moins contraire aux lois de l'humanité. La motion de M. Horsfall est-elle de nature à abréger la durée de la guerre? Évidemment non; elle enlève au belligérant un des moyens les plus efficaces de nuire à son ennemi, de le réduire à faire la paix; car il est évident que, pour un peuple navigateur, la ruine du commerce maritime est un mal auquel il ne peut résister longtemps; une pareille loi ne pourrait donc tendre qu'à prolonger les hostilités; elle serait donc contraire aux règles bien entendues de cette humanité que l'on invoque à son appui.

Une autre considération très-puissante vient corroborer notre opinion. Le belligérant, privé du pouvoir de capturer les navires de son adversaire à la mer, et voulant cependant le réduire à faire la paix, en interrompant son commerce, aura recours à des moyens plus énergiques; il fermera les ports en y coulant des vaisseaux, ou même les bombardera, et en quelques heures, par ce dernier moyen, il fera plus de victimes, très innocentes, que la prise de la propriété à la mer n'eût pu en faire en une année entière. C'est une conséquence nécessaire, naturelle, logique de l'adoption de la proposition, et nous ne pensons pas qu'elle soit conforme aux progrès de la civilisation, aux principes d'humanité. Les ministres anglais eux-mêmes ont signalé ce résultat comme inévitable, et, sur ce point, personne n'a pu leur répondre d'une manière satisfaisante.

On veut faire adopter sur mer les principes de douceur et

de générosité qui sont pratiqués depuis longtemps, dit-on,
dans les guerres terrestres. C'est le raisonnement que faisait,
en 1782, l'abbé philosophe Galiani ; c'est ce que disait en
1856 M. Marcy, ministre des affaires étrangères des États-
Unis. Mais il serait assez difficile d'établir que, dans les
guerres terrestres, les propriétés privées sont, de la part de
l'ennemi envahisseur, l'objet d'un respect bien profond.
Constatons d'abord que le droit du belligérant est de nuire à
son ennemi par tous les moyens directs qui sont en son pouvoir, que la prise et même la destruction de la propriété privée est un moyen de nuire souvent très efficace, et enfin
qu'aucun traité, aucune convention expresse ou tacite,
aucun usage même, n'a limité le pouvoir de la guerre de ce
côté. Sans doute, en 1785, dans un traité conclu par les
États-Unis d'Amérique avec la Prusse, il fut question d'établir, en même temps sur terre et sur mer, le respect de la
propriété privée des sujets ennemis. Le but principal de l'article 23 de cette convention est d'établir ce principe dans les
guerres terrestres, et, très subsidiairement, de l'étendre aux
guerres maritimes. Ce traité fut remplacé et abrogé par celui
de 1799. Dans ce dernier, on fit disparaître la partie de la
clause relative aux propriétés maritimes, il ne resta plus
que le vœu concernant les biens de terre ferme. Le traité
de 1829 fut la reproduction de celui de 1799, dans cette partie. Ainsi donc, ce traité de 1785, le seul acte solennel international que l'on puisse invoquer en faveur de la proposition
Horsfall, a constaté ce fait important, que la propriété privée
et même les personnes non armées n'étaient pas respectées
dans les guerres terrestres ; il se borne à exprimer le désir
que ce respect soit, à l'avenir, admis dans les usages de la
guerre. Quant aux propriétés maritimes, qu'il voulait ranger
sur la même ligne, elles ont été volontairement exclues des
stipulations de 1799 et de 1829. Le philosope Franklin, commissaire de la jeune république, et le roi-philosophe Frédéric
pouvaient, sans inconvénients graves, donner un libre cours
à leurs idées plus ou moins pratiques dans un traité entre les

États-Unis du nord de l'Amérique, appelés dès cette époque à se développer surtout comme puissance maritime, et la Prusse, nation essentiellement continentale du nord de l'Europe. Il n'y avait aucune probabilité, nous dirons aucune possibilité que les deux nations pussent se rencontrer sur terre, et il y avait même, en 1785, bien peu de chances qu'elles pussent se faire une guerre maritime. Cependant, ainsi que nous l'avons dit, cette dernière stipulation ne reparaît plus dans les traités subséquents. Les hommes d'État des deux parties, en 1799 et 1829, étaient moins savants peut-être, mais beaucoup plus pratiques que leurs prédécesseurs ; ils avaient aperçu que des rencontres sur mer, quoique peu probables, étaient possibles, et ils ont retranché des traités une clause impraticable. Notre appréciation est complétement justifiée par un fait assez remarquable : le même Franklin fut chargé par son gouvernement de conclure d'autres traités avec plusieurs puissances européennes, et notamment avec la France ; or, dans aucun de ces actes on ne trouve de convention de cette nature, et même les annales diplomatiques ne contiennent aucune trace de propositions faites sur ce sujet. Ainsi donc, la loi internationale n'a jamais limité le droit de la guerre terrestre.

Mais, dans l'usage, est-il vrai que le belligérant ait un grand respect pour les propriétés privées de l'ennemi? Lord Palmerston, en répondant à cette question, disait aux défenseurs de la motion : « Avez-vous donc oublié tout ce que vous avez vu? avez-vous donc oublié tout ce que vous avez lu? » Il avait parfaitement raison; les biens des sujets de l'ennemi ne sont nullement à l'abri de la prise et de la capture dans les invasions. A terre, il y a deux sortes de propriétés : les unes immobilières, les autres mobilières. Les premières n'ont pas de similaires à la mer, où toutes sont non-seulement de nature essentiellement mobile, mais encore chargées sur le véhicule qui peut les porter aussi facilement chez le vainqueur que chez le vaincu. Dans toutes les guerres terrestres, on applique ce principe que l'armée doit vivre sur le pays envahi ; or, comment peut-elle vivre sur le pays ennemi? Nous ne parlons pas ici des faits de maraude et de pillage, qui aujourd'hui ne sont tolérés dans aucune armée bien disciplinée. Elle ordonne aux habitants d'apporter les blés, les farines, les bestiaux, les vivres de toute espèce dont elle a besoin, et lorsque ces ordres ne sont pas exécutés, elle emploie la force et enlève les vivres, les marchandises qui peuvent lui être utiles. Toutes les bêtes de somme et de trait, tous les moyens de transport sont mis en réquisition pour le service de l'armée ; les propriétaires eux-mêmes sont entraînés loin de leur pays pour faire les charrois. Trop heureux encore si on leur permet de ramener chez eux les animaux qu'ils ont conduits et qui sont le plus souvent indispensables à la culture de leurs terres. Il arrive même souvent que les meubles, les instruments aratoires sont détruits, que les maisons elles-mêmes sont démolies pour faire du feu. Ainsi donc, récoltes, bestiaux, bêtes de trait ou de somme, moyens de transport mobilier, tout, en un mot, devient la proie du vainqueur. Toutes les nations agissent ainsi. Les ministres anglais, et notamment le chef du cabinet, ont, eux aussi, fait le tableau de la manière dont est traitée, dans les guerres continentales, la propriété privée ennemie. Ils ont montré l'armée envahissante prenant tout ce dont elle a besoin, et détruisant les objets qui ne peuvent lui être utiles. C'est dans l'histoire des autres peuples, et surtout dans celle des Français, qu'ils ont choisi leurs exemples. Nous pouvons en citer quelques-uns à notre tour. Pendant la guerre de Russie, lorsque les flottes alliées pénétrèrent dans la mer d'Azof, tous les magasins de blé, publics ou particuliers, furent incendiés ou détruits, afin de priver l'armée ennemie des ressources qu'elle aurait pu tirer de ces immenses réserves, et cependant la plus grande partie de ces approvisionnements étaient la propriété de sujets russes ; c'était une nécessité de guerre. Mais on est allé plus loin : les Anglais seuls, sans avoir le prétexte de nuire aux armées de l'ennemi, sans pouvoir en retirer aucun avantage pour eux-mêmes, ont incendié et détruit les barques, les filets, les pêcheries, les approvisionnements de poisson et jusqu'aux cabanes des pêcheurs riverains de cette mer, aussi bien que dans la Baltique et la mer Glaciale. Dans la guerre des Indes, en 1857, un grand nombre de villages indigènes ont été entièrement détruits. En 1859, lorsque les Autrichiens envahirent une partie du Piémont, ils s'emparèrent de toutes les propriétés privées qui étaient à leur convenance, ils frappèrent même des contributions sur les habitants du pays. Cependant, les Français, les Anglais, les Autrichiens n'ont, dans ces circonstances, violé aucune loi internationale : ils ont usé du droit de la guerre tel qu'il est reconnu, tel qu'il est pratiqué par tous les peuples même dans les guerres terrestres. Ce droit est si bien établi, que, dans toutes les capitulations, on insère une clause expresse pour assurer le respect des propriétés.

Sans doute, il arrive souvent que le vainqueur, dans les villes prises même sans capitulation, fait respecter les propriétés privées ; mais, dans ce cas, il suit une politique très-habile, la politique de son intérêt propre. La ville ainsi épargnée est en général frappée d'une contribution de guerre qui sert en quelque sorte de rachat pour les propriétés respectées. D'un autre côté, la population agglomérée d'une grande cité reste calme et tranquille, et subit le joug, lorsque ses biens lui sont laissés ; si, au contraire, on les enlevait, elle chercherait à les défendre ou à se venger. L'armée envahissante aurait alors à réduire tous les citoyens ; elle serait forcée d'abandonner la conquête ou d'y laisser une force considérable pour la maintenir et, par conséquent, de s'affaiblir et de se mettre hors d'état de continuer la guerre avec avantage. D'ailleurs, les propriété privées, enlevées ou détruites, profiteraient peu au vainqueur ; l'habitant ruiné ne se livrerait à aucun travail ; il serait désormais impossible de rien tirer de la population réduite à la misère et peut-être au désespoir. L'envahisseur se trouverait donc dans la nécessité de tirer toutes les denrées dont il a besoin de son propre pays, c'est-à-dire de dépenser des sommes énormes en frais de transport et souvent d'employer une partie de ses forces à protéger ses convois Tandis qu'en laissant l'habitant maître de ses propriétés, il s'assure les moyens de profiter des fruits de son travail et de son industrie. Le belligérant qui respecte ainsi les biens des vaincus n'agit donc que dans son propre intérêt ; cet intérêt est le seul mobile et la seule mesure de sa modération. Ainsi donc, il est bien établi que, dans les guerres terrestres, les propriétés privées sont soumises à la capture comme sur mer.

Nous irons plus loin : quand il serait vrai que les hostilités sur terre respectent les propriétés des sujets inoffensifs, cette modération ne devrait pas, ne pourrait pas être appliquée aux hostilités sur mer. Il n'existe aucune similitude entre les propriétés maritimes et les propriétés térrestres, même mobilières. Ces dernières sont établies en quelque sorte d'une manière stable, dans le lieu où elles se trouvent; pour les faire changer de pays, il faut recourir à des transports longs, dispendieux, toujours très-difficiles, souvent impossibles. Les autres, au contraire, se rencontrent chargées sur le véhicule même qui peut les porter, sans grands frais, au lieu qu'il plaira au maître souverain du navire de désigner. Sur terre, les denrées laissées à l'habitant sont toujours à la disposition de l'envahisseur, qui peut, lorsqu'il le jugera nécessaire, les employer au besoins de son armée ; son ennemi, d'ailleurs, à moins qu'il ne lui enlève sa conquête, ne peut en tirer aucun profit. Sur mer, le navire qui serait respecté par le croiseur hostile regagnerait son pays, y portant toute sa cargaison, qui désormais tournerait au profit exclusif de l'ennemi du croiseur. Un exemple rendra cette différence plus frappante. En s'emparant d'une ferme, le belligérant trouve une grande quantité de blé et de fourrage ; il laisse le fermier en possession de ses biens; mais, d'un côté, il est toujours maître d'appliquer ces approvisionnements, en les payant, aux besoins de son armée et de sa cavalerie; de l'autre, il est sûr que, tant qu'il restera maître des lieux, son adversaire ne pourra tirer aucun parti de ces denrées. Un croiseur rencontre un navire ennemi chargé de grains ; s'il le laisse passer, ce bâtiment se rend dans l'un des ports de son souverain, qui seul peut disposer de la cargaison et en tirer profit : l'autre belligérant s'en trouve complétement frustré. Mais il est d'autres différences plus essentielles encore. Le navire, cette maison flottante, n'a rien de commun avec la demeure terrestre des citoyens. Rentré dans un des ports de son pays, le bâtiment est propre immédiatemant et sans aucun frais à être employé aux usages de la guerre. Il peut coopérer au ravitaillement des stations lointaines, aux expéditions de toute nature, au transport des troupes pour faire des descentes et attaquer les côtes de l'ennemi ; en un mot, il devient une véritable machine de guerre. La France et l'Angleterre réunies, malgré la puissance de leurs flottes, eussent éprouvé de très-grandes difficultés à faire l'expédition de Crimée et à mener à bonne fin le siége de Sébastopol, sans le secours de leur marine marchande. Il n'y a pas un seul navire qui ne puisse recevoir un armement et devenir un bâtiment de guerre, chargé de combattre directement l'ennemi. Ces différences si graves, qui séparent les propriétés privées maritimes des propriétés terrestres, sont bien plus importantes encore à l'égard des hommes. Le marin est un homme spécial qu'un long apprentissage seul a pu rendre apte au service de la mer : il faut plusieurs années pour former un matelot. Tout matelot, même du commerce, connaît la mer, dont il a pris l'habitude, et est apte à faire partie des équipages des bâtiments de guerre. Tout homme de mer est donc un homme de guerre ; il ne peut être remplacé que très-difficilement et seulement par ceux qui ont consacré leur vie à ce noble mais dur métier. Chez tous les peuples, même les plus puissants, le nombre des marins est très-limité. Il est donc de la plus haute importance de pouvoir enlever à l'ennemi le plus grand nombre possible de ces hommes précieux, mais peu nombreux, sans lesquels le plus magnifique matériel naval n'est qu'un corps sans âme et ne peut être d'aucune utilité pour la défense du pays. Les An-

glais ne l'ignorent pas : en 1755 et en 1802, ils ont eu soin,
avant même de déclarer la guerre à la France, de faire
enlever tous les navires de ce pays occupés dans les eaux
de Terre-Neuve à la pêche à la morue, afin de priver la
puissance à laquelle ils voulaient faire la guerre des nombreux matelots qui montaient ces bâtiments. Nous sommes
loin d'approuver un pareil procédé; mais il montre quelle
importance on doit attacher à l'existence des marins. Dans
son discours contre la motion de M. Horsfall, lord Palmerston a signalé, avec beaucoup de vérité, la faute que ferait
la Grande-Bretagne dans le cas où elle serait en guerre avec
la France, si elle laissait rentrer dans les ports ennemis les
15 à 20,000 marins français qui font la pêche de la morue.
Les cultivateurs, les artisans ont-ils pour le pays, en cas de
guerre, une aussi grande utilité? Non, sans doute.

Cette importante différence entre deux classes d'individus
également désarmés, s'occupant également d'intérêts étrangers aux hostilités, n'est pas la seule cause de la différence qui
existe, nous le reconnaissons, dans la manière dont elles
sont traitées par l'ennemi. Le marin du commerce est fait
prisonnier, le laboureur et l'artisan sont laissés à leurs occupations. Le véritable, le principal motif de cette manière
d'agir, la cause unique de la modération employée envers les
habitants du sol, nous l'avons déjà signalée en parlant des
propriétés, c'est l'intérêt, bien entendu, du conquérant, et
souvent l'impossibilité d'agir autrement. Il est en effet impraticable de faire prisonnière, de garder et de nourrir toute la
population valide du pays envahi; l'armée qui entrepren-
drait une pareille tâche serait bientôt anéantie, et dans tous
les cas ferait peser sur son pays une charge qu'il ne saurait
supporter longtemps. L'équipage d'un navire de commerce,
au contraire, peu nombreux, isolé au milieu de l'océan,
privé de tous moyens de résistance efficace ou de fuite, est
facilement transporté dans le pays du vainqueur auquel il
n'impose que des charges très-légères, si on les compare aux
forces dont sa captivité prive l'ennemi.

Ainsi donc, le premier point d'appui sur lequel on avait cru pouvoir fonder, ostensiblement du moins, la proposition Horsfall est complétement erroné : les propriétés privées ne sont pas plus respectées dans les guerres terrestres que dans les guerres maritimes. Nous pourrions même dire, avec un ministre anglais, qu'en comparant les deux systèmes de guerre, on trouverait que le mode maritime est plus juste, plus équitable que celui dont il est fait usage à terre, puisque le capteur, pour pouvoir jouir de la prise, est obligé de la faire déclarer légitime par des juges, et que la répartition en est réglée par la loi, tandis qu'à terre chacun prend et s'approprie ce qui lui convient.

Le second argument, mis en avant en faveur de la motion, consiste à soutenir qu'elle est la conséquence naturelle et forcée, le corollaire indispensable de la déclaration faite le 16 avril 1856 par les puissances réunies au congrès de Paris, déclaration à laquelle ont depuis adhéré presque toutes les nations civilisées du monde.

Le traité, ou plutôt la déclaration de Paris a posé quatre principes très-importants ; le deuxième est ainsi formulé : Le pavillon neutre couvre la propriété ennemie, à l'exception de la contrebande de guerre. » M. Horsfall et ses adhérents soutiennent que la propriété ennemie étant à l'abri de la capture, lorsqu'elle est couverte par le pavillon neutre, il est impossible de ne pas accorder à cette même propriété le même privilége lorsqu'elle est trouvée sur un navire ennemi, et que l'immunité doit nécessairement s'étendre sur le navire lui-même. Il y a, aux yeux de ces messieurs, une anomalie impossible à soutenir, dans ce fait que la même marchandise sera respectée ou prise, suivant qu'elle sera chargée à bord d'un bâtiment étranger ou à bord d'un bâtiment de son propre pays. Il faut donc réparer l'erreur commise par les nations réunies au congrès de Paris. Il nous est difficile, il faut l'avouer, de considérer ce raisonnement comme sérieux, cependant nous devons l'examiner.

Une des plus graves questions relatives au droit des peuples

neutres en temps de guerre maritime, était celle de savoir si
le belligérant avait le droit de rechercher à bord des navires
neutres les propriétés de son ennemi, de les enlever et de les
confisquer. La France et presque toutes les autres nations
avaient depuis longtemps proclamé que la partie en guerre
ne pouvait avoir un droit aussi exorbitant. Le navire neutre
était un lieu sacré qui protégeait tout ce qu'il portait. Les
États-Unis, dès leur origine, adoptèrent ce principe que l'on
formulait souvent par ces mots : *Le pavillon couvre la marchandise.* L'Angleterre seule résistait, elle soutenait que le
droit du belligérant est de s'emparer des biens de son ennemi
partout où il les trouve, et même sous le pavillon neutre. Cependant cette puissance signa, avec la France, la Hollande,
l'Espagne et le Portugal, dix traités par lesquels elle admettait la politique généralement adoptée. Mais dès qu'elle avait
les armes à la main, ces traités étaient violés, elle reprenait
son ancienne manière d'agir. Depuis le commencement du
siècle, elle avait, dans presque toutes les conventions par elle
consenties, gardé un silence absolu sur toutes les questions
de neutralité, et notamment sur celles de la propriété ennemie
sur navire neutre. Les très-rares exceptions qui existent ont
consacré le système anglais. En 1856, les puissances, réunies
au congrès de Paris, pensèrent pouvoir régler quelques-unes
de ces questions. L'Angleterre savait que, si elle devenait belligérante et que les États-Unis restassent neutres, ces derniers
prendraient les armes plutôt que de souffrir que la propriété
ennemie fût saisie à bord de leurs navires. Une puissance
maritime aussi considérable devait être ménagée avec le plus
grand soin. D'un autre côté, la Grande-Bretagne désirait obtenir une concession très-importante. Elle consentit donc à
admettre le principe : « le pavillon neutre couvre la propriété
ennemie. »

Comme on le voit, la déclaration de Paris est destinée à
régler les rapports des neutres avec les belligérants ; elle ne
s'occupe pas de la manière de faire la guerre à l'ennemi. Le
second principe surtout a ce caractère parfaitement exclusif.

M. Horesfall demande que les propriétés privées ennemies, chargées sur un navire ennemi, et ce navire lui-même, soient affranchis de la capture. Cette proposition, si elle était admise par les nations, constituerait un traité sur les droits des belligérants entre eux, qui modifierait profondément leurs rapports et changerait complétement les moyens de faire la guerre, en abolissant un mode d'action admis et reconnu par tous les peuples. Il n'y a donc aucune connexité entre cette motion et la déclaration de Paris. Mais, dit-on, il est contraire à la plus simple logique de considérer la propriété ennemie comme libre sur un navire neutre et comme confiscable sur le bâtiment de son propre pays. La nationalité du navire ne peut modifier celle de la marchandise qu'il porte. Ce raisonnement est complétement en opposition avec les principes de la loi internationale. Tous les peuples sans exception reconnaissent aujourd'hui que le navire à la mer est une portion du territoire du souverain dont il porte légitimement le pavillon. L'Angleterre elle-même, qui longtemps avait refusé d'admettre cette vérité, s'est réunie aux autres nations pour la proclamer, et c'est avec bonheur, nous devons le dire, que nous avons entendu lord Palmerston, le premier ministre de la Grande-Bretagne, maintenir en plein Parlement le principe essentiel de la *territorialité* du bâtiment. Tout le monde sait que le territoire d'une puissance neutre est sacré, et que les belligérants ne peuvent sous aucun prétexte s'y introduire; qu'ils n'ont pas le droit d'y entrer pour chercher s'il s'y trouve des effets appartenant à leurs ennemis, et encore moins celui d'enlever ces effets pour se les approprier. Celui qui tenterait de commettre un pareil attentat contre l'indépendance des peuples, soulèverait contre lui toutes les nations. Le navire est une portion du territoire de sa patrie, il participe donc à l'inviolabilité de ce territoire, et c'est pour cela qu'il est défendu au belligérant de rechercher à bord d'un bâtiment neutre les propriétés ennemies et de les confisquer; c'est pour cela que le pavillon couvre la propriété ennemie. La marchandise n'a pas changé de nationalité, mais elle se trouve sur une terre dans laquelle le belligérant n'a le droit de commettre aucun acte d'hostilité. En appliquant ce même principe de la territorialité au navire ennemi, on arrive au contraire à constater que le belligérant a le droit incontestable, et jusqu'ici incontesté, de s'emparer des propriétés ennemies qu'il porte et du navire lui-même. En effet, tout le territoire d'un belligérant est soumis à l'action de la guerre, et par conséquent à la conquête. Toutes les marchandises, toutes les denrées existantes sur ce territoire et appartenant au propriétaire du sol peuvent devenir la proie du vainqueur. Le bâtiment, cette parcelle flottante du territoire, est naturellement soumis à la même loi de guerre, il peut être conquis, et tout ce qu'il porte peut être légitimement enlevé par l'ennemi.

Ainsi donc, la proposition Horsfall ne peut pas être considérée comme une conséquence naturelle et forcée du principe que le pavillon couvre la propriété ennemie, proclamé par la déclaration du 15 avril 1856. Il y a plus, nous pouvons dire que cette proposition est absolument contraire au principe dont ses auteurs la déclaraient le corollaire indispensable. Le second motif ostensible allégué pour la soutenir n'a pas plus de valeur que le premier. Mais, ainsi que nous l'avons dit, ces deux arguments mis en avant pour faire adopter la proposition n'étaient pas sérieux même aux yeux de leurs auteurs; ils étaient seulement destinés à rallier quelques partisans à l'étranger. Pour le Parlement, il y en avait de beaucoup plus puissants qu'il est très-important d'examiner avec soin et de faire connaître le plus possible, afin de montrer à tous les peuples jaloux de leur indépendance et de la prospérité de leur marine, quel est le but réel et unique auquel tend la proposition, si humaine et si libérale en apparence, que nous discutons.

Nous avons exposé ailleurs [1] quelle est la tendance constante de tous les belligérants sans exception. Chacun d'eux cherche à repousser loin de lui les conséquences immédiates de la guerre,

[1] Voir notre *Traité des droits et des devoirs des nations neutres* et notre *Histoire du Droit international maritime.*

c'est-à-dire les maux, les souffrances les plus graves qu'entraînent les hostilités, et à les faire retomber sur les peuples restés pacifiques. Sans doute, tous ne peuvent atteindre ce but unique, mais tous font des efforts pour y parvenir. Le plein succès est réservé à celui qui, assez supérieur à son ennemi pour n'avoir pas besoin de toutes ses forces dans la lutte, peut disposer de flottes puissantes pour intimider et au besoin même pour frapper les neutres qui tenteraient de se montrer indociles. Nous nous bornerons à indiquer sommairement quelles sont les principales conséquences immédiates de la guerre et les moyens employés par les belligérants puissants pour déverser sur les nations pacifiques des malheurs qui ne devraient atteindre qu'eux seuls.

Dès que la guerre éclate, la navigation commerciale des deux parties est troublée ; quelque puissant que soit l'État, elle perd une grande partie de la sécurité dont elle jouissait pendant la paix ; les navires sont exposés à la capture de la part des croiseurs ennemis. Les peuples neutres, au contraire, continuent à naviguer sûrement et à faire le négoce avec les deux ennemis ; lorsque les règles immuables de la loi internationale sont observées, leurs bâtiments, pourvu qu'ils remplissent les devoirs de la neutralité, ne courent aucun danger. Le commerce de tous les pays du monde aime la sécurité et la recherche avec empressement ; en voyant les navires neutres beaucoup plus en sûreté que ceux des belligérants, il s'empresse de se servir des premiers, il les charge de toutes ses commissions, leur confie toutes ses marchandises. Les négociants de la partie en guerre eux-mêmes subissent la loi générale ; placés entre leurs intérêts personnels et ceux du pays, ils préfèrent les premiers et emploient les navires pacifiques de préférence à ceux de leurs compatriotes. La marine commerciale des parties en guerre perd donc le commerce de transport, et tous les hommes qui se sont occupés de l'étude de ces graves et intéressantes matières, connaissent l'immense importance de ce commerce ; ses navires délaissés ne trouvent plus de frêt, ils restent désarmés dans les ports. Les capitaux engagés dans la navigation et dans toutes les industries, si nombreuses, qui se rattachent à cette branche importante, restent improductifs; les armateurs, les propriétaires de navires sont ruinés; les constructeurs, les marins, les ouvriers vont chercher ailleurs des moyens de subsistances ou abandonnent un métier qui ne peut plus les faire vivre. En un mot, la marine commerciale est soumise à des pertes immenses; si la nation est faible, elle voit tout son commerce ruiné; si elle est très-puissante, elle subit de grands désastres. Ces conséquences si graves ne s'arrêtent même pas avec les hostilités. Lorsque la paix est faite, le mal continue à se faire sentir. Le commerce a pris de nouvelles habitudes qu'il est souvent difficile de rompre, les marchés étrangers ont été envahis par de nouveaux fournisseurs qui cherchent naturellement à les conserver; enfin, il faut reconstituer une marine marchande, retrouver matelots, constructeurs, ouvriers, et surtout ramener les capitaux. Tout le monde sait combien cette tâche est longue et difficile. Telles sont les conséquences immédiates de la guerre, conséquences qui, légitimement du moins, doivent retomber exclusivement sur les belligérants, et dont les neutres devraient être complétement exempts.

Mais ce sont ces conséquences mêmes que tous les belligérants veulent éviter; il n'y avait qu'un seul moyen d'y parvenir, c'était de les rejeter sur les peuples pacifiques, en rendant leur navigation moins sûre, plus dangereuse que celle des parties engagées dans la lutte, et de donner à cette dernière une sécurité sinon absolue, ce qui est difficile, au moins relativement plus grande que celle des neutres. La nation dominante sur mer pouvait seule obtenir ce résultat. L'Angleterre a trouvé les moyens d'atteindre complétement le but : 1° elle a déclaré la propriété ennemie confiscable sur le navire neutre; 2° elle a étendu indéfiniment la liste de la contrebande et a même créé la contrebande de guerre *ad libitum* ou *de circonstance* comme elle l'appelle; 3° le transport des denrées et marchandises du crû de la fabrique de l'ennemi a été défendu aux neutres, mais permis aux Anglais; 4° les blocus fictifs de toutes les espèces ont été pratiqués sur la plus large échelle. Par ce moyen, elle mettait sous l'interdit commercial, par une simple notification, toutes les côtes de son ennemi, sans envoyer un seul vaisseau sur les lieux. Ces blocus étaient maintenus par l'exercice rigoureux des prétendus droits de prévention et de suite. Enfin elle inventa et imposa aux neutres des formalités sans nombre pour la justification de leur nationalité. Presque toutes les infractions à ces lois iniques furent punies par la confiscation du navire et de la cargaison entière. Il n'est pas jusqu'au principe, très juste à nos yeux et que nous avons toujours soutenu, que la marchandise neutre, trouvée à bord du navire ennemi, doit être restituée à son propriétaire, qui n'ait servi au but que se proposait la Grande-Bretagne. En effet, la sécurité qu'il assurait aux propriétés neutres chargées sur les navires anglais, était beaucoup plus grande que celle qu'elles pouvaient obtenir à bord des neutres, soumis à toutes les exigences que nous venons d'énumérer. Les commerçants pacifiques eux-mêmes étaient donc portés à accorder aux navires britanniques la préférence sur ceux de leurs concitoyens, pour le transport de leurs propriétés. C'était par cette unique raison que la Grande-Bretagne avait toujours soutenu ce principe ; c'est par cette raison qu'elle a tenu à ce qu'il fût consacré par la déclaration de 1856.

Une fois que l'équilibre légitime eut été ainsi rompu, une fois que la plus grande sécurité eut été enlevée aux bâtiments neutres et transférée aux navires de la nation en guerre, par ces mesures injustes sans doute, mais appuyées sur la force, le belligérant le plus puissant fut exonéré de toutes les conséquences de la guerre, qui retombèrent toutes et très lourdement sur les peuples pacifiques. Dès lors ce furent ces derniers qui virent leurs marines commerciales ruinées, leur commerce anéanti, ainsi que nous l'avons expliqué ; tandis que la navigation et le négoce de l'Angleterre, puissamment protégés par la mise à exécution de ces ordres tyranniques, prenaient chaque jour de nouveaux développements, même

pendant les hostilités. Ces faits ne sauraient être taxés
d'exagération ; il suffit, pour se convaincre de leur réalité,
d'ouvrir l'histoire des guerres qui ont ensanglanté l'Océan
pendant le dernier siècle et les premières années de celui-ci.
Ils sont d'ailleurs avoués par le gouvernement anglais lui-
même, ou du moins par l'un de ses membres, par le solicitor général. C'est en suivant avec une persévérance digne
des plus grands éloges, si elle avait été appliquée à une cause
juste, cette politique habile, que la Grande-Bretagne a fondé
sa puissance commerciale et sa prépondérance navale.

La déclaration du 16 avril 1856 a, aux yeux d'un grand
nombre de sujets britanniques, détruit la possibilité de recourir désormais à ces moyens si efficaces pour maintenir et
développer, même pendant la guerre, la prospérité de leur
commerce et la puissance de leur marine. En effet, les deux
plus puissantes machines employées jusqu'ici pour atteindre
le but semblent anéanties. D'un côté, le pavillon neutre
couvre la propriété ennemie, à l'exception de la contrebande
de guerre ; de l'autre, les blocus, pour être obligatoires à
l'égard des neutres, doivent être effectifs, d'où il résulte que
les droits si puissants de prévention et de suite ne peuvent
plus être mis en pratique. Cependant nous devons dire que
cette dernière proposition cause beaucoup moins d'inquiétude
aux Anglais. Sans aucun doute, ils sont rassurés par l'interprétation que leur gouvernement semble vouloir donner à ces
mots : *blocus effectifs*, interprétation qui rendrait complètement illusoire la stipulation du congrès de Paris, si elle était
appliquée à une des puissances qui ont concouru à cet important traité. Mais l'autre clause paraît très-dangereuse aux armateurs de la Grande-Bretagne. En effet, si le pavillon neutre
couvre réellement la propriété ennemie à l'exception de la
contrebande de guerre, la navigation pacifique acquerra un
degré de sécurité dont elle n'a jamais joui lorsque l'Angleterre était engagée dans les hostilités. Sans doute elle aura
encore beaucoup à souffrir de la fixation arbitraire de la contrebande de guerre et des autres exigences que l'on fait tou-

jours retomber sur elle ; elle sera surtout pleine de risques et de dangers si les blocus fictifs et leurs accessoires, les droits de prévention et de suite, sont remis en vigueur malgré les termes si formels de la déclaration de Paris. Mais enfin, cette navigation présentera presque autant de sécurité que celle des sujets anglais ; elle pourrait donc, en cas de guerre, faire une sorte de concurrence à ces derniers. La conséquence de ce changement serait donc de faire peser sur la Grande-Bretagne une partie, très-faible sans doute, des suites désastreuses de la guerre. C'est pour prévenir ce malheur que M. Horsfall et d'autres membres de la Chambre des communes ont présenté la motion dont nous nous occupons. Si cette proposition était acceptée par tous les peuples, si elle devenait une loi internationale, le résultat ne saurait être douteux. Les bâtiments neutres resteraient soumis à toutes les exigences des belligérants, relatives à la contrebande de guerre, au transport des marchandises du crû ou de la fabrique de l'ennemi, aux blocus fictifs ou réels et aux droits qui les escortent, enfin à la justification de la neutralité. Ces navires des nations en guerre, mis à l'abri de la capture de la part de l'ennemi, n'auraient à redouter que les suites d'infractions peu nombreuses. La répression de la contrebande ne saurait les atteindre, puisqu'ils ne feraient sans doute pas le commerce des armes avec les ports ennemis ; ils seraient autorisés, comme ils le sont aujourd'hui, à faire le commerce des produits du territoire de l'adversaire : les blocus fictifs ne sauraient entraver leur navigation, non plus que l'absence des pièces justificatives de leur nationalité. Ils échapperaient donc à presque toutes les causes de confiscation qui procèdent de l'application des règles iniques tracées par les belligérants, à l'égard de la navigation des peuples pacifiques. Les bâtiments anglais, en supposant l'Angleterre en guerre avec une autre puissance, présenteraient au commerce plus de sécurité que les bâtiments neutres. La marine de cette nation non-seulement n'éprouverait aucune gêne, aucune souffrance de l'état d'hostilités, mais elle trouverait, dans cet état même, un moyen d'accroître encore son commerce de transport, et de devenir plus florissante, aux dépens des peuples neutres. Toutes les conséquences immédiates et désastreuses de la guerre, au lieu de peser exclusivement sur ceux qui la font, seraient de nouveau rejetées sur les nations étrangères aux hostilités. C'est uniquement pour atteindre ce but que la proposition Horsfall a été faite. Pour s'en convaincre, il suffit d'examiner les arguments produits par ses auteurs et ses défenseurs, et même par ceux qui l'ont fait repousser.

Avant d'entrer dans l'examen de la discussion qui a eu lieu dans le Parlement, il nous paraît utile de dire quelques mots d'un document très-important, qui a, en quelque sorte, préparé les voies à la motion : c'est un rapport fait par un comité de dix-sept membres, nommé par la Chambre des communes pour examiner l'état du commerce maritime. Dans ce comité siégeaient plusieurs des partisans de la proposition, notamment MM. Horsfall, Bentinck et Lindsay. Le rapport a été imprimé, par ordre de la Chambre, le 7 août 1860. Dans un chapitre intitulé : *Droits des belligérants sur mer*, le comité pose la question d'une manière claire et positive. L'Angleterre, en consentant à insérer dans la déclaration de Paris le principe que le pavillon neutre couvre la propriété ennemie, a abandonné ses droits sans équivalent, au moins à l'égard des États-Unis ; par suite, les propriétaires de navires et les armateurs sont placés dans une position très-désavantageuse. Si cette déclaration reste en vigueur pendant une guerre dans laquelle la Grande-Bretagne sera engagée, la totalité du commerce de transport fait par la Grande-Bretagne passera entre les mains des États-Unis ou de quelques autres puissances neutres. Déjà, ajoute le rapport, sur un simple bruit d'une guerre dans laquelle l'Angleterre pouvait se trouver impliquée, les navires américains et autres neutres ont obtenu une préférence très-marquée sur les nôtres, pour transporter les marchandises dans les pays lointains. Aux yeux du comité, il n'y a pas à hésiter : il faut ou déclarer que la propriété privée des sujets belligérants est affranchie de toute capture de la part de l'ennemi, ou abroger la seconde proposition de la déclaration de Paris : « Le pavillon neutre couvre la propriété ennemie, à l'exception de la contrebande de guerre, » et revenir à l'ancien droit, par lequel, à l'aide de son immense prépondérance maritime, l'Angleterre peut espérer non-seulement de conserver sa marine marchande, mais encore de prendre la propriété ennemie chargée sur les navires neutres, et ainsi empêcher les autres nations de s'emparer du commerce de transport pendant la guerre. Les conclusions du rapport sont que, dans l'intérêt *des progrès de la civilisation et de l'humanité* (c'est la première fois que ces mots sont prononcés dans le document), le temps est venu où toute propriété privée à la mer, non contrebande de guerre, doit être exempte de capture. Puis, sans doute pour bien fixer la valeur des deux grands mots dont il vient de se servir, le comité ajoute que la Grande-Bretagne est profondément intéressée à l'adoption de cette mesure, parce que de tout temps elle a eu à la mer des propriétés beaucoup plus considérables que les autres peuples; que ces propriétés exigent, pour être protégées, l'emploi d'une grande force navale, et qu'un moment peut venir où elle aura besoin de tous ses vaisseaux pour défendre ses côtes.

Ainsi, dans ce rapport officiel, la question est bien nettement posée. La deuxième proposition, adoptée par le congrès de Paris, force l'Angleterre à supporter une partie des conséquences des guerres qu'elle peut entreprendre, et la prive d'une partie des immenses avantages qu'elle est habituée à retirer des hostilités; il est donc indispensable ou de faire adopter, par tous les peuples du monde, un principe nouveau qui contre-balance en sa faveur les effets de la déclaration de Paris, ou d'annuler cette déclaration elle-même.

Ce dilemme, présenté par le comité de la Chambre des communes en 1860, est la base de l'argumentation de M. Horsfall et de ceux qui ont soutenu sa motion. Tous, sans exception, s'accordent à dire que les intérêts de la Grande-Bretagne sont mis en grand péril par l'adoption du principe que le pavillon neutre couvre la propriété ennemie. Le commerce, cherchant toujours la plus grande sécurité possible, abandonnera les navires anglais, dès que la guerre éclatera, pour charger ses marchandises sur les navires neutres ; la marine marchande britannique sera ruinée et entraînera dans sa chute la puissance navale du pays. Il faut, par conséquent, prendre le plus promptement possible les mesures propres à conjurer ce danger imminent ; et la seule qui puisse avoir de l'efficacité est l'adoption du principe que les propriétés privées à la mer sont exemptes de toute capture de la part de l'ennemi. La plupart des orateurs ajoutent que, si on ne peut obtenir l'adoption de cette proposition, le salut de l'Angleterre exige que la déclaration du 16 avril 1856 soit rapportée. Ainsi que le fait remarquer lord Palmerston, la moitié des partisans de la motion, telle qu'elle était faite, c'est-à-dire vague et sans conclusions, voulaient obtenir l'immunité de la propriété privée des sujets belligérants, tandis que l'autre moitié voulait surtout faire le procès au traité de Paris et arriver à son annulation.

Ainsi, tous les partisans de la motion, sans exception, sont d'accord que c'est dans l'intérêt exclusif de la marine britannique qu'ils agissent, que leur but unique est de conserver à l'Angleterre les immenses avantages qu'elle a toujours su tirer de toutes les guerres qu'elle a entreprises, en ruinant les peuples neutres, en rejetant sur les nations qu'elle appelle amies toutes les conséquences immédiates de la guerre qu'elle seule devrait supporter. Tous proclament que la mesure, qu'ils réclament au nom de la civilisation et de l'humanité, doit profiter seulement à la puissance de leur pays. Ils n'hésitent même pas à demander l'abrogation ou la violation du traité le plus solennel qui ait jamais été conclu entre les peuples, parce que son exécution peut mettre obstacle au très-humain projet qui tend à ruiner toutes les nations pour l'avantage d'une seule.

Tel est le fond de l'argumentation des députés qui ont soulevé la proposition ; mais il n'est pas moins curieux de connaître les raisons de leurs adversaires. Ces adversaires comptent dans leurs rangs tous les adhérents du gouvernement : quatre membres du cabinet, le secrétaire d'État de la guerre, l'avocat général, le solicitor général et le premier ministre ont pris la parole dans cette discussion.

Aux yeux du ministère anglais, la motion n'a aucune espèce d'analogie avec la déclaration de Paris : cette dernière règle exclusivement les relations des belligérants avec les neutres, tandis que l'autre s'appliquerait aux rapports des belligérants entre eux. Les traités de cette nature sont impossibles. On comprend très-bien que l'on puisse stipuler à l'avance la manière dont on agira, en cas de guerre, envers un peuple resté paisible spectateur de la lutte. C'est ainsi que, dans le traité de 1786 avec la France, la Grande-Bretagne avait stipulé que le pavillon neutre couvrirait la propriété ennemie ; c'est dans ce sens que la déclaration du 16 avril 1856 a été faite. Mais il n'est pas possible de conclure un traité avec une puissance pour régler la conduite à tenir à son égard, dans le cas où elle serait en guerre avec nous. Le fait seul de l'existence des hostilités annule tous les traités existants entre les belligérants, et alors chaque puissance est libre d'agir comme elle le trouve convenable. Cette opinion, exprimée par le secrétaire d'État de la guerre, fut reprise et commentée par les autres orateurs ministériels, surtout en ce qui touche l'abrogation des traités existant entre deux peuples qui entrent en guerre l'un contre l'autre, parce qu'une partie des partisans de la mesure s'en était emparée, et en avait conclu qu'en cas de guerre la déclaration de Paris se trouverait annulée. Cet acte existe légalement, ont-ils dit ; il doit être respecté par la Grande-Bretagne ; d'ailleurs il est dans l'intérêt bien entendu de l'Angleterre. En 1854, au moment où éclata la guerre contre la Russie, on avait compris que les États-Unis restant neutres, il était impossible de tenter de mettre en pratique le droit ancien et de confisquer les propriétés ennemies chargées sur les navires pacifiques. Les Américains ne l'auraient pas souffert ; ils auraient déclaré la guerre plutôt que d'y consentir. Or, cette nation est puissante sur mer ; il était nécessaire de ne pas la pousser à prendre un parti qui eût été très-grave pour l'Angleterre ; on fit donc une proclamation annonçant que le pavillon neutre couvrirait la propriété ennemie pendant cette guerre. En 1856, la même considération existait encore; il était évident que, dans toutes les guerres qui pourraient éclater en Europe, la république américaine resterait neutre, qu'elle refuserait de laisser saisir, à bord de ses navires, les marchandises appartenant aux belligérants, et qu'elle prendrait les armes plutôt que de se soumettre à la prétention de l'Angleterre. Il fallait donc abandonner une partie du droit britannique; on l'a fait. Mais, en compensation, on a obtenu une concession beaucoup plus importante que celle que l'on était forcé de faire : la course maritime était, pour la marine marchande anglaise si nombreuse, si répandue sur toutes les mers du globe, l'adversaire le plus redoutable, le seul adversaire qu'elle pût rencontrer; la course maritime a été abolie. Le motif qui a fait adopter le principe que le pavillon neutre couvre la propriété ennemie, était donc complétement dans l'intérêt de la marine marchande anglaise; ce motif existe encore aujourd'hui dans toute sa force; le principe doit donc être maintenu dans le même intérêt. « D'ailleurs, ajoutait lord Palmerston, la déclaration du 16 avril 1856 ne contient aucune règle nouvelle autre que celle du privilége accordé au pavillon neutre; sur tous les autres points, et notamment sur le blocus, elle ne fait que reproduire des maximes déjà passées dans la pratique des peuples. »

Les orateurs ministériels, répondant au vœu formé par les partisans de la proposition, que la guerre maritime soit régie par les mêmes lois que la guerre terrestre, soutiennent que la première présente aux parties belligérantes plus de garanties que la seconde pour les propriétés privées, à cause du jugement auquel les prises sont soumises. Tous les adversaires de la proposition repoussent, comme une erreur grave, l'assimilation que l'on veut faire entre les deux espèces de guerre, ils donnent les raisons mêmes que nous venons de développer. A cette occasion, lord Palmerston rappelle que la France a dans ce moment 15 à 20,000 marins occupés à la pêche de la morue. Il pense que, en cas de guerre, il serait beaucoup plus avantageux à l'Angleterre de s'emparer de ces hommes, destinés évidemment au service de la flotte ennemie, que de les laisser rentrer tranquillement dans leur pays et prendre les armes contre la Grande-Bretagne.

D'ailleurs, si l'on admet le système proposé, tout blocus devient impossible. Comment, en effet, maintenir un blocus lorsque le navire ennemi est déclaré imprenable? Sans doute on n'admet pas qu'il devra conserver ce caractère, même alors qu'il tentera de violer un blocus. Mais quand y aura-t-il violation de blocus? à quelle distance du port fermé devra-t-il être rencontré pour être considéré comme coupable? Ce sont des questions impossibles à résoudre, qui soulèveraient les plus graves embarras et ne pourraient que nuire aux intérêts de l'Angleterre. Le premier ministre va même jusqu'à combattre la crainte exprimée, au nom des armateurs, de voir, en cas de guerre, le commerce de transport passer entre les mains des peuples neutres. Son raisonnement sur ce point mérite d'être cité. La Grande-Bretagne possède un matériel naviguant très-important, relativement à celui qui existe dans l'univers. En cas de guerre, les transports du monde ne cesseront pas; on ne saurait les faire sans employer tous les navires qui sont occupés aujourd'hui; il sera donc impossible de se passer des navires anglais, qui forment à eux seuls un ensemble de 5,500,000 tonneaux : ils seront occupés, et peut-être même de préférence à d'autres, parce qu'ils sont les mieux protégés de l'univers par les forces les plus considérables qui existent. Le commerce de transport ne sera donc pas perdu pour le pays.

L'adoption de la motion présenterait peut-être, disent les ministres, quelques avantages matériels pour une classe spéciale de citoyens, mais elle serait une calamité pour la nation tout entière; elle anéantirait tout patriotisme, toute solidarité entre l'État et le commerce, qui dès lors formerait une sorte d'État à part, n'ayant aucun intérêt commun avec le reste du peuple anglais; le commerce qui parcourt toutes les mers du globe, qui se trouve en contact avec toutes les con-

trées de l'univers, est certainement la partie de la nation qui
est le plus souvent dans la nécessité d'implorer la protection
de la flotte, pour obtenir les réparations et les satisfactions
pour les injures qu'il a pu recevoir à l'étranger. Il voudrait
s'isoler de cette puissance à laquelle il doit sa sûreté et sa
prospérité; cela n'est pas possible. Enfin, adopter la proposition serait, aux yeux de lord Palmerston, vouloir briser le
bras le plus puissant de la force anglaise, ce serait commettre
un suicide politique.

La réponse est très-habile, le ministère se tient dans une
sage réserve; il proclame que la déclaration de Paris est et
doit rester obligatoire, mais il réduit cet acte à des proportions bien au-dessous de celles qu'il a réellement aux yeux des
autres peuples. Deux points de ces discours exigent un examen spécial. Le secrétaire d'État de la guerre a reconnu qu'il
était possible de conclure des traités pour régler la conduite
à tenir avec l'autre partie, dans le cas où la guerre venant à
éclater, cette partie resterait neutre; mais il n'admet pas qu'il
soit possible de faire une convention dans le but de déterminer la manière dont on devra agir à l'égard de l'ennemi en
temps de guerre, parce que la guerre elle-même a pour effet
de rompre les traités précédemment conclus avec la nation
devenue hostile. Les partisans de la motion, et surtout les
députés qui désiraient l'annulation du traité de Paris, ont cru
voir dans cette doctrine la promesse qu'en cas de guerre ce
traité cesserait d'être appliqué. Les orateurs ministériels, de
leur côté, ont protesté contre une pareille interprétation.
Quelle est donc la valeur réelle des traités conclus entre les
nations dans le cas où la guerre éclate entre celles qui les ont
signés? Les conventions internationales sont de diverses natures, deux espèces seulement sont relatives à la question :
l'une est destinée à régler les rapports des contractants pendant la paix; elle comprend les traités de commerce, de
douane, de navigation, etc. Il est évident que ces traités
prennent fin au moment où la guerre éclate entre les deux
intéressés. L'autre a justement pour but de convenir à l'avance

de la conduite à tenir pendant la guerre, soit que les hostilités éclatent entre les deux contractants, soit que l'un d'eux seulement soit engagé et que l'autre reste neutre. Ces stipulations, lorsque d'ailleurs elles réunissent toutes les conditions exigées pour la validité des actes internationaux, lorsqu'elles sont égales, conformes aux droits imprescritibles de la nature humaine, etc., ne peuvent pas être anéanties par les hostilités survenues entre les parties. Elles doivent être loyalement exécutées, même pendant la guerre, et leur violation serait un déshonneur pour la nation qui s'en rendrait coupable. Il arrive souvent que des conventions de cette nature se trouvent réunies avec des clauses relatives à la paix dans un seul et même acte. C'est ainsi que dans presque tous les traités de navigation il existe des articles destinés à régler les garanties à exiger des armateurs; à protéger les biens et les personnes des sujets de la nation devenue ennemie, établis sur le territoire de l'autre. C'est ainsi encore que le fameux principe : « Le pavillon neutre couvre la propriété ennemie, » se trouve inséré dans les actes solennels de 1713, 1763, 1786, et dans d'autres traités conclus par l'Angleterre. Nous sommes convaincu que ces conventions spéciales, quoique consignées dans un traité relatif aux affaires de la paix, ne sont pas annulées par l'ouverture des hostilités, et que, par conséquent, elles restent obligatoires pour les parties, même pendant la guerre.

La déclaration du 16 avril 1856 se présente dans des conditions beaucoup plus favorables; elle ne contient que quatre propositions, qui toutes sont relatives au temps de guerre. L'exposé des motifs qui précède le texte explique clairement le but que les auteurs de cet acte important se sont proposé d'atteindre. Ils ont voulu régler les relations des belligérants avec les peuples restés neutres, et prévenir les abus qui ont signalé les guerres anciennes. Deux propositions ont été adoptées à la demande de la Grande-Bretagne : l'abolition de la course et la restitution de la propriété neutre trouvée sur le navire ennemi. Les deux autres ont été acceptées par l'Angleterre, qui avait toujours refusé sinon de les reconnaître, ou du moins de les exécuter. Ces stipulations doivent être exécutées non-seulement envers les neutres, mais même par les belligérants entre eux. C'est sans doute pour bien marquer le caractère spécial de cette convention que les représentants des sept puissances, au lieu de prendre la forme ordinaire des traités, ont adopté celle d'une déclaration solennelle de principes obligatoires à jamais pour les peuples qui les proclamaient, et pour ceux qui voudraient y donner leur adhésion.

Le ministère anglais a reconnu à peu près le véritable caractère de la déclaration de Paris; il la considère comme irrévocable, même en cas de guerre, notamment dans la seconde proposition : « le pavillon neutre couvre la propriété ennemie, » parce que cette stipulation a été faite en faveur des neutres et non en faveur du belligérant. Ce principe fondamental sera donc respecté. Lord Palmerston et ses collègues ont donné à cet égard une garantie qui nous paraît suffisante : c'est l'intérêt de la Grande-Bretagne. Le motif qui a été assez puissant pour contraindre les Anglais à consentir à ce que la clause fût insérée dans la déclaration, n'a pas cessé d'exister, et il est encore assez fort pour les engager à respecter la seconde proposition. Ce motif était l'impossibilité où se trouve la Grande-Bretagne de continuer à confisquer la propriété ennemie, chargée sur les navires neutres, sans s'attirer une guerre avec les États-Unis d'Amérique, avec la seconde puissance maritime du monde, et pousser les autres nations pacifiques à former une nouvelle coalition de neutralité armée.

Il est un autre point sur lequel le ministère anglais nous paraît avoir commis une grave erreur. Dans la discussion sur les blocus américains (séance des communes, du 8 mars 1862), le solicitor général a émis et développé l'opinion que la déclaration de Paris n'avait proclamé aucun principe nouveau en matière de blocus; que ces principes restaient les mêmes que ceux pratiqués en 1798 et en 1806. De son côté, lord Palmerston, en repoussant la motion Horsfall, a de nouveau insisté sur ce fait, que, excepté en ce qui concerne le privilége accordé au pavillon neutre, l'acte de 1856 n'a fait que rappeler des principes déjà existants et passés dans l'usage, qu'il en était ainsi notamment en matière de blocus. Il est important de ne pas laisser ces erreurs sans réponse. Chacune des quatre propositions contenues dans la déclaration du 16 avril 1856 est une innovation très-importante, au moins à l'égard d'une partie des puissances qui ont concouru à la rédaction de cet acte solennel. La première, l'abolition de la course maritime, était complétement nouvelle pour toutes les nations du monde, pour l'Angleterre comme pour les autres. La seconde, le pavillon neutre couvre la propriété ennemie, à l'exception de la contrebande de guerre, n'était, à l'égard de la France et de la plupart des autres puissances, que la proclamation d'un principe reconnu et même pratiqué depuis longtemps. Mais, à l'égard de l'Angleterre, c'était une innovation et une innovation très-importante; car, bien qu'elle eût reconnu le principe dans dix traités particuliers avec quatre puissances, elle avait toujours refusé d'en faire l'application : elle avait toujours violé ces traités; elle avait même inséré la maxime contraire dans la plupart des conventions par elle conclues avec les autres peuples. La troisième proposition, la propriété neutre (à l'exception de la contrebande de guerre) n'est pas saisissable à bord des bâtiments ennemis, n'est sans doute pas nouvelle pour la Grande-Bretagne, mais c'est une innovation complète pour la France et pour les autres nations; elle est même contraire à toutes leurs lois intérieures. Enfin, le quatrième principe : les blocus, pour être obligatoires, doivent être effectifs, c'est-à-dire maintenus par une force suffisante pour interdire réellement l'accès du littoral ennemi, n'était effectivement que la constatation de la pratique constante de la France et de la plupart des autres puissances; mais il était très-nouveau pour l'Angleterre, qui, de tout temps, avait soutenu la validité des blocus fictifs de toutes les natures et sous tous les noms, et qui les avait appliqués sur l'échelle la plus vaste.

Ainsi donc, les quatre propositions de la déclaration de 1856 sont quatre grandes innovations. L'espèce d'affectation que les ministres anglais mettent à affirmer que l'acte du Congrès de Paris n'a émis aucun principe nouveau, notamment en matière de blocus, jointe à la reconnaissance, par le cabinet de Londres, des blocus fictifs mis par les États-Unis du Nord sur les côtes de leurs adversaires, peut donner à penser que tout en déclarant sa volonté de respecter le traité, le gouvernement britannique pense que les blocus fictifs de 1798 et de 1806, aidés comme ils le furent alors par les droits de prévention et de suite, sont des blocus effectifs et peuvent être mis en pratique, et par conséquent rendre la navigation anglaise la plus sûre et la plus florissante de l'univers, même pendant les hostilités, en rejetant sur les neutres les conséquences immédiates de la guerre. Mais une pareille interprétation de la quatrième proposition serait en réalité une violation flagrante de la déclaration, et pourrait entraîner son annulation complète. D'un côté, les puissances neutres pourraient chercher les moyens de se garantir des désastres que leur infligent toujours les blocus fictifs, refuser de les reconnaître, et au besoin recourir à la force des armes. De l'autre, l'adversaire, frappé par les blocus fictifs, pourrait, et avec raison, se considérer comme délié des obligations que lui impose le traité de 1856, violé par l'autre belligérant, et recourir aux armements en course. Nous devons ajouter qu'il serait complétement dans son droit en agissant ainsi. En effet, comme tous les traités et malgré sa forme spéciale, la déclaration de Paris est un contrat contenant des concessions et des engagements réciproques. Du moment où l'un des contractants viole l'une des obligations acceptées par tous, l'acte tout entier est rompu envers et contre tous. Il serait dans son droit, même à l'égard des peuples neutres. Envers ceux de ces peuples qui, en reconnaissant les blocus fictifs formés contre lui par son ennemi, en les respectant, auraient violé réellement et par conséquent anéanti la déclaration de Paris, il pourrait rétablir la course telle qu'elle existait depuis deux ou trois siècles, c'est-à-dire en autorisant les armateurs à visiter les navires appartenant à ces puissances, et à s'en emparer s'ils ont violé les droits de la neutralité. Envers ceux qui, faisant respecter leurs droits, auraient refusé de reconnaître les blocus fictifs, en restreignant l'action des corsaires dans les limites qu'elle n'aurait jamais dû dépasser, au pouvoir d'enlever les navires ennemis, mais en leur ôtant toute espèce de droit à l'égard des navires reconnus neutres.

Un pareil résultat n'aurait rien de désastreux pour la France. L'abolition de la course a augmenté d'une manière importante la puissance maritime de l'Angleterre, déjà beaucoup trop formidable pour le bonheur du genre humain. Elle a enlevé à tous les peuples la seule arme à l'aide de laquelle ils pouvaient encore lutter contre ce colosse naval, le seul moyen de rétablir une sorte d'équilibre sur l'Océan. Cette concession a été obtenue à l'aide d'une surprise, au moyen des grands mots d'humanité, de civilisation, et la Grande-Bretagne a donné en échange aux nations étrangères l'abandon d'un prétendu droit qu'elle reconnaît aujourd'hui impossible à exercer dans son propre intérêt. Cependant la déclaration de Paris existe, elle a été acceptée; nous croyons, nous affirmons qu'elle doit être exécutée, et qu'aucune nation ne peut, sans se déshonorer, la violer. Mais nous entendons une exécution complète et loyale, et non pas celle que peuvent faire espérer les discours de lord Palmerston et du solicitor général, qui présentent cet acte comme n'ayant rien changé aux principes du blocus, et ces principes comme étant aujourd'hui les mêmes qu'en 1798 et en 1806. Ce n'est pas là exécuter une convention, c'est la fouler aux pieds, c'est l'anéantir. Si jamais, comme on l'a si souvent supposé dans la discussion qui nous occupe, la guerre éclate entre la France et l'Angleterre, et si notre ennemie interprète ainsi l'acte de 1856, elle l'annulera complétement, et alors nous ressaisirons l'arme que nous avons abandonnée. Nous verrons l'effet qu'elle pourra produire sur cette marine commerciale britannique, dont le matériel flottant s'élève, dit-on, à 5,500,000 tonneaux.

En résumé, la discussion de la motion Horsfall contient un enseignement très-utile pour tous les peuples du monde. Ce n'est pas l'intérêt de la civilisation, ce n'est pas l'intérêt de l'humanité qui ont dicté la proposition ou fait repousser sa prise en considération. Les partisans de la mesure comme ses adversaires, ceux qui demandaient l'abrogation du traité de Paris comme ceux qui ont soutenu cet acte, avaient une seule et commune pensée, l'intérêt de la Grande-Bretagne ; pour tous, un seul motif existait, l'agrandissement de la prépondérance maritime et de la puissance navale de leur pays ; tout le reste n'est rien, l'univers n'existe à leurs yeux que comme un moyen d'atteindre ce but unique. C'est pour y arriver que les uns demandent la reconnaissance d'un principe nouveau ; les autres, l'annulation de la déclaration de Paris ; le gouvernement enfin, le rejet de la motion. Que les nations commerçantes et maritimes, et surtout celles qui, par leur faiblesse même, sont dans la nécessité de rester neutres dans les grandes luttes sur l'Océan, méditent cette discussion, elles se convaincront que cette mesure, présentée par quelques organes de la presse et par quelques publicistes comme un progrès de la civilisation, comme un acte de haute humanité, n'est qu'un acte de très-habile politique, dont le résultat serait de ruiner leur commerce et leur marine au profit de la Grande-Bretagne. Elles se garderont de se laisser séduire par les apparences, et reconnaîtront de plus en plus la nécessité de se réunir toutes pour rédiger en commun un code maritime international et prendre les mesures indispensables pour assurer son exécution.

X

L'ASILE MARITIME

DANS LES PORTS DE LA GRANDE-BRETAGNE.

(RÈGLEMENT DU 31 JANVIER 1862.)

La présence simultanée pendant les premiers jours de 1862, dans le port et dans la rivière de Southampton, du *Nashville*, bâtiment de guerre des États confédérés du Sud, et de la corvette *Tuscarora*, des États-Unis du Nord, et surtout l'attitude agressive de ce dernier bâtiment, ont soulevé de vives inquiétudes des deux côtés du détroit. On a pu craindre de voir un port et des eaux neutres devenir le théâtre d'un combat entre les deux ennemis. Pour prévenir sans doute le retour de pareils abus, le gouvernement anglais a publié, le 31 janvier 1862, un règlement qui modifie ou plutôt annule le droit d'asile sur les côtes de la Grande-Bretagne.

L'asile ne doit pas être confondu avec le refuge. Tout bâtiment de guerre ou de commerce, quelle que soit sa nation, battu par la tempête, poursuivi par des pirates ou des ennemis, ou enfin en danger de périr par quelque cause que ce soit, doit être reçu dans les havres et rades de tous les peuples, et obtenir les secours indispensables pour l'arracher à sa perte. Mais dès que le péril est passé, dès qu'il a obtenu les secours indispensables pour continuer sa navigation, il peut être contraint de reprendre la mer. C'est ce que l'on appelle le refuge; c'est de la part du souverain territorial le simple accomplissement d'un devoir d'humanité.

L'asile est beaucoup plus large. Il consiste à admettre les bâtiments dans l'intérieur des ports, et à leur accorder tout ce qui peut leur être nécessaire, utile et même agréable, à les laisser séjourner aussi longtemps qu'ils le désirent, et partir lorsque le moment leur paraît opportun. Ce n'est plus l'accomplissement du devoir d'humanité, c'est un accueil qui constitue des rapports de courtoisie, de bienveillance et d'amitié. D'après la loi internationale primitive, l'asile est purement facultatif de la part du peuple à qui le port appartient; il peut le refuser complétement, l'accorder dans les proportions les plus larges, ou y mettre les conditions que lui dicte son intérêt ou même son caprice. En temps de guerre, le seul devoir d'un souverain neutre, envers les belligérants, c'est de traiter leurs bâtiments avec la plus parfaite impartialité.

Cette règle du droit naturel a été modifiée par les traités. Depuis deux siècles, tous ou presque tous les peuples ont accordé l'asile aux bâtiments de guerre, aux corsaires des belligérants et même aux prises faites sur l'ennemi. Dans les guerres de la fin du xviiie siècle et du commencement du xixe, le Portugal et la Suède refusèrent cette faveur aux prises; mais ils ne purent pas toujours arriver à l'exécution de cette mesure. La loi intérieure de la France les exclut également, mais presque tous les traités signés par cette puissance les admettent.

En concédant le droit d'asile aux belligérants, les nations pacifiques y ont mis certaines conditions, sur lesquelles toutes sont parfaitement d'accord; elles peuvent être formulées ainsi : 1° vivre en paix avec tous ceux qui sont dans le port, même avec les ennemis; 2° ne pas tenter de recruter l'équipage; 3° ne pas augmenter le nombre ni le calibre des canons; n'embarquer aucune arme portative, aucune munition de guerre; 4° ne pas user de l'asile pour guetter les bâtiments de l'autre belligérant, ou pour se procurer des renseignements sur leur destination; 5° ne pas quitter le port d'asile moins de vingt-quatre heures après le départ d'un bâtiment, soit de guerre, soit de commerce, de l'ennemi; 6° ne faire aucune tentative pour enlever par force ou par ruse les prises reçues dans le même port; 7° enfin ne pas procéder dans le port d'asile à la vente des prises avant qu'elles aient été déclarées légitimes par les juges compétents. Telle est la loi secondaire internationale. Cependant une puissance qui ne serait liée par aucun traité avec les belligérants aurait le droit de refuser l'asile à leurs bâtiments, ou de mettre d'autres conditions à l'octroi de cette faveur; mais elle serait dans l'obligation de traiter les deux adversaires sur le même pied.

Dès le commencement des hostilités entre les États-Unis du Nord et les confédérés du Sud, le 1er juin 1861, l'Angleterre fit une déclaration aux termes de laquelle l'asile était refusé dans ses ports aux prises faites par les belligérants. La France suivit cet exemple; elle refusa également d'accueillir les prises. Un incident récent est venu provoquer une nouvelle détermination de la part de la Grande-Bretagne. Un petit bâtiment de guerre de la Confédération du Sud, *le Nashville*, était entré dans le port de Southampton pour y faire des réparations. La corvette des États du Nord, *Tuscarora*, entra dans la rivière de ce même port, et s'arrêta pour surveiller son faible ennemi et l'attaquer à la sortie. Sur la demande des autorités locales, elle quitta ce poste d'observation, mais pour aller s'établir un peu plus loin, dans les eaux anglaises avec les mêmes intentions. Cette conduite a motivé le règlement formulé le 31 janvier 1862 par le gouvernement anglais, qui, en réalité, refuse tout asile aux bâtiments de guerre ou armés en guerre des belligérants. Cet acte est-il conforme aux usages des nations? Ne peut-il pas être considéré comme une violation des traités conclus par l'Angleterre avec les États-Unis d'Amérique?

Depuis deux siècles, les nations civilisées sont dans l'habitude d'accorder l'asile aux bâtiments des belligérants; cette habitude est consacrée dans presque tous les actes qui constituent la jurisprudence internationale. L'ordre du 31 janvier est donc contraire à cet usage.

Dans tous les traités par elle conclus, sur le commerce et la navigation, l'Angleterre a toujours stipulé que l'asile serait accordé à ses bâtiments de guerre, à ses corsaires et aux prises qu'ils auraient pu faire sur ses ennemis ; elle s'est engagée, de son côté, à accorder la même faveur aux peuples qui traitaient avec elle. Il suffira de citer les conventions de 1786 avec la France et de 1794-1795 avec les Etats-Unis d'Amérique. Cette dernière devait en réalité régler la conduite de la Grande-Bretagne envers les deux belligérants ; car, conclue à l'époque où la république américaine ne formait qu'un seul État, elle était obligatoire envers et contre les deux parties en guerre. L'article 23 de ce traité porte : « Les vaisseaux de guerre des deux parties contractantes seront, dans *tous les temps,* reçus d'une manière amicale dans les ports de l'autre... » Le vaisseau américain reçu dans un port anglais « aura la permission de se radouber et d'acheter, au prix du marché, tout ce dont il aura besoin. » L'article 25 étend les faveurs de l'asile aux corsaires et même aux prises. Ce traité de 1794-1795 est le seul qui ait été conclu, sur ces matières, entre l'Angleterre et les États-Unis d'Amérique ; il n'a pas, il est vrai, été renouvelé ni rappelé depuis, mais il n'a été ni abrogé ni remplacé, sur ce point, par d'autres conventions. D'après la jurisprudence ordinaire des nations, il devait donc servir de règle de conduite à l'Angleterre à l'égard des États-Unis du Nord et des États confédérés du Sud.

La proclamation du 1er juin 1861 et l'ordre du 31 janvier 1862 sont loin d'être conformes au traité de 1794. La première exclut les prises de tous les ports et rades soumis à la Grande-Bretagne. La France a, il est vrai, pris une décision semblable, mais sa position était différente ; le traité de 1778 ayant été abrogé, dans cette partie, par celui de 1800, cette puissance se trouvait sans engagement vis-à-vis des États-Unis, elle pouvait donc appliquer sa loi particulière (ordonnance de 1681, liv. III, tit. ix, art. 14) aux prises faites par les deux belligérants. C'est ce qu'elle a fait. Au reste, cette mesure a déjà produit des effets dont il ne faudrait pas trop se réjouir. Arrivés dans les mers d'Europe, les croiseurs américains du Sud étaient dans l'impossibilité d'envoyer leurs prises dans leur pays au delà de l'Atlantique, les ports européens leur étaient fermés : ils les ont brûlées ou coulées. Cette conduite a été vivement blâmée ; mais elle est la conséquence inévitable de la détermination prise par la France et par l'Angleterre. Elle a prouvé, une fois de plus, qu'il est beaucoup plus conforme aux lois de l'humanité d'accorder l'asile dans les ports neutres aux bâtiments belligérants et à leurs prises, que de leur refuser cette faveur.

L'ordre du 31 janvier 1862 n'est pas moins contraire au traité solennel de 1794. Voici ses principales dispositions : « Il n'est permis à aucun vaisseau de guerre ou navire armé en course, appartenant aux belligérants, d'entrer dans les rades, ports et eaux du Royaume-Uni, des îles du détroit, des colonies et possessions de S. M. Britannique, et d'y séjourner plus de vingt-quatre heures, sauf les cas de tempête, de famines ou d'avaries. Dans ces cas mêmes, le bâtiment entré dans les eaux anglaises devra les quitter aussitôt le danger passé et dans les vingt-quatre heures, au plus tard, après avoir terminé ses réparations ou pris les provisions seulement nécessaires à son usage immédiat. Ce délai de vingt-quatre heures ne sera dépassé que pour donner aux bâtiments ennemis qui pourraient se trouver dans les mêmes lieux le temps d'avance stipulé par les usages des nations. Enfin, les vaisseaux de guerre et les corsaires belligérants ne pourront prendre dans les ports anglais que la quantité de charbon indispensable pour retourner dans le port le plus proche de leur pays ; et, à moins de permission spéciale, il leur est défendu de venir s'approvisionner de nouveau de charbon dans le même lieu, avant l'expiration d'un délai de trois mois. »

Cet ordre détruit donc complétement le traité ; à l'asile le plus large, stipulé en 1794 en faveur des deux contractants, que l'Angleterre et les États-Unis ont le droit de réclamer réciproquement dans les eaux britanniques et américaines, il substitue le refuge le plus restreint. Il applique aux parties contractantes le traitement que la convention réservait à leurs seuls ennemis. La conduite du croiseur des États-Unis du Nord, *Tuscarora*, était contraire à tous les principes internationaux; pendant près d'un mois (du 10 janvier au 5 février), ancré dans des eaux anglaises, il a en quelque sorte tenu bloqué le port anglais de Southampton, pour attaquer le *Nashville*, son ennemi, lorsqu'il tenterait de sortir. Mais cette conduite, quelque coupable qu'elle soit, ne saurait motiver l'ordre du 31 janvier, la violation du traité de 1794. Le gouvernement britannique avait le droit de rappeler le belligérant au respect du territoire neutre; c'était même un devoir pour lui de protéger efficacement les étrangers entrés dans ses ports; ce devoir est écrit dans tous les traités internationaux ; il est même rappelé dans celui dont nous nous occupons (art. 25). L'Angleterre a consacré son droit, elle a rempli son devoir, elle a contraint le *Tuscarora* à exécuter la cinquième condition mise à l'asile, à n'appareiller que vingt-quatre heures après le départ de son ennemi.

L'ordre du 31 janvier n'était donc pas nécessaire; il viole et anéantit un traité, il abolit l'asile, et par conséquent rend la guerre plus dure, plus inhumaine, sans assurer aux peuples pacifiques aucune garantie nouvelle. Ces observations, sur un acte auquel la France n'est pas directement intéressée, ne paraîtront pas inutiles à un moment où la pensée d'établir enfin un code maritime pour toutes les nations, fait son chemin dans les esprits et semble présager un avenir mieux défini aux droits des neutres et des belligérants.

XI

QUELQUES QUESTIONS

DE DROIT INTERNATIONAL MARITIME

A PROPOS DE LA GUERRE D'AMÉRIQUE.

La guerre qui a sévi pendant plusieurs années entre les États formant, depuis près d'un siècle, la grande république du nord de l'Amérique, et qui menaçait de déchirer en deux parties les vastes territoires si rapidement conquis par les pionniers anglo-saxons, a excité dans toute l'Europe, et surtout en France et en Angleterre, un intérêt immense.

Cette scision soulevait en effet les plus graves questions politiques et économiques. Les malheurs que la guerre entraîne toujours avec elle, non-seulement pour les nations qui s'y trouvent engagées, mais encore pour celles qui désirent n'y prendre aucune part, surtout lorsque les belligérants sont des peuples navigateurs et commerçants ; la question de l'esclavage et surtout celle de la production du coton tenaient tous les esprits en suspens.

Les États du sud de l'Union américaine étaient, depuis longtemps déjà, en possession de fournir à l'univers entier, et surtout à l'Angleterre, l'immense quantité de coton indispensable à leurs nombreuses et immenses fabriques. Cette matière première est pour la population de ce dernier pays aussi nécessaire que le blé. Or, quelle que fut l'issue de la lutte alors engagée entre les deux parties de l'union, que le nord fût assez fort pour subjuguer ceux qui, naguère, étaient ses associés et partageaient tous ses droits; ou qu'au contraire les nouveaux confédérés, repoussant l'invasion, parvinssent à fonder leur indépendance, cette lutte, si elle se prolongeait, devait avoir pour résultat inévitable de diminuer la production du coton, et, par conséquent, de porter une atteinte fatale à l'industrie européenne. Car il est constant que, de long-temps du moins, ni l'Inde, ni aucun autre pays du monde, ne pourront combler le déficit. La culture est comme toutes les autres industries : elle ne peut se développer subitement, il lui faut une longue expérience et par conséquent beaucoup de temps pour modifier les productions d'un pays et les habitudes de ses habitants.

Les conséquences que pouvait avoir la guerre américaine, sous ces divers points de vue, ont déjà été traitées par un grand nombre de publicistes; elles le seront encore, sans aucun doute. Elles se sont d'ailleurs manifestées à peu près complètement, aussi ce n'est pas sur ces questions que nous croyons devoir porter notre attention. Il nous a paru qu'il était de la plus grande importance pour tous les peuples navigateurs de se préoccuper de ces hostilités sous le rapport des relations internationales maritimes. Cet ordre d'idées a déjà préoccupé quelques hommes politiques, surtout en Angleterre, et nous avons vu le gouvernement de ce pays interpellé souvent au sein du parlement de faire connaître la conduite qu'il pensait devoir tenir à l'égard des deux parties. Cependant nous ne pensons pas que toutes les questions aient été complétement examinées. Nous nous proposons donc de rechercher si les actes faits par les belligérants étaient conformes aux principes du droit international et aux traités conclus par eux avec les nations restées pacifiques, et aussi ce que ces dernières avaient le droit, nous dirons même le devoir, d'exiger des Américains.

, La république des États-Unis compte à peine un siècle d'existence et cependant c'est une des nations qui ont conclu le plus grand nombre de traités de commerce et de navigation ; elle est liée avec tous les peuples du monde par des actes solennels, qui, on doit le remarquer, sont presque tous uniformément basés sur les principes les plus libéraux du droit maritime. A peine quelques-uns ont-ils été rédigés d'après les prétentions tyranniques aujourd'hui abandonnées par toutes les puissances civilisées. Les deux belligérants étaient donc liés envers toutes les nations par des conventions expresses, presque toutes rédigées dans le même sens ; il était facile de voir s'ils s'écartaient de ces engagements et dans ce cas de les rappeler à leur exacte exécution. Sans doute un grand nombre de ces traités ont cessé d'être en vigueur, mais en pareille matière, comme il nous sera facile de le prouver, il est de jurisprudence que les traités même périmés, lorsqu'ils n'ont pas été remplacés par d'autres ou formellement abrogés, doivent servir de règle de conduite entre les parties.

D'un autre côté, le traité de Paris du 30 mars 1856, ou plutôt la déclaration du 16 avril signée par toutes les puissances représentées au congrès, acceptée par presque tous les peuples du monde [1] a ouvert une ère nouvelle au droit international maritime ; la guerre d'Amérique fut la première qui ait eu lieu sur mer depuis cet acte si solennel, il est donc important pour toutes les nations d'examiner avec le plus grand soin quelle a été la ligne de conduite suivie, nous ne dirons pas par les belligérants, puisqu'ils sont du nombre des peuples qui n'ont pas adhéré à la déclaration, mais par les neutres signataires du nouveau code, parce que cette conduite donnera la mesure exacte de la manière dont ces peuples interprètent la déclaration de principes, et par conséquent de la manière dont ils l'appliqueraient, s'ils devenaient belligé-

---

[1] Les États-Unis d'Amérique et l'Espagne seuls ont refusé d'adhérer à la première proposition de la déclaration du 16 avril, concernant l'abolition de la course. Nous aurons bientôt l'occasion d'établir que les premiers n'ont en réalité accepté légalement aucun des principes contenus dans cet acte important.

rants. Il était en effet bien certain que les grandes puissances maritimes aujourd'hui neutres ne souffriraient de la part des Américains que ce qu'elles entendent imposer aux neutres, lorsqu'elles auront les armes à la main.

C'est sous ce double point de vue que nous croyons utile d'envisager la lutte terrible qui s'est engagée au delà de l'Océan et, il faut le dire, surtout sur l'Océan. Mais avant d'entrer dans l'examen, il est indispensable de prévoir une objection qui peut paraître importante, quoique réellement elle n'ait aucune valeur.

La guerre dont nous nous occupons est faite par deux parties d'une même république, dont l'une voulait se séparer de l'autre, c'est cette scission même qui fut la cause de la lutte. Les États du Nord se regardaient comme les seuls et uniques représentants de l'ancienne union américaine et considéraient les États du Sud comme des rebelles; ne les reconnaissant pas comme constituant une nation, ils leur refusaient tous les droits de souveraineté, et par conséquent le pouvoir de faire une guerre régulière. Nous n'avons pas l'intention de discuter longuement cette prétention, nous nous bornerons à une simple observation. Ce n'est pas la première fois qu'un fait de cette nature s'est produit. Ce n'est pas la première fois que les sujets d'un État ont revendiqué leur indépendance. Mais il est facile d'établir que, de tous les exemples de cette nature dont l'histoire a conservé le souvenir, aucun n'est plus éloigné de présenter les caractères d'une révolte, que la séparation des États du Sud d'avec leurs associés du Nord. Les États-Unis, comme leur nom même l'indique, furent composés d'États libres et indépendants, qui s'associèrent pour assurer leur défense contre l'ennemi commun, leur ancienne métropole, la Grande-Bretagne. Chacun d'eux conserva son autonomie intérieure, c'est-à-dire une partie des droits de souveraineté; mais il abdiqua, au profit du pouvoir central, quelques-unes des prérogatives qui constituent les nationalités distinctes et séparées. Ainsi il renonça à entretenir des forces terrestres ou navales séparées, à traiter avec les autres nations, sans le concours du congrès général, auquel ils concédaient, pour l'entretien de la force publique commune, tous les impôts à percevoir sur les transactions avec les pays étrangers. Du reste et pour les services purement intérieurs, chacun des contractants pouvait établir des taxes, dont la quotité et l'emploi étaient réglés par les législatures locales établies et reconnues par le pacte fédéral, mais réglées par chaque État suivant ses besoins ou ses caprices.

C'était donc une confédération, une association d'États libres, et cette association, bien qu'elle fût déclarée perpétuelle par l'acte qui l'avait constituée, n'avait aucun des caractères permanents qui présentent, pour les Européens, l'agglomération des populations sous un gouvernement monarchique. Le libre choix de chaque État libre avait déterminé l'association ; la libre volonté de chaque État libre devait pouvoir la rompre et c'est justement le fait qui est arrivé en 1861. Les États du sud ont cru de leur intérêt de rompre le pacte fédéral, ils l'ont rompu. Ils n'ont pas cherché à soumettre à leurs lois privées et spéciales les États du Nord; ils ont seulement déclaré vouloir jouir de leur complète autonomie et former une nation séparée. Nous devons convenir que, dans notre opinion, il n'y a dans ce fait aucune rébellion, aucune révolte. C'est une réunion librement formée, qui est librement rompue.

Les premiers actes de la liberté des États-Unis prouvent que notre appréciation est complétement juste ; ils consacrent une alliance offensive et défensive entre les six colonies, alors révoltées contre la Grande-Bretagne, et prennent toutes les mesures pour assurer l'indépendance de chacune d'elles contre l'ennemi commun. Ces colonies, désignées alors sous le nom : Colonies Unies du Nord d'Amérique, proclament des principes que nous sommes loin d'approuver complétement, mais qui cependant sont utiles à rappeler, et qui pouvaient être invoqués à juste titre par les États du Sud, puisqu'ils ont servi de base à la constitution américaine. La déclaration d'indépendance pose comme absolu le principe que les hommes ont le droit de se soustraire à un gouvernement qui cesse de faire leurs affaires, de la manière la plus avantageuse pour eux. Le système a été proclamé par le congrès de Philadelphie dans les termes suivants : « ..... Les gouvernements tirent leur légitime pouvoir du consentement des gouvernés ; partout où une forme de gouvernement est contraire à son but, le droit des peuples est de le changer ou de l'abolir et d'instituer un nouveau gouvernement dont les principes soient fondés et les pouvoirs organisés de la manière qui leur paraît la plus propre à garantir leur sûreté et leur bonheur..... [1] »

Tels sont les principes qui ont présidé à la naissance de l'union américaine ; ils sont inscrits dans la constitution de 1775 et surtout dans celle de 1787, rédigée spécialement pour remédier à ce que la première avait de trop favorable au pouvoir central. La constitution de 1787 régit encore les États-Unis d'Amérique. Les citoyens du Sud, en réclamant leur indépendance, en rejettant le gouvernement de Washington ne faisaient donc pas autre chose qu'appliquer les principes sur lesquels repose depuis 85 ans l'existence de la grande république elle-même.

Il nous semble qu'il y a bien loin de la rupture du pacte fédéral par les États du Sud, à ce que nous appelons ordinairement une rébellion, et, pour prendre un exemple sur les lieux mêmes, à la révolte des six colonies anglaises, contre leur mère patrie en 1775 ; et cependant à cette époque où les idées de soumission étaient plus fortement enracinées qu'elles ne le sont aujourd'hui, les colonies rebelles furent reconnues

---

[1] We hold these truths to be self-evident that.... to secure these rights governments are instituted among men, deriving their juste powers from the consent of the governed ; that whenever any form of government becomes destructive to these ones, it is the righte of the people to alter or to abolish it, and to institute a new government, laying its foundation on such principles, and organising its powers in such forms as to them shall seem most likely to effect their safety and happiness..... V. déclaration d'indépendance du 4 juillet 1776, de Martens Recueil, E. 2. p. 481.

par toutes les puissances du monde, comme aptes à faire une guerre régulière ; elles trouvèrent même des sympathies qui les aidèrent très-efficacement à conquérir une indépendance qu'elles n'avaient jamais possédée, à aucun degré.

Mais nous n'avons pas à examiner si les États du Sud étaient des rebelles, des insurgés contre leur souverain légitime, contre les lois de leur propre pays ; nous laissons cette question à débattre aux intéressés. Nous voulons nous occuper exclusivement des nations neutres, et ces nations ne sont pas appelées à juger ce conflit. Les peuples ne reconnaissent aucun juge commun, ils sont complétement libres et indépendants ; ils n'appartient donc à aucune puissance, quelque redoutable qu'elle soit, de s'ingérer dans les affaires intérieures d'une autre, de rechercher lequel des deux belligérants peut avoir tort, lequel peut avoir raison. Un pareil arrêt porterait nécessairement celle qui le prononcerait à prendre parti dans la lutte, et dans tous les cas il serait une violation flagrante des devoirs de la neutralité. Les peuples qui désirent rester paisibles spectateurs de la guerre doivent accepter les faits, sans les discuter, sans les juger et reconnaître les droits égaux des deux partis. C'est de ce devoir, accepté par tous les peuples, qu'est venue la règle du droit international que toutes les guerres régulières doivent être réputées justes de la part des deux belligérants [1]. Ce principe adopté par tous les auteurs s'applique même aux sujets révoltés contre leur souverain qui doivent être considérés par les étrangers comme faisant une guerre régulière, lorsqu'ils se conforment aux lois de l'humanité. L'histoire nous offre un grand nombre d'exemples de l'application de ce principe ; il suffit de rappeler que les Pays-Bas, révoltés contre l'Espagne, furent reconnus comme belligérants par toutes les nations européennes, et que les États-Unis eux-mêmes furent admis à tous

---

[1] V. Vattel, *Droit des gens*, liv. III, ch. XII. § 197 ; de Martens, *Précis du droit des gens*, § 265 ; Klüber, *Droit des gens moderne*, § 237, note, et notre traité *Des droits et des devoirs des nations neutres*, etc., liv. III, ch. I, sect. II, tome I, page 133, 2ᵉ édition.

les droits que confère la guerre, lorsqu'ils secouèrent le joug de la Grande-Bretagne.

L'Angleterre proclama officiellement qu'elle reconnaissait aux États confédérés du Sud, c'est-à-dire à ceux que le gouvernement de Washington considérait comme des rebelles, le droit de faire la guerre et celui d'être considérés et traités par tous comme belligérants réguliers [1]. La France, sans se prononcer d'une manière aussi positive, a cependant reconnu le droit du Sud, en déclarant qu'elle voulait maintenir une exacte neutralité entre les deux partis [2]. Sans doute l'expression employée par la déclaration française pour désigner les États du Sud, semblait jeter une sorte de défaveur sur leur cause [3]; mais on doit observer que toute autre qualification aurait pu entraîner l'idée d'une reconnaissance officielle des nouveaux États, reconnaissance qui n'existait pas; et que le gouvernement voulait à cet égard se réserver sa liberté complète, pour agir ainsi qu'il le jugerait convenable. L'Espagne et la Prusse suivirent cet exemple [4] et sans aucun doute toutes les nations du monde ne pouvaient pas tarder à l'imiter. Cette marche était au reste la seule que pouvaient adopter les peuples neutres, la seule qui fût conforme aux règles des lois internationales. Si, en effet, une puissance refusait, sous prétexte de révolte, de reconnaître le droit de l'une des parties à faire une guerre régulière, et le reconnaissait à l'autre, elle ne pourrait pas appliquer les mêmes règles aux deux adversaires, elle cesserait d'être neutre pour devenir l'alliée du belligérant favorisé et l'ennemie de l'autre.

Cette objection écartée, nous pouvons aborder les importantes questions de droit maritime international que souleva la guerre d'Amérique. Elles sont au nombre de cinq :

---

[1] V. le discours de lord J. Russell à la séance du 6 mai 1861 à la chambre des communes et la proclamation de la reine d'Angleterre du 13 mai 1861.

[2] V. la déclaration française du 10 juin 1861, *Moniteur* du 11 juin.

[3] Dans cet acte les États du Sud sont ainsi désignés : « Les États qui prétendent former une confédération particulière. »

[4] La déclaration de l'Espagne est postérieure de quelques jours à celle de la France, celle de la Prusse se trouve dans le *Moniteur* prussien du 20 juin 1861.

1° La course maritime.

2° Le droit de blocus.

3° La contrebande de guerre.

4° Le sort réservé à la propriété ennemie chargée sur le navire ami et à la propriété amie trouvée sur le navire ennemi.

5° Le droit de visite.

§ 1. — Course maritime.

La course maritime, on le sait, c'est la guerre faite sur mer aux ennemis de l'État par des citoyens privés, avec des bâtiments leur appartenant, armés à leurs frais, risques et périls; mais avec l'autorisation expresse et spéciale de l'autorité souveraine. Dans notre opinion, elle est parfaitement légitime; c'est un mode de guerre conforme à la loi primitive et à la loi secondaire. En effet, sauf une seule exception, d'ailleurs très-peu explicite, tous les traités conclus depuis plusieurs siècles entre les puissances maritimes, jusqu'en 1856, ont reconnu la légitimité de la course. La déclaration du 16 avril 1856 abolit la course maritime, elle a été signée par sept puissances européennes et acceptée expressément par presque toutes les nations du monde. Cet acte, encore isolé, ne peut former une jurisprudence internationale; il a besoin de la sanction du temps et surtout de celle de la guerre pour acquérir quelque autorité. Sans aucun doute il est obligatoire pour tous les peuples qui ont donné ou leur signature ou leur adhésion; mais les hostilités survenant, il est possible qu'il ne soit pas exécuté par tous. Au reste, les États-Unis d'Amérique ont refusé d'adhérer à cette stipulation, ils n'ont pas voulu consentir à l'abolition de la course; ils ont par conséquent conservé ce moyen légitime de guerre. Ils peuvent donc armer des corsaires contre toutes les nations avec lesquelles ils sont ou seront en guerre, même contre celles qui ont signé la déclaration de Paris. Dans le cas où ils useraient de ce droit, il est hors de doute que leur adversaire, même signataire du traité, serait parfaitement autorisé à armer lui aussi des corsaires pour courir sus aux navires américains. Car, à moins de convention expresse et absolue, il n'existe pas d'engagement international qui ne soit réciproque et on ne saurait admettre que l'un des belligérants ait abdiqué un moyen de guerre très-efficace, dont son adversaire pourrait user contre lui.

Si les États-Unis, pris comme nation unique et tels qu'ils existaient en 1856, ont ce droit vis-à-vis de l'Angleterre ou de la France, les États-Unis, divisés en deux camps, par suite de la guerre de séparation, l'avaient également et à plus forte raison les uns contre les autres. Ce droit appartenait aux deux parties au même titre, car tous les deux, ne faisant alors qu'une nation, avaient refusé de renoncer à la course maritime, et par conséquent avaient conservé le pouvoir de l'employer dans tous les cas et même les uns contre les autres.

La course était donc pour les États-Unis du Nord et pour les États confédérés du Sud un moyen licite de guerre. L'Angleterre elle-même l'a reconnu, non-seulement dans de nombreuses discussions parlementaires [1], mais encore dans la proclamation officielle du 15 mai 1861 [2]. Cet acte en effet défendait aux sujets anglais de prendre du service à bord des corsaires américains du Nord ou du Sud, et rappelait les peines édictées par les lois du pays contre ceux qui enfreindraient cette défense. Il reconnaissait donc positivement le droit des deux parties d'armer des bâtiments en course; il constatait ce droit, qui d'ailleurs était incontestable, même d'après les traités conclus entre les États-Unis et la Grande-Bretagne.

La déclaration faite par l'empereur pour la France ne fut pas moins explicite [3]; comme celle de l'Angleterre elle défendit aux sujets de prendre du service sur les navires armés en

---

[1] V. les débats dans le parlement anglais. L'opinion de lord J. Russell à la chambre des communes du 6 mai 1861. Celle de lord Derby à la chambre des Lords (10 mai), etc. etc.

[2] V. le texte de cette proclamation dans la *Gazette de Londres* du 15 mai. Il a été reproduit en français par le *Journal des Débats* du 17 mai.

[3] La déclaration française a été publiée par le *Moniteur* du 11 juin 1861.

course par les deux parties, et rappela les diverses peines prononcées par les lois intérieures du pays contre ceux qui contreviendraient à cet ordre souverain. La France ne pouvait en effet élever la prétention d'empêcher les Américains d'employer ce moyen de guerre, puisque les actes solennels par elle conclus avec les États-Unis, et notamment ceux de 1778 et de 1800, ont formellement consacré la légitimité des armements particuliers.

Les autres nations ne se prononcèrent pas, peut-être même n'ont-elles pas jugé à propos de le faire; mais toutes devaient suivre la même marche et reconnaître aux deux parties américaines le droit de faire la guerre de corsaires. Toutes, en effet, européennes et autres sans aucune exception, même la Prusse, avaient sanctionné ce droit. Nous disons même la Prusse, parce que cette puissance, dans le premier traité conclu avec les États-Unis, en 1785, avait stipulé, non pas, comme quelques personnes l'ont prétendu, l'abolition de la course, mais seulement que les deux parties contractantes modifiaient, pour le cas où la guerre éclaterait entre elles, l'usage des armements en course, en leur interdisant la capture des propriétés privées des sujets respectifs [1]. Au reste, cette stipulation a été formellement annulée par les traités de 1799 et de 1826, qui laissent aux armateurs tous les droits qu'ils ont toujours exercés chez tous les peuples [2].

Il est donc constant que ce mode d'action était licite pour les deux belligérants; les États-Unis du Nord et les États confédérés du Sud pouvaient également en user. Mais quelles devaient être ses règles et ses limites?

En ce qui concerne les belligérants entre eux, nous n'avons pas à nous en occuper; cependant nous pouvons poser, comme règle générale, que le corsaire régulier possède tous les droits de guerre accordés aux bâtiments de l'État, sauf celui de former un blocus valable, qui est expressément réservé

---

[1] V. les articles 23 et 15 du traité de 1785, de Martens, Recueil, t. IV, p. 47.

[2] Le traité de 1799 se trouve dans le même recueil, t. V, p. 689, et celui de 1826 dans le nouveau recueil, t. VII, p. 619.

aux vaisseaux de guerre. Le corsaire peut donc nuire à l'ennemi par tous les moyens licites et directs qui sont en son pouvoir. A l'égard des peuples neutres la question est plus difficile, parce qu'elle est résolue non-seulement par les règles générales de la loi internationale, mais encore et surtout par les traités conclus par les anciens États-Unis de l'Amérique avec chacune des nations qui voulurent alors rester pacifiques ; traités qui sont loin d'être absolument semblables et qui même contiennent des dispositions, sinon complétement opposées, au moins très-différentes. Il serait impossible d'examiner ici toutes les stipulations relatives à tous les peuples, nous nous bornerons donc à parler de celles qui sont relatives au plus grand nombre et surtout de celles qui ont été consenties par la France. En cas de silence des traités spéciaux, nous rappellerons les usages généralement adoptés par les nations civilisées [1].

Au moment où éclata le différend entre les anciens États-Unis d'Amérique, le gouvernement fédéral, c'est-à-dire le gouvernement des États du Nord, était en possession de tous les bâtiments de guerre et de tous les arsenaux maritimes de l'Union ; ceux même de ces bâtiments et établissements qui se trouvaient dans les ports du Sud, étaient entre les mains des officiers du congrès qui préférèrent les anéantir, à les voir passer entre les mains des séparatistes. Ces officiers ont rempli leur devoir, nous le reconnaissons. Mais les nouveaux confédérés se trouvaient, au début de la lutte, sans aucune marine militaire, alors que leurs adversaires en possédaient une assez formidable par le nombre de ses vaisseaux et très forte par leur qualité. Ils avaient le droit d'armer en course, c'était pour eux le seul moyen de pouvoir conquérir leur indépendance ; ils ont délivré des lettres de marque à tous ceux de leurs concitoyens qui ont voulu en obtenir. Ils ont d'ailleurs exigé de leurs armateurs toutes les conditions sti-

---

[1] V. notre *Histoire du droit maritime international* et aussi notre traité *Des droits et des devoirs des nations neutres*, etc., lit. III, ch. II, sect. III. t. I, pp. 160 et ss. 2e édition.

pulées par les traités pour assurer la régularité de la guerre envers les autres nations [1]. Ils ont usé d'un droit; on ne peut les en blâmer. Il était impossible qu'il en fût autrement. La course est l'arme la plus formidable, on pourrait même dire la seule arme des nations faibles, pour résister à celles qui sont plus fortes; elle seule peut rétablir une sorte d'équilibre entre les belligérants. C'est par elle que les États-Unis eux-mêmes ont pu, en 1776, fonder leur indépendance et soutenir glorieusement la guerre contre l'Angleterre. C'est par elle qu'ils ont pu lutter contre leur ancienne métropole en 1799 et en 1815 et qu'ils ont tenu tête à la France en 1794. Les États du Nord peuvent agir de même ; ils le feront sans aucun doute, mais pour eux la chance n'est pas tout-à-fait égale. Ces derniers ont un commerce maritime beaucoup plus développé que les provinces du Sud, ils offrent beaucoup plus de chances de prises à leurs ennemis, ils doivent donc éprouver des dommages plus considérables de ce genre d'hostilités. Mais cette différence n'enlève rien au droit de leurs adversaires. Au reste, on doit remarquer que c'est justement à cause de ce défaut d'équilibre entre les forces navales des divers États, que les États-Unis ont refusé d'adhérer au principe de la convention du 16 avril 1856 sur l'abolition de la course. « Il n'est pas possible, disait Monsieur Marcy, ministre d'État, que nous renoncions à une arme aussi importante, alors que notre ennemi pourrait, avec la moitié de ses flottes, bloquer tous nos ports et employer l'autre moitié à enlever tous nos navires sur l'Océan ; tandis que nos corsaires le forceront à éparpiller ses forces pour protéger son commerce sur toutes les mers du globe et rendront ainsi la lutte plus égale [2]. » Les confédérés du Sud, en délivrant des lettres de marque, n'ont donc fait autre chose que de mettre en pratique les maximes mêmes du pouvoir fédéral.

[1] V. la proclamation du président des États confédérés du Sud. Jefferson Davis, du 17 avril 1861 (*Moniteur français* du 5 mai 1861) et l'ordonnance du congrès de Montgomery (*Journal des Débats* du 29 mai 1861).

[2] V. la dépêche de M. Marcy du 28 juillet 1856, adressée au gouvernement français.

Les États du Nord admirent ces principes, mais ils contestèrent aux provinces du Sud le pouvoir d'armer en course d'une manière régulière. Leur raisonnement à cet égard s'appuie sur deux bases principales :

1° D'après les règles du droit international, nul corsaire ne peut être considéré comme régulier s'il n'est porteur d'une commission émanée d'un pouvoir souverain et régulier lui-même ; or, les États du Sud étant dans un état flagrant de révolte contre l'autorité légitime ne pouvaient pas être considérés comme un gouvernement souverain et régulier ; ils ne pouvaient donc pas délivrer des lettres de marque légitimes.

2° Aux termes de la constitution américaine, les États de l'Union ne peuvent posséder ni troupes armées ni bâtiments de guerre ; il leur est défendu de délivrer des lettres de marque ou de représailles et de faire la guerre directement et sans l'ordre du pouvoir central auquel seul est réservé le droit d'avoir une force armée [1].

Se fondant sur cette double raison, les États du Nord déclarèrent qu'ils regarderaient et traiteraient comme pirates tous les corsaires pourvus de lettres de marque émanées de la confédération du Sud. Cette déclaration a fait quelque sensation en Europe et surtout en Angleterre, parce qu'un assez grand nombre de sujets britanniques ont l'habitude de naviguer à bord de navires américains. Elle motiva même en grande partie la proclamation de la Grande-Bretagne, dont un des buts principaux était de défendre aux Anglais de prendre du service sur les corsaires américains de l'un ou de l'autre parti.

Examinons la prétention du gouvernement de Washington et les deux motifs sur lesquels il prétend l'appuyer.

Des révoltés, ne pouvant constituer un état souverain, ne peuvent délivrer des lettres de marque valables, d'où il résultait que tous les navires armés par le Sud couraient en réalité la mer sans commission régulière, et que ceux qui les mon-

---

[1] V. l'article 1 § 10 de la constitution des États-Unis d'Amérique du 7 septembre 1787 ; de Martens, Recueil, t. IV, p. 296.

taient devaient être considérés et punis comme pirates, c'est-à-dire condamnés à mort. Cette idée n'était pas nouvelle ; elle fut de tout temps mise en avant par les souverains dont les sujets voulurent secouer le joug. C'est ainsi qu'agit l'Espagne au xvie siècle, à l'égard des Pays-Bas, lorsque ces provinces tentèrent de s'affranchir de la domination castillane. Plus tard, l'Angleterre contesta la validité des lettres de marque délivrées par Jacques II, roi détrôné de la Grande-Bretagne [1]. Les États-Unis n'ont pas oublié sans doute que dans les premiers temps de la guerre de l'indépendance, leur ancienne mère patrie voulut aussi considérer leurs armements comme irréguliers et traiter leurs corsaires comme pirates [2]. En 1793, l'Angleterre et la Russie voulurent employer la même pratique contre les armateurs français ; elles firent même les plus grandes instances pour faire adopter cette ligne de conduite par tous les autres peuples navigateurs [3]. Mais elles échouèrent notamment à Stockholm et à Copenhague. Plus récemment, lorsque les Grecs se révoltèrent contre le gouvernement ottoman, ce dernier éleva aussi la prétention de ne voir que des pirates dans les corsaires révoltés, mais les grandes puissances s'opposèrent à ce qu'il donnât aucune suite à cette idée [4].

Sauf dans le premier exemple que nous venons de citer, qui remonte à une époque très-éloignée, où l'Espagne fit effectivement exécuter quelques corsaires, toutes ces déclarations sont restées sans aucun effet ; celle du xvie siècle elle-même fut bientôt abandonnée. En droit, les belligérants, quelle que soit leur position respective, doivent traiter leurs adversaires conformément aux usages de la guerre, et par conséquent reconnaître la légitimité des armements réciproques. Mais ce qui est beaucoup plus efficace encore que le

---

[1] V. Valin, *Traité des prises*, p. 22.

[2] V. l'acte du parlement anglais. 16 Georges 3, ch. v.

[3] Les notes remises à ce sujet aux gouvernements danois et suédois par les représentants de la Russie et de l'Angleterre, ainsi que les réponses des ministres des deux premières puissances se trouvent dans le recueil de de Martens, t. V, p. 255.

[4] Cette affaire a été rappelée par lord J. Russell lui-même à la séance de la chambre des communes du 6 mai 1861.

droit, ce qui, comme le fait remarquer avec beaucoup de vérité de Martens [1], porte les belligérants à user de modération, c'est la crainte de la rétorsion. C'est en effet le moyen qu'employèrent les provinces unies des Pays-Bas contre leurs anciens maîtres; c'est celui qu'auraient employé les colonies unies en 1776, c'est certainement le parti qu'auraient pris les confédérés du Sud, si la déclaration des États-Unis avait été mise à exécution, et ces dures représailles auraient obtenu certainement le même succès.

Le second motif sur lequel le gouvernement de Washington prétendait appuyer son refus de reconnaître la légitimité des armements du Sud ne saurait soutenir la discussion. La violation du § 10, art. 1er de la constitution de 1787, défendant aux États isolés d'avoir des troupes, des bâtiments de guerre en propre, de faire la guerre, etc., etc., ne peut pas être invoquée contre les États du Sud. Cet acte avait eu pour but principal de régir l'union des divers États formant la confédération américaine; la prescription du § 10 était un des nombreux moyens employés pour assurer la paix intérieure et extérieure de la république, et pour donner la force au pouvoir central. Or, dès que l'union n'existait plus, dès que les États s'étaient séparés, la constitution ne pouvait pas continuer à exister. Il était complétement impossible d'invoquer les dispositions du pacte social alors que la société était rompue. Si l'acte fédéral avait encore sa puissance, il serait inutile de lever des armées, de répandre du sang, il suffirait d'un ordre du pouvoir exécutif ou d'une sentence des magistrats pour punir les coupables.

La proclamation du président Lincoln, en ce qui concernait le traitement qu'il voulait faire appliquer aux corsaires du Sud, était complétement contraire aux règles les plus simples du droit des gens; elle devait être considérée comme une de ces mesures comminatoires qui échappent souvent à une colère irréfléchie, mais qui ne reçoivent jamais leur exécution. S'il

---

[1] *Essai sur les armateurs, les prises*, etc., ch. II, § 11.

en était autrement, si quelques citoyens du Sud avaient été condamnés pour avoir servi loyalement leur pays, M. Lincoln aurait assumé sur sa tête une terrible responsabilité en face du monde entier; il aurait mérité, comme le disait naguère le lord chancelier d'Angleterre, le nom d'assassin [1], et pu attirer de grands malheurs sur ses propres concitoyens. Car outre les représailles que pouvaient exercer et qu'auraient exercées certainement les États du Sud, il aurait été possible que les nations civilisées se crussent autorisées à intervenir pour faire cesser de semblables massacres, et même pour châtier les hommes coupables d'une pareille conduite.

Ainsi donc, les États du Nord ne pouvaient se croire autorisés à condamner comme pirates les corsaires de la confédération du Sud; ils étaient tenus de les considérer et de les traiter comme des combattants légitimes. Mais quelle conduite devaient-ils tenir à l'égard des étrangers trouvés à bord des navires armés de leurs ennemis ?

D'après les lois internationales générales, toute nation a le droit incontestable de prendre à son service des étrangers et de les employer à combattre son ennemi. Les peuples qui désirent sincèrement remplir les devoirs de la neutralité sont, d'après la loi internationale, dans l'obligation de ne pas fournir aux belligérants des troupes ou des bâtiments armés; mais non d'empêcher leurs sujets isolés de s'enrôler dans les armées ou sur les vaisseaux de l'une des parties. Il est peu de nations en Europe qui n'ait ainsi pris à son service en temps de guerre des sujets de puissances neutres qui venaient s'enrôler dans ses troupes, sur ses bâtiments de guerre ou sur ses corsaires. L'Angleterre a eu souvent recours à ce moyen; pour son armée de terre, elle a même cherché à provoquer, chez les autres peuples, les engagements volontaires par les primes et les avantages qu'elle accordait à ses recrues. La France possède en Afrique une légion étrangère, qui, comme son nom l'indique, est composée de sujets étrangers qui ont cherché un

____
[1] V. séance de la chambre des Lords du 16 mai 1861

asile en France. Il nous serait facile de multiplier ces exemples. Les sujets neutres qui, en vertu du droit naturel, s'engagent ainsi sous la bannière de l'un des belligérants sont réellement dénationalisés, ils ont répudié leur ancienne patrie et sont devenus les sujets du souverain qu'ils servent volontairement; ils doivent donc être considérés comme des ennemis légitimes et ont droit au traitement de combattants réguliers. La France eût pu employer dans la guerre de Crimée ou dans celle d'Italie les bataillons de la légion étrangère, et pourvu que les soldats ne fussent pas d'anciens sujets de l'ennemi, ils auraient certainement obtenu de la part des Russes et des Autrichiens le même traitement que les Français. Ce que nous disons ici de l'armée de terre s'applique également à l'armée navale et aux corsaires qui, du moment où ils sont autorisés légalement, sont les auxiliaires avoués et reconnus de cette armée. Telle est la loi générale, d'après laquelle le président Lincoln serait loin d'être autorisé à traiter comme pirates les sujets étrangers trouvés à bord des corsaires de ses ennemis.

Mais les traités peuvent déroger à cette règle, et c'est justement ce qui est arrivé. Les États-Unis d'Amérique ont conclu avec la plupart des nations navigantes des conventions aux termes desquelles les parties s'engagent réciproquement à ne pas souffrir que leurs sujets sollicitent ou acceptent des commissions ou lettres de marque pour commander des corsaires ennemis de l'autre; il y a plus, le contractant engagé dans les hostilités est autorisé à traiter comme pirates tous les sujets de l'autre qui seront trouvés nantis de pareilles commissions et faisant la course pour le compte de l'ennemi. Nous appelons l'attention sur ce point important : ce ne sont pas les matelots, les officiers mariniers, ni même les officiers qui sont atteints par ces traités « qui peuvent être condamnés comme pirates; » ce sont les chefs porteurs de commissions, de lettres de marque; mais aussi il faut remarquer qu'il résulte, sinon d'une manière très-claire, du moins implicitement, de ces mêmes conventions, que la partie restée neutre doit faire tous ses efforts pour empêcher que ses sujets prennent du service sur les corsaires ennemis de l'autre ; ce fait reste, il est vrai, sans aucune sanction pénale dans les traités.

C'est dans ces termes que sont conçus les traités de 1778 [1] avec la France, et de 1794-1795 avec l'Angleterre [2]. Cette stipulation se retrouvait également dans celui de 1806, qui ne fut pas ratifié. Les actes de 1783 et de 1827 conclus pour dix années par les États-Unis avec la Suède [3] contenaient la même disposition et presque toutes les conventions récemment signées par les États de l'Union avec les autres puissances, soit européennes, soit de l'Amérique, la reproduisent.

Ici se présente une double question : les Américains ont souvent pensé devoir appliquer la pénalité portée par ces traités, non-seulement à l'individu étranger porteur de la lettre de marque et par conséquent chef, du moins apparent, du corsaire, mais encore à tous les étrangers faisant partie de l'équipage ; cette prétention peut-elle être accueillie par les puissances neutres ? D'un autre côté, ces mêmes conventions, dont la durée légale est expirée depuis longtemps, pouvaient-elles servir encore de base à la conduite des belligérants, alors que les traités subséquents n'avaient pas statué sur ce point spécial ?

La prétention américaine s'est déjà manifestée plusieurs fois sans exciter aucune réclamation. C'est ainsi qu'un sujet anglais, nommé Ambister, fut fusillé par ordre du général Jackson, pour s'être joint aux indiens Séminoles qui faisaient la guerre aux États-Unis [4]. C'est ainsi encore que plus récemment, en 1846, et pendant la guerre avec le Mexique, le pré-

---

[1] V. l'art. 25 du traité du 6 février 1778, de Martens, recueil, t. II, p. 597.

[2] V. traité du 19 novembre 1794 ratifié le 28 octobre 1795, art. 21, même recueil, t. VI, p. 337.

[3] L'article 23 du traité de 1783 est formel à cet égard, il a été expressément remis en vigueur par l'article 17 de la convention de 1827, laquelle devait rester en vigueur pendant dix ans. Ces deux actes se trouvent à leurs dates dans le recueil de de Martens.

[4] Le journal anglais le *Morning-Post*, du 25 mai, rappelle ce fait oublié depuis longtemps.

sident Polk menaçait de faire pendre tout étranger fait prisonnier à bord d'un corsaire ennemi ; et cependant la guerre de 1846 n'était pas faite contre des rebelles, elle était dirigée contre une nation souveraine et indépendante. Aussi le président de l'Union ne parlait pas de faire mettre à mort les Mexicains, mais seulement les étrangers trouvés à bord de leurs corsaires. Le chef du pouvoir américain actuel paraît avoir eu la même opinion, mais il ne l'avait pas clairement manifestée; il s'était borné à considérer les États confédérés du Sud comme des révoltés et à menacer de traiter tous leurs corsaires comme des pirates, et cependant il n'avait pas fait la même menace à leurs troupes de terre, qui étaient ou devaient être aussi coupables à ses yeux.

Les faits mêmes que nous venons de citer répondent à la seconde question; ils prouvent que les Américains croyaient pouvoir considérer, comme étant encore en vigueur, les traités depuis longtemps périmés légalement; bien que la clause dont il s'agit fût complétement en dehors des règles ordinaires, puisque ces règles voulaient que l'étranger enrôlé sous les drapeaux d'un belligérant fût considéré et traité comme sujet de ce belligérant.

La France et l'Angleterre, dans les proclamations à leurs sujets respectifs, ont-elles approuvé les prétentions des États du Nord? Nous ne le pensons pas ; mais nous devons avouer qu'elles ne les ont pas combattues, ce qui à nos yeux est déjà un fait assez grave.

La proclamation de la reine de la Grande-Bretagne annonce sa ferme volonté de maintenir une exacte neutralité entre les deux parties en guerre, et défend à ses sujets, sous peine d'encourir son vif déplaisir et d'être condamnés à certaines peines spéciales prononcées par les lois de son pays, de prendre du service sur les corsaires de l'un des deux belligérants [1]. Dans quelques-uns des cas prévus par cet acte, la peine prononcée par la législation est l'amende et la prison et dans tous les

---

[1] V. le texte officiel de cette proclamation en date du 13 mai, dans la *Gazette de Londres* du 15, il se trouve en français dans le *Journal des Débats* du 17 mai 1861.

autres c'est l'amende ou la prison. Comme dans presque toutes les lois anglaises, la quotité de la peine est laissée à l'arbitraire du juge.

Sa Majesté l'empereur des Français, dans sa déclaration, suit à peu près la même marche ; il rappelle à tous ceux qui sont soumis à son obéissance, que les lois du pays défendent, sous certaines peines déterminées, de prendre du service à l'étranger sans l'autorisation du souverain. Cette peine est, aux termes de l'art. 21 du code Napoléon, la perte de la qualité de Français ; les marins naviguant soit au commerce, soit à bord des bâtiments de l'État, sont passibles des peines prononcées contre les déserteurs à l'étranger, lorsqu'ils sont trouvés sur un navire étranger, et enfin tout Français qui, sans autorisation du chef de l'État, prend une commission d'une puissance étrangère pour commander un corsaire étranger, est considéré comme coupable d'un acte de piraterie conventionnelle et puni de la réclusion [1].

Ces deux actes n'ont pas tranché la question. Tous les deux sont postérieurs aux menaces faites par le président Lincoln de traiter comme pirates tous les corsaires du Sud, et ni l'un ni l'autre ne repoussait cette menace. La proclamation anglaise va même jusqu'à déclarer que tout sujet britannique qui enfreindra la défense faite, de prendre du service sur un corsaire américain du Nord ou du Sud, n'aura droit à aucune protection de son gouvernement, c'est-à-dire qu'il sera abandonné à la vengeance de l'offensé, qui, de son côté, avait déjà déclaré qu'il le traiterait comme un pirate. Cette proclamation, dans des termes aussi ambigus, a reçu l'assentiment des deux chambres du parlement anglais. Sans doute deux pairs, le lord chancelier entre autres, ont protesté contre cette peine rigoureuse et contre l'opinion du lord Brougham, mais en définitive la proclamation a été trouvée suffisante. Et il faut bien remarquer que le traité de 1794-1795, entre les États-Unis et la Grande-Bretagne, s'il est considéré comme étant encore en

---

[1] V. le texte de la proclamation française au *Moniteur* du 10 juin 1861.

vigueur, autorise les Américains à faire pendre, au moins, les Anglais porteurs d'une commission d'armement en course, si ce n'est tous ceux qui servent sur les corsaires.

La déclaration française n'est pas plus explicite, mais la position est différente. L'article 21 du traité de 1778 qui contenait la même stipulation a été abrogé par l'art. 2 de la convention de 1800, et les sujets de l'empereur, même ceux qui auraient accepté des lettres de marque pour commander des navires armés, ne pouvaient être jugés par les tribunaux américains. Ils n'étaient justiciables que des tribunaux et de la loi de leur pays.

Comment est-il possible, dans des circonstances aussi graves, et alors que le droit est de son côté, d'expliquer cette conduite du gouvernement anglais, toujours si porté à soutenir, très-souvent même à tort, ses sujets à l'étranger? si ce n'est pas la reconnaissance de l'existence des anciens traités, et cependant ni dans la proclamation royale, ni dans les débats du parlement, ni même dans la presse, il n'a été question de ces traités.

Nous avons pensé devoir mettre sous les yeux de nos lecteurs les éléments du débat qui peut s'élever entre les belligérants et les neutres; mais en réalité nous pensons que la menace faite par le président Lincoln ne devait pas avoir plus d'effets contre les sujets étrangers que contre les citoyens du Sud. S'il en avait été autrement, les nations européennes et l'Angleterre elle-même, malgré le silence de sa proclamation, seraient intervenu sans doute pour faire cesser une conduite atroce et contraire aux lois internationales. Les corsaires du Nord et ceux du Sud auraient été traités comme l'ont été tous les corsaires dans les guerres maritimes, c'est-à-dire comme des combattants légitimes, toutes les fois qu'ils se seraient renfermés dans les moyens de guerre approuvés par les usages des peuples civilisés.

La presse européenne a annoncé plusieurs fois que le président Lincoln était dans l'intention d'adopter complétement tous les principes de la déclaration du 16 avril 1856 et par conséquent d'abolir la course : on a même dit que déjà il avait exécuté cette idée. Il nous semble qu'il dut y avoir erreur, ou que du moins cette nouvelle était prématurée. Aux termes de la section 2 §. 2 de la constitution des États-Unis, le président a le droit de faire les traités, avec l'autorisation du sénat et l'approbation des deux tiers ou moins des sénateurs présents. Or, on ne saurait nier que l'adhésion à donner à un acte destiné à lier la république envers toutes les puissances maritimes, à la priver de l'arme principale par elle employée dans toutes les guerres contre les nations européennes, fût, dans le sens de la constitution, un traité de la plus haute importance. Le sénat devait donc être consulté et accorder son autorisation à la majorité des deux tiers des membres présents; sans quoi l'engagement du président était nul de plein droit et ne pouvait obliger l'Union. Il ne nous paraît pas que cette formalité essentielle ait été remplie, nous pensons même qu'elle était impossible à remplir.

C'est en effet une très-grave erreur de penser, comme on l'a dit, que le refus d'abolir la course ait été le résultat de l'influence des États du Sud. Ce refus a été formulé par M. Marcy, alors ministre d'État de la république, il suffit de lire sa dépêche pour se convaincre qu'il est le résultat de la politique de tous les États et surtout de ceux du Nord [1]. Que dit en effet le réprésentant de la république au nom du président? Voici le résumé de ses arguments : La course est le seul moyen pour les nations faibles de se défendre contre celles qui sont plus fortes ; les États-Unis, à cause même de leur constitution républicaine, ne peuvent entretenir ni grandes armées permanentes, ni nombreuses flottes, qui, outre les immenses dépenses qu'elles entraînent, sont toujours un péril pour la liberté. Tandis que les nations européennes ont des armées navales considérables, la république ne possède que le nombre des bâtiments de guerre strictement indispensable

[1] V. la dépêche de M. Marcy au gouvernement français, en réponse à l'invitation faite par ce dernier au cabinet américain d'adhérer à la déclaration du 16 avril 1856. Cette dépêche en date du 28 juillet 1856 se trouve dans la *Presse* du 20 août 1856.

pour la protection de ses sujets. Et cependant elle a une marine marchande très-considérable, qui, en temps de guerre, ne serait pas suffisamment défendue par des armements réguliers; il lui est donc impossible de renoncer aux armements en course, car ils sont la seule arme qu'elle puisse employer contre les ennemis. Si elle consentait à ce sacrifice, la moitié des forces de son ennemi suffirait pour bloquer les ports où se trouvent ses bâtiments de guerre, tandis que l'autre moitié anéantirait son commerce et sa marine commerciale.

Les États-Unis ne pouvaient donc se priver de la seule arme que permette leur état politique, d'une arme qui leur a toujours suffi pour se défendre contre les nations les plus puissantes et qui leur suffira toujours. M. Marcy aurait pu ajouter que ce mode d'action est employé par les États-Unis même dans les guerres terrestres. En effet, l'armée régulière américaine existe à peine, mais dès que la guerre éclate le gouvernement lève les milices et appelle à lui les volontaires qui se hâtent d'accourir sous ses drapeaux. Or ces milices, ces volontaires surtout, avec leurs chefs élus, que sont-ils, sinon les corsaires de l'armée de terre?

Ces raisonnements n'appartiennent certainement pas plus aux États du Sud, qu'à ceux du Nord; et ces derniers ne sont pas disposés, plus que les autres, à renoncer à un mode de guerre qui est en même temps nécessité par la forme de leur constitution politique, favorable à une sage économie, et surtout très-populaire dans tous les États de l'Union. Il nous paraît donc très-douteux, nous dirons même impossible, que le président Lincoln ait jamais eu la pensée de jeter loin de lui l'arme unique de son pays, une arme dont ses concitoyens ont toujours su tirer un parti aussi avantageux que brillant. Il nous paraît impossible surtout que le sénat eût consenti à sanctionner un pareil abandon [1].

D'ailleurs quel intérêt pourrait avoir le président des États du Nord à faire acte d'adhésion à l'abolition de la course dans

[1] Nous reviendrons ci-après sur la valeur de l'adhésion donnée par M. Marcy aux autres principes de la déclaration du 16 avril 1856.

les circonstances actuelles? La guerre était déclarée, elle existait avec une puissance qui avait le droit d'armer des corsaires et qui usait de ce droit ; la déclaration de M. Lincoln ne pouvait avoir aucune influence sur les ennemis, elle ne pouvait pas empêcher leurs armateurs de courir sus aux navires marchands et de les enlever. Il se trouverait donc dans la nécessité, lui aussi, de délivrer des lettres de marque pour résister à celles du Sud. La reconnaissance de l'abolition de la course, comme principe de droit international, faite en ce moment, n'aurait donc eu réellement aucune espèce de valeur.

La course maritime, autorisée par les deux belligérants, soulevait une question qu'il est indispensable de signaler à l'attention des gouvernements. Elle pouvait se résumer, comme l'une des précédentes et comme presque toutes celles qui vont suivre, dans celle de savoir si les traités anciens conclus par les États-Unis avec la France, l'Angleterre, la Suède et toutes les autres nations, ont conservé une force obligatoire pour toutes les parties contractantes, comme semblait le penser le gouvernement du président Lincoln.

La question que nous avons à examiner est relative au droit d'asile. L'asile ne doit pas être confondu avec le refuge. Il consiste à accueillir dans les ports les bâtiments qui se présentent, même volontairement, pour y entrer, à leur permettre de s'approvisionner de tous les objets dont ils peuvent avoir besoin, en un mot à leur accorder non-seulement ce que réclame l'humanité, mais encore tout ce qui constitue les relations de bienveillance et d'amitié. Le refuge est beaucoup plus restreint, il se borne à recevoir, le plus souvent dans les rades extérieures, les bâtiments en danger imminent, à leur accorder justement ce qui leur est indispensable pour regagner le port le plus voisin de leur pays. Ces navires sont renvoyés dès que le péril a disparu. C'est le strict accomplissement du devoir d'humanité. Le droit d'asile appartient exclusivement au neutre propriétaire du port où les bâtiments belligérants désirent être admis. Il peut donc être accordé ou refusé, suivant la volonté, l'intérêt, le caprice du souverain ; pourvu qu'il agisse de la même manière envers les deux parties en guerre, il ne peut être considéré comme coupable d'injure envers les nations exclues de ses ports. L'histoire a conservé plusieurs exemples de peuples neutres qui ont constamment refusé l'asile aux corsaires et aux prises. Cette conduite fut adoptée notamment par le Portugal pendant les guerres de la révolution française.

La plupart des nations, pour assurer l'asile à leurs bâtiments de guerre, ont inséré dans leurs conventions des stipulations spéciales pour exiger, comme une chose due, ce qui naturellement n'est que le résultat du bon vouloir du peuple neutre, et c'est justement ce qui est arrivé dans le cas qui nous occupe.

Presque toutes les conventions intervenues entre les puissances européennes et la république américaine contiennent une clause spéciale aux termes de laquelle, lorsque l'un des contractants est en guerre et l'autre reste neutre, les bâtiments de guerre, les corsaires du belligérant et les prises par eux faites, doivent être admis dans les ports du neutre et y jouir de tous les avantages de l'asile. On ajoute même que les bâtiments, corsaires et prises de l'autre partie en guerre ne pourront être reçus dans ces mêmes ports et n'obtiendront que le refuge en cas de danger. Cette double disposition se trouve dans les traités de 1783, confirmés et renouvelés pour dix ans en 1827, avec la Suède [1], de 1794-1795 avec l'Angleterre [2], et aussi dans celui de 1778 avec la France, mais ce dernier a été modifié par la convention de 1800, qui sur ce point est beaucoup moins explicite [3]. Nous avons déjà

---

[1] V. ce traité, art. 19, de Martens, Recueil, tome III, p. 575.

[2] V. même recueil, tome VI, p. 379, l'art. 29 porte : « Il sera permis aux vaisseaux de guerre et bâtiments armés en course appartenant auxdites parties respectives de conduire partout où il leur plaira les vaisseaux et effets pris sur leurs ennemis..... On n'accordera aucun asile ni assistance dans les ports des deux parties contractantes aux corsaires qui auront fait des prises sur les sujets ou citoyens de l'une ou de l'autre... . »

[3] Le traité de 1778 (art 17 contient la même stipulation que celui cité dans la

plusieurs fois montré que cette clause était contraire aux devoirs des neutres et aussi à la loi primitive et signalé les dangers qu'elle peut faire courir aux peuples qui l'ont consentie [1]. Nous ne reviendrons pas sur cette question, mais il est utile d'examiner si ces anciens traités devaient être exécutés et comment ils devaient l'être, pendant la guerre de la sécession, ce qui présente quelques difficultés : les deux belligérants ayant également été parties dans les traités dont il s'agit et chacun d'eux pouvant également réclamer l'asile pour ses corsaires et pour ses prises, et exiger l'exclusion des bâtiments et prises de son adversaire.

L'Angleterre trancha la question par une dépêche officielle en date du 1er juin, adressée aux autorités maritimes et aux gouverneurs des colonies, qui décidait qu'il était interdit aux bâtiments de guerre et aux corsaires des deux parties d'amener leurs prises dans les ports, havres, rades et eaux du Royaume-Uni ou des colonies et possessions de Sa Majesté britannique [2]. La France, de son côté, dans la déclaration du 10 juin, se fondant sur l'article 14 de l'ordonnance de la marine du mois d'août 1681, défendit à tout bâtiment de guerre ou corsaire de l'un ou de l'autre des belligérants d'entrer et de séjourner avec des prises dans les ports ou rades français plus de vingt-quatre heures, hors le cas de relâche forcée [3].

---

note précédente, mais celui de 1800 (art. 2) porte : Les ministres plénipotentiaires des deux parties n'ayant pu s'entendre relativement au traité d'alliance du 6 février 1778..... les parties négocieront ultérieurement dans un temps convenable et, jusqu'à ce qu'elles se soient accordées sur ces points, lesdits traités et conventions n'auront pas d'effet et les relations des deux nations seront réglées ainsi qu'il suit : « L'article 6 dit que les vaisseaux des deux nations et leurs corsaires, ainsi que leurs prises, seront traités dans les ports respectifs comme ceux de la nation la plus favorisée..... » Enfin l'art. 24 règle la conduite qui devra être tenue envers ces vaisseaux, ces corsaires et leurs prises lorsqu'ils seront admis dans les ports.

[1] V. notre traité *Des droits et des devoirs des nations neutres en temps de guerre maritime*, tit. VI, ch. II, sect. II, tome I, p. 379 (2e édit.)

[2] Cette dépêche a été communiquée et commentée à la chambre des communes d'Angleterre, par le ministre des affaires étrangères lord J. Russell dans la séance du 4 juin (V. *Journal des Débats* du 6 juin 1861).

[3] L'ordonnance du mois d'août 1684, liv. III, tit. IX, des prises, art. 14 est ainsi conçue : « Aucuns vaisseaux pris par capitaines ayant commission étrangère ne

Les deux actes étaient-ils conformes aux traités existants avec les États de l'Union américaine, traités dont les deux belligérants ont également le droit de réclamer l'exécution complète, si on les considère comme encore existants? Nous nous bornerons à examiner cette question en ce qui concerne l'Angleterre et la France. La solution d'ailleurs sera facilement appliquée à toutes les autres nations.

En ce qui concerne l'Angleterre, la question nous paraît assez simple. Le traité de 1794-1795 doit-il être considéré comme étant encore en vigueur? L'article 28 dit positivement que les dix premiers articles seront permanents, mais que les autres seront revisés dans l'espace de douze années; ils n'ont pas été revisés, ils sont donc périmés. Mais ils n'ont été remplacés par aucune autre stipulation, et il est de jurisprudence reconnue par les nations et même par l'Angleterre, ainsi que nous l'établirons en parlant de la contrebande, que dans ce cas les anciens traités doivent régler les rapports des deux contractants. La convention de 1795 (art. 25) stipule expressément que les vaisseaux de guerre et bâtiments armés en course seront reçus avec leurs prises dans les ports de celui des deux contractants qui sera resté neutre; et de plus que les bâtiments d'État, corsaires et prises appartenant à l'ennemi, ne seront jamais admis à jouir de l'asile. Il nous paraît assez difficile de concilier cette disposition expresse avec la dépêche de lord J. Russell, que nous venons d'analyser, à moins de violer l'usage établi et de considérer les anciens traités comme absolument sans valeur. Mais dans ce cas, quelle sera la base de la décision à prendre? Les intérêts du neutre sont nécessairement différents de ceux du belligérant, souvent même ils sont opposés. La difficulté pourrait devenir grave. Heureusement, dans le cas dont il s'agit, ni l'un ni l'autre des peuples engagés dans les hostilités n'étaient en état de résister au bon plaisir de la Grande-Bretagne.

La position de la France n'est pas complétement la même.

pourront demeurer plus de vingt-quatre heures dans nos ports et havres s'ils n'y sont retenus par la tempête ou si la prise n'a été faite sur nos ennemis. »

Comme la proclamation anglaise, mais d'une manière plus formelle encore, la déclaration du 10 juin n'exclut des ports français que les bâtiments de guerre et les corsaires avec des prises, et par conséquent les admet toutes les fois qu'ils n'ont pas avec eux des navires capturés, et, même dans cette position d'exclusion, elle leur accorde un séjour de vingt-quatre heures hors les cas de relâche forcée, cas dans lesquels ils peuvent rester tout le temps nécessité par les circonstances qui les ont contraints à chercher un refuge. Le traité de 1778 contenait les mêmes stipulations que celui dont nous venons de parler [1]. Mais la guerre de 1798 annula ce traité et celui de 1800 refusa de le remettre en vigueur ; la clause dont il s'agit fut remplacée par une disposition portant que les vaisseaux, les corsaires et leurs prises seraient traités comme ceux des nations les plus favorisées, et que lorsqu'ils seraient reçus ils ne seraient soumis ni à la juridiction territoriale, ni au paiement d'aucuns droits spéciaux. Toute la question est donc de savoir si la France est liée aujourd'hui avec une nation autre que les États-Unis par un traité qui l'oblige à recevoir ses corsaires et leurs prises. Or, nous ne croyons pas qu'il existe un traité de cette nature avec l'Espagne, et tous ceux qui pouvaient exister avec d'autres nations de l'ancien ou du nouveau monde, ont été virtuellement abrogés par l'adhésion donnée par ces nations à la déclaration du 16 avril 1856 prononçant l'abolition de la course. La déclaration française a donc pu parfaitement faire, aux prises faites par les Américains sur leurs ennemis, l'application de sa propre loi intérieure. Le second paragraphe de la déclaration française, qui interdit la vente en France d'aucun objet provenant des prises, se trouve également justifié par les motifs que nous venons d'exposer.

Rien jusqu'ici n'a fait connaître la conduite que comptaient tenir les autres puissances liées avec les États-Unis par des traités anciens, sur cette grave question du droit d'asile.

---

[1] V. le texte de ces traités dans l'une des notes précédentes.

Quant à celles dont les traités étaient encore en vigueur, il ne pouvait y avoir aucun doute, elles devaient appliquer ces conventions aux deux belligérants, avec la plus parfaite impartialité, car tous les deux ont été parties dans ces actes. Ce fait démontrera une fois de plus le danger de ces stipulations inégales auxquelles les peuples consentent trop souvent, sans se rendre compte des conséquences qu'elles doivent entraîner, et dont la plus favorable est de les laisser sans exécution et par conséquent de mécontenter les deux parties.

§ 2. — Blocus.

La guerre d'Amérique souleva de nouveau toutes les questions relatives au blocus maritime[1]. Sans rentrer dans l'énoncé des règles qui régissent le blocus, nous croyons devoir rappeler sommairement les principes pour en faire l'application aux circonstances nouvelles dans lesquelles les nations maritimes se trouvèrent placées par la guerre d'Amérique.

Le blocus n'est autre chose que la conquête faite par un belligérant d'une partie du territoire de son adversaire, entourant une place dont il veut s'emparer, ou même qu'il désire priver de toute communication avec l'extérieur. Sur mer c'est la conquête de la mer territoriale, et souvent même d'une partie de la mer commune contiguë aux eaux privées, devant et autour du port bloqué.

Comme toute conquête, le blocus est un acte légitime de guerre lorsqu'il est formé par un pouvoir souverain et pendant une guerre régulière. Une conquête ne peut exister sans une occupation complète, réelle et continue; le blocus doit donc être complet, réel et continu, il doit de plus être fait de manière à ce que les eaux conquises et les abords du port soient soumis au sceptre de l'attaquant. Ainsi formé, ainsi

---

[1] V. notre traité *Des droits et des devoirs des nations neutres*, etc., etc., tit. IX, tome II, p. 189, 2ᵉ édit. Notre *Histoire des origines, des progrès et des variations du droit maritime international*; et un article inséré dans le journal le *Droit* du 21 mars 1861.

maintenu, il donne à celui qui le fait le pouvoir souverain sur la partie de la mer occupée, et par conséquent le droit d'en interdire l'entrée à tous les étrangers. Mais ce droit ne dure que pendant l'occupation : *Jus illud tantum acquiritur occupanti, quatenus occupat* [1]. Dès qu'elle cesse par quelque cause que ce soit, le blocus cesse également; l'entrée du port ainsi abandonné, devient libre pour tous sans exception.

Le blocus régulièrement formé, régulièrement maintenu impose à tous les peuples étrangers le devoir d'obéir au souverain local, c'est-à-dire à celui qui a fait la conquête, et par-conséquent de reconnaître et de respecter les lois par lui promulguées. Ces lois défendent de traverser son territoire et prononcent certaines peines contre ceux qui les violent (la confiscation du navire et de la cargaison). Les individus qui tentent de transgresser ces ordres sont donc passibles de cette peine, s'ils sont saisis sur le territoire de l'offensé. Ce dernier peut même employer la force contre les coupables, couler ou détruire leurs bâtiments. Un souverain neutre, qui veut remplir ses devoirs, ne peut couvrir de sa protection ceux de ses sujets qui ont violé un blocus régulier; il doit les abandonner à la juste vengeance de la nation qu'ils sont allés braver jusque sur son propre territoire.

Depuis plus d'un siècle tous les peuples, un seul excepté, le peuple anglais, ont reconnu ces principes fondamentaux du droit de blocus, et notamment la nécessité de la réalité de l'investissement, par la présence continue sur les lieux mêmes des bâtiments chargés de le former [2]. Les États-Unis d'Amérique, depuis leur origine, ont toujours formellement stipulé que le blocus devait être effectif. Tous leurs traités avec toutes les puissances maritimes contiennent une clause spéciale sur ce point. Elle se trouve même dans la convention de 1794-

---

[1] V. Cocceïus, Commentaire du *Mare liberum* de Grotius, cap. v.

[2] V. pour l'énumération de ces traités notre *Histoire du droit international maritime*. Il suffira de citer ici les traités de 1780, qui réunirent tous les peuples neutres et auxquels adhérèrent les belligérants excepté l'Angleterre, qui cependant jugea prudent de respecter les principes.

1795 avec la Grande-Bretagne [1]. C'est le seul traité de cette nature que l'Angleterre ait contracté jusqu'en 1856. A cette dernière époque, elle consentit à se rallier aux règles reconnues par tous les autres peuples, et par conséquent à renoncer aux blocus fictifs dont elle avait fait si souvent un odieux abus. La déclaration du 16 avril 1856, signée par sept puissances européennes, proclame que pour être obligatoires les blocus doivent être effectifs. Ces termes sont trop généraux, il est vrai, mais le principe est proclamé. Tous les peuples maritimes et notamment les États-Unis d'Amérique, ou plutôt le président de la république, ont adhéré à ce principe fondamental du droit des gens. Nous ne pouvons attacher aucune importance à l'adhésion donnée par le président de l'Union, parce qu'elle est nulle, ce haut fonctionnaire n'ayant pas le droit de conclure des traités sans le concours du sénat ; nous le signalons seulement parce que, dans le cas dont il s'agit, la déclaration étant conforme à tous les engagements légalement pris par les États-Unis, bien qu'elle n'ait rien ajouté à ces engagements, elle manifeste cependant la pensée du pouvoir exécutif de la république.

Le blocus pour être obligatoire doit donc être réel, c'est-à-dire formé par des bâtiments de guerre arrêtés et assez proches, pour assurer à leur nation la souveraineté des eaux environnantes, et par conséquent pour rendre l'entrée du port impossible, sans passer sous le feu de leur artillerie. De ce principe il résulte que les notifications diplomatiques et autres, de quelque autorité qu'elles émanent, n'ont aucune valeur intrinsèque, et ne peuvent empêcher un navire marchand neutre de se rendre à l'entrée du port déclaré bloqué, pour vérifier par lui-même si l'investissement existe. Si, à son arrivée, il ne trouve pas les bâtiments belligérants maintenant la conquête, par quelle cause qu'ils aient été éloignés, l'entrée est libre, elle ne peut être fermée par la feuille de papier sur laquelle fut écrite la notification ; il peut donc achever son

---

[1] V. l'art. 18, § 3 de ce traité, De Martens, Rec., t. VI, p. 371.

voyage. Il n'a violé aucun blocus, il est parfaitement innocent et ne saurait être recherché pour ce fait. Si, au contraire, le neutre trouve les eaux environnant le port occupées par des bâtiments gardant la conquête faite par leur souverain, il est tenu de se retirer et de ne pas se présenter une seconde fois pendant le même voyage pour tenter l'entrée. Mais la vérification par lui faite est parfaitement licite; les bâtiments attaquants ne peuvent ni l'arrêter, ni l'inquiéter. La coutume française, qui, sur ce point, est la plus conforme à la loi internationale et qui devrait être adoptée par toutes les nations, veut qu'un officier de l'un des bâtiments bloquants se rende à bord du neutre, et inscrive sur ses papiers de bord une notification du blocus, afin qu'il ne puisse à l'avenir prétexter cause d'ignorance. C'est ce que nous avons appelé la notification spéciale [1]. Le navire ainsi averti, qui pendant le cours du même voyage se présenterait à l'entrée du port bloqué une seconde fois, serait coupable de violation de blocus et soumis à la confiscation avec toute sa cargaison, de quelque nature qu'elle soit et à quelque personne qu'elle appartienne.

Tous les peuples n'ont pas encore adopté le mode de procéder français en ce qui concerne la notification spéciale. Les États-Unis notamment n'ont encore pris aucun engagement de cette nature, mais toutes les nations et les Américains eux-mêmes ont reconnu, de la manière la plus formelle, le respect dû au navire qui se présente une première fois devant un port bloqué. Il doit être détourné et laissé libre d'aller où bon lui semble, même dans un port appartenant à la puissance propriétaire du lieu investi, pourvu que ce lieu ne soit pas bloqué lui-même.

Ces principes posés, examinons les actes accomplis pendant la durée de la guerre d'Amérique :

---

[1] V. notamment les traités conclus par la France avec le Brésil le 31 août 1828, et depuis avec divers états de l'Amérique méridionale. V. surtout les instructions données par M. Molé, alors ministre des affaires étrangères en 1838, à l'occasion du blocus des ports mexicains, et notre traité *Des droits et des devoirs des nations neutres*, etc., tome II, p. 227.

Les États du Nord annoncent l'intention de bloquer tous les ports des séparatistes, c'est-à-dire une étendue de côtes très-considérable, tant sur l'Océan Atlantique que sur la mer des Antilles. Une première proclamation (19 avril 1861) du président Lincoln ordonnait de former le blocus de tout le littoral de la Caroline du sud, de la Géorgie, de la Floride, de l'Alabama, de la Louisiane et du Texas. Une seconde proclamation (27 avril 1861) joignait à ces côtes celles de la Virginie et de la Caroline du nord. Ces actes, très-officiels sans doute, n'étaient autre chose que des ordres donnés par le chef du pouvoir exécutif aux officiers commandant les bâtiments de guerre de l'Union du Nord; ils n'avaient aucune portée diplomatique, aucune valeur à l'égard des peuples neutres. Ils ne pouvaient ni équivaloir aux blocus de fait, ni même faire remonter l'ouverture des investissements d'un seul jour, d'une seule heure au delà du moment où ils avaient été effectués réellement. D'ailleurs, et comme l'a fait remarquer, avec grande raison, lord Derby, toute la marine fédérale réunie aurait été bien loin de suffire pour accomplir la menace faite par le président des États-Unis, pour bloquer effectivement l'étendue des côtes comprise dans les deux proclamations. Dès le 27 mars, et avant même que M. Lincoln eût rendu publics les ordres qu'il donnait aux chefs de ses vaisseaux, lord Lyons, le ministre de l'Angleterre à Washington, notifiait au président que le gouvernement britannique ne reconnaîtrait les blocus des ports du Sud, qu'autant qu'ils seraient complets et effectifs [1]. Cette déclaration qui, a-t-on dit, avait été faite également par la France, protestait à l'avance contre toute tentative d'établir des blocus fictifs [2], et assurait ainsi l'exé-

---

[1] V. la dépêche télégraphique publiée à Londres le 17 mars 1861, reproduite par le *Journal des Débats* du 19 mars.

[2] V. sur ce point important la réponse de lord Granville à l'interpellation de lord Ellenborough (séance de la chambre des Lords du 16 mai 1861); on y trouve cette phrase : ...... « Je ne crois pas non plus que le traité de Paris ait rien stipulé de nouveau au sujet des blocus effectifs, la seule différence, c'est que les blocus non effectifs, les blocus sur le papier ne sont pas reconnus. Il faut, pour qu'un blocus soit reconnu, qu'il soit notifié de bonne forme et qu'il se trouve sur les lieux une

cution de tous les traités conclus jusque-là par les États-Unis d'Amérique. Il était donc impossible que le gouvernement de Washington ne se soumît pas à la juste prétention de la Grande-Bretagne. On arrivait ainsi, mais par d'autres moyens, à assurer, en ce qui concerne le blocus, l'exécution de la déclaration du 16 avril 1856.

On pouvait donc, on devait même espérer que les Américains se conformeraient exactement aux traités par eux conclus et aux règles du droit international maritime, que par conséquent tous les blocus seraient réels et effectifs ; il semblait d'ailleurs, ce qui donnait aux neutres une garantie complète, que la France et l'Angleterre étaient disposées à contester toute opération de blocus qui ne serait pas sérieuse. Cependant cet espoir fut encore une fois déçu et les blocus fictifs ou par croisière furent substitués aux investissements réels tels que les ont déterminés les actes internationaux, signés par les Américains eux-mêmes. Ce fait, outre l'influence funeste qu'il exerça sur le commerce neutre pendant la guerre, eut une immense gravité pour l'avenir. C'était la première fois que les peuples navigateurs avaient occasion de faire l'application du principe de la réalité du blocus tel qu'il est posé dans la déclaration du 16 avril 1856. L'interprétation que reçut ce principe, non-seulement de la part des États-Unis, mais encore et surtout de la part de la France et de l'Angleterre, neutres, pour la première fois depuis un siècle, dans une guerre maritime, peut devenir un précédent que l'on cherchera à convertir en une jurisprudence générale et à poser comme règle de conduite pour l'avenir. Il est donc de la plus haute importance d'examiner avec soin la marche qui a été suivie par les belligérants et surtout celle adoptée par l'Angleterre. Nous ne parlons que de cette puissance, parce que les actes du gouvernement français, s'il en a fait quelques-uns, nous sont inconnus. Nous pensons que, dans cette question, il a suivi l'exemple de son alliée ; la déclaration

force suffisante pour empêcher les bâtiments d'entrer au port ou d'en sortir. » (V. *Journal des Débats* du 21 mai).

du 10 juin l'indique assez clairement, mais elle ne fait pas mention du blocus.

Le ministre des affaires étrangères d'Angleterre a déposé sur le bureau de la chambre des communes la correspondance officielle et diplomatique relative aux affaires d'Amérique [1]. De l'analyse de ces pièces faite par lord J. Russell lui-même, il résulte que, depuis les proclamations faites par le président des États-Unis des 19 et 27 avril 1861 pour annoncer son intention de bloquer toutes les côtes et ports des États confédérés du Sud (proclamations que le ministre anglais appelle des notifications), le représentant de l'Angleterre à Washington demanda une notification officielle. Le secrétaire d'État américain lui répondit que de telles notifications n'étaient pas en usage et que chaque commandant de la marine ferait connaître les blocus qu'il établirait.

En effet, le chef d'escadre, Prendergast, notifia l'établissement du blocus de tous les ports de la Caroline du sud et de la Virginie en déclarant qu'il était en position de les maintenir. La règle adoptée par les États-Unis fut donc que la notification devait être faite par le commandant de l'escadre ou du vaisseau qui formait l'investissement [2]; de plus, ils accordaient quinze jours aux navires neutres de commerce pour quitter, avec ou sans cargaison, les ports bloqués, pendant ce délai ils étaient libres de continuer leur voyage. En terminant cette analyse, lord J. Russell ajoutait : « Tant que les États-Unis, en *instituant* et en formant des blocus agiront conformément au droit des gens, notre devoir sera de nous renfermer dans une stricte neutralité et de nous soumettre à la loi internationale. »

Ainsi donc l'Angleterre, sans autre examen, reconnaît comme réel et effectif le blocus *institué* par le chef de l'escadre américain. Ce mot seul nous paraît une violation de

---

[1] V. la séance de la chambre des communes du 27 mai 1861, et l'exposé fait par lord J. Russell.

[2] Cette marche paraît également avoir été adoptée par l'Angleterre et par la France pendant la guerre contre la Russie (1854 à 1856) et dans la guerre de Chine.

tous les textes internationaux ; on n'institue pas un fait matériel comme un investissement, une conquête, parce que ce
fait existe par lui-même et indépendamment de toute institu-
tion et que toutes les notifications du monde ne sauraient pas
le faire exister s'il n'existe pas. Mais ce blocus était-il possible? Les côtes de la Caroline du sud et de la Virginie présentent un développement de 100 lieues marines à peu près,
elles contiennent un grand nombre de havres, de ports secondaires et plusieurs ports importants ; pour opérer le blocus
réel et effectif de ces côtes, pour le maintenir, ainsi que le dit
la déclaration du 16 avril, par une force suffisante pour interdire réellement l'accès du littoral ennemi, il fallait une force
navale considérable. En calculant la lieue marine à 5,556 mètres (3 milles à la lieue, et 1852 mètres au mille), et en
admettant que la portée du canon, même du canon Armstrong,
soit égale à 5,556 mètres, il fallait cent bâtiments de guerre
pour faire le blocus réel des rivages des deux États. Or, il est
bien constant que M. Prendergast n'a jamais eu sous ses
ordres plus de cinq ou six bâtiments ; en admettant même
qu'il en ait eu dix, il était hors d'état de former le blocus, que
cependant il affirmait : être en position de maintenir. Étant
hors d'état de le former réellement, il l'instituait par sa notification. C'est ainsi que l'on a prétendu que le port de Charlestown était investi par un seul bâtiment.

Ce blocus n'avait donc rien de réel, c'était un blocus fictif
et probablement la variété de ce blocus appelé par nous le
blocus par croisière [1]. Pour l'établir sur une côte de quelque
étendue qu'elle soit, il suffit d'un petit nombre de bâtiments
dont la force importe peu, un seul même peut faire l'affaire.
On fait une notification, puis on envoie les ou le bâtiment se
promener au large du littoral protégé par l'acte en question,
et on saisit, on confisque tous les navires neutres qui sont
rencontrés se dirigeant vers les points fermés, souvent même
on arrête en pleine mer, et à quelque distance que ce soit du

---

[1] V. sur ce point notre traité *Des droits et des devoirs des nations neutres*, etc.,
tit. IX, ch. v, sect. III, tome II, p. 262, 2ᵉ édit.

port attaqué par la notification, tous les bâtiments qui font route pour ce port; c'était le système anglais de blocus fictif durant les guerres des XVIIe, XVIIIe, et même du commencement du XIXe siècle.

Mais ce blocus par croisière, ou comme on pourrait l'appeler, d'après lord J. Russell : ce blocus institué, n'est pas un blocus réel, tel qu'il est reconnu par tous les traités consentis, souvent même imposés par les États-Unis; ce n'est pas le blocus des traités de 1780, formé par des bâtiments arrêtés et suffisamment proches pour qu'il soit impossible d'y entrer sans s'exposer au feu de l'artillerie des bâtiments attaquants; ce n'est pas même le blocus de la déclaration du 16 avril 1856 : effectif, c'est-à-dire maintenu par une force suffisante pour interdire réellement l'accès du littoral ennemi. C'est un blocus fictif, sur papier; c'est un blocus que tous les peuples neutres doivent refuser de reconnaître. Et cependant il semble que tous les peuples, notamment la Grande-Bretagne, aujourd'hui puissance neutre, ont admis cette manière d'agir des États du Nord. Le ministre des affaires étrangères a déclaré que les États-Unis agissaient conformément à leurs droits en instituant et en formant des blocus, et que le devoir des pacifiques était de se soumettre à la loi internationale.

Comment se fait-il donc que l'Angleterre, aujourd'hui puissance neutre, consente à reconnaître un investissement de cette nature [1]? Ne serait-ce pas que cette nation qui a toujours, et depuis plusieurs siècles, su tirer une part si avantageuse, pour elle, des blocus sur papier; qui a si souvent et si odieusement abusé de ce moyen, contraire à toutes les lois divines et humaines, pour ruiner les neutres, — n'est pas fâchée de se réserver cette immense ressource pour le moment, qu'elle prévoit toujours, où elle sera belligérante? La manœuvre se-

[1] V. dans le *Moniteur* du 31 mai la séance de la chambre des communes du 29 mai. Lord J. Russell reconnaît positivement cette notification et termine ainsi : « Tant que les États-Unis en instituant et en maintenant des blocus agiront conformément au droit des gens, notre devoir sera d'observer une stricte neutralité et de nous soumettre à la loi internationale. »

rait habile. Elle consisterait à laisser les États-Unis interpréter dans ce sens tous les traités existants, à accepter cette interprétation, à l'appliquer même à la déclaration du 16 avril 1856 ; pour pouvoir se dire parfaitement fondée à suivre cette même jurisprudence, lorsque la Grande-Bretagne sera elle-même engagée dans les hostilités.

Un fait qui peut ne pas frapper tous les yeux, mais qui est fort important cependant, vient confirmer notre interprétation. D'après lord J. Russell lui-même, le chef d'escadre américain Prendergast notifie le blocus d'une côte très-étendue, contenant des havres et des ports nombreux ; non pas comme existant réellement, mais comme pouvant exister ; parce qu'il affirme que : « il est en position de le maintenir. » C'est son seul argument.

Cette manière d'agir n'est pas nouvelle. En 1806, au moment où l'Angleterre déclarait bloquées toutes les côtes de la France et de ses colonies, toutes les côtes des alliées de la France et de leurs colonies, et beaucoup d'autres encore, et où elle se mettait peu en peine d'envoyer un seul bâtiment pour rendre l'investissement effectif, les États-Unis se plaignirent vivement et réclamèrent l'exécution consciencieuse de l'article 18 § 3 du traité de 1794-1795. L'envoyé de la Grande-Bretagne, M. Forster, leur répondit : « que M. Fox, alors secrétaire d'État, n'avait notifié les blocus en question qu'après s'être convaincu, d'après un rapport des lords de l'amirauté, que l'amirauté avait *les moyens* de garder les côtes déclarées bloquées et qu'elle avait *l'intention* de mettre réellement ces blocus à exécution ; que par conséquent les blocus de 1806 étaient justes et légitimes, puisqu'ils étaient appuyés, tant dans l'intention que dans le fait, par des forces suffisantes... » Il est évident que la notification de M. Prendergast, en 1861, est absolument la reproduction de la justification de M. Fox en 1806, et sans examiner la vérité de l'assertion relative aux forces nécessaires pour former réellement les blocus annoncés dans les deux circonstances, il nous est permis de faire remarquer que, dans toutes les deux, il s'agit de substituer la volonté, l'intention et la puissance de faire, au fait lui-même. Que dans toutes les deux on veut employer le même moyen pour arriver au même but, pour violer les traités les plus solennels, pour faire des blocus fictifs.

Cette notification de l'officier commandant les forces américaines contenait, d'après le ministre de Sa Majesté britannique, une prétention que nous devons également signaler. Il y était dit que les navires neutres, entrés dans les lieux bloqués avant l'investissement, auraient quinze jours pour sortir avec ou sans chargement, et que, passé ce délai, ils ne pourront plus quitter les ports fermés. Cette prétention était complétement nouvelle, jamais elle n'a été formulée par aucun belligérant. Tous les traités qui se sont occupés de cette matière, sans aucune exception, et notamment tous ceux dans lesquels les États-Unis ont été partie contractante, sont unanimes sur ce point; tous veulent que le navire neutre, entré dans un port belligérant « avant qu'il fut assiégé, bloqué ou investi par l'autre, ne puisse être empêché de sortir avec sa cargaison. » Ce sont les termes mêmes de l'article 12 de la convention de 1800 avec la France [1]. Il n'y a aucun délai stipulé, c'est pendant tout le temps du blocus que le neutre peut librement quitter le port où il se trouvait avant l'attaque. Cette clause se retrouve dans tous les autres traités et même, quoique un peu moins explicite, dans celui de 1794-1795 avec l'Angleterre [2]. Il est possible que dans les guerres de 1806 la Grande-Bretagne ait ainsi interprété le traité, mais nous l'ignorons, nous n'avons jamais vu une seule pièce officielle qui ait fait mention de cette circonstance.

Dans l'état actuel de la jurisprudence internationale et d'après les derniers traités signés par les États-Unis, le navire

[1] V. ce traité dans le recueil de de Martens, tome VII, p. 189.

[2] L'article 18 § 3 se termine ainsi : « Aucun navire, non plus que les marchandises qu'il porte, appartenant à l'une des parties contractantes, qui serait entré dans un tel port ou une telle place avant qu'elle ne fût assiégée, bloquée ou investie par l'autre, et qui y serait trouvé après la prise ou la reddition volontaire de la place, ne sera sujet à la confiscation, mais on rendra le vaisseau et la cargaison aux armateurs et propriétaires » V. même recueil, t. VI, p. 371.

neutre entré dans un port belligérant avant le blocus peut toujours en sortir avec les marchandises qui étaient déjà chargées avant le commencement de l'attaque ou sur lest et aller où bon lui semble. Quant aux objets mis à bord depuis l'investissement ils ne peuvent sortir du port, et si un navire tente de partir avec une cargaison de cette nature, le chef du blocus, qui doit toujours être présent sur les lieux, lui ordonne de rentrer et de les mettre à terre ; en cas de refus ou de seconde tentative de sortir avec le chargement illicite, il y a violation de blocus, le navire et la cargaison sont soumis à la confiscation [1].

Il y a bien loin de cette loi obligatoire pour les États-Unis envers tous ceux avec lesquels ils l'ont consentie, et ce délai de quinze jours accordé aux navires neutres pour quitter les lieux où ils sont entrés avant le blocus. Peut-être cette partie de la notification de Prendergast ne doit-elle être appliqué qu'aux navires anglais ?

Nous croyons comprendre parfaitement les raisons qui portaient l'Angleterre à accepter sans aucune protestation toutes les violations des traités commises par les Américains du Nord en matière de blocus. Mais que devait faire la France ? Cette puissance n'avait promulgué aucun acte officiel qui pût faire connaître ses intentions sur cette importante question. Elle pouvait choisir entre deux partis opposés ; réclamer des deux belligérants l'exact accomplissement des conventions existantes et notamment de celle de 1800 [2].

La France dans ce cas ne reconnaissait pour valables que les blocus formés par des bâtiments arrêtés et suffisamment proches pour qu'il y eût réellement péril à tenter l'entrée ; elle exigeait que tout navire marchand portant son pavillon pût, sans être saisi ni autrement inquiété, se présenter une pre-

---

[1] V. notamment le traité entre les États-Unis et le Brésil du 12 décembre 1828, art. 19, celui avec le Chili du 16 mai 1832, art. 17, rapportés tous deux dans le recueil de de Martens et de Cussy, t. IV, p. 188 et 343.

[2] V. la convention du 30 septembre 1800 entre la France et les États-Unis, de Martens recueil, t. VII, p. 484.

mière fois devant le lieu investi pour vérifier par lui-même l'existence réelle du blocus. En vertu de l'article 6 du traité de 1800, qui lui assure le traitement de la nation la plus favorisée [1], elle demandait et eût obtenu que la notification spéciale fût faite à chaque bâtiment français comme elle était faite aux Chiliens, aux Mexicains, etc., etc. Elle aurait exigé que les Français entrés dans un port non encore attaqué, pussent sortir librement et à toute époque de ce port sur lest ou avec les marchandises mises à bord avant l'investissement. Toutes ces demandes étaient conformes au droit international, toutes étaient fondées sur les traités, et toutes avaient été accordées par nous aux États-Unis dans les guerres que nous avons faites et notamment à l'occasion des blocus formés contre les ports du Mexique et de la rivière de la Plata.

D'un autre côté cette puissance pouvait se contenter de suivre l'exemple de son alliée et reconnaître, sinon officiellement et par des actes exprès, des blocus qui n'existaient pas; donner à une notification, à un morceau de papier, le pouvoir d'un fait de guerre, et mettre la croisière d'un aviso au lieu et place de la conquête positive et continue d'une mer territoriale.

La France, nous osons l'espérer, n'a pas renié sa politique séculaire, ni oublié qu'elle a lutté pendant bien longtemps pour établir ce droit maritime que l'on cherchait à anéantir, non pas il est vrai par des actes patents et ouvertement proclamés, mais par des interprétations perfides, par des menées habilement cachées. Alors, sans doute, comme toujours, elle a réclamé hautement l'exacte et complète exécution des traités de la part des belligérants ; elle est restée ce qu'elle a toujours été, le plus ferme appui des nations secondaires de l'Europe et de l'Amérique, qui n'ont pas assez de force pour exiger des

---

[1] Ce traité, ayant été conclu pour un temps indéterminé et n'ayant été ni remplacé par un autre, ni dénoncé par l'une des parties, doit être considéré comme encore en vigueur. L'article 6 se termine ainsi : ..... « et en général les deux parties jouiront dans les ports l'une de l'autre, par rapport au commerce et à la navigation, des priviléges de la nation la plus favorisée. »

États-Unis la saine interprétation des conventions par eux conclues, mais qui se grouperont avec reconnaissance autour de la puissance protectrice du droit. C'est le seul moyen de donner à la déclaration de Paris du 16 avril 1856 sa véritable portée et d'empêcher pour l'avenir le retour des abus dont le droit de blocus a été si souvent le prétexte et l'occasion [1].

§ 3. — Contrebande de guerre.

L'un des devoirs essentiels imposés, par la loi internationale, aux peuples qui veulent rester neutres, c'est-à-dire spectateurs paisibles de la guerre survenue entre d'autres nations, est de s'abstenir de tout immixtion directe ou indirecte aux actes hostiles. Or il est évident que le fait de fournir, de quelque manière que ce soit, à l'une des parties ou à toutes les deux, des armes, des munitions ou d'autres objets indispensables et spécialement destinés à faire la guerre, est une immixtion directe aux hostilités. De ce devoir, reconnu et admis par tous les peuples, est résultée la défense faite à tous les neutres de fournir aux belligérants, ou à l'un d'eux, les objets de cette nature spéciale. Le transport par mer des denrées de cette espèce par un neutre, chez une des parties en guerre, est désigné sous le nom de commerce de contrebande

[1] Une correspondance de Londres rapportée par le *Moniteur* du 13 août 1861, prête au président Lincoln le projet de déclarer : que tous les ports occupés par les rebelles cessent d'être des ports, c'est-à-dire sans doute que ces ports sont désormais fermés à tout commerce national ou étranger. Sans donner à cette nouvelle non officielle une importance que peut-être elle n'a pas, nous ferons remarquer qu'une pareille déclaration n'est autre chose qu'un blocus fictif de nouvelle invention; qu'elle ne saurait être mise à exécution par les États-Unis sans violer tous les principes internationaux et toutes les conventions conclues par l'union américaine, et enfin qu'aucune puissance maritime ne saurait reconnaître un mode aussi étrange de bloquer une côte ennemie. On doit espérer que le cabinet de Washington finira par comprendre que les États du Sud ne sont plus ses sujets et que ces décrets n'ont de valeur ni dans les territoires de la confédération du Sud, ni par conséquent chez les nations étrangères; et que par conséquent il renoncera à toutes les mesures violentes et inexécutables qui exaspèrent les esprits et nuisent beaucoup plus à ceux qui les prennent qu'à leurs ennemis.

de guerre [1]. Cependant, d'un autre côté, les peuples pacifiques, en vertu de leur indépendance naturelle, restent maîtres absolus de continuer leurs relations commerciales et autres avec les deux belligérants. Il y a donc pour les neutres un commerce permis et un commerce prohibé; ce fait est incontestable, il résulte de la nature même des choses et par conséquent du droit primitif, et tous les actes du droit secondaire l'ont consacré. La règle générale est la liberté du commerce pacifique, l'exception est la prohibition; nulle nation n'a cherché à le contester. La seule difficulté est de déterminer les limites du négoce licite et du commerce illicite.

Quels sont les objets de contrebande de guerre? Si nous consultons l'ensemble, nous dirons même la presque unanimité des traités internationaux, en remontant à plus de deux siècles, nous trouvons la nomenclature complète des choses prohibées [2]. Ce sont les armes, munitions et instruments essentiellement propres à la guerre. Quelques actes, et les plus importants, énumèrent non-seulement les objets dont le commerce est défendu, mais encore donnent une liste énonciative des denrées et matières qui, par leur nature, auraient pu soulever quelques difficultés, et les déclarent libres ainsi que toutes celles qui ne sont pas expressément rangées dans la contrebande. Les traités d'Utrecht qui, depuis cent cinquante ans, servent de base au droit européen, sont de ce nombre [3]. Ils

---

[1] Sur l'origine de la contrebande de guerre voyez notre *Histoire des origines, des progrès et des variations du droit maritime international*, tit. I, p. 68.

[2] L'un des plus anciens traités qui en aient donné la nomenclature est celui des Pyrénées (7 novembre 1659), l'art. 12 est ainsi conçu : En ce genre de marchandises de contrebande, s'entend seulement être comprises toutes sortes d'armes à feu et autres assortiments d'icelles : comme canons, mousquets, mortiers, pétards, bombes, grenades, saucisses, cercles poissés, affûts, fourchettes, bandolières, poudre, mèche, salpêtre, balles, piques, espées, morions, casques, cuirasses, hallebardes, javelots, chevaux, selles de cheval, fourreaux de pistolets, baudriers et autres assortiments servant à la guerre. L'article 13 déclare libres toutes les autres denrées, même tout ce qui appartient à la nourriture et substentation de la vie (V. Dumont, *Corps diplomatique*, tome VI, 2e partie, p. 264).

[3] L'article 19 du traité d'Utrecht avec l'Angleterre reproduit la nomenclature du traité des Pyrénées et l'article 20 déclare objets d'un libre commerce toutes les au-

furent signés par la France, la Hollande, l'Espagne et l'Angleterre. Depuis, presque tous les actes solennels internationaux ont reproduit les mêmes stipulations. Les États-Unis n'ont pas conclu un seul traité où la contrebande de guerre ne soit définie ; les derniers surtout sont d'une clarté, d'une précision remarquable, ils terminent l'énumération du prohibé par cette phrase : « ..... Enfin toute espèce d'armes ou d'instruments en fer, acier, bronze, cuivre ou autre matière quelconque, manufacturés, préparés et fabriqués expressément pour faire la guerre sur terre et sur mer [1]. »

Pendant ce même espace de deux siècles il a été conclu quelques traités faciles à énumérer, car il n'y en a que dix qui ont beaucoup élargi le cercle de la contrebande [2]. Ils ont fait entrer, en général, les vivres, l'or et l'argent monnayé ou en barres, les métaux et tous les matériaux propres à la construction, à l'équipement et au radoub des bâtiments de mer, qui sont désignés sous le nom de munitions navales. Il existe même deux de ces dix traités, qui laissent au belligérant le pouvoir de désigner lui-même, suivant les circonstances de la guerre ou son propre caprice, les objets dont il défend le commerce entre le neutre et son adversaire. C'est la contrebande de circonstance ou *ad libitum*. Le premier de ces actes est celui de 1794-1795 entre les États-Unis d'Amérique et l'Angleterre [3] ; le second est celui qui fut imposé en 1803 par la

tres denrées ou marchandises quelconques et notamment les métaux précieux monnayés ou non, les substances alimentaires de toute espèce, tous les tissus sans exception, les métaux ordinaires, le charbon et toutes les matières propres à la construction, au radoub et à l'armement des vaisseaux (V. Dumont, t. VIII, partie I).

[1] V. notamment le traité du 13 novembre 1836 entre les États-Unis et le Pérou ; Murrhard, continuateur du recueil de de Martens, tome 1. p. 379.

[2] Pour l'énumération et l'examen de ces traités voyez notre ouvrage *Des droits et des devoirs des nations neutres*, etc. etc., tit. VIII, t. II. p. 90, 2e édit.

[3] L'article 18 § 2 de ce traité porte : « Et comme la difficulté de déterminer les cas précis dans lesquels seulement les provisions de bouche et les autres articles qui ne sont pas généralement réputés contrebande peuvent néanmoins passer pour en être les parties ont été engagées à prendre des mesures contre les inconvénients et malentendus qui peuvent en résulter ; il est en outre convenu que, toutes les fois qu'aucun article de ce genre dénommé ainsi contrebande, suivant les lois existantes des nations, sera saisi pour cette raison, cet article ne sera néanmoins pas confisqué,

Grande-Bretagne à la Suède, comme interprétation d'un ancien traité de 1661, qui depuis longtemps était oublié et même remplacé par d'autres, qui par conséquent n'avait plus aucune espèce de valeur.

Il existe quelques traités, un très-petit nombre (six), qui au contraire ont cherché à restreindre la prohibition, ou même à l'abolir complétement[1]. Ces actes ne sauraient nuire en rien à la jurisprudence internationale. Le plus récent est celui qui fut conclu par les États-Unis eux-mêmes avec la Prusse en 1785 et renouvelé en 1799, tous les autres remontent au dix-septième siècle. Le traité de 1785 ne fait pas disparaître complétement la contrebande de guerre, il l'étend même aux provisions de toute espèce, et par conséquent aux blés, farines, vins et autres vivres, mais il modifie les conséquences du fait en n'accordant au belligérant que le simple droit de rétention, et moyennant un dédommagement complet pour le navire neutre, ou celui de préemption à juste prix. Il repousse par conséquent la confiscation, qui est la peine ordinairement prononcée contre les coupables de contrebande. Très-récemment, le gouvernement de l'Union américaine a émis le vœu que la contrebande de guerre fût complétement abolie par tous les peuples navigateurs[2].

La déclaration de Paris, du 16 avril 1856, ne fait aucune mention de cette importante matière.

Ainsi donc, d'après la jurisprudence internationale, d'accord sur ce point avec la loi primitive, la prohibition du commerce connu sous le nom de contrebande de guerre est limitée d'une manière absolue aux armes, munitions et instruments de guerre, exclusivement destinés à la guerre, ne pouvant

mais qu'on indemnisera promptement et complétement..... » (V. de Martens, Recueil, tome VI, p. 371).

[1] Pour l'énumération et l'appréciation de ces actes voyez notre ouvrage ci-dessus cité.

[2] V. la dépêche de M. Marcy, ministre des affaires étrangères de l'Union américaine, du 28 juillet 1856, et la lettre de M. Buchanan, président de la république, aux négociants de New-York. Cette lettre a été insérée en entier dans le numéro du 28 avril 1860 du journal hebdomadaire anglais, « the Economist. »

avoir aucune autre destination et propres à être employés à cet usage sans subir aucune transformation par l'industrie de l'homme.

Il est important de constater que le traité anglo-américain de 1794-1795 est le seul dans lequel les États-Unis n'aient pas défini la contrebande de guerre, et qu'il admet la contrebande par accident ou *ad libitum*.

La guerre qui a existé entre les États de l'ancienne Union soulevait donc une grave question. Quelle règle pouvaient suivre les belligérants? Ils devraient prendre l'un des trois partis suivants : 1° Adopter à l'égard de toutes les nations la politique qui résulte de la jurisprudence générale, la restriction de la prohibition aux armes, instruments et munitions de guerre; 2° élever la prétention de soumettre tous les neutres au traité le plus favorable à leur position, c'est-à-dire à celui de 1794-1795, et par conséquent conserver la faculté de fixer eux-mêmes la liste du prohibé; 3° enfin exiger de chaque nation l'exécution des stipulations spéciales par elle consenties.

La première solution aurait été, sans aucun doute, la plus conforme aux saines doctrines, la plus juste ; elle aurait d'ailleurs eu l'avantage immense d'appliquer à tous les peuples neutres une mesure uniforme, consacrée par la plupart des traités signés par les États-Unis, traités qui étaient alors obligatoires pour les deux belligérants, qui formaient un seul État lorsqu'ils furent signés. Nous ne saurions trop applaudir à une décision de cette nature, et nous n'avons pas hésité à engager les parties à la proclamer.

Le second parti ne pouvait être légitimement appliqué qu'à la Grande-Bretagne, parce que seule elle avait signé le traité de 1795, et qu'elle était la seule puissance qui eût soutenu ce système. Toutes les autres nations, et notamment la France, auraient refusé certainement de se soumettre à une semblable exigence et de reconnaître un principe contraire à leur politique constante.

D'après les faits et d'après le silence gardé pendant toute la durée de la guerre, nous croyons pouvoir conclure que les belligérants étaient dans l'intention d'adopter la troisième solution. Nous devons convenir qu'elle ne violait aucune des règles de l'équité, et qu'elle était conforme aux précédents. Rien n'était plus juste, en effet, que d'appliquer à chacun les engagements pris par lui-même, et de rappeler au besoin les traités anciens, même alors qu'ils étaient périmés, pour régler la question présente, pourvu cependant que ces actes n'aient pas été formellement annulés par d'autres plus récents. C'est ce qui a déjà été pratiqué plusieurs fois.

Nous voyons, en 1780, l'Angleterre exiger du Danemark qu'il considère comme contrebande de guerre les objets désignés dans un traité qui remontait à plus d'un siècle (1670), après toutefois avoir forcé son faible adversaire à accepter une interprétation qui rangeait dans le prohibé les munitions navales, dont il n'était nullement question en 1670. La même puissance agit de la même manière en 1803, elle força la Suède à régler sa conduite sur le traité de 1661, augmenté de la contrebande par accident. Les nations neutres elles-mêmes, lorsqu'elles ont pu faire entendre leur voix, ce qui ne s'est présenté que bien rarement, ont adopté cette manière d'agir. En 1780 toutes les puissances neutres coalisées pour la défense de leurs droits déclarèrent que la contrebande de guerre serait fixée, à l'égard de chacun des belligérants, par les traités existant entre lui et chaque peuple pacifique [1]. A cette occasion le Danemark qui à peine un mois auparavant, et lorsqu'il était isolé, avait subi la loi de l'Angleterre ainsi que nous venons de le dire, révoqua la convention de 1780, et proclama le traité de 1670 comme devant seul régler son commerce avec les nations en guerre. En 1804 [2], la Suède suivit la même marche, elle se hâta de rompre la convention qui lui avait été imposée par la force, et fixa la liste de la contrebande de guerre d'après le traité de 1661, appliquant

---

[1] V. tous les traités de 1780 constitutifs de la neutralité armée, de Martens, Recueil.

[2] V. l'ordonnance suédoise concernant la navigation pendant la guerre, du 21 janvier 1804.

ainsi un traité depuis longtemps périmé, mais qui, sur ce point, n'avait été remplacé par aucun autre.

Cette solution de la question aurait donc été en même temps juste et conforme aux précédents; il est probable qu'elle eût été acceptée par tous les peuples, sauf un seul, le peuple anglais, qui se serait trouvé plus maltraité que tous les autres. En effet dans tous les traités par eux consentis, les États-Unis ont toujours admis la limitation de la contrebande aux armes, instruments et munitions de guerre, il n'existe qu'une seule exception, c'est la convention de 1794-1795 avec la Grande-Bretagne. L'adoption de la marche que nous venons de tracer aurait donc pour résultat de soumettre cette puissance à la prohibition de presque tous les commerces qu'elle veut faire avec les deux partis américains. Ainsi, pendant que la France et les autres nations auraient joui d'une liberté commerciale dont les armes, munitions et instruments de guerre seraient seuls exceptés, les Anglais auraient dû s'abstenir, sous peine de confiscation, de faire le commerce non-seulement de ces armes, munitions et instruments de guerre, mais encore, et sous la même peine, celui des munitions navales [1], des bâtiments construits et armés. Il y a plus, ils seraient exposés à voir ranger dans la classe de marchandises défendues, les provisions de bouche et tous les autres articles qui ne sont pas généralement réputés contrebande, et par conséquent la houille, les machines de toutes sortes, le coton, tous les métaux, et notamment l'or et l'argent monnayés ou en barres, dont l'échange entre la Grande-Bretagne et les États-Unis du nord a pris un si grand développement depuis quelque temps. Cette nation se serait trouvée ainsi soumise à la contrebande par accident. Les denrées et objets de cette seconde catégorie n'auraient pas, il est vrai, été confiscables, mais ils auraient été soumis au droit de préemption du belligérant capteur. Ce résultat aurait été au reste conforme aux usages de l'Angleterre, qui, dans

---

[1] V. ci-dessus dans l'une des notes précédentes le texte du § 3 art. 18 du traité de 1794 à 1795.

toutes les guerres par elles soutenues, a toujours et malgré les traités appliqué, le système par elle imposé aux États américains dans le traité dont on aurait fait alors l'application; système dont récemment encore, à l'occasion de la guerre avec la Chine, elle a rappelé l'existence [1].

Nous sommes convaincu que le gouvernement anglais ne souffrirait pas un pareil traitement, il résisterait à l'exécution d'un traité dicté par lui-même aux peuples aujourd'hui engagés dans les hostilités. Mais, s'il en est ainsi, ne pourra-t-on pas dire avec raison que ce gouvernement abandonne les prétentions qu'il a si longtemps soutenues et dont il a fait un si terrible usage contre les neutres lorsqu'il était belligérant, et que par conséquent il renonce pour l'avenir à l'extension de la liste du prohibé et à la contrebande par accident?

La proclamation faite le 13 mai 1861 par la reine semblerait donner raison à cette prévision. Elle paraîtrait restreindre la liste des objets dont le commerce est défendu, dans ses limites les plus étroites. Cependant elle est loin d'être très-explicite, elle reste dans le vague ordinaire aux actes de la chancellerie anglaise [2], se bornant à défendre aux sujets de Sa Majesté de faire le transport des officiers, soldats, dépêches, armes, munitions, matériel de guerre ou de tout autre article considéré comme contrebande de guerre par la loi *et les usages des nations modernes.* Le traité spécial entre les États-Unis et l'Angleterre est complétement passé sous silence.

---

[1] V. la proclamation de Sa Majesté la reine d'Angleterre publiée le 27 juin 1860 à l'occasion de la guerre avec la Chine. Elle permet même aux sujets anglais le commerce avec l'ennemi, sauf les articles ou choses qui pourront être déclarés par la reine comme étant contrebande de guerre (*Moniteur français* du 29 juin 1860).

[2] Les Anglais eux-mêmes reconnaissent le vague de ce document. Dans la séance de la chambre des Lords du 16 mai 1861, lord Ellenborough a cru devoir demander au président du conseil l'interprétation de certains passages et notamment de ces expressions beaucoup trop vagues « contrebande de guerre. » Lord Derby ne se sent pas disposé à faire des objections contre la proclamation, sous prétexte qu'elle est conçue en termes vagues, sachant combien il est difficile de rédiger un tel document (*Moniteur* du 21 mai 1861). Le noble lord eût pu ajouter : « surtout lorsqu'on ne veut prendre aucun engagement pour l'avenir. »

La déclaration française du 10 juin 1861 ne dit pas un seul mot de la contrebande, il nous paraît qu'il n'avait pas besoin de s'en occuper. Le gouvernement de l'Empereur, nous en sommes convaincus, était décidé à exécuter les traités conclus par la France avec la plupart des peuples navigateurs et notamment avec les États-Unis, et à tenir à ce que les belligérants les exécutassent également. Ces traités renferment la contrebande de guerre dans ses justes limites, ils sont conformes à nos lois intérieures [1], lois connues de tous les Français, il était donc inutile de les rappeler dans l'acte du 10 juin.

Cette dernière observation s'applique également à toutes les nations maritimes qui ont adopté, pour la fixation de la contrebande, les règles, aujourd'hui bien connues, de la loi internationale.

§ 4. — Propriétés ennemies sur navires neutres, et propriétés neutres sur navires ennemis.

Cette double question est une des plus importantes du droit maritime, elle est assez connue pour qu'il soit inutile d'en retracer l'histoire. Dans tous les temps, tous les peuples du monde ont reconnu qu'un belligérant n'a pas le droit d'entrer sur le territoire d'une nation neutre, pour y chercher et saisir les propriétés appartenant à son ennemi. Mais ce principe si simple n'était pas appliqué sur l'Océan. Le *Consulat de la mer* consacrait cette maxime que la marchandise appartenant à un ennemi était confiscable, lors même qu'elle était trouvée à bord d'un navire ami. Depuis le commencement du XVIIe siècle, toutes les nations ont reconnu que l'on devait agir sur l'Océan de la même manière qu'à terre ; et que par conséquent la propriété ennemie chargée sur un navire ami ne pourrait pas être soumise à la confiscation. Toutes sans exception ont proclamé, dans les traités du moins, que le pavillon neutre couvrait tout ce qui était chargé sur le na-

---

[1] V. l'art. 11, tit. IX, livre III de l'ordonnance du mois d'août 1681.

vire, quel que fut le propriétaire. Malheureusement, pendant
longtemps cette vérité, écrite et reconnue par tous, fut
complétement méconnue dans la pratique [1]. Dès que la
guerre éclatait entre les puissances de premier ordre, les
belligérants retournaient aux maximes féroces du moyen âge ;
le *Consulat de la mer* l'emportait sur les traités les plus
solennels et les plus récents. Cependant depuis plus d'un
siècle cette stipulation a été généralement respectée par
toutes les nations maritimes. L'Angleterre seule résista longtemps et persista à rechercher sur les navires neutres et à
confisquer la propriété de ses adversaires. Jusqu'en 1815 elle
fit l'application de ce système. Depuis, et jusqu'en 1854, elle
refusa toujours de conclure aucun traité sur ce point important. A cette dernière époque et à l'occasion de la guerre contre la Russie, elle adopta la politique de la France, son alliée,
mais d'une manière transitoire et seulement pour la durée de
la guerre [2].

Cette politique était peu libérale, il est vrai, mais elle était
très-habile. En effet, les navires neutres ne présentaient aucune sécurité aux propriétés des belligérants ; elle empêchait
les sujets anglais, dont les navires d'ailleurs étaient parfaitement protégés, de recourir aux peuples neutres pour faire
transporter leurs marchandises, et, par conséquent elle
mettait obstacle à ce que les marines pacifiques pussent
faire le commerce de transport ou d'économie pour les peuples en guerre.

La France, au contraire, et toutes les autres nations ont depuis longtemps conclu un grand nombre de traités basés
sur le principe que le navire libre rend libre tout ce qu'il
porte. Les États-Unis notamment ont proclamé ce principe

---

[1] V. les ordonnances françaises de 1681, 1704 et 1744 et tous les ordres du conseil britannique rendus pendant les guerres de la succession d'Espagne, de 1744,
1754, 1780, 1793, 1801, etc.

[2] V. la proclamation de la reine d'Angleterre au début des hostilités contre la
Russie le 29 mars 1854 et la discussion qui eut lieu le 14 juillet 1857, discours de
lord J. Russell.

dans tous les actes diplomatiques par eux consentis, excepté dans le fameux traité de 1794-1795, dans lequel il est formellement stipulé que la propriété ennemie est confiscable à bord du navire neutre [1].

En 1856 la déclaration du 16 avril rangea parmi les règles fondamentales du droit maritime européen, ou plutôt universel, que le pavillon neutre couvrait la cargaison entière et cette déclaration a été signée par l'Angleterre elle-même. Il y a donc aujourd'hui unanimité complète sur ce point; tous les peuples reconnaissent que le navire libre rend libre toute la cargaison. Il semble par conséquent qu'il ne peut s'élever aucune difficulté sur cette question, et, en effet, il ne peut surgir aucun débat entre les États-Unis, ou les confédérés du sud, et les autres nations, l'Angleterre exceptée. Mais avec cette dernière puissance la question se trouve compliquée par le traité de 1794-1795. Les navires français, espagnols, suédois et autres peuvent librement faire le transport des marchandises des États du Nord et de la confédération du Sud, sans même être propriétaires de ces denrées; les traités leur donnent ce droit, et assurent que ces propriétés ennemies ne peuvent pas être saisies à bord. A l'égard de l'Angleterre, les belligérants sont en droit de réclamer, en vertu du traité de 1795, le pouvoir de confisquer toute propriété ennemie trouvée sous le pavillon britannique. D'où il résulte que les navires de cette dernière nation ne peuvent prendre aucun chargement pour compte des habitants du Nord ou du Sud, sans s'exposer à voir ces marchandises saisies et confisquées.

Quelques personnes ont, il est vrai, dit et écrit que les États-Unis avaient dès 1856 adhéré aux principes de la déclaration du 16 avril, excepté à celui qui prononçait l'abolition de la course, d'où elles ont conclu que les belligérants actuels ont admis, même à l'égard de l'Angleterre, que le pavillon couvre la cargaison. Nous avons déjà démontré que c'est une

---

[1] V. l'article 17 de ce traité. De Martens, Recueil, t. VI, p. 369.

erreur. Les États-Unis n'ont adhéré à aucune des parties de la déclaration du congrès de Paris ; du moins aucun acte contenant cette adhésion n'a été rendu public. Un ministre des affaires étrangères américain, M. Marcy, dans une dépêche adressée au ministre des affaires étrangères français déclare au nom du président de l'Union, que, tout en repoussant conditionnellement le premier principe de la déclaration de Paris (l'abolition de la course), il adhère aux trois autres principes. Mais cette adhésion n'a aucune valeur diplomatique. D'abord elle eût dû être notifiée officiellement non-seulement à la France, mais à toutes les nations signataires de la convention et notamment à l'Angleterre, ce qui n'a pas été fait. Puis, aux termes de la constitution américaine, le président de la république, le chef du pouvoir exécutif n'a pas le droit de conclure seul un traité avec les puissances étrangères [1] ; pour faire un acte de cette nature il est dans la nécessité non-seulement de consulter le sénat, mais d'obtenir dans cette assemblée une majorité déterminée et beaucoup supérieure à la majorité ordinaire. Sans aucun doute, à l'égard des nations avec lesquelles les États-Unis avaient des traités proclamant que le pavillon couvre la cargaison, le président de l'Union pouvait déclarer qu'il adhérait à ce second principe de la déclaration, parce qu'il ne prenait aucun engagement nouveau au nom de son pays, son adhésion était un acte de pure courtoisie et sans aucune valeur diplomatique. Mais à l'égard de l'Angleterre, il n'en était pas de même, il n'avait pas de pouvoirs suffisants pour modifier le dernier traité, ou, en admettant qu'il fût périmé, pour en conclure un nouveau. D'ailleurs ce ne fut pas même au gouvernement britannique que la dépêche fut adressée. Ce dernier ne reçut aucune communication de cette nature. M. Marcy n'avait voulu faire autre chose que répondre à l'invitation faite par la France aux

---

[1] Voici les termes de la section II, art. 2, de la constitution américaine du 17 september 1787 : « He (the president) shall have power, by and with advice and consent of the senat, to make treaties, provided two thirds of the senators present concure. » **De Martens** recueil, tome IV, p. 299.

États-Unis de se joindre aux autres puissances maritimes signataires de la déclaration du 16 avril. Au reste le cabinet de Washington connaissait lui-même parfaitement la portée de sa dépêche ; à peine en possession du pouvoir, le président Buchanan prescrivit à son envoyé à Paris, de ne plus s'occuper des propositions faites par la dépêche du ministre de son prédécesseur. On peut donc dire avec raion que jamais les États-Unis n'ont adhéré à aucun des principes proclamés le 16 avril, et qu'ils restent, à l'égard de toutes les puissances, dans la position qui leur est faite par les traités antérieurs.

En fait, nous doutons que les États belligérants pussent être tentés de faire exécuter rigoureusement les conventions existantes au risque de s'aliéner la bienveillance des peuples européens et surtout de l'Angleterre, qui est la seule intéressée dans la question et qui, à raison de son immense commerce maritime, est aussi celle qui aurait eu le plus à souffrir de la non-exécution du principe : *le navire couvre la cargaison*. Il nous paraît donc problable qu'ils devront chercher tous deux à se concilier un peuple dont les forces maritimes sont si considérables, et consentir à reconnaître à son égard les règles que depuis longtemps ils ont adoptées avec les autres puissances et notamment avec la France. Mais s'il en avait été ainsi, le fait aurait une très-haute importance pour tous les peuples navigateurs, car il paraît impossible de penser que la Grande-Bretagne refuse d'exécuter, lorsqu'elle sera belligérante, un principe dont elle aurait réclamé l'application alors qu'elle était neutre.

La question relative aux propriétés neutres chargées sur les navires ennemis est plus difficile à résoudre. Depuis que les peuples modernes ont commencé à reconnaître l'iniquité de la maxime du *Consulat de la mer*, qui déclarait la propriété ennemie confiscable sur le navire ami, c'est-à-dire depuis le commencement du xviie siècle, ils ont pris l'habitude de ne considérer que le pavillon. Ainsi d'un côté le pavillon libre rendait libre tout ce qu'il couvrait, mais de l'autre le pavillon ennemi rendait confiscable tout ce qui était sous sa protection. Ils se sont habitués à regarder comme inséparables, comme corollaires l'un de l'autre, ces deux principes : navires amis, marchandises amies; navires ennemis, marchandises ennemies. En conséquence, ils confisquent les propriétés neutres trouvées à bord des navires ennemis. Tous les traités qui ont reconnu le privilége du bâtiment neutre, ont, comme conséquence absolue, déclaré que la propriété neutre chargée sur le navire ennemi était soumise à la confiscation; tandis qu'au contraire tous les actes qui déclaraient la marchandise ennemie confiscable sur bâtiment neutre, stipulaient la liberté de la propriété neutre trouvée à bord de l'ennemi. Cette règle n'a souffert d'exception que dans quelques conventions conclues avec le gouvernement turc et notamment dans celle de 1604 avec la France, qui déclare également libre la propriété ennemie sur le navire neutre et la propriété neutre sur le navire ennemi. L'idée de l'indivisibilité des deux principes était tellement enracinée chez tous les peuples, que plusieurs actes modernes, émanés notamment des États-Unis, prévoyant le cas où l'un des belligérants ne reconnaîtrait pas l'inviolabilité du navire neutre, ont stipulé que lorsque le pavillon ami ne couvrirait pas la cargaison ennemie, les propriétés neutres, chargées sur navires ennemis, seraient restituées à leur propriétaire. Tous les traités conclus par les États-Unis avec les puissances de l'Europe ou de l'Amérique ont consacré cette jurisprudence, à l'exception cependant de celui de 1794-1795.

Ce système nous a toujours paru contraire à toutes les règles de la justice et aux principes de la loi internationale; nous avons soutenu, avec toute l'énergie de la conviction la plus profonde, que l'on pouvait, que l'on devait allier le respect dû au pavillon neutre avec le respect également dû à la propriété de ce neutre [1]. La déclaration du 16 avril 1856 a

---

[1] V. notre traité *Des droits et des devoirs des nations neutres en temps de guerre maritime*, tit. X, ch. III, t. III, p. 383 (première édition 1849), et aussi notre *Histoire des origines, des progrès et des variations du droit maritime international*.

fait triompher ces principes équitables. Après avoir proclamé la maxime : le pavillon neutre couvre la propriété ennemie, elle ajoute celle-ci : la propriété neutre n'est pas confisquée sous le pavillon ennemi.

Le traité anglo-américain de 1794-1795 veut que la marchandise ennemie soit confisquée sur les navires neutres; il garde un silence complet sur le sort de la marchandise neutre trouvée à bord du navire ennemi. Mais il nous paraît que ce silence doit être interprété dans le sens de l'usage anglais, qui est de restituer aux propriétaires les marchandises neutres trouvées à bord des navires ennemis.

Quelle devait donc être la conduite des belligérants américains à l'égard des propriétés neutres trouvées sur les navires ennemis? Ainsi que nous l'avons expliqué, ils n'ont pas adhéré à la déclaration du 16 avril 1856, ils ne sont pas liés par elle; ils n'ont donc, vis-à-vis des autres peuples, d'autres obligations que celles qui résultent des traités par eux conclus. Ainsi toute propriété anglaise trouvée à bord d'un ennemi devra être restituée à son propriétaire. Mais si la propriété ainsi prise appartient à un Français, ou à tout autre sujet neutre, elle sera confisquée. Ce résultat peut paraître bizarre, mais il est positif. Nous aimons à penser que les présidents des deux républiques demanderaient aux pouvoirs réguliers de leurs pays l'autorisation nécessaire pour adopter la nouvelle jurisprudence européenne, et pour appliquer à tous les neutres, sans distinction, la double maxime : le pavillon neutre couvre la propriété ennemie; la propriété neutre n'est pas confisquable sous pavillon ennemi.

§ 5. — Visite des navires neutres par les belligérants.

La déclaration du 16 avril 1856 ne s'est pas occupée des questions, très-graves cependant, que soulève le droit attribué aux belligérants par la loi secondaire, de visiter les navires, même neutres, rencontrés à la haute mer. Les déclarations faites par la France et par l'Angleterre au commencement de la guerre, ont imité ce silence. Comment donc devait être réglé le droit de visite pendant la lutte entre les deux partis de l'ancienne Union américaine? Pour résoudre cette question, il faudrait rechercher les documents anciens, les usages, la jurisprudence des peuples; il faudrait examiner les conséquences qui peuvent et doivent découler pour les neutres, d'actes par eux consentis dans des temps déjà éloignés. Il faut examiner quel est ce droit exorbitant concédé aux nations qui ont les armes à la main, dans quel but il a été créé et quelles sont ses limites [1].

Le belligérant a le droit de nuire à son ennemi par tous les moyens directs et légitimes qui sont en son pouvoir et notamment celui de s'emparer de tous les navires qui lui appartiennent. Il a de plus celui d'empêcher les neutres de violer leur devoir d'abstention et d'impartialité; principalement de faire le commerce de contrebande de guerre avec son ennemi. Mais comment pourra-t-il exercer ce double droit à la haute mer? Un navire apparaît au loin, est-il ennemi et par conséquent dans tous les cas soumis à la capture? Est-il neutre? Et même s'il est réellement ami, remplit-il ses devoirs? Il est indispensable de constater la nationalité du premier ou la loyauté du second. L'un pourrait, en effet, s'abriter sous un pavillon mensonger; l'autre ne pourrait jamais être convaincu de la fraude qu'il commet. Le belligérant se trouverait donc dans la nécessité ou de renoncer à son droit, ou de troubler tous les navires neutres pour l'exercer. Pour éviter ce grave inconvénient, la loi secondaire a accordé aux croiseurs des nations en guerre le pouvoir de visiter tous les navires marchands rencontrés à la haute mer. Mais cette loi n'a pas voulu que cette visite dégénérât en acte de juridiction du belligérant sur les autres peuples navigateurs; elle a pris grand soin de conserver l'indépendance des nations pacifiques. Pour atteindre ce double but, elle a déterminé le but et la forme de la visite.

[1] Sur ces questions, v. les deux ouvrages cités dans la note précédente.

Le but est, ainsi que nous venons de le dire, de distinguer si le navire rencontré est ennemi ou neutre, et, dans ce dernier cas, de vérifier si le neutre en violant ses devoirs n'a pas perdu sa qualité et ne s'est pas rangé dans la classe des ennemis. Pour les peuples qui avaient eu jusqu'à ces derniers temps la prétention de confisquer les marchandises ennemies à bord des navires neutres, la visite avait aussi pour but de constater la propriété de la cargaison. Enfin, jusqu'en 1856, pour l'Angleterre, qui seule soutenait le système des blocus fictifs, et qui, par conséquent, condamnait comme coupable de violation de blocus tout navire ayant mis à la voile pour un lieu déclaré fermé, la visite servait également à s'assurer de la destination du navire neutre. Depuis la déclaration du 16 avril, tous les peuples qui ont donné leur adhésion à cet acte ont reconnu le principe que le pavillon couvre la cargaison, et que les blocus, pour être obligatoires, doivent être effectifs ; la visite n'a donc plus à leur égard que le double but que la loi lui avait d'abord assigné.

La forme de la visite a été réglée, pour la première fois, il y a deux siècles ; depuis, les traités d'Utrecht, et après eux, presque toutes les conventions internationales ont pris la même précaution. Tous les actes ont adopté les mêmes formalités et employé presque les mêmes termes [1]. Le belligérant, bâtiment de guerre ou corsaire, doit s'arrêter hors de la portée du canon du navire marchand qu'il veut visiter [2]. Celui-ci sur un signal (le coup de canon de semonce) doit s'arrêter et attendre ; le croiseur envoie à bord une embarcation, et deux ou trois

[1] V. les traités d'Utrecht dans le corps diplomatique de Dumont, tome VIII, p. 345. L'article relatif à la visite est dans tous les deux le 24me. V. aussi le traité de 1786, France et Angleterre, art. 26 et 27, qui est un des plus explicites et celui de 1800, France et États Unis, art. 18.

[2] Quelques traités très-récemment conclus par les États-Unis veulent que le croiseur s'arrête « aussi loin du neutre que le permettront l'objet de la visite, l'état de la mer et des vents et le degré de suspicion qu'inspire le vaisseau à visiter. V. dans ce sens notamment : 12 décembre 1828, États-Unis et Brésil, art. 20 de Martens et de Cossy recueil, t. IV, p. 188 ; 16 mai 1832, 1er septembre 1833, États-Unis et Chili, même recueil, t. IV, p. 343 (art. 18).

hommes montent sur le navire ; les papiers de bords relatifs
à la nationalité et à la destination du visité leur sont montrés.
Si ces actes constatent régulièrement que le navire appartient
réellement à la nation neutre dont il porte les couleurs, et
qu'il est destiné pour un port neutre, soit de son propre pays,
soit d'une autre nation, le visiteur doit se retirer aussitôt et
laisser le bâtiment libre de continuer sa route. Lorsque le
navire, reconnu ami, se dirige vers un port ennemi du visiteur, ce dernier a le droit de se faire représenter les papiers
relatifs à la cargaison, pour s'assurer qu'il n'y a pas de contrebande de guerre. Cette dernière vérification, comme la première, doit être faite par la simple inspection des papiers de
bord, auxquels, comme dit l'un des traités d'Utrecht, se devra
donner entière foi et créance. Cette justification faite, la visite
est terminée, le neutre n'ayant pas de marchandises prohibées
à bord doit être laissé libre de suivre sa destination.

Telle est la jurisprudence internationale, cependant quelques peuples ont longtemps refusé, non pas dans les actes
officiels, dans les traités solennels, mais dans leurs lois intérieures, et surtout en fait, de s'en rapporter aux papiers de
bord du navire visité. Ils ont autorisé leurs officiers à faire des
perquisitions dans les coffres et armoires, à faire ouvrir les
écoutilles, à bouleverser la cargaison, à ouvrir les colis de
marchandises, et même à faire subir un interrogatoire aux
hommes de l'équipage ; en un mot, à se livrer à ce que nous
avons appelé les recherches [1]. On a même été plus loin, les
bâtiments armés ont reçu l'ordre d'arrêter et de conduire en
lieu de sûreté les navires neutres sur lesquels ils auraient quelques soupçons de fraude [2]. Ces excès, dont presque tous les
peuples se sont rendus coupables, ne sauraient se renouveler

---

[1] Sur les recherches voyez notre traité *Des droits et des devoirs*, etc., tit. XII,
t. III, p. 168 (2ᵉ édition).

[2] Le seul traité qui ait accordé au belligérant le pouvoir de saisir un navire neutre sur de simples soupçons est la fameuse convention de 1801 imposée par l'Angleterre à la Russie, à la Suède et au Danemark. Les lois intérieures des belligérants
n'en parlent même pas.

de nos jours. Toutes les nations s'efforceront sans doute d'exécuter loyalement les traités.

Mais ici encore se présente la question soulevée déjà à l'occasion de la contrebande de guerre. Les États-Unis ont conclu sur cette matière des traités très-différents les uns des autres. Avec la France et la plupart des autres peuples, leurs conventions sont conformes aux principes que nous venons d'exposer, sauf une variante fort importante, il faut en convenir, qui se rencontre dans quelques-unes sur la distance à laquelle le croiseur doit s'arrêter[1]. Le traité de 1794-1795 avec l'Angleterre est très-obscur, il est même permis de l'interpréter dans un sens absolument contraire, et de le considérer comme autorisant les recherches qui jusqu'ici ont toujours été pratiquées par les bâtiments armés de la Grande-Bretagne[2]. Sur ce point nous devons donc nous demander encore si les anciens traités devraient servir de règle aux belligérants ; si les États-Unis du Nord et les confédérés du Sud devaient appliquer à chaque nation neutre les stipulations par elle consenties. Dans le cas de l'affirmative, les sujets de l'Angleterre se seraient trouvés dans une position moins favorable que ceux des autres puissances. Mais sur cette question le traité de 1795 n'est point explicite, il était à croire et même à espérer que les Américains des deux partis, qui avaient un égal intérêt de ménager la puissance britannique, appliqueraient à leur ancienne métropole la jurisprudence qu'ils ont adoptée à l'égard des autres nations.

Le droit de visite soulève une question qui a été vivement controversée à la fin du siècle dernier et au commencement de celui-ci, elle a même amené des luttes sanglantes[3], et cependant elle n'est pas encore complétement résolue : Les croiseurs belligérants ont-ils le droit de visiter les navires neutres

---

[1] V. les traités cités ci-dessus dans l'une des notes précédentes, entre les États-Unis, le Chili et le Brésil.

[2] V. art. 17 du traité anglo-américain de 1794-1795.

[3] Il suffit de citer le traité de 1800, France et États-Unis art. 19, et ceux de 1828, Brésil et États-Unis ; et 1832-1833. États-Unis et Chili.

escortés par un ou plusieurs bâtiments de guerre de leur nation? Il est, de principe, reconnu par tous les peuples navigateurs, sans aucune exception, que les bâtiments d'État ne peuvent jamais être soumis à la visite. La loi secondaire, en accordant aux belligérants le privilége de la visite, l'a strictement restreinte aux navires marchands. Les motifs de cette différence sont faciles à comprendre. Il suffira de les indiquer sommairement. Les bâtiments de guerre ont un moyen sûr et efficace de faire connaître leur nationalité lorsqu'ils se rencontrent sur la haute mer ; d'un autre côté ils ne font jamais le commerce ; et ils sont, à cause même de leur nature, abondamment pourvus d'armes et de munitions de guerre. Les deux motifs qui ont fait créer la visite n'existent donc pas à leur égard. D'ailleurs, si le vaisseau de guerre neutre viole les devoirs de la neutralité, la responsabilité du fait remonte jusqu'au souverain, jusqu'à la nation, et par conséquent le belligérant ne peut avoir aucun autre moyen de réprimer l'atteinte portée à ses droits que la force des armes. Il ne peut donc être question de visiter les bâtiments d'État. Toutes les nations, l'Angleterre exceptée, ont depuis longtemps reconnu que l'immunité des vaisseaux de guerre devait s'étendre aux navires de commerce placés sous la protection, le convoi de ces vaisseaux. Tous les traités conclus depuis plus d'un siècle sont formels sur ce point. La visite dans ce cas est remplacée par la déclaration verbale du chef commandant l'escorte, que les navires placés sous sa protection appartiennent à la nation dont ils portent le pavillon et n'ont à bord, pour transporter chez l'ennemi du croiseur, aucun objet de contrebande[1]. Un grand nombre de traités de cette nature ont été consentis par les États-Unis, qui ont adopté ce principe à l'égard de tous les autres peuples. Il ne peut donc s'élever aucune difficulté à cet égard, toutes les nations neutres, une seule exceptée, ont le

---

[1] Voir les traités cités dans la note précédente. et aussi ceux qui ont constitué la neutralité armée de 1800. Toutes les puissances, excepté l'Angleterre, ont reconnu ce principe. V. notre traité *Des droits et des devoirs*, etc., etc., tit. II, t. III, p. 145, la note, l'énumération des traités dans ce sens

droit d'exiger que leurs navires convoyés soient exempts de la visite. Quant à l'Angleterre, elle a toujours soutenu que le navires convoyés étaient soumis à la visite, elle a même fait inscrire cette prétention dans la fameuse convention, par elle imposée aux puissances du Nord, en 1801, après le bombardement de Copenhague et la mort tragique du czar Paul I. Le traité anglo-américain de 1794-1795 ne contient aucune disposition spéciale sur ce point. Les Américains n'auraient donc eu aucun texte pour appuyer la prétention de visiter les navires anglais convoyés; mais en fait, comme le fit la Grande-Bretagne elle-même pendant les grandes guerres du commencement de ce siècle, ils auraient pu réclamer le droit britannique, et par conséquent procéder, malgré le convoi, à la visite et même aux recherches, car les recherches sont une partie essentielle des usages anglais, à bord des navires britanniques même placés sous l'escorte des bâtiments de guerre. Nous avons toujours espéré que, sur ce point, comme sur tous les autres, les belligérants se montreraient très-conciliants à l'égard de la Grande-Bretagne et exécuteraient religieusement leurs engagements vis-à-vis des autres nations neutres.

***

Toutes les questions, dont nous venons de faire un rapide examen, ont, nous ne craignons pas de le répéter, une immense importance pour l'avenir de l'univers navigateur et commercial. Le droit maritime est dans un de ces moments critiques de transformation que toutes les nations doivent surveiller avec le plus grand soin. Le principe qui concerne le pavillon neutre vient d'être admis par la puissance prépondérante sur mer, qui déjà l'avait reconnu neuf fois et qui ne l'a jamais respecté. La nécessité de la réalité du blocus a été également admise par cette même puissance qui jusqu'ici avait si cruellement abusé des blocus fictifs; la déclaration de

Paris du 16 avril 1856 a laissé sans solution toutes les autres difficultés. Des décisions qui devaient être prises par les belligérants, et même par les neutres, qui cette fois étaient assez puissants pour faire entendre leur voix, dépendait la politique de toutes les nations, non-seulement pour le présent, mais aussi pour les temps futurs. En effet l'Angleterre pouvait, et sans aucun préjudice, laisser aux deux parties américaines la liberté du choix ; elle est assez forte pour faire que cette liberté, de quelque manière que l'on en usât, ne pût nuire à son commerce. Nous sommes même convaincu qu'elle eût accepté très-volontiers les blocus proclamés par M. Prendergast ou par tout autre chef d'escadre américain, bien qu'ils fussent purement fictifs ; et que sur tous les points elle eût reconnu les mesures les moins libérales prises par les belligérants en vertu du traité exceptionnel de 1794-1795, si tous les autres peuples les acceptaient également. Elle était assurée de ne pas souffrir de ces mesures, quelles qu'elles pussent être. La seule chose importante pour elle était de ne pas être traitée d'une manière autre et plus rigoureuse que les autres nations.

Le dilemme doit être nettement posé à tous les peuples. Si, lors de la première guerre maritime, ils ont la prévoyance et l'énergie d'exiger des belligérants l'exacte et complète exécution des traités signés par les belligérants avec eux, traités qui tous, sans exception, sont dans le sens le plus libéral, la Grande-Bretagne, elle aussi, réclamera ces avantages pour ses sujets et donnera ainsi une interprétation pratique à ces traités, elle se les appliquera ; la déclaration du 16 avril deviendra, dans trois de ses propositions du moins, une vérité acquise au monde entier. Si au contraire les puissances neutres souffrent que les traités consentis avec elles ne soient pas exécutés ponctuellement dans toutes leurs dispositions ; si elles consentent à reconnaître des blocus fictifs, sur papier, par croisières ou autres sous quelque dénomination que ce soit, si elles laissent élargir le cercle du prohibé de guerre, en y admettant les vivres, les munitions navales, etc., etc.; elles doivent être bien convaincues qu'elles fondent un précédent qui sera invoqué et exploité contre elles aussitôt que l'Angleterre se trouvera engagée dans les hostilités, et qu'elles anéantissent par leur silence, les progrès faits par la loi internationale secondaire depuis près d'un siècle. Nous ne craignons pas de signaler ces conséquences à toutes les nations des deux continents, et à la France surtout, en les adjurant d'y réfléchir.

XII

AFFAIRES DU TRENT ET DU NASHVILLE.

Le conflit qui s'est élevé il y a quelques années entre les États qui forment encore la puissante république des États-Unis de l'Amérique, semble avoir été destiné à donner au monde le spectacle de la violation de tous les principes sur lesquels repose la loi internationale maritime. A peine les États du Sud s'étaient-ils séparés de leurs anciens associés du Nord, que le président Lincoln déclarait coupables du crime de piraterie tous ceux qui prendraient les armes contre lui. Presque dans le même temps, il notifiait le blocus de côtes ayant plus de quatre cents lieues d'étendue, alors qu'il n'avait que douze à quinze bâtiments de guerre disponibles, et il élevait la prétention de saisir et de confisquer tous les navires neutres qui tenteraient d'entrer dans les ports fermés par ce singulier investissement. On alla même plus loin : par une mesure encore inconnue aux belligérants, le même président, sous le prétexte que les États du Sud étaient des révoltés et non des belligérants, éleva la prétention de fermer, par un simple décret, tous les ports de la nouvelle confédération au commerce étranger. Nous avons déjà examiné ces faits sous le point de vue maritime international [1] ; nous n'avons donc pas à nous en occuper.

Mais, encouragé sans doute par la longanimité des puissances européennes, et surtout de l'Angleterre, qui semblait disposée à reconnaître ces blocus fictifs et à souffrir la confiscation des navires appartenant à ses sujets, le Gouvernement de Washington commit un attentat des plus graves contre l'honneur du pavillon britannique : un bâtiment de guerre américain a enlevé, de vive force et malgré les réclamations du capitaine, quatre passagers à bord d'un bâtiment anglais. La presse et le pays tout entier se sont émus avec raison à la nouvelle de cette atteinte si grave portée par une nation amie à la sûreté et à l'indépendance nationale.

Bien que cette insulte ne touche pas immédiatement la France, il nous paraît nécessaire d'examiner cette affaire sous le rapport du droit maritime international, afin d'éclairer nos concitoyens sur une partie de la législation universelle, malheureusement trop peu connue. Cette étude, d'ailleurs, emprunte un intérêt tout spécial des circonstances mêmes dans lesquelles le monde maritime se trouve placé. Le droit maritime est en quelque sorte en voie de transformation. Le traité du 30 mars 1856 et surtout la déclaration du 16 avril qui y est annexée, sont les premiers actes de cette nature que la Grande-Bretagne ait consenti à signer depuis plus d'un demi-siècle, et ils contiennent des stipulations libérales que cette même puissance repoussait, comme contraires au maintien de sa prépotence maritime. Il est donc de la plus grande importance, pour tous les peuples commerçants et navigateurs, d'examiner avec sollicitude les interprétations qui seront données par les belligérants, et même par les neutres, aux principes larges sans doute, mais trop incomplets, qui ont été, pour ainsi dire, jetés dans la déclaration de Paris.

Posons d'abord les faits tels que les rapportent les journaux anglais.

---

[1] V. la question précédente, § 1er.

Le paquebot *Trent*, de la compagnie royale des Indes-Occidentales, sortant de la Havane, se dirigeait vers l'île Saint-Thomas. Au nombre des passagers se trouvaient MM. Slidell et Mason, envoyés l'un en France, l'autre en Angleterre, par les États de la Confédération du Sud. A peu de distance de Saint-Thomas, le *Trent* fut aperçu par un bâtiment de guerre des États-Unis du Nord, le *San-Jacinto*. Un coup de canon à poudre fut tiré par le croiseur, puis un second coup à boulet, qui endommagea la coque du *Trent*. Le commandant américain donna l'ordre au capitaine anglais de venir avec ses papiers à son bord, et, sur son refus, il se rendit lui-même sur le paquebot, et demanda qu'on lui remît MM. Slidell, Mason, et leurs deux secrétaires. Nouveau refus du capitaine Moor. Mais, sur un signal donné par leur chef, trois embarcations chargées d'hommes armés quittèrent le *San-Jacinto* et abordèrent le *Trent*. Ces hommes montèrent à bord les armes à la main, s'emparèrent de force des quatre passagers réclamés par leur commandant, et les emmenèrent prisonniers. Un agent de l'amirauté anglaise, le commandant Williams, se trouvait à bord du *Trent* et joignit en vain ses protestations à celles du capitaine Moor.

Cet exposé ne nous paraît pas très-complet ; certains faits auraient eu besoin d'être expliqués. Ainsi, nous ne savons pas à quelle distance du paquebot le croiseur s'est arrêté ; nous ignorons si le coup de canon à boulet a été tiré malgré l'obéissance du navire anglais au coup de semonce, ou si, au contraire, il a été motivé par la résistance ou la tentative de fuite de ce dernier. Enfin, le commandant américain est-il monté d'abord seul à bord du *Trent*, ou, dès ce premier moment, était-il accompagné d'hommes armés ? Ces diverses circonstances sont de nature à augmenter ou à diminuer la gravité du fait principal. Acceptons cependant cette narration, et examinons si la conduite du belligérant est ou non contraire aux dispositions les plus impératives du droit des nations.

Les faits connus soulèvent plusieurs questions qu'il importe de traiter séparément :

1° Le croiseur américain avait-il le droit d'arrêter et de visiter le navire anglais? Dans cette visite s'est-il conformé aux règles de la loi internationale?

2° Les hommes et notamment les passagers peuvent-ils être considérés comme contrebande de guerre, et, en cas d'affirmative, le belligérant a-t-il le droit de les enlever du navire neutre, malgré les réclamations du capitaine?

3° Les habitants et les fonctionnaires de la Confédération du Sud, même en les considérant comme des rebelles, ainsi que le prétendait faire le président Lincoln, pouvaient-ils être saisis et arrêtés dans tous les lieux où ils se trouvaient, et notamment dans un navire neutre?

Avant d'entrer dans l'examen de ces questions, il est indispensable de poser un principe qui domine toute la matière. Émané de la loi primitive, naturelle ou divine, ce principe essentiel, sur lequel repose tout le droit maritime international, est que le navire, même marchand, à la mer, est une portion intégrante du territoire de la nation dont il porte légitimement le pavillon; que, par conséquent, on ne peut se permettre, à l'égard du bâtiment dans cette situation, aucun acte qui serait défendu à l'égard du territoire lui-même [1]. La loi secondaire a pu apporter quelques modifications à cette règle générale; mais ces modifications, qui font justement l'objet des questions que nous avons à examiner, sont des exceptions qui doivent être strictement renfermées dans les limites posées par les actes mêmes qui les ont créées.

[1] Sur cet important principe, v. de Rayneval, *De la liberté des mers*, t. I, ch. xxii, et notre *Traité des droits et des devoirs des nations neutres*, etc.. etc., tit. **VI**, ch. i, sect. I, t. I, p. 287, 2° édit.

Première Question.

Le croiseur américain avait-il le droit d'arrêter et de visiter le navire anglais? Dans cette visite s'est-il conformé aux règles de la loi internationale?

Le droit du belligérant est de nuire à son ennemi par tous les moyens directs qui sont en son pouvoir. Un des moyens les plus efficaces est de s'emparer des biens de l'adversaire. Mais si le principe de la territorialité du navire à la mer conservait toute son intégrité, le belligérant se trouverait dans l'impossibilité d'exercer ce droit; il suffirait aux navigateurs ennemis d'arborer un pavillon neutre pour échapper à tous les périls de la guerre. Pour concilier l'intérêt des neutres et celui du belligérant, pour donner à ce dernier la facilité d'exercer son droit, la jurisprudence des nations a depuis longtemps concédé aux peuples en guerre un pouvoir réellement exorbitant : elle leur permet d'arrêter tous les *navires marchands non convoyés*, par eux rencontrés sur la haute mer, et *de les visiter*. Mais, en faisant cette concession aux exigences de la guerre, les traités ont pris le plus grand soin d'en déterminer l'objet et d'en régler la forme d'exécution, afin que la visite ne pût pas dégénérer en un acte juridictionnel contraire à l'indépendance essentielle des peuples pacifiques.

La visite a un double objet : 1° de permettre au belligérant de s'emparer des navires appartenant à son ennemi; 2° et d'empêcher les nations neutres de violer leurs devoirs en portant chez l'une des parties en guerre des armes, des munitions ou des instruments de guerre.

Pour atteindre le premier but il suffit de constater que le navire rencontré appartient réellement à la nation dont il porte le pavillon. Cette constatation se fait par les papiers de bord, auxquels *foi entière doit être accordée* [1].

Lorsque le navire reconnu neutre se dirige vers un port appartenant à l'ennemi du visiteur, il est nécessaire de s'assurer s'il ne porte pas d'objets de contrebande de guerre. Les papiers de bord relatifs à la cargaison établissant cette preuve, on doit s'en rapporter à leurs énonciations; tout autre moyen de vérification est absolument défendu.

Toutes les fois qu'un bâtiment belligérant veut visiter un navire aperçu, il lui fait connaître son intention par des signaux et le plus souvent par un coup de canon à poudre ou à boulet perdu : c'est ce que l'on appelle le coup de *semonce*. Le navire averti doit s'arrêter, ou du moins diminuer sa marche, de manière à être bientôt rejoint par le croiseur; s'il n'obéit pas, il peut être contraint par la force, et par conséquent par l'artillerie. Le belligérant doit s'arrêter à une assez grande distance du visité; la plupart des traités, nous pouvons même dire la jurisprudence des nations, a fixé cette distance hors la portée du canon [2]. Cependant les Américains, dans un grand nombre de traités récents, ont complétement modifié cette formalité. D'après ces actes, la distance à observer est celle que permettent l'état de la mer et du vent, le but de la visite et le degré de suspicion qu'inspire le visité [3]. On peut donc dire qu'ils ont supprimé la condition de distance, le

[1] Ce sont les termes mêmes employés par l'un des traités d'Utrecht (France et Hollande), du 11 avril 1713. Presque tous les traités ont adopté le même principe, mais sans l'énoncer aussi clairement. V. entre autres 1778 et 1800, France et États-Unis; 1786, France et Angleterre, 1783, Suède et États-Unis, et tous les traités conclus par cette dernière puissance avec tous les peuples, excepté avec les Anglais. Ces derniers ne parlent pas de la visite.

[2] Voyez les traités énoncés dans la note précédente, excepté ceux conclus par les États-Unis postérieurement à l'année 1825 avec les nouveaux États de l'Amérique, et tous les traités conclus par les puissances européennes entre elles depuis 1713.

[3] Nous nous contenterons d'en citer quelques-uns : États-Unis et Brésil, 12 décembre 1828, art. 20. « The first (the vessel of war) shall remain at the greatest distance compatible with making the visite under the circumstances of the sea, and the degree of suspicion attending the vessel to be visited... » 5 avril 1831, Etats-Unis et Mexique; 1er décembre 1833, États-Unis et Chili.

croiseur seul étant juge de toutes ces circonstances. Mais cette dérogation aux anciens principes n'est encore adoptée que par les États-Unis.

Le visiteur ne doit jamais appeler à son bord ni le capitaine, ni aucun homme du visité. Il envoie une embarcation ; deux ou trois hommes au plus peuvent monter sur le navire. Les papiers de bord leur sont montrés. Lorsqu'il est établi par ces documents que le navire est neutre et à destination d'un pays neutre, le visiteur doit se retirer immédiatement et le laisser libre de continuer sa route, sans même s'occuper de la cargaison. Si, reconnu neutre, le bâtiment se dirige vers un port ennemi, le visiteur peut demander l'exhibition des papiers relatifs au chargement, afin de vérifier s'il s'y trouve des objets de contrebande de guerre. Dès que de cet examen il résulte qu'il n'y a à bord aucune marchandise prohibée, la visite est terminée ; le neutre doit être immédiatement abandonné ; dans le cas contraire, il y a lieu à la saisie du navire coupable de contrebande.

Telles sont les règles sanctionnées par la loi secondaire pour limiter la dérogation par elle faite au principe du droit primitif de la territorialité du navire en pleine mer, et de son indépendance complète à l'égard des autres peuples, lorsqu'il flotte sur le domaine libre et commun de toutes les nations. Ces règles ont-elles été modifiées sur quelques points spéciaux par les conventions intervenues entre la Grande-Bretagne et les États-Unis? Non. Aucune des conventions conclues entre ces deux puissances n'a fait mention du droit de visite. Le traité de 1794-1795, le seul qui se soit occupé du droit maritime, garde sur ce point un silence absolu, et celui de 1814 ne s'occupe nullement de la navigation. Ce silence peut paraître inexplicable de la part de deux nations essentiellement maritimes ; mais il se trouve suffisamment justifié par ce fait que, de 1800 à 1856, l'Angleterre a toujours refusé de signer aucune stipulation relative aux droits des nations sur mer. Les traités de 1815 eux-mêmes, qui règlent avec un soin minutieux la navigation du Rhin, ne disent pas un mot de l'Océan. Cette puissance se réservait ainsi, pour le moment où elle serait belligérante, la faculté d'appliquer, sans violer les traités, les maximes tyranniques qu'elle appelait son droit particulier.

En l'absence de tous traités spéciaux, l'Angleterre reste donc, à l'égard des États-Unis, sous l'empire de la loi générale; toutes les règles que nous venons de tracer lui sont applicables, à moins que par sa conduite même elle n'ait autorisé les belligérants actuels à s'écarter de ces sages prescriptions, qui, si elles étaient fidèlement observées, seraient la sauvegarde du commerce et de l'honneur de toutes les nations.

Tout le monde sait, et les Anglais eux-mêmes avouent que le Gouvernement britannique n'a jamais respecté aucune loi sur les mers; son intérêt, son ambition et son avidité commerciale ont toujours été les seules règles de sa conduite lorsqu'il était belligérant. Il est donc possible que les Américains puissent invoquer plus d'un fait analogue à celui de la visite du *Trent*, et qu'alors ils comptent trouver une excuse dans la conduite de leur ancienne métropole.

Mais laissons de côté des précédents toujours trop fâcheux. Si nous faisons l'application des règles internationales aux faits reprochés au croiseur américain *San-Jacinto*, nous voyons que l'officier commandant ce bâtiment a violé la plupart des prescriptions de la loi internationale. 1° Il a fait usage de son artillerie contre un navire de commerce qui, probablement, n'avait pas résisté à la semonce, c'est au moins ce que nous devons penser en l'absence de toute énonciation contraire; 2° Il a appelé à son bord le capitaine du navire visité; 3° Il ne s'est pas borné à vérifier par les papiers de bord la nationalité du *Trent*, qui, allant d'un port neutre à un autre port neutre (de la Havane, ville espagnole, à Saint-Thomas, île danoise), n'avait d'autre justification à faire que celle de sa nationalité; 4° Il a appelé et fait monter à bord d'un navire, *déjà reconnu neutre*, des hommes armés pour y commettre un acte juridictionnel (l'arrestation des passagers), et il a ainsi violé, de la manière la plus flagrante, le territoire de la nation anglaise, dont le pavillon flottait à la corne du navire visité. Nous ne parlons pas de la distance à laquelle le croiseur s'est approché du *Trent*, elle était beaucoup trop courte, puisque des communications ont été échangées à la voix. Ce fait constitue cependant une violation de plus des règles de la visite, parce que les Américains ne peuvent appliquer leur nouvelle jurisprudence sur ce point qu'aux nations qui l'ont expressément acceptée ; ce que l'Angleterre n'a jamais fait.

Nous croyons devoir écarter complétement l'idée émise par quelques publicistes anglais, qui voudraient ranger les paquebots dans la classe des bâtiments de guerre et, par conséquent, les exempter de la visite [1]. Cette prétention ne saurait être accueillie. Les paquebots font le commerce, ils portent des marchandises, et on peut affirmer que tous ceux qui sont sortis depuis huit ou dix mois des ports de la Grande-Bretagne, en destination pour les États-Unis du Nord, étaient chargés d'armes, de munitions, de contrebande de guerre de toute nature, et notamment de salpêtre. Ils ont largement profité de ce que les confédérés du Sud n'ont pas de marine et ne peuvent pas réprimer des actes aussi contraires à la loi internationale [2]. Ces faits suffiraient pour prouver combien il serait imprudent d'admettre la proposition du *Times*, qui, d'ailleurs, n'a aucun fondement sérieux.

---

[1] Voyez l'article du *Times* du 28 novembre 1861, reproduit par le *Moniteur* du 29 du même mois.

[2] Ce fait est suffisamment établi par la proclamation du Gouvernement anglais, sous la date du 30 novembre, qui défend l'exportation des articles de contrebande pour l'Amérique.

Deuxième Question.

Les hommes et notamment les passagers peuvent-ils être considérés comme contrebande de guerre, et, en cas d'affirmative, le belligérant a-t-il le droit de les enlever du navire neutre, malgré les réclamations du capitaine.

Le croiseur américain a donc violé toutes les règles relatives à la visite. Mais du moins pouvait-il considérer les passagers du *Trent* comme contrebande de guerre? Avait-il le droit de les enlever de vive force et malgré les protestations du capitaine du paquebot?

Sur cette double question, le droit international est très-explicite. Avant d'arriver aux personnes, examinons les principes qui régissent le commerce de contrebande de guerre.

La guerre impose une restriction assez importante à la liberté commerciale des peuples neutres. Il leur est défendu de fournir aux belligérants des armes, des munitions et des instruments de guerre : c'est ce que l'on désigne sous le nom de contrebande. Mais le commerce des nations pacifiques entre elles reste complétement libre; il n'y a pas de contrebande de guerre de neutre à neutre; cette vérité n'a pas besoin d'être démontrée.

D'un autre côté, lorsqu'un navire neutre ayant à bord des objets de contrebande de guerre et se dirigeant vers un port belligérant est rencontré et visité à la mer par un croiseur ennemi du destinataire, le visiteur est en droit d'arrêter le navire coupable, de le conduire dans un port de sa nation, pour le faire juger et obtenir la sentence de confiscation. Mais il n'est pas autorisé à rechercher les objets prohibés, et bien moins encore à les enlever du bord. Tous les traités lui font une obligation absolue de ne rien détourner de ce qui se trouve sur le navire saisi. Un grand nombre de ces actes autorisent cependant le capitaine neutre à offrir au belligérant de lui faire la remise immédiate des marchandises prohibées, afin de pouvoir continuer sa route. Mais cette faculté est un droit exclusivement réservé au capitaine neutre; le saisissant peut refuser de se charger des objets offerts; mais il lui est formellement interdit de s'emparer de ces marchandises, et surtout de les enlever de force, malgré la volonté du capitaine; s'il le fait, il se rend coupable d'un crime international.

Les hommes, les passagers, peuvent-ils être considérés comme contrebande de guerre? Nous n'hésitons pas à répondre négativement à cette question.

Le navire qui serait frété expressément pour transporter des troupes de terre ou de mer ou des recrues pour le compte du belligérant ne serait pas coupable de contrebande; il aurait fait un acte d'immixtion directe aux hostilités; il aurait cessé d'être neutre, il serait belligérant; et, s'il tombait entre les mains de son adversaire, il serait soumis au sort réservé aux bâtiments belligérants : il serait confisqué avec tout son chargement.

Les hommes isolés qui prennent passage sur un navire neutre, et notamment sur un paquebot, ne sauraient, à plus forte raison, être considérés comme objets de contrebande. Un très-grand nombre d'actes solennels se sont occupés de ces passagers, mais on doit remarquer que, dans aucun cas, il n'en est question dans l'article relatif à la contrebande. Tous, sans exception, placent la stipulation relative à ces hommes dans l'article, ou à la suite de l'article, qui règle le droit du pavillon neutre de couvrir ou non la cargaison.

Les traités d'Utrecht sont très-explicites : ils déclarent que les personnes, même les sujets de l'ennemi, ne peuvent être enlevées d'un bâtiment neutre, à moins qu'elles ne soient militaires et actuellement au service de l'ennemi, et, par ces mots : au *service de l'ennemi*, il faut entendre au *service militaire*. Depuis 1713, c'est-à-dire depuis plus d'un siècle et demi, la plupart des actes internationaux ont répété cette même clause et presque toujours dans les mêmes termes. Les États-Unis eux-mêmes l'ont insérée dans un grand nombre de leurs traités (1). Ils ont toujours stipulé que la protection du pavillon s'étendait aux personnes comme aux marchandises. Cependant l'Angleterre n'a conclu aucune convention de cette nature avec les Américains. Celle de 1794-1795 ne prévoit pas cette circonstance; le même silence se rencontre dans l'acte de paix signé à Gand en 1814. L'acte du 31 décembre 1806 avait, au contraire, adopté cette stipulation; mais il n'a pas été ratifié, par conséquent; il ne peut être invoqué. Dans ce cas donc, comme dans les précédents, les deux parties intéressées dans la question se trouvent soumises au droit général des nations.

Il nous est impossible de savoir si MM. Slidell et Mason sont ou non des militaires; aucun document ne nous donne de renseignements sur ce point, et il est d'autant plus difficile de se prononcer, qu'aux États-Unis, dans le Nord comme dans le Sud, en tout temps, mais en ce moment surtout, tous les citoyens sont appelés sous les armes. Beaucoup de diplomates, comme ces messieurs, peuvent avoir des grades dans la milice de leur pays. Mais ce qui est positif, c'est qu'au moment de leur enlèvement par le capitaine Wilks, du *San-Jacinto*, ils étaient chargés d'une mission pacifique en Europe, et que, par conséquent, ils n'étaient pas au service militaire de leur patrie : d'où il résulte qu'ils n'étaient pas dans la position pouvant autoriser, par exception, le croiseur à s'emparer de leurs personnes.

La réponse à la question posée est donc : 1° que dans aucun cas il ne peut exister de contrebande de guerre sur un navire neutre allant d'un port neutre à un autre port neutre; 2° que, même alors qu'il y aurait eu contrebande de guerre, le seul droit du croiseur était de saisir le navire et de le conduire dans un des ports de son pays pour le faire juger; 3° que les hommes ne peuvent, dans aucun cas, être consi-

---

1 Voir notamment le traité de 1778 avec la France et les conventions citées ci-dessus avec le Brésil, le Chili et le Mexique.

dérés comme contrebande de guerre; 4° et que MM. Slidell et Mason, n'étant pas au service militaire de la Confédération du Sud au moment de leur arrestation, ne pouvaient être enlevés du bâtiment neutre qui les portait. De ces réponses il résulte évidemment que le capitaine Wilks s'est rendu coupable de la violation de tous les principes qui régissent les rapports des nations entre elles.

Avant de passer à la dernière question, qu'il nous soit permis de protester contre la prétention élevée par les Américains de considérer comme acte de contrebande le transport des dépêches, et par conséquent de soutenir que l'arrestation du *Trent* est justifiée par ce fait, qu'il se trouvait à bord des dépêches du gouvernement confédéré. Cette prétention, qui de tout temps a été soutenue par l'Angleterre, et qui aujourd'hui même est encore avouée par ses journaux, est complétement contraire à tous les principes du droit international. Elle est d'ailleurs indifférente dans l'espèce qui nous occupe, puisque le *Trent* n'a pas été saisi, que les dépêches des États du Sud ne lui ont pas été enlevées, et que des hommes seulement ont été faits prisonniers.

Troisième Question.

Les habitants et les fonctionnaires de la Confédération du Sud, même en les considérant comme des rebelles, ainsi que le veut faire le président Lincoln, peuvent-ils être saisis et arrêtés dans tous les lieux où ils se trouvent, et notamment dans un navire neutre?

M. le président Lincoln affirme qu'il n'y a pas de Confédération du Sud, qu'il existe seulement des citoyens des État-Unis révoltés contre l'autorité légitime : d'où il conclut qu'il est occupé à châtier, à réduire des rebelles, mais qu'il n'existe pas de guerre. C'est pour arriver à ce châtiment que lui, le représentant du pouvoir légitime, il déclare fermer au commerce étranger tous les ports du Sud des États-Unis, et qu'il prononce la confiscation de tous les navires coupables d'avoir tenté de violer la loi faite par le souverain territorial. Ainsi, ce n'est pas pour avoir violé un blocus, c'est pour avoir contrevenu à une loi de douane, que les bâtiments neutres ont été condamnés. Il n'y a donc plus de belligérants, mais seulement des rebelles, et un pouvoir légal qui veut, par la force, les faire rentrer dans l'obéissance. C'est en qualité de rebelles que MM. Slidell et Mason ont été arrêtés. Ce qui revient à dire que les rebelles peuvent être saisis et arrêtés partout où ils se trouvent, même sur un navire étranger, c'est-à-dire sur le territoire étranger.

Examinons cette prétention et les conséquences qu'elle devrait entraîner si elle était admise.

S'il n'existe pas de guerre entre les États-Unis et les confédérés du Sud, les obligations qui naissent de l'état de guerre, pour les nations qui ne la font pas, n'existent pas ; les droits qu'il confère à ceux qui ont les armes à la main n'existent pas davantage. La liberté et l'indépendance des peuples restent entières et complètes. Il n'y a pas de belligérants, il ne peut pas y avoir de neutres. Mais alors le croiseur de la nation *qui n'est pas en guerre* (la langue du droit international ne nous fournit pas de mot pour la désigner) ne peut ni visiter, ni arrêter, ni même semoncer aucun navire étranger rencontré à la mer. Le droit de visite n'existe pas en temps de paix. Les Américains ne l'ignorent pas, et c'est pour défendre ce principe qu'ils ont fait la guerre de 1812 à l'Angleterre ; ils l'ont défendu encore avec beaucoup d'énergie il y a quelques années à peine (1858). Ils ont même forcé leur ancienne métropole à reconnaître et à proclamer que la visite en temps de paix qu'elle réclamait avec tant d'ardeur, comme le droit de faire la *police des mers*, ne lui appartenait pas, qu'il était *illégal*. Le gouvernement de Washington n'a pas pu oublier ces faits, que nous n'hésitons pas à regarder comme glorieux pour lui, puisqu'ils prouvaient avec quelle énergie il sut défendre l'indépendance de son pavillon.

Si donc il n'y a pas de guerre, si les Américains ne sont

pas des belligérants, l'acte commis par le commandant du *San-Jacinto* contre un navire anglais est un attentat commis contre l'indépendance du pavillon britannique ; c'est un acte de piraterie au premier chef, dont l'auteur, s'il a agi sans un ordre spécial de son gouvernement, doit répondre devant les tribunaux, mais dont la responsalité remonte tout entière jusqu'au cabinet de Washington s'il a donné des instructions dans ce sens au capitaine Wilks.

Mais le *Trent* avait-il commis une contravention en matière de douane? avait-il désobéi aux ordres souverains de M. Lincoln? Même en admettant un instant la prétention plus qu'extraordinaire du président des États-Unis du Nord, nous n'hésitons pas à répondre négativement. Les lois de douane, lorsqu'elles émanent réellement du souverain du pays dans lequel elles doivent être exécutées, ne peuvent avoir de force que sur le territoire soumis au législateur, c'est-à-dire dans les provinces terrestres ou dans les mers territoriales, ou au plus dans ce qu'on appelle le rayon des douanes (12 milles ou 4 lieues au maximum). Mais le *Trent* naviguait entre la Havane et l'île Saint-Thomas ; il était près d'arriver à ce dernier point, et par conséquent bien en dehors de toute mer territoriale américaine, de tout rayon douanier des provinces appartenant naguère aux États-Unis.

Enfin est-il possible de soutenir que des sujets rebelles à leur souverain, en admettant même les idées de M. Lincoln, puissent être saisis et arrêtés partout où ils se trouvent, même sur un bâtiment étranger? Il suffit d'énoncer une semblable prétention pour démontrer combien elle est peu fondée. Nous avons démontré que le navire à la haute mer est considéré par tous les peuples comme une partie intégrante du territoire de la nation dont il porte légitimement le pavillon. Or, un homme, même coupable des plus grands crimes, ne peut être arrêté sur le territoire étranger : c'est un principe que personne ne peut nier. Les nombreux traités conclus dans ces derniers temps, entre presque toutes les nations civilisées, pour arriver à l'extradition des malfaiteurs en font foi ; tous ces actes, sans exception, chargent le souverain du lieu où se trouve l'individu poursuivi, de saisir et d'arrêter l'homme placé désormais sous sa juridiction exclusive. Il ne peut en être autrement pour les rebelles.

Que dirait le gouvernement des États-Unis si la France, ou tout autre État, s'avisait de saisir et d'arrêter, à New-York ou sur un bâtiment en mer portant le pavillon de l'Union, un ou plusieurs de ces hommes qui, après avoir porté la ruine et le désordre au sein de leur patrie, ont cherché un refuge sur le sol étranger? Assurément, un tel acte serait considéré comme un attentat contre la souveraineté et l'indépendance des États-Unis; il entraînerait inévitablement la guerre s'il n'était désavoué et même réparé par le peuple coupable. Jusqu'ici tous les peuples ont considéré les crimes politiques, et, par conséquent, la rébellion, comme des crimes relatifs et dignes de beaucoup plus d'indulgence que les crimes contre les personnes ou les propriétés, et c'est par cette raison qu'aucune nation ne consent à l'extradition des individus accusés de faits de cette nature. Et M. Lincoln voudrait qu'il en fût autrement pour les citoyens des États qui ont pensé devoir se retirer de la fédération américaine! Il n'y a aucune raison pour que cette étrange idée puisse être accueillie par les peuples civilisés.

Ainsi donc, sous ce dernier point de vue comme sous les autres, l'acte commis par le commandant du croiseur américain *San-Jacinto* est contraire aux principes les plus élémentaires et les plus importants du droit international maritime. Il constitue un attentat contre la liberté des mers et un sanglant outrage contre le pavillon anglais.

Quels motifs, quelles excuses les Américains du Nord peuvent-ils alléguer, nous ne dirons pas pour justifier, mais pour expliquer ce grave attentat? Ils invoqueront les précédents tirés de la conduite de la Grande-Bretagne elle-même, lorsqu'elle était belligérante. Sans aucun doute, il ne sera pas difficile de trouver des faits semblables et même plus coupables que celui reproché au *San-Jacinto*. On pourra rappeler que, pendant les guerres entre la France et l'Angleterre, alors que les États-Unis étaient neutres, la Grande-Bretagne donna l'ordre à ses croiseurs de saisir à bord des navires, et même des bâtiments de guerre de l'Union, tous les matelots déserteurs de sa marine; et que, sous ce prétexte, ces bâtiments exercèrent une véritable presse de marins sur les populations américaines. Il suffisait en effet qu'un homme parlât la langue anglaise pour qu'il fût considéré comme déserteur; or tout le monde sait que cette langue est justement celle du peuple américain. Ce fut en vertu de ces ordres que deux neveux de Washington furent enlevés et forcés de servir comme matelots sur un vaisseau de guerre anglais [1]. On pourrait multiplier à l'infini ces citations; celle-ci nous paraît suffisante.

Mais le gouvernement des États-Unis sait avec quelle énergie tous les peuples du monde, et notamment la France et l'Amérique, ont lutté contre cette horrible tyrannie maritime; il n'a pas oublié que la guerre de 1812 a eu pour but unique de mettre un terme à ces grossiers abus de la force. Ces précédents, flétris avec justice par toutes les nations, ne sauraient donc autoriser les Américains à les imiter. D'ailleurs, l'Angleterre seule a été coupable, et il est impossible d'admettre que la conduite d'une seule nation puisse modifier les principes de la loi internationale. Que M. Lincoln y réfléchisse bien, la France et les autres puissances qui se sont abstenues de ces graves excès, ne supporteraient pas qu'ils fussent renouvelés, surtout à l'égard de leurs sujets; elles ne supporteraient même pas, sans exiger de justes réparations, l'insolence et la brutalité trop habituelles à certains agents américains dans l'exercice de leurs droits [2].

[1] Ce fait, rapporté dans les mémoires de Jefferson, a été rappelé dans le journal anglais le *Times*, du 28 novembre 1861.

[2] Nous faisons allusion ici au fait suivant :

« Le 3 novembre 1861, le brick français *Jules-et-Marie*, allant de Liverpool à la Havane, fut rencontré par le même croiseur américain *San-Jacinto*, qui, sous prétexte de l'accoster pour le visiter, l'aborda et le démâta. Le capitaine Wilks refusa même pendant quelque temps de donner aux Français les secours nécessités par sa brutalité ou sa maladresse, il ne les accorda que de fort mauvaise grâce et incomplétement. »

L'Angleterre elle-même ne souffrira pas que l'on emploie à son égard les armes dont elle s'est servie contre les autres; elle est neutre, elle revendique et soutient les droits de la neutralité, sauf à reprendre ses anciennes et tyranniques prétentions dès qu'elle sera belligérante et assez forte pour les soutenir.

Les Américains du Nord auraient tort de compter sur la très-grande longanimité que l'Angleterre a montrée à leur égard depuis quelques années, et de penser que l'affaire du *Trent* s'arrangera à leur avantage comme celle de l'île San-Juan et quelques autres de même nature : les temps sont changés. Naguère encore les États-Unis étaient les détenteurs exclusifs d'une matière première indispensable au commerce et à l'industrie, et, par conséquent, à la prospérité de la Grande-Bretagne; le coton pesait d'un poids immense sur toutes les décisions du cabinet de Saint-James. Aujourd'hui les États-Unis ne possèdent plus le coton; la précieuse denrée est entre les mains de la Confédération du Sud. L'intérêt de l'Angleterre la porte naturellement à se rapprocher des producteurs, et certes l'affaire du *Trent*, si elle n'est pas éteinte par de justes réparations, est de nature à la décider à prendre ce parti, plus tôt peut-être qu'elle ne l'eût fait sans ce grave incident.

AFFAIRE DU NASHVILLE.

L'arrivée du *Nashville* dans le port de Southampton souleva en Angleterre de vives préoccupations ; chaque jour les organes les plus accrédités de la presse discutaient avec plus ou moins de vivacité la manière dont ce bâtiment devait être accueilli, s'il devait être autorisé à se réparer, et même s'il ne devait pas être retenu, comme pirate sans doute, ainsi que le demandaient ses adversaires naturels, le capitaine du *Harvey-Birch* et le consul des États-Unis. Avant d'aborder ces questions, il est nécessaire d'établir les faits.

Le *Nashville* est un bâtiment de guerre ; cette qualité, d'abord contestée, est aujourd'hui reconnue. Appartenant aux États confédérés du Sud, il est commandé par un officier commissionné par le gouvernement de la Confédération : il ne peut donc pas être question, comme on l'a dit et comme l'a demandé le capitaine *Nelson*, de retenir ce bâtiment comme coupable de piraterie. En arrivant dans les mers d'Europe, le *Nashville* avait rencontré le *Harvey-Birch*, steamer de commerce appartenant aux États-Unis du Nord, par conséquent à son ennemi. Il s'en était emparé, avait pris l'équipage entier à son bord et détruit le navire. Aussitôt arrivé à Southampton, le commandant du capteur, le lieutenant *Peagrim*, débarqua ses prisonniers et les mit en liberté. Il annonça de plus l'intention de réparer des avaries éprouvées par son bâtiment pendant sa navigation.

Tels sont les faits dans toute leur simplicité, et nous devons avouer qu'il nous est impossible de comprendre l'émotion qu'ils ont causée en Angleterre. Il nous semble que le traitement réservé au *Nashville* était clairement déterminé par le droit international; que, par conséquent, il ne pouvait s'élever aucun doute à cet égard. Examinons d'abord les principes généraux de ce droit, puis nous verrons si les traités existant entre l'Angleterre et les États-Unis, traités qui sont communs aux deux parties alors en guerre, contiennent quelques dérogations à ces principes.

Dès l'origine du conflit entre les divers États qui composaient la grande république américaine, l'Angleterre avait hautement déclaré qu'elle entendait conserver une entière et exacte neutralité entre les deux parties. Elle avait reconnu à toutes les deux le droit de faire une guerre légitime [1]. Depuis, cette puissance n'avait pas cessé de se considérer et de se conduire comme une puissance neutre. Dans cette position, quelle devait être la conduite de la Grande-Bretagne à l'égard des bâtiments de guerre belligérants? Devait-elle leur accorder ou leur refuser l'*asile* dans ses ports?

L'asile ne doit pas être confondu avec le refuge.

Tout bâtiment, quelles que soient sa nation et sa qualité, battu par la tempête, poursuivi par les pirates ou par un ennemi, ou en danger de périr par quelque cause que ce soit, doit être reçu dans les havres et les rades, et obtenir les secours indispensables pour échapper à sa perte. Mais dès que le péril est passé, dès qu'il a obtenu les moyens de continuer sa navigation, le bâtiment doit reprendre la mer. C'est là ce que l'on appelle le droit de refuge; c'est de la part du souverain de la rade l'accomplissement d'un devoir d'humanité.

L'asile est beaucoup plus large. Il consiste à admettre celui qui en jouit dans l'intérieur des ports, à lui accorder tout ce qui peut lui être nécessaire ou même agréable. Il peut

---

[1] Voir le discours de lord John Russell à la séance de la chambre des Communes du 6 mars 1861 et la proclamation de la reine d'Angleterre du 13 mai 1861.

faire tous les radoubs, les réparations qui lui conviennent;
acheter des vivres de toute nature et en aussi grande quantité qu'il désire; séjourner dans le port tout le temps qu'il
juge utile; enfin, partir lorsqu'il trouve le moment opportun. Ce n'est plus le devoir d'humanité, c'est l'accueil
qui constitue les rapports de courtoisie, de bienveillance
et d'amitié.

Le souverain du port neutre peut à son gré, lorsqu'il
n'est lié par aucun traité, accorder ou refuser l'asile aux belligérants; c'est un droit qui lui appartient. Il peut donc mettre
à l'octroi de cette faveur toutes les conditions qu'il juge
convenables dans l'intérêt de ses États. Son seul devoir est
de traiter également et avec la plus parfaite impartialité les
deux parties en guerre.

Cependant presque tous les peuples, sentant le besoin de
trouver des points de relâche pour leurs bâtiments, ont stipulé dans leurs conventions que l'asile serait accordé à leurs
vaisseaux, de telle sorte que, pour tous les souverains neutres liés par des traités de cette nature, l'asile est un devoir
conventionnel.

Depuis plus d'un siècle toutes les nations maritimes
accordent l'asile aux bâtiments de guerre des belligérants,
et le plus souvent, même aux corsaires; mais ces derniers
sont presque toujours soumis à des conditions spéciales. Quelques traités ont limité le nombre des vaisseaux belligérants
qui peuvent réclamer l'asile en même temps dans le
même port.

D'après les principes admis par tous les peuples, les
bâtiments reçus dans les ports neutres peuvent se radouber
et faire toutes les réparations nécessitées soit par les accidents
de navigation, soit même par le combat. Tous les travaux relatifs à la coque, aux agrès, sont autorisés sans aucune
exception. L'achat des vivres de toute nature et en quantité
illimitée est une des facultés essentielles accordées par le
neutre. Les conditions mises à l'asile sont tellement uniformes, qu'elles peuvent être considérées comme réglées

par la loi internationale. Sans doute, il est toujours permis à un souverain de modifier ces règles par des traités spéciaux, mais sauf ces cas exceptionnels, qui sont très-rares, si même il en existe, les sept conditions de l'asile sont les suivantes :

1° Vivre dans la tranquillité la plus parfaite et dans la paix la plus complète, non-seulement avec les habitants et leurs navires, mais encore avec les vaisseaux ennemis, s'il s'en trouve dans le port;

2° Ne pas augmenter l'équipage par l'engagement de matelots, de quelque pays qu'ils soient;

3° Défense expresse est faite d'augmenter le nombre ou le calibre des canons, d'acheter ou d'embarquer des armes ou des munitions de guerre. On pourrait ajouter aujourd'hui : et de changer des pièces d'artillerie anciennes contre de nouvelles à longue portée ;

4° De profiter de l'asile pour guetter les navires de l'autre belligérant entrant ou sortant, ou pour se procurer des renseignements sur ceux qui sont attendus ou qui doivent sortir;

5° Le bâtiment de guerre ou armé en guerre entrant dans le port neutre prend l'engagement de ne pas mettre à la voile moins de vingt-quatre heures après le départ d'un ou de plusieurs vaisseaux de guerre ou de commerce appartenant à son ennemi ;

6° Il ne peut employer ni la force ni la ruse pour recouvrer des prises faites sur ses concitoyens, reçues dans le même port, ni pour délivrer des prisonniers de sa nation;

7° Enfin il est défendu de procéder à la vente des prises avant qu'elles aient été déclarées valables par les tribunaux compétents [1].

Ces conditions, on le voit, ont le double but de faire res-

---

[1] Pour les développements de ces conditions et les questions qu'elles peuvent soulever, voyez notre *Traité des droits et des devoirs des nations neutres en temps de guerre maritime*, tit. VI, ch. II, t. I, p. 344, 2° édit., et notre *Histoire du droit international maritime*.

pecter le droit du souverain neutre, en assurant la paix et la tranquillité du port d'asile ; et d'empêcher que les vaisseaux belligérants ne profitent de l'hospitalité accordée pour augmenter leurs moyens d'attaque ou de défense.

Tels sont les principes fondamentaux du droit international. Ces principes ont-ils été modifiés par les traités intervenus entre l'Angleterre et les États-Unis d'Amérique?

L'acte solennel de 1794-1795, le dernier qui ait été consenti sur ces matières par les parties, porte dans son article 23 : « Les vaisseaux de guerre des deux parties contractantes se- » ront, dans *tous les temps*, reçus d'une manière amicale dans » les ports de l'autre... Dans le cas où un vaisseau améri- » cain sera réduit... à la nécessité de chercher un asile dans » quelque port de Sa Majesté,... il sera reçu amicalement, et » obtiendra la permission de s'y radouber, et d'acheter, au » prix du marché, tout ce dont il aura besoin [1]. »

... Ce traité est parfaitement conforme aux règles générales que nous venons de rappeler ; il ouvre l'asile aux bâtiments de guerre dans tous les temps, c'est-à-dire en temps de paix et en temps de guerre. Il remonte, il est vrai, à une époque déjà éloignée ; il est même périmé, puisqu'aux termes de l'article 28, il n'a été conclu, sauf les dix premiers articles, qui sont déclarés perpétuels, que pour un laps de dix années. Mais on doit observer qu'en pareille matière les conventions, même périmées, doivent être considérées comme étant encore en vigueur, lorsqu'elles n'ont été ni formellement abrogées, ni remplacées par de nouvelles stipulations. D'ailleurs, si l'acte de 1795 doit être considéré comme n'existant plus, l'Angleterre et les États-Unis retombent dans le droit commun des nations ; or ce droit veut que les bâtiments de guerre américains soient admis à jouir de l'asile dans les ports de la Grande-Bretagne.

Ainsi donc, soit que l'on s'attache aux principes généraux du droit maritime international, soit que l'on invoque le seul

---

[1] Ce traité se trouve dans le Recueil de de Martens, t. V, p. 640.

traité spécial conclu il y a quatre-vingts ans entre l'Angleterre
et les États-Unis d'Amérique, on arrive à cette conclusion que
les bâtiments de guerre des deux parties belligérantes doivent
être reçus dans les ports anglais, non pas seulement à titre
de refuge, mais pour y jouir de tous les avantages de l'asile.
C'est au reste ainsi que le Gouvernement britannique l'avait
pensé lorsque, depuis le commencement des hostilités, et il y
avait à peine un mois, il avait accueilli le *James-Adger*, bâtiment de guerre des États-Unis du Nord, et lui avait permis
de faire tous les travaux nécessaires pour se radouber.

Si nous faisons l'application de ce qui précède à l'espèce
même qui nous occupe, nous arrivons à cette conclusion : Le
Nashville, bâtiment de guerre appartenant à la Confédération
du Sud, commissionné par les autorités de cet État belligérant,
pouvait et devait être admis dans les ports anglais à jouir de
l'asile complet, et par conséquent à opérer son radoub, et à
faire, soit dans sa coque, soit dans son gréement, toutes les
réparations, tous les changements qu'il jugerait convenables. Il
devait lui être permis de se procurer tous les vivres, provisions,
rechanges, etc., qu'il jugerait pouvoir lui être utiles. La
Grande-Bretagne ne pouvait même pas lui refuser cette
permission sans se rendre coupable de partialité, sans perdre
sa qualité de nation neutre, parce qu'elle l'avait déjà accordée à
un vaisseau de guerre des États-Unis du Nord, adversaires de
la Confédération à laquelle appartient le *Nashville*. D'un autre
côté, il devait être défendu à ce bâtiment d'augmenter son
équipage, le nombre, le calibre ou la qualité de ses canons,
d'embarquer des armes portatives ou autres, des munitions
de guerrre, en un mot de prendre dans le port neutre aucun
objet susceptible d'accroître ses forces pour le combat.

Le fait que le *Nashville*, au moment de son entrée dans le
port de Southampton, avait à bord des prisonniers, ne peut
modifier ce qui précède. Les conditions mises à l'octroi de l'a-
sile par la loi internationale ne s'opposent pas à ce que les
prises soient amenées dans les ports neutres, et le traité anglo-
américain de 1795 l'autorisait formellement par son ar-

ticle 25 [1]. S'il en est ainsi pour les prises, il ne saurait en être autrement pour les prisonniers. Sans doute le belligérant ne peut pas mettre des prisonniers à terre et les détenir sur le territoire neutre ; mais il a toujours le droit de les garder à bord, c'est-à-dire sur le sol même de son pays. Au reste, cette question n'a aucun intérêt en ce qui concerne le *Nashville*, qui a donné la liberté à ses prisonniers aussitôt son arrivée dans le port.

Nous avons cru utile de rappeler les principes qui régissent le droit d'asile, non-seulement pour l'Angleterre, mais encore à l'égard de toutes les nations maritimes, parce que le fait qui s'est produit en Angleterre pouvait et devait même, si la guerre s'était prolongée, se renouveler fréquemment, non-seulement dans les ports de nos voisins d'outre-Manche, mais dans nos propres ports et dans ceux de tous les peuples neutres.

---

[1] « Art. 25. Il est permis aux vaisseaux de guerre et bâtiments armés en course appartenant aux parties contractantes de conduire partout où il leur plaira les vaisseaux et effets pris sur les ennemis... » Voyez le passage cité, t. V, p. 682.

XIII

AFFAIRE DU PAQUEBOT FRANÇAIS L·AUNIS.

C'est un des devoirs les plus importants du souverain que le
choix des hommes auxquels sont confiées des fonctions de nature à intéresser les relations internationales. Ces relations
sont toujours très-délicates, très-difficiles à entretenir. Chaque
peuple tient essentiellement, et avec raison, à ce que tous ses
droits soient respectés. Les questions d'indépendance réciproque, de nationalité et surtout de respect pour les agents
diplomatiques et pour le pavillon, engagent toujours l'amour-
propre national, passionnent les populations, et peuvent, si
elles ne sont traitées avec une grande souplesse et une connaissance parfaite du droit, compromettre la paix du monde.
Les fonctions de cette nature doivent donc être confiées à des
hommes connaissant bien les lois internationales générales, et
les obligations spéciales contractées par leur patrie envers les
autres souverainetés. Il faut, de plus, écarter de ces difficiles
missions les citoyens trop faibles pour résister aux entraînements des partis politiques ou assez ambitieux pour chercher,
dans les excès d'un zèle dangereux, les moyens de se procurer un avancement plus rapide. Combien de complications
politiques, de guerres même, n'ont eu d'autres causes que

l'ignorance ou l'ambition de fonctionnaires d'ordre inférieur ou secondaire! De nos jours, sans doute, ces graves conséquences sont beaucoup moins à redouter. La rapidité des communications, l'esprit beaucoup plus conciliant des gouvernements, permettent de remédier promptement à des actes inconsidérés, qui, il y a un siècle, auraient pu menacer la sécurité des peuples. Cependant, il y a quelques années à peine, le zèle trop bouillant d'un commodore américain faillit faire éclater la guerre entre la Grande-Bretagne et les États-Unis. Plus récemment, la morgue d'un ministre anglais au Brésil a fait rompre, entre les deux pays, les relations diplomatiques. Le 10 juillet 1863, un conflit, dont l'origine est également le zèle et l'ignorance d'agents secondaires, s'est élevé entre deux nations qui, par leur voisinage et surtout par les devoirs de reconnaissance qui lient l'une d'elles à sa puissante alliée, semblent destinées à vivre non-seulement en paix, mais dans les rapports les plus intimes, entre l'Italie et la France.

Avant d'examiner la question soulevée par la conduite des autorités italiennes, posons les faits. Afin d'éviter toute erreur, nous les emprunterons au *Moniteur*. Le paquebot français *l'Aunis*, appartenant à la compagnie des Messageries impériales, faisait son voyage de retour à Marseille. Le service postal dont est chargée la compagnie exige plusieurs escales, notamment à Civita-Vecchia, à Livourne, à Gênes. Au nombre des passagers pris par *l'Aunis*, à Civita-Vecchia, se trouvaient cinq hommes qui se présentèrent munis de passe-ports réguliers, visés par les ambassadeurs de France et d'Espagne, pour se rendre à Marseille et de là à Barcelone. Le 10 juillet, le navire entra dans le port de Gênes. A peine mouillé, un commissaire de police génois, accompagné de ving-cinq carabiniers armés, monte à bord et demande que les cinq passagers embarqués à Civita-Vecchia lui soient remis. Le capitaine était descendu pour faire viser ses papiers de bord. Le second refuse d'obtempérer à cet ordre; mais la force armée s'empare, sur le navire français, dont le pavillon flottait à la corne, des individus désignés par le commissaire de police, et les emmène dans les prisons de la ville, malgré les protestations du capitaine, qui, prévenu de l'incident, déclarait ne vouloir remettre ces hommes que sur l'ordre du consul de France. L'envahissement de *l'Aunis* avait eu lieu à dix heures du matin; ce ne fut qu'à onze heures que le préfet de Gênes fit prévenir le consul général de France de son intention de s'emparer de ces passagers. La résistance du second et celle du capitaine avaient entraîné quelques lenteurs dans l'exécution de ces ordres. Le consul général avait protesté contre l'avis tardif qui lui avait été donné, mais il eut le tort de déléguer un des employés de son consulat pour recevoir les passagers des mains des officiers du navire, et de ne pas maintenir sa protestation contre leur enlèvement du bord. Tels sont les faits; ils ont vivement excité l'esprit public en France; ils présentent une gravité très-grande et doivent être examinés à la fois au point de vue de la loi internationale générale, et dans leurs rapports avec les traités solennels existant entre la France et l'Italie. Quant à la conduite tenue par le consul général de France en cette circonstance, nous n'avons pas à nous en occuper; elle paraît avoir été l'objet d'un blâme de la part de notre ministre des affaires étrangères. Dans tous les cas, son intervention n'enlève rien à la responsabilité du gouvernement italien et de ses agents : il a pu s'incliner devant un mal consommé pour n'en pas amener un plus grand.

N'en déplaise à quelques journalistes, dont l'ignorance n'apparaît jamais plus grande que dans les questions de droit international, le principe général qui régit cette matière est reconnu et adopté par toutes les nations du monde. On est dans l'usage de le formuler de cette manière : « Le navire est une portion du territoire de la nation dont il porte légitimement le pavillon. » Le navire est donc inviolable comme le territoire dont il fait partie; aucune nation étrangère ne peut s'immiscer dans les affaires intérieures de cette colonie flottante; aucun ne peut y pénétrer sans le consentement de celui qui représente l'autorité souveraine de son pays. Ce

principe est la sauvegarde la plus réelle de la liberté des
mers et, par conséquent, de l'indépendance des peuples. Le
privilége ou plutôt le droit du navire, sa *territorialité*, comme
nous l'avons appelé ailleurs, est absolu à la haute mer, mais
il ne cesse pas d'exister lorsque le bâtiment entre dans les
mers, dans les rades ou ports soumis à un souverain étranger, lorsque ce souverain est ami du pays auquel il appartient. Cependant il est modifié par le contact même qui se
trouve établi avec la souveraineté étrangère. Ainsi la juridiction territoriale ne s'étend ni sur le navire ni sur les hommes
qui se trouvent à bord, matelots ou passagers, pour tous les
actes qui n'ont aucune relation avec le territoire soit maritime, soit terrestre du port; mais pour tous les actes qui, au
contraire, ont une relation réelle avec les choses ou les
hommes extérieurs, la juridiction locale est seule compétente,
parce que, pour les consommer, il a fallu quitter la parcelle
territoriale de la patrie, et entrer sur le territoire étranger [1].

Ce principe du droit primitif a été sanctionné par un très-
grand nombre de traités conclus entre presque tous les peuples navigateurs. Il reçoit tous les jours son application dans
tous les ports du monde. En effet, qu'une faute disciplinaire,
un délit, un crime même soit commis à bord d'un navire,
dans une rade ou dans un port étranger, par un homme em-
barqué sur le même navire, contre un autre hommes du
même équipage, pourvu que l'ordre et la tranquillité publique ne soient pas troublés, l'autorité locale n'a pas le droit
de s'emparer de la connaissance de ces faits; les consuls, les
officiers de la marine de guerre du peuple propriétaire du navire, ou même le capitaine, seuls sont compétents pour s'en
occuper. Le droit de juridiction, droit essentiellement réga-
lien, prouve complétement la territorialité du bâtiment, même
alors qu'il flotte sur des eaux étrangères. L'enlèvement des
cinq passagers aurait donc eu lieu à bord d'un autre navire
qu'un navire postal, il n'en aurait pas été moins illégal, n'en

---

[1] Pour le développement du principe et de ses conséquences, voir notre *Traité
des droits et des devoirs des nations neutres,* etc., t. I, 2ᵉ édit.

aurait pas moins donné lieu à une réclamation de la part du gouvernement français ; et les prétendus publicistes qui se sont livrés de ce chef à des distinctions puériles auraient grand besoin d'aller à l'école. Mais peut-on s'en étonner quand on voit un ministre des affaires étrangères, M. Visconti-Venosta, tomber dans la même erreur, et, dans sa dépêche du 19 juillet, appuyer toute sa discussion sur les *immunités* acquises aux bâtiments des messageries impériales?

Depuis quelques années, plusieurs nations, la France notamment, ont conclu des conventions spéciales pour régler les droits et les devoirs de leurs consuls. Dans tous ces actes, le principe de la territorialité, sans être nommé, est appliqué dans toute son étendue. Nous nous bornerons à citer celui qui a été signé, il y a quelques années, entre la France et l'Italie, parce qu'il doit servir à résoudre la question même qui nous occupe [1]. L'art. 12 porte : « Les fonctionnaires de l'ordre judiciaire et les officiers et agents de la douane ne pourront, *en aucun cas*, opérer ni visites ni recherches à bord des navires sans être accompagnés par le consul ou vice-consul de la nation à laquelle ces navires appartiennent..... » Après avoir remis aux mains des consuls la police et la justice à bord des navires de leur nation respective, l'art. 13 ajoute : « Les autorités locales ne pourront intervenir que lorsque les désordres survenus à bord des navires seraient de nature à troubler la tranquillité ou l'ordre public à terre ou dans le port..... » Cette réserve est conforme au principe lui-même ; en effet, dès que la tranquillité du port est compromise par le fait qui s'est passé à bord, ce fait cesse d'être purement intérieur, il devient extérieur, il crée une relation avec le territoire étranger.

Les lois intérieures d'un grand nombre de pays, et notamment celles de la France, ont également adopté ce principe tutélaire [2]. Ainsi donc, la loi générale et la loi spéciale, qui règlent les rapports entre la France et l'Italie, sont d'accord ;

---

[1] Voir convention consulaire, France et Italie, du 26 juillet 1862.

[2] Voir : 1° l'avis du conseil d'État de 1806 ; 2° l'ordonnance concernant les consuls français dans leurs rapports avec la marine marchande, 1833.

le navire de commerce, même alors qu'il est dans un port étranger, reste soumis exclusivement à la loi et à la juridiction de son pays ; il continue à jouir de sa territorialité pour tous les faits qui n'ont aucun rapport avec le territoire sur lequel il se trouve. Faisons l'application de cette loi internationale au fait qui s'est accompli dans le port de Gênes, le 10 juillet 1863.

Le navire français *l'Aunis*, faisant sa traversée habituelle de Naples à Marseille avec les diverses escales qui lui sont imposées, a pris des passagers à Civita-Vecchia, port des États romains, et par conséquent étranger à la France et à l'Italie, mais en paix avec ces deux pays ; ces passagers, pourvus de passe-ports reconnus réguliers par les autorités françaises et espagnoles et visés par elles, se rendaient à Marseille, port français, et à Barcelone, port espagnol, et par conséquent étranger à l'Italie. Le bâtiment est entré, conformément à son itinéraire, dans le port de Gênes. Les passagers dont il s'agit sont restés à bord ; ils n'ont fait aucune tentative pour descendre à terre ; leur présence ne pouvait donc nullement compromettre l'ordre ou la tranquillité publics de Gênes ; ils étaient sous la protection du pavillon français, sur le territoire de la France. C'est dans cet asile sacré que la police génoise est venue les saisir ; le sol français a été violé par la force armée italienne. Le traité exprès du 26 juillet 1862, les stipulations formelles de la convention postale du 4 septembre 1860 [1], spécialement conclue pour régler le service des paquebots-poste et par conséquent du navire *l'Aunis* lui-même, ont été foulés aux pieds ; enfin le pavillon français a reçu un outrage. Il est cependant impossible d'admettre que les fonctionnaires italiens, le préfet de Gênes, le commissaire de police et surtout le ministre de l'intérieur du gouvernement ita-

---

[1] Art. 7 de la convention postale du 4 septembre 1860 : « ..... Les passagers admis sur ces paquebots, qui ne jugeraient pas à propos de descendre à terre pendant la relâche dans l'un des susdits ports, ne pourront *sous aucun prétexte* être enlevés du bord, ni assujettis à aucune perquisition, ni soumis à la formalité du visa de leurs passe-ports ... »

lien, ou son remplaçant s'il était absent, aient pu ignorer l'existence et la teneur d'actes aussi importants, et dont le plus ancien remontait à trois ans à peine. Ils ne devaient pas, dans tous les cas, ignorer les principes généraux de droit international que nous avons rappelés plus haut.

Mais, a-t-on dit, les cinq passagers dont il s'agit sont des sujets italiens soupçonnés du crime de brigandage sur le territoire napolitain. Ce fait peut être vrai, nous l'admettrons comme prouvé; mais, dans ce cas même, ils ne pouvaient être saisis sur le territoire étranger. En effet, ils étaient sur le sol romain où la justice du royaume d'Italie n'avait ni le droit ni le pouvoir de les saisir; ils ont quitté ce pays pour monter sur un bâtiment français, territoire également inviolable et complétement hors de la juridiction de l'Italie; le pavillon de l'Empire devait les protéger aussi efficacement que le faisait auparavant le gouvernement romain. Si ces hommes sont de grands criminels, s'ils se sont rendus coupables de méfaits très-graves, *étrangers à la politique*, ils se trouvent, sans aucun doute, dans l'un des cas prévus par les traités d'extradition existant entre la France et l'Italie; ils pouvaient donc être réclamés par leur souverain et remis entre ses mains. Mais, dans ce cas, le consul général de France n'avait pas le droit de les livrer aux autorités génoises, et ces dernières avaient bien moins encore le pouvoir de s'en emparer de vive force. Pour arriver à l'extradition, il fallait employer la voie diplomatique et remplir toutes les formalités dont les cartels ont entouré, et avec beaucoup de raison, les actes d'extradition, cette dérogation si grave faite au droit primitif des nations, puisqu'il s'agit de livrer à une juridiction étrangère l'homme qui s'est réfugié sur le territoire d'un État indépendant. Ce n'est ni un préfet ni un commissaire de police, ni des carabiniers qui peuvent, le sabre au poing, envahir le sol libre étranger et enlever les individus qui s'y trouvent. La demande d'extradition doit être faite par le gouvernement lui-même au gouvernement étranger, qui a le droit d'examiner et de discuter cette demande, et ne doit l'accorder que dans le cas où elle est réellement conforme aux stipulations des traités.

La conduite tenue par les autorités et la force armée italiennes, l'envahissement du navire français *l'Aunis*, constituaient donc une infraction à la loi internationale et aux traités existant entre les deux nations, une grave atteinte à l'honneur du pavillon français. Vainement quelques journaux français ont fait leurs efforts pour pallier la faute et pour démontrer qu'il n'y avait point eu outrage; ils ont montré en cela peu de souci des principes et des susceptibilités nationales; vainement les journaux italiens ont essayé de désintéresser le cabinet de Turin et de rejeter la faute sur M. le marquis de Gualterio, préfet de Gênes, en racontant que celui-ci n'avait pas attendu les instructions qu'il avait demandées à Turin pour procéder à l'envahissement du navire français ; ils ne se sont pas aperçu qu'ils aggravaient ainsi la responsabilité du ministre, qui, étant averti, aurait dû donner sur-le-champ l'ordre de réintégrer les prisonniers à bord. Cette réparation spontanée n'ayant pas été faite, le gouvernement de l'empereur ne pouvait se dispenser de demander une satisfaction que le gouvernement italien s'est trouvé dans l'impossibilité de refuser. Cette satisfaction, pour être complète, aurait dû porter sur deux points principaux ; elle aurait dû être matérielle et morale. La réparation matérielle était hors de toute discussion, et si le ministre des affaires étrangères de Turin a cru devoir assembler son conseil du contentieux pour s'éclairer à ce sujet, c'a été, de sa part, une formalité de luxe. Les cinq passagers illégalement arrachés au territoire français devaient être remis, par les autorités italiennes, sur même territoire, soit à bord d'un navire, soit sur le sol même de l'empire. De plus, des indemnités auraient pu être réclamées pour dédommager les victimes de cet attentat de l'interruption de leur voyage, de leur détention et de toutes les suites des faits qui les ont illégalement frappées lorsqu'elles devaient se croire en sûreté sous le pavillon d'une nation souveraine. Si ces indemnités n'ont pas été réclamées, c'est que le gouvernement français a voulu ménager l'amour-propre d'une nation amie. Enfin, le gouvernement français pouvait demander une réparation morale pour l'insulte faite à son pavillon ; il pouvait exiger le désaveu et même la punition du préfet de Gênes et de tous les fonctionnaires qui ont coopéré à l'insulte ; il paraît s'être contenté de simples explications. Ici, encore, il a témoigné de sa magnanimité et de sa bienveillance. Ses exigences ont été d'autant plus modérées, qu'il avait affaire à une nation nouvellement émancipée sous notre patronnage, et il a montré pour elle une indulgence toute paternelle. Envoyés à la frontière du mont Cenis, les cinq passagers furent retenus en France sous le coup d'une demande d'extradition formulée par le gouvernement italien. L'instruction qui se poursuivit a dû décider si les cinq prisonniers devaient être considérés comme des criminels ordinaires, et, dans ce cas, consignés aux autorités italiennes, ou bien si les charges, qui s'élevaient contre eux, avaient un caractère exclusivement politique, et alors ils seraient rendus à la liberté sans que le gouvernement de l'empereur s'arrêtât aux récriminations que cet acte de justice pourrait lui faire encourir, le premier devoir du gouvernement étant de faire reconnaître à tous cette vérité, que partout où flotte le drapeau national, là est la France.

On comprend à merveille que la France ait apporté en cette affaire tous les ménagements possibles pour aider le ministère italien à sortir de la mauvaise position où il s'était mis, et qu'elle ait même fait plier ses droits devant les sympathies que le jeune royaume lui inspiraient ; mais il importait, devant la confusion qui s'est faite dans les idées à ce sujet, de rappeler ici les principes et de les rétablir sur leur base.

XIV

LE PRINCIPE DE NON-INTERVENTION

ET SES APPLICATIONS.

Au nombre des règles internationales qui, dérivées immédiatement de la loi primitive ou divine, ont été acceptées par tous les peuples civilisés de l'univers et sanctionnées par la loi secondaire ou conventionnelle, on doit compter *le principe de non-intervention*. Dès les temps les plus reculés et aussitôt que les nations modernes commencèrent à se former, ce principe tutélaire fut invoqué par tous les gouvernements. Depuis, son application n'a pas cessé d'être réclamée par toutes les nations ; aujourd'hui encore, et plus que jamais peut-être, cette loi est tous les jours mise en avant par la presse périodique, par les orateurs dans les parlements et par les souverains eux-mêmes. Les nations faibles réclament sa complète et impartiale exécution ; les puissantes protestent du profond respect qu'elles professent pour un principe aussi indispensable au bonheur des sociétés humaines.

Tous les États sont d'accord pour reconnaître et acclamer le principe : il semble donc qu'il ne peut s'élever aucune difficulté sur son exécution ; mais dès qu'il faut arriver à l'application, l'accord cesse, les plus graves difficultés surgissent. Il

nous a paru que cette contradiction avait surtout sa source
dans le vague qui entoure encore le principe lui-même, et que
le plus sûr moyen de la faire cesser était de déterminer autant que possible sa portée et son étendue, et d'arriver ainsi
à signaler les faits qu'elle défend et ceux qu'elle permet. Nous
ne nous dissimulons pas les difficultés d'une étude si simple
en apparence ; mais nous pensons qu'elle pourra être utile.
D'ailleurs, si nous ne réussissons pas à atteindre le but proposé, nous aurons du moins ouvert et frayé la route à d'autres
qui pourront enfin tracer aux puissances humaines une ligne
de conduite plus sûre et plus conforme aux devoirs qui leur
sont imposés par Dieu lui-même.

Pour donner plus de clarté et de précision à notre travail,
nous rechercherons d'abord dans la loi primitive ou divine les
origines et autant que possible l'étendue du principe de non-
intervention. Nous demanderons ensuite les mêmes ensei-
gnements à la loi secondaire, c'est-à-dire aux usages adoptés
par tous les peuples civilisés, et aux traités solennels conclus
par eux. Aidés par les écrits des auteurs qui nous ont pré-
cédés, nous nous efforcerons de préciser la règle, de déterminer les cas où l'immixtion d'une nation dans les actes d'une
autre nation constitue une violation du devoir de non-intervention, et ceux où cette immixtion est un droit pour tous
les peuples sans exception ; nous signalerons la différence
immense qui sépare l'intervention matérielle, c'est-à-dire
l'emploi de la force, de ce que, pour nous conformer à l'usage
reçu, nous appellerons l'intervention morale ou diplomatique ;
enfin nous énoncerons de quelle manière, à notre avis, le
principe doit être appliqué dans les questions si graves qui,
naguère, préoccupaient tous les peuples de l'univers. Pour
compléter la démonstration de la vérité, nous serons forcé
de citer des faits et de rechercher les causes qui ont si souvent porté les nations à violer une loi par elles reconnue ; mais
nous aurons soin de ne pas aller chercher nos exemples trop
loin dans l'histoire.

En employant l'expression *principe de non-intervention*, nous avons voulu rendre exactement et d'une manière précise notre pensée. Mais comme il est difficile de prendre une négation pour base d'une discussion, il nous arrivera souvent de nous occuper de l'intervention, des cas très-rares, si même il en existe, où elle peut être permise, et de ceux où elle est défendue par les lois divines et humaines.

I

D'après les inspirations de la loi divine, que Dieu lui-même a gravées dans le cœur de tous les hommes, inspirations que nul peuple, à quelque degré de puissance qu'il soit parvenu, n'a jamais osé nier, toutes et chacune des nations qui forment la grande société humaine possèdent deux droits essentiels, sans lesquels elles ne sauraient exister. Elles sont absolument indépendantes les unes des autres; elles ont le droit et même le devoir de pourvoir à leur propre conservation. Les Romains eux-mêmes et les autres peuples anciens ou modernes qui ont aspiré à la domination ou plutôt à la tyrannie universelle n'ont jamais cessé de reconnaître, au moins en théorie, ces deux droits imprescriptibles des peuples.

L'indépendance des nations les unes à l'égard des autres' est absolue; chacune d'elles est et doit rester isolée des autres êtres de même nature pour tout ce qui concerne son existence. Sans doute, elle peut avoir avec les autres peuples des relations de toutes sortes; son intérêt, celui de l'humanité, le conseillent; mais ces relations sont purement volontaires et libres; et malgré tous les liens qui peuvent l'attacher aux autres sociétés, elle doit rester indépendante pour tous les actes qui la régissent. Ces mots, *peuple, nation, puissance*, dont on se sert pour désigner l'ensemble des hommes réunis sous un même gouvernement, indiquent une société séparée des autres, vivant à leur égard dans un état complet de liberté, ne reconnaissant aucun pouvoir commun, aucun chef ayant le droit d'imposer sa volonté à plusieurs, aucun juge pouvant prononcer une sentence légitime contre plusieurs d'entre elles et la faire exécuter légitimement. Sans cette indépendance absolue il n'existe pas de nationalité. La société qui reconnaît un chef commun à une autre société cesse par cela même d'être une nation souveraine ; elle est une partie d'une autre nation, une réunion de sujets d'un autre peuple.

Le droit de propre conservation n'est pas moins sacré ; il émane, lui aussi, du Créateur, qui l'a donné à toutes ses créatures. Pour l'homme en général, et surtout pour les sociétés humaines, se conserver est non-seulement un droit, c'est encore un devoir et un devoir impérieux. Sans doute, on a souvent abusé de ce droit, de ce devoir ; on l'a travesti de toutes les manières, et souvent les puissances les plus formidables, alors que leur existence était loin d'être en péril, ont invoqué ce qu'elles appelaient le *droit de la nécessité* pour opprimer et même pour anéantir les peuples les plus faibles[1]. Ces graves abus ne peuvent que prouver l'existence du principe lui-même. Mais il doit être ramené à ses limites vraies, et par conséquent se borner au droit de repousser par tous les moyens possibles, même par la force, par la guerre, tout acte qui menace réellement l'indépendance naturelle et essentielle du peuple. Le devoir de propre conservation est le corollaire nécessaire, le complément indispensable de l'indépendance, dont il assure l'existence et la durée.

De cette liberté naissent des droits importants pour les peuples. Nous les diviserons en deux classes : les droits extérieurs et les droits intérieurs. Les publicistes les ont souvent désignés sous le nom de droits primitifs ou absolus, c'est-à-dire qui existent pour l'État en toutes circonstances, par le seul fait qu'il est un État souverain et comme conséquence nécessaire de cette qualité[2].

[1] Sur l'abus du droit de la nécessité, voyez notre *Traité des droits et des devoirs des nations neutres en temps de guerre maritime*, tit. VII. ch. II, sect. II, § 2, t. II, 2ᵉ édit., et notre *Histoire des origines du droit international maritime*.

[2] Klüber, *Droit des gens modernes de l'Europe*, § 36. Wheaton, *Éléments du droit international*, 2ᵉ part., ch. I, § 1.

Les droits extérieurs s'appliquent aux actes qu'un peuple accomplit hors de son territoire propre, soit que ces actes exigent le concours d'un autre peuple, ou entraînent un contact avec un étranger; soit que, ce qui est très-rare, ils puissent s'accomplir par la seule volonté de celui qui les entreprend. Dans cette classe on peut ranger : la guerre, les traités de toutes les espèces, le commerce avec l'étranger, les colonisations, les conquêtes, les acquisitions de territoire par mariage, succession, les annexions, etc., etc.

L'indépendance intérieure régit tous les actes accomplis sur le territoire même du peuple souverain, et qui ne sont pas destinés à sortir de cette limite, qui par conséquent n'exigent pas le consentement d'un tiers et n'entraînent aucun contact avec les étrangers. Tels sont : le gouvernement spécial de la nation, les modifications qui peuvent y être faites; le choix des chefs, quel que soit le titre sous lequel ils agissent; les lois civiles, politiques, commerciales, religieuses; le développement de la population, du commerce, de l'industrie, des forces armées de terre ou de mer, etc., etc.

Du droit d'indépendance naît le devoir pour les étrangers de ne pas s'immiscer dans les affaires d'une autre nation, c'est-à-dire le principe de non-intervention. Le droit de propre conservation modifie souvent ce devoir lorsqu'il s'agit des actes extérieurs, mais il ne saurait jamais l'amoindrir lorsqu'au contraire les actes intérieurs sont seuls en cause.

Dans tout ce qui concerne les actes extérieurs, il est facile d'apercevoir que l'indépendance naturelle de la nation est limitée. En matière de droit international surtout, il n'existe pas un seul droit qui n'engendre un devoir corrélatif, destiné à le limiter, à le maintenir dans de justes bornes. Dans le cas qui nous occupe ce devoir est de respecter les autres nations, de ne pas porter atteinte à leur indépendance : car toutes sont également souveraines, également indépendantes; toutes ont également le droit de propre conservation, et par conséquent celui de repousser les entreprises faites contre leur indépendance. Or il est évident que tout acte extérieur d'un peuple touche par quelque point aux affections, aux intérêts, aux droits même d'un autre peuple. Du moment où le fait sort du territoire de celui qui agit, il est impossible qu'il soit complétement indifférent aux autres sociétés politiques. Celles-ci, en vertu du droit de conservation, sont autorisées à s'opposer à tout ce qui peut leur nuire, les menacer, ou même les blesser dans leur susceptibilité. Elles peuvent, à tort ou à raison, trouver que l'acte du voisin porte atteinte à leur liberté, et elles sont fondées à prendre les mesures nécessaires pour repousser le dommage qui les menace ou obtenir satisfaction de celui qui leur a été causé. C'est un cas de légitime défense. De cette importante observation il résulte évidemment que la résistance par une nation à un acte extérieur d'une autre nation n'a jamais le caractère d'une intervention.

Le droit de conservation a donné lieu à un très-grand nombre de guerres provoquées le plus souvent par les entreprises ambitieuses d'un peuple souverain qui, méconnaissant ses devoirs, et méprisant les droits, les intérêts et la sécurité de ses voisins, menaçait leur indépendance. Ces guerres sont ordinairement désignées sous le nom de guerres d'équilibre. Au xvi⁰ siècle et au commencement du xvii⁰ la maison d'Autriche, maîtresse d'une grande partie de l'Allemagne, de l'Espagne et des Indes occidentales, menaçait la liberté de l'Europe. La France et divers États se coalisèrent pour faire rentrer cette puissance dans de justes limites et la mettre hors d'état de nuire à ses voisins. Après des luttes longues et sanglantes, le traité de Westphalie (1648), dont les stipulations ont longtemps servi de base au droit international de l'Europe, atteignit le but proposé et assura l'indépendance des autres États. L'équilibre rétabli par cet acte solennel fut bientôt rompu par l'ambition de Louis XIV; l'Angleterre, l'Autriche et d'autres nations entreprirent de mettre des bornes à ces agrandissements. Les traités d'Utrecht furent pour la France ce que celui de Westphalie avait été pour les descendants de Charles-Quint. Mais, sans remonter si haut dans l'histoire, sans même parler des guerres entreprises au commencement du siècle par presque toutes les puissances de l'Europe contre la France et dont l'équilibre fut le prétexte beaucoup plus que la cause réelle, les dernières années qui viennent de s'écouler nous offrent des exemples de guerres qui ont eu pour motif unique la défense ou le rétablissement de l'équilibre entre les forces des grandes puissances, et par conséquent la conservation de l'indépendance des peuples.

La Russie, que l'étendue de son territoire et le chiffre de sa population rendaient déjà si redoutable, s'était crue au moment de réaliser le rêve de Pierre le Grand : elle voulait s'emparer de la Turquie d'Europe et de Constantinople. Tout avait été parfaitement préparé pour atteindre le but; des guerres antérieures avaient enlevé successivement plusieurs provinces à l'empire ottoman, et complétement affaibli cet ancien colosse, désormais hors d'état d'opposer une résistance sérieuse aux attaques de son redoutable voisin. Sous un prétexte des plus frivoles le czar envahit les provinces de l'empire turc. Cet acte, sans aucun doute, n'excédait pas les limites du droit d'indépendance naturelle de la Russie; mais c'était un acte extérieur qui pouvait entraîner les plus graves conséquences, non-seulement pour le sultan, que l'on voulait dépouiller, mais encore pour les autres nations. En effet, maître de Constantinople, le czar faisait de la mer Noire une mer intérieure dont il pouvait exclure tous les étrangers; loin de tous les regards, à l'abri de tout contrôle, il pouvait en pleine sécurité construire et exercer des flottes puissantes, qui, traversant la mer de Marmara, auraient dominé tout le bassin oriental de la Méditerranée et les peuples qui habitent ses rivages. Dans cette position, il menaçait toutes les côtes méridionales de l'Europe, et notamment l'Italie, l'Autriche, la France et l'Espagne. Les possessions et le commerce de l'Angleterre dans ces parages étaient à la discrétion du conquérant. L'indépendance de toutes ces nations était donc menacée par les projets de l'ambitieux souverain moscovite. La France et la Grande-Bretagne s'émurent, et avec raison; elles usèrent du droit de propre conservation, s'unirent avec l'empereur musulman et prirent sa défense contre son formidable adversaire. Le résultat de cette lutte si énergique et si sanglante est connu de tous nos lecteurs. La Russie dut renoncer à ses projets d'agrandissement. Jamais guerre ne réunit à un degré plus complet tous les caractères constitutifs de la guerre d'équilibre. Les alliés s'étaient engagés à ne faire aucune conquête, à ne rechercher aucun avantage personnel et à borner leur action au maintien de l'état de possession existant avant les hostilités. Ces engagements ont été exécutés avec une complète loyauté, au moins par l'une des deux puissances, par la France; les frais de la guerre ne furent pas même réclamés. Sous l'influence de l'empereur Napoléon III, le traité de 1856 mit fin aux hostilités d'une manière honorable pour toutes les parties, et avant que la Russie eût reçu aucune atteinte de nature à diminuer notablement sa puissance première. Ce traité lui-même est un acte d'équilibre fort habile.

La guerre dans laquelle la France s'est engagée contre le dictateur de la république mexicaine fut en même temps destinée à obtenir satisfaction de certains griefs, et à créer dans l'Amérique septentrionale un équilibre indispensable à l'indépendance des peuples qui habitent cette partie du monde et de ceux mêmes de la vieille Europe. Elle fut d'abord entreprise par la France, l'Espagne et l'Angleterre, pour forcer le gouvernement de Juarez à exécuter les engagements pris par ses prédécesseurs et par lui-même envers les trois puissances; sous ce point de vue, elle était parfaitement juste et légitime. Le président abusait de son indépendance naturelle en refusant de donner suite aux traités solennels conclus avec les autres nations; il faisait un acte extérieur qui lésait les droits de ces dernières : elles pouvaient, dès lors, revendiquer ce qui leur avait été promis, et employer, pour l'obtenir, tous les moyens en leur pouvoir, même la voie des armes. Mais, légitime à ce premier point de vue, cette guerre ne l'est pas moins comme guerre d'équilibre.

Depuis longtemps la république du nord de l'Amérique, éblouie de ses immenses et rapides développements, rêvait la

domination exclusive et complète de tout le continent septen-
trional du nouveau monde, et ne dissimulait pas que la partie
méridionale elle-même ne devait pas tarder à tomber entre
ses mains. Les États-Unis se voyaient ainsi, dans un avenir
prochain, possesseurs de ces immenses territoires, dont la
fertilité fournit à l'Europe la plus grande partie des matières
premières indispensables à son industrie, et même à l'ali-
mentation de ses habitants, avec une population de 300,000,000
d'âmes, et, par conséquent, les arbitres ou plutôt les maîtres
de l'univers. Mais il fallait d'abord dépouiller leurs plus
proches voisins. Les Indiens furent facilement chassés de
leurs territoires et presque anéantis, mais les anciennes colonies européennes présentaient plus de difficultés. L'emploi de
la force ouverte eût soulevé tous les peuples civilisés : on eut
recours à la ruse. Travestissant les paroles et les actes de l'un
de leurs hommes d'État les plus célèbres, du président
Monroë, les Américains élevèrent la prétention que les États
de l'Europe n'avaient pas le droit de se mêler des événements
qui pouvaient se passer sur le nouveau continent; ils menacèrent même de leur colère et de la guerre la nation qui tenterait de s'immiscer dans les affaires des jeunes États fondés
au delà de l'Atlantique, et de franchir la barrière par eux
élevée entre les deux hémisphères. Après avoir ainsi isolé les
peuples faibles dont ils voulaient faire leur proie, les États-
Unis eurent soin, pour les affaiblir davantage encore, de faire
naître et d'entretenir dans leur sein des guerres civiles inces-
santes. Plusieurs fois même on vit sortir des ports de l'Union
des escadres de flibustiers qui assaillirent l'Amérique centrale
et l'île de Cuba. Après leur défaite, le gouvernement de
Washington en fut quitte pour les désavouer. Ce moyen
n'ayant pas réussi, il eut recours à un expédient plus habile,
et qui semble avoir quelque chance de succès. Sous prétexte
d'établir des communications entre les deux mers, une compagnie américaine s'est installée sur le territoire de l'une des
petites républiques de l'Amérique centrale ; puis, prétendant
que le gouvernement local était impuissant à protéger les

convois de marchandises et les voyageurs, elle a créé et elle
entretient une armée américaine sur ce territoire étranger.
On peut prévoir le moment où cette compagnie se déclarera
maîtresse absolue du pays qui lui a donné un asile. Au reste,
il y a longtemps déjà que les petits États du centre, maîtres
des routes les plus courtes entre les deux océans, auraient été
absorbés, sans l'opposition de l'Angleterre, qui ne peut consentir à voir ces précieux territoires passer entre les mains de
ses rivaux.

La même politique a été suivie à l'égard du Mexique. Afin
de ruiner complétement ce malheureux pays, on y entretient
depuis quarante ans une guerre civile incessante; dans ce
court espace de temps cet État a eu près de quarante chefs du
gouvernement, qui tous ont été alternativement soutenus et
attaqués par les États-Unis. Le gouvernement de Washington
avait besoin de ports sur l'océan Pacifique, le Mexique en possédait plusieurs : il simula et acheta peut-être une insulte au
pavillon de l'Union, déclara la guerre, s'empara des ports con-
voités et de la moitié du territoire mexicain. C'est beaucoup,
sans doute, mais ce n'est pas encore assez : il faut que tout
ce vaste et beau pays soit annexé à la grande république. Les
mêmes manœuvres continuèrent donc; la guerre civile fut
fomentée et entretenue avec le plus grand soin. On souffrit
même que les Européens vinssent de temps en temps demander raison des insultes qui leur étaient prodiguées par
les souverains éphémères de Mexico. Ces expéditions, qui se
bornaient au bombardement de quelques ports et à l'alloca-
tion d'indemnités, contribuaient encore à affaiblir le Mexique
et à le soumettre de plus en plus aux influences américaines.
Juarez est un de ces héros éphémères que l'argent et les intrigues des États-Unis ont élevés au pouvoir suprême. Les
hommes d'État de Washington espéraient que les Mexicains,
fatigués de cet état intolérable, chercheraient d'eux-mêmes un
asile et la tranquillité à l'ombre du pavillon étoilé de l'Union.
La scission des États du Sud est venue suspendre l'exécution
de ces plans si habilement ourdis; mais ils ne sont pas aban-

donnés, et, aux yeux des Yankees, le Mexique est leur propriété ; il ne peut appartenir à nul autre, pas même à ses propres habitants.

Il est facile de comprendre quelle puissance la possession du Mexique eût ajoutée à celle des États-Unis. Les laisser s'emparer de cette riche proie, c'était les mettre en état de réaliser, et dans un avenir peu éloigné peut-être, leurs plus gigantesques projets ; c'était rompre à leur profit toute espèce d'équilibre dans le monde civilisé ; il était de la plus grande importance de s'opposer à cet envahissement. Ce fut dans ces circonstances que l'expédition du Mexique fut commencée par les trois puissances. Son but était sans doute d'obtenir satisfaction des griefs reprochés à Juarez ; mais il était surtout de mettre fin à la politique faussement attribuée à Monroë, et de montrer que l'Europe n'avait pas abdiqué le droit de maintenir dans tout l'univers, et même en Amérique, un juste équilibre entre les forces des diverses nations. A peine la guerre était-elle commencée, qu'un incident vint achever de lui donner complétement le caractère que nous lui attribuons, et qui d'abord semblait relégùe au second plan. Les Espagnols et les Anglais conclurent un traité avec Juarez pour régler les indemnités qu'ils réclamaient, et se retirèrent. La France, abandonnée de ses alliés, pouvait suivre leur exemple et laisser le Mexique dans la malheureuse position où il se débat depuis quarante ans ; mais elle voulut poursuivre le but réel de l'expédition : ses troupes continuèrent la guerre. Après la prise de Puebla, elles se dirigèrent vers la capitale, dont elles s'emparèrent. Elles seraient arrivées à leur but ; elles auraient relevé le Mexique de l'état d'anarchie, de misère et d'impuissance, dans lequel il était tombé ; sous un gouvernement fort et stable, elles lui auraient donné la puissance nécessaire pour résister aux attaques de ses ambitieux voisins. Ces derniers pouvaient, d'ailleurs, devenir moins redoutables peut-être à l'avenir, si, privés des États du Sud, ils mettaient fin à la lutte acharnée qui aurait épuisé également leurs finances et leur population.

Sans aucun doute, si les États-Unis n'avaient pas été aussi complétement absorbés par la lutte acharnée contre la confédération séparatiste, ils n'auraient pas hésité à déclarer la guerre à la France pour la forcer à renoncer à son entreprise, et l'on peut affirmer que, malgré tous leurs embarras intérieurs, ils ont vu avec un immense déplaisir l'expédition du Mexique. Ne pouvant s'y opposer par la force ouverte, ils ont même cherché à assurer, en partie du moins, la réalisation de leurs projets de conquête. Le gouvernement de Washington, dont les finances étaient épuisées par la guerre du Sud, n'avait pas hésité à conclure avec le président Juarez un traité aux termes duquel il lui avançait une somme de onze millions de dollars destinée à payer les indemnités dues à l'Espagne et à l'Angleterre, et surtout à soutenir la guerre contre la France. Le prêt n'était pas tout à fait désintéressé. Le remboursement de la somme devait avoir lieu à une époque déterminée, et, pour l'assurer, les États-Unis prenaient hypothèque sur certaines provinces du Mexique, qui, en cas de non-paiement, devenaient leur propriété. Juarez acceptait ces conditions sans aucune difficulté : d'un côté, il manquait de toutes les ressources indispensables pour lever et entretenir une armée ; de l'autre, il devait penser, comme tous ses prédécesseurs, à s'assurer une retraite convenable à son rang lorsqu'il cesserait d'être le chef de l'État. Cette manœuvre était fort habile de la part des Américains. Il était constant que le Mexique serait complétement hors d'état de rembourser une somme aussi considérable à l'époque fixée. Si l'expédition française échouait, les provinces engagées devenaient donc la propriété du prêteur; si, au contraire, elle réussissait à établir un gouvernement vraiment national au Mexique, les États-Unis avaient toujours le droit de réclamer de ce gouvernement l'exécution du traité passé avec son prédécesseur, c'est-à-dire le remboursement de onze millions de dollars, avec les intérêts, ou la remise des provinces hypothéquées. Cette combinaison a échoué ; le sénat de Washington, craignant, et avec raison, que la France ne considérât cet acte

comme une immixtion directe aux hostilités, et, par conséquent, comme un cas de guerre, refusa de le sanctionner. Il
est certain que les Américains ont fourni à Juarez l'argent indispensable pour soutenir la guerre; ils lui ont même envoyé des hommes pour former son armée et pour fortifier
ses places; dans la garnison de Puebla faite prisonnière, il
y avait probablement un très-grand nombre d'aventuriers
yankees; mais ces secours ont été fournis d'une manière
occulte, sous le nom de simples citoyens, et, quelles que
soient les conditions mises au prêt d'argent et aux autres
fournitures faites, elles ne sauraient obliger le gouvernement
qui succèdera à celui du dictateur. Quoi qu'il en soit, le fait
reste avec toute sa gravité : il montre combien il était urgent
de constituer au Mexique un pouvoir régulier et fort pour
s'opposer aux envahissements des États-Unis; il prouvait
d'une manière complète que la guerre du Mexique était une
guerre d'équilibre général, et que, par conséquent, elle était
légitime.

Toutes les autres espèces de guerres extérieures, c'est-à-dire
celles qui sont faites pour secourir un voisin attaqué par une
autre puissance, pour obtenir le redressement de griefs réels
ou supposés, celles mêmes qui ne sont provoquées que par le
caprice ou l'ambition, sont, comme les guerres d'équilibre,
complétement en dehors de ce que l'on peut appeler une intervention, parce que toutes sont des actes extérieurs, soumis
au contrôle de tous les peuples. Ainsi, la guerre d'Italie en
1859, faite pour secourir le Piémont contre l'aggression de
l'Autriche, fut, de la part de la France, un acte de son indépendance naturelle et non une intervention. L'attaque faite
par l'Autriche était un acte extérieur, que l'empereur des
Français pouvait apprécier, juger, et qu'il pouvait trouver
menaçant pour son pays. D'autres puissances auraient pu
prendre parti pour ou contre le Piémont, suivant leurs intérêts, leurs sympathies, sans encourir le reproche de violer
leurs devoirs ou de méconnaître les droits des belligérants.
Si cette guerre se fût prolongée, il est probable que la Prusse

y aurait pris part en faveur de l'Autriche ; déjà elle faisait ses préparatifs et appuyait son action sur les traités de Vienne, constitutifs de la confédération germanique. Il est évident qu'elle faisait une fausse application de ces actes, qui ne concernent que les domaines autrichiens soumis à la confédération, domaines dont la Lombardie et la Vénétie n'ont jamais fait partie ; mais, en vertu de son indépendance, elle avait le droit absolu de venir en aide à un de ses voisins. Ces sortes de guerre, que l'on peut appeler guerres d'alliance ou de secours, sont souvent le résultat de la volonté de celui qui vient se joindre au premier engagé. Souvent aussi elles ne sont que l'exécution de traités conclus entre le secouru et le secourant. Quelle que soit leur origine, elles conservent leur caractère distinctif, et ne peuvent jamais être considérées comme des interventions.

En 1689, l'Angleterre et la Hollande étaient liguées contre la France. Ces deux puissances publièrent un manifeste pour faire connaître aux peuples neutres la conduite qu'elles comptaient suivre à leur égard. Les prétentions élevées par les belligérants alliés étaient exorbitantes ; elles tendaient évidemment à anéantir complétement le commerce et la navigation des nations pacifiques. La Suède et le Danemark se réunirent, et déclarèrent que, tout en conservant la neutralité la plus stricte et en observant toutes les obligations qu'elle impose, ils prendraient les mesures nécessaires pour protéger le commerce de leurs sujets contre les entreprises iniques de l'Angleterre et de la Hollande ; que, notamment, ils armeraient des bâtiments de guerre pour convoyer leurs navires et établir des croisières chargées d'assurer l'exécution des traités et l'indépendance des pavillons suédois et danois. Ce traité, le premier acte de neutralité armée dont il soit parlé dans l'histoire, reçut son exécution. L'Angleterre et son alliée furent contraintes de respecter les pavillons des deux puissances du Nord. Dans cet accord, non plus que dans son exécution, on ne peut trouver aucune espèce d'intervention. Sans doute, la Suède et le Danemark contrôlent une proclamation émanée

de nations indépendantes ; ils l'empêchent même de remplir
le but que s'étaient proposé ses auteurs. Mais cette proclamation était un acte extérieur, qui les frappait dans leurs droits,
dans leurs intérêts, dans leur indépendance : ils pouvaient
donc, sans froisser les droits des belligérants, sans violer
leurs devoirs, sans méconnaître le principe de non-intervention, employer les moyens en leur pouvoir, et même la guerre,
pour repousser l'atteinte portée à leur propre existence. Ils le
pouvaient, ils le devaient même, puisque le droit de propre
conservation est en même temps un devoir. Le même raisonnement s'applique à toutes les alliances de neutralité armée
qui ont pour objet le maintien de l'équilibre général.

En 1850, les États-Unis d'Amérique pensèrent pouvoir
réaliser la conquête de l'île de Cuba qu'ils convoitaient depuis longtemps. Déjà leurs agents secrets avaient employé
tous les moyens pour préparer dans la population un soulèvement dont ils espéraient profiter. Mais afin de ne pas éveiller l'attention des Européens, ils confièrent l'exécution matérielle de leurs desseins à d'habiles flibustiers. Les expéditions
contre la possession espagnole furent armées ostensiblement
dans les ports de l'Union, et quittèrent au grand jour les rivages de la république pour attaquer ceux d'une puissance
amie, car la paix la plus complète régnait entre le gouvernement de Madrid et celui de Washington. Deux tentatives de
cette nature échouèrent devant l'attitude énergique des autorités espagnoles. Le président des États-Unis, mécontent de
ces échecs, alla jusqu'à annoncer officiellement, dans son
message, la volonté de proposer à la reine d'Espagne l'achat
de l'île de Cuba, et, en cas de refus, de s'en emparer par la
force. La France et l'Angleterre crurent devoir s'opposer à
l'exécution de ce plan, dont la réalisation aurait anéanti la
liberté de la navigation et du commerce dans le golfe du
Mexique et dans la mer des Antilles : elles déclarèrent donc
aux États-Unis que toute tentative faite contre la colonie
espagnole serait considérée par elles comme une déclaration
de guerre. Cette action commune de la part des deux puis-

sances força les Américains, sinon à renoncer à leurs conquêtes, du moins à en ajourner la réalisation. Ce fait ne peut
être considéré comme une intervention de la part de la
France et de l'Angleterre. C'est une action diplomatique qui
participe de la nature des guerres d'équilibre. Le traité de
paix conclu entre le représentant du président Lincoln et
Juarez est dans le même cas : s'il eût été ratifié par le Sénat,
il équivalait à une déclaration de guerre de l'Amérique
contre la France ; mais il ne pouvait pas être considéré
comme une intervention. Dans les deux cas, la guerre faite
par l'Union à l'Espagne et celle faite par la France au Mexique sont des faits extérieurs qui pouvaient nuire aux autres
puissances, et auxquels elles avaient par conséquent le droit
de s'opposer.

Ce que nous venons de dire des diverses espèces de guerres
s'applique également à tous les autres actes extérieurs, aux
traités, aux annexions, aux acquisitions par mariage ou succession, etc., etc. En effet, un traité d'alliance entre deux peuples peut menacer directement l'indépendance d'un troisième : ce dernier a donc parfaitement le droit de s'opposer à
l'exécution de cet acte. Si on suppose deux nations en guerre,
dont l'une contracte avec une troisième une alliance offensive
et défensive, il est évident que cet acte aggrave beaucoup la
situation de l'un des belligérants, et qu'il a le droit de traiter
immédiatement en ennemi le peuple qui s'est volontairement
fait l'allié de son ennemi, avant même qu'il soit en mesure
de commencer les actes hostiles promis par le traité. Même en
pleine paix, il peut arriver que l'union intime de deux gouvernements soit une menace contre leurs voisins, et par conséquent que ces derniers aient le droit de prendre toutes les
mesures qu'ils jugeront utiles pour prévenir ce danger. Les
conquêtes, les acquisitions par alliances ou par successions,
les annexions, lorsqu'elles sont importantes, sont également
de nature à éveiller l'attention, les susceptibilités et même l'opposition formelle et matérielle des autres nations. En effet ces
actes, quelle que soit leur origine, peuvent avoir pour résul-

tat d'augmenter la puissance du peuple qui les fait, et par conséquent de rompre l'équilibre : ils sont donc susceptibles de provoquer l'action directe de tous ceux qui sont réellement ou même qui se croient intéressés au maintien de l'état de choses antérieurement existant.

Ainsi donc nous pouvons poser le principe suivant : tous les actes extérieurs d'une nation, sans exception, peuvent toucher aux intérêts, à la sûreté, à l'indépendance des peuples étrangers; ils sont par conséquent de nature à justifier les réclamations, les oppositions, et même la guerre, de la part de ceux qui se trouvent lésés. Ils agiront ainsi en vertu de leur indépendance naturelle; la guerre qu'ils feront sera, nous ne disons pas juste, mais légitime; ils ne seront pas coupables d'intervention. On peut donc affirmer que, lorsqu'il s'agit d'actes extérieurs, il n'y a jamais, il ne peut jamais y avoir une intervention proprement dite.

II

S'il est impossible de qualifier d'intervention l'opposition faite par un peuple souverain à un acte extérieur d'un autre peuple souverain, il n'en est pas de même pour ce qui concerne les actes intérieurs. Par leur nature même ces faits ne peuvent porter atteinte directement ni à l'indépendance ni aux intérêts des étrangers; leurs conséquences immédiates sont limitées au territoire de la nation dont ils émanent. Dans cette limite l'indépendance naturelle d'une nation ne peut être soumise à aucune restriction. Nul gouvernement étranger n'a et ne peut réclamer le droit d'apprécier, de juger ce qui se passe chez son voisin, parce que chaque nation est maîtresse absolue de son propre sort dans les limites de ses frontières, et qu'elle ne peut perdre ce privilége sans perdre son indépendance, c'est-à-dire la qualité de nation, dont l'indépendance est le caractère essentiel. Ainsi un peuple trouve qu'il est de son intérêt de modifier ses lois commerciales, politiques, douanières ou religieuses; de changer la forme de son gouvernement ou son souverain; d'admettre sur son territoire certains étrangers, de repousser les autres; de favoriser une religion unique et de proscrire les autres, etc., etc. : il est parfaitement libre d'accomplir tous ces actes, qui, étant purement intérieurs, ne sauraient avoir aucune conséquence directe et immédiate pour les autres peuples. L'on peut affirmer que toute tentative faite par un gouvernement de contrôler les actes intérieurs d'un autre peuple, de les juger, de s'opposer à leur exécution, est un attentat contre l'indépendance de ce dernier, une violation des devoirs de l'étranger, en un mot une intervention matérielle, défendue par la loi primitive. La loi secondaire est parfaitement d'accord avec celle dont elle ne doit être que l'écho. Elle veut aussi que, dans tous les actes de la vie intérieure des peuples, l'indépendance soit complète et absolue, et qu'aucun étranger ne puisse s'opposer à la volonté nationale, lorsque les actes de cette volonté sont exactement renfermés dans les limites du territoire, lorsqu'ils sont vraiment des actes intérieurs. Tel est l'esprit, sinon le texte littéral, de presque tous les traités solennels conclus depuis plusieurs siècles entre les peuples civilisés. Nous disons presque tous les traités, parce qu'il en existe quelques-uns qui contiennent, tacitement au moins, une sorte de doctrine d'intervention en faveur des nations puissantes contre les faibles. Ces actes sont en trop petit nombre pour former une jurisprudence internationale; il importe cependant de les examiner, et de démontrer que tous, sans exception, sont radicalement nuls.

Le traité constitutif de ce que l'on a appelé la *Sainte Alliance* est le premier qui ait été cité comme pouvant donner à un étranger le droit de se mêler des affaires intérieures des autres peuples souverains. Nous avons déjà et depuis longtemps étudié avec soin cet acte solennel, dont on a tant parlé il y a quelques années. Sans doute sous son style mystique et ampoulé il contient un sens très-profond, mais nous devons déclarer que nous n'y avons pu trouver aucune obligation prise par les trois puissances signataires (Autriche, Prusse et Russie), aucun principe international, aucun indice du prétendu droit d'intervention. Toutefois les trois puissances s'engagent à s'aimer toujours du plus grand amour fraternel, conformément aux préceptes de la religion chrétienne [1]. L'acte du congrès d'Aix-la-Chapelle, du 4 novembre 1818 [2], n'est pas beaucoup plus explicite; mais un article secret stipule réellement le pouvoir d'intervention, en le limitant au seul royaume de Naples, qui, dès cette époque, avait réveillé les craintes de la Sainte Alliance. En 1833, la Russie, la Prusse et l'Autriche conclurent une convention, aux termes de laquelle chacune de ces trois puissances devait aider, dans certaines limites déterminées, ses cocontractants à comprimer toute révolte ou toute tentative de révolte qui pourrait se manifester dans les provinces polonaises. Enfin, le traité connu sous le nom de la quadruple alliance, entre la France, l'Angleterre, l'Espagne et le Portugal, est également destiné à autoriser une intervention matérielle dans les affaires intérieures [3]. Par cet acte l'Espagne et le Portugal s'engagent à s'aider mutuellement pour chasser de leurs territoires respectifs les prétendants don Carlos et don Miguel; les deux autres États s'obligent, s'ils en sont requis par les premiers, à fournir les secours nécessaires pour atteindre le but proposé.

Ainsi que nous venons de le dire, les premiers de ces trai-

---

[1] Ce traité est du 14 septembre 1815; il est rapporté par de Martens, *Nouveau recueil*, t. II, p. 656. Il faut remarquer que ces protestations de sentiments de fraternité chrétienne sont signées par l'Autriche, la Prusse et la Russie, c'est-à-dire par une puissance catholique, une protestante et une grecque, et que cette dernière surtout ne s'est pas souvent montrée très-tolérante pour les autres communions chrétiennes.

[2] Le traité n'a pas été donné par de Martens, mais l'article secret se trouve inséré textuellement dans une note du ministre des affaires étrangères de Naples, du 1er octobre 1820, adressée aux représentants de son pays auprès des autres cours de l'Europe. Voyez de Martens, *Nouveau recueil*, t. V, p. 568.

[3] Le traité du 22 avril 1834 et l'acte supplémentaire du 18 août de la même année se trouvent dans de Martens, *Nouveau recueil*, t. II, p. 808.

tés sont complétement nuls ; il est même presque impossible de les soumettre à une discussion. En effet, trois ou quatre grandes puissances, en l'absence des peuples intéressés aux stipulations, c'est-à-dire de ceux-là mêmes contre lesquels l'intervention doit être faite, décident qu'elles contraindront toutes les nations à vivre sous le régime gouvernemental qu'il leur plaira de leur imposer, et qu'elles interviendront matériellement, c'est-à-dire par la force, contre toutes celles qui se permettront de faire des actes intérieurs de nature à modifier ce genre de gouvernement. La nullité d'une semblable convention, nous dirons même son iniquité, est flagrante. Un acte quelconque ne peut être obligatoire que pour ceux qui l'ont souscrit ; si cela est vrai pour l'homme pris isolément, pour le citoyen d'un pays, c'est plus vrai encore lorsqu'il s'agit de l'être essentiellement indépendant que nous appelons une nation souveraine, qui n'est et ne peut être soumise à aucun étranger. L'opinion que nous énonçons sur la nullité des traités de 1815 et 1818 a déjà été soutenue et développée avec énergie par Pinheiro-Ferreira [1]. Le traité de 1833, entre la Russie, la Prusse et l'Autriche, semble d'abord ne pas être entaché du même vice radical ; mais, en l'examinant avec soin, on le trouve également frappé de nullité. Les trois puissances stipulent une intervention réciproque, sous la forme d'un secours à accorder à celle qui le réclamera dans les cas prévus par le traité ; mais on doit remarquer que les provinces polonaises, contre lesquelles l'intervention était décidée, n'étaient pas représentées dans cet acte, à moins que l'on considère comme leurs représentants légaux leurs oppresseurs. La quadruple alliance de 1834 doit également être critiquée sous ce même point de vue. La guerre civile existait dans les deux royaumes d'Espagne et de Portugal ; ni les princes prétendants, ni leurs partisans, ne furent appelés au contrat qui leur créait de nouveaux et puissants ennemis. A l'égard de

[1] Voyez les notes de cet auteur sur le *Précis du droit des gens modernes de l'Europe*, par de Martens, liv. III, ch. II, § 80. t. I. p. 223, édition publiée par Vergé, Paris, 1858.

l'Espagne et du Portugal cette convention pourrait être considérée comme une alliance offensive et défensive pour arriver à un but commun, l'expulsion des deux princes, mais pour la France et l'Angleterre c'est réellement un traité d'intervention.

Parmi les actes internationaux qui ont stipulé l'intervention étrangère dans les affaires intérieures des États libres, on doit compter quelques stipulations, fort rares d'ailleurs, par lesquelles les souverains se sont garanti mutuellement non-seulement la possession du pouvoir, mais encore la possession de ce pouvoir dans certaines conditions spéciales et déterminées, par exemple du pouvoir absolu. Ces actes n'ont et ne peuvent avoir aucune valeur internationale. Les princes les plus absolus ne peuvent aliéner, sous quelque prétexte que ce soit, les droits essentiels de leurs sujets; le peuple lui-même, s'il lui était donné de stipuler directement un traité, n'aurait pas ce pouvoir, parce que ces droits sont, de leur nature, inaliénables. On a voulu quelquefois faire sortir le droit d'intervention intérieure de conventions par lesquelles deux nations se garantissaient réciproquement leurs possessions, et s'engageaient à prendre les armes pour défendre leur alliée dans le cas où elle serait attaquée sur son territoire. Les traités de cette nature n'ont et ne peuvent avoir la valeur qu'on a cherché à leur donner; ce sont de véritables alliances défensives, qui ne s'appliquent qu'au seul cas où un ennemi étranger menacerait d'envahir le territoire garanti. Ces actes sont d'ailleurs parfaitement valables, et doivent être exécutés loyalement, mais dans les cas prévus seulement. Ils ne sauraient motiver aucune intervention dans les affaires intérieures. Ils ont été faits pour assurer contre les attaques du dehors l'indépendance des nations contractantes : ils ne peuvent donc pas servir à ruiner cette même indépendance dans ce qu'elle a de plus sacré, dans l'intérieur même de la nation. D'ailleurs ces traités ont été conclus avec la nation tout entière, ils ne peuvent donc pas être exécutés en faveur d'une fraction de cette nation, au préjudice de l'autre.

Ainsi, ni en vertu de sa propre indépendance, ni même en s'appuyant sur des traités spéciaux, un peuple ne peut intervenir par la force dans les affaires intérieures d'un autre peuple sans se rendre coupable de violation du premier de ses devoirs, sans froisser et sans anéantir le premier et le plus précieux droit de celui qu'il veut opprimer.

III

Les partisans du droit d'intervention ne veulent pas admettre ces principes. Les lois civiles, politiques ou commerciales de cette nation, disent-ils, sont mauvaises, elles nous nuisent, elles gênent le négoce de nos sujets : nous sommes par conséquent autorisés à la contraindre de les modifier, pour les rendre meilleures ou plus favorables à nos intérêts. Ce raisonnement n'a aucun fondement. Les lois intérieures d'un pays sont faites et doivent être faites exclusivement dans l'intérêt de ses habitants et pour eux seuls ; si, par des conséquences médiates et indirectes, elles portent quelque préjudice à d'autres peuples, ce préjudice ne leur enlève pas leur caractère intérieur, et, par conséquent, ne peut motiver l'ingérence de ceux qui sont ou qui se prétendent froissés. Il est difficile, impossible peut-être, qu'un changement de législation ne lèse pas quelques intérêts, soit à l'intérieur, soit à l'extérieur, et qu'il n'entraîne pas quelques dommages pour les étrangers et souvent même pour les citoyens du pays. Supposons un gouvernement dont les lois auraient jusqu'ici souffert que les étrangers établis sur son territoire eussent une justice spéciale rendue par leurs propres consuls, le gouvernement turc, par exemple. Adoptant les progrès de la civilisation, ce gouvernement déclare que tous ceux qui habitent sur son territoire seront désormais régis par les mêmes lois, soumis aux mêmes juges. Sans doute, cette nouvelle législation peut gêner les étrangers, et même nuire à leurs intérêts; mais ce changement ne peut donner, ni aux individus qui se croient lésés, ni à leurs souverains, le droit d'intervenir par la force pour contraindre le divan à rapporter la loi, à maintenir des juges étrangers dans les lieux soumis à sa juridiction. Les conséquences fâcheuses de la loi, en ce qui concerne les étrangers résidant hors du pays, sont des conséquences médiates et indirectes; quant à ceux qui habitent le territoire turc, ils doivent se soumettre aux lois intérieures du pays; ils sont, au moins pendant leur séjour dans ce lieu, les sujets du souverain local pour tout ce qui concerne les institutions juridictionnelles, commerciales et criminelles. Les lois nouvelles, quelles qu'elles soient, du moment où elles frappent tous les habitants sans distinction, les indigènes et les étrangers régnicoles, ne peuvent motiver de la part de ces derniers ni de celle de leur gouvernement le droit d'opposition ni d'intervention. Tous ceux qui penseront que leurs intérêts sont compromis d'une manière trop grave, qui n'auront pas foi dans la justice du pays, seront parfaitement libres de quitter une contrée qui ne leur présente plus désormais une sécurité suffisante; mais il est impossible d'admettre qu'un changement qui a été opéré depuis plusieurs siècles dans tous les autres États de l'Europe soit interdit à ceux qui ne l'ont pas encore effectué.

Supposons un peuple dont le sol produise en abondance les matières premières propres à l'industrie et qui lui-même ne se livre à aucune espèce de fabrication. Il vend ces matières brutes aux étrangers, qui lui fournissent en échange les objets travaillés nécessaires à sa consommation. Ce peuple, devenu plus clairvoyant sur ses propres intérêts, veut entrer dans la voie de l'industrie et réserver à ses sujets les bénéfices laissés jusque-là aux étrangers. Il décrète des droits de sortie très-élevés sur les produits de son territoire, et, pour favoriser ses fabriques naissantes, il met des droits d'entrée plus forts encore sur l'importation des objets manufacturés, ou même les prohibe complétement. Cette législation peut être contraire aux idées des économistes modernes, qui la traiteraient de barbare; elle peut nuire essentiellement au commerce de quelques nations qui profitaient de l'ignorance et de l'apathie de ce peuple pour lui acheter à bas prix les matières brutes et lui revendre fort cher les objets fabriqués. Mais c'est là une conséquence indirecte de la loi, et quelque barbare qu'elle soit, quelque tort qu'elle puisse causer aux autres nations, aucune d'elles n'a le droit de réclamer impérieusement ni d'exiger par la force son changement et son abrogation. Cette loi destinée à protéger le peuple pour qui elle est faite est un acte intérieur, qui n'est soumis ni à l'approbation ni au contrôle d'aucun autre peuple.

Ce raisonnement s'applique à toutes les lois intérieures qu'un gouvernement croit devoir adopter, alors même que, comme les anciennes législations chinoise et japonaise, elles excluraient tous les étrangers du territoire ou qu'elles mettraient à leur admission des conditions absurdes ou honteuses. Il est également applicable aux lois religieuses, quelles qu'elles soient, même lorsqu'elles proscrivent l'exercice de tout culte autre que celui adopté par l'État, et qu'elles prononcent des peines contre les contrevenants. Mais cette loi est intolérante, inhumaine, elle prononce la peine de mort contre celui qui fait un acte religieux dans une forme autre que celle ordonnée. Sans doute on peut blâmer une pareille législation et déplorer son existence, mais elle ne constitue pas pour l'étranger un cas de recours à la force. Cet étranger est toujours libre de ne pas entrer dans un pays régi par des usages aussi contraires aux mœurs de notre siècle, il peut s'éloigner avec horreur de cette terre inhospitalière; mais il ne doit point faire appel à la violence pour contraindre à la tolérance une nation qui se gouverne comme elle l'entend. Car, ainsi que le dit Vattel, « un peuple indépendant n'a de compte à » rendre qu'à Dieu au sujet de la religion; il est en droit de » se conduire, à cet égard comme en toute autre chose, » suivant les lumières de sa conscience, et de ne pas souffrir

» qu'un étranger s'ingère dans une affaire si délicate [1]. »

Les révolutions politiques intérieures sont-elles, plus que les lois, soumises au contrôle des étrangers? peuvent-elles légitimer des interventions matérielles? Évidemment non. Un peuple, jusque-là soumis au régime monarchique pur, au pouvoir absolu, croit de son intérêt de proclamer une autre forme de gouvernement, soit en conservant le même souverain, auquel il impose une constitution fixant les limites des pouvoirs du chef et la part réservée aux représentants de la nation; soit même en chassant le monarque, et en instituant un gouvernement populaire, une république. Le peuple ne fait qu'user de son indépendance en ce qui touche sa vie intérieure, il applique son droit incontestable de choisir le régime qui lui semble susceptible de le rendre heureux et puissant. Sans doute il peut se tromper sur ses propres intérêts, il peut trouver l'anarchie et la ruine là où il cherchait l'ordre et la prospérité; mais il agit dans la limite de sa liberté naturelle, et nul étranger n'a le droit de s'immiscer dans des actes complétement privés, qui ne concernent que celui qui les accomplit. On a souvent dit et répété que de semblables révolutions pouvaient avoir de graves conséquences pour les peuples étrangers, dont elles menacent la tranquilité et même l'indépendance, parce que la contagion de l'exemple pouvait entraîner les autres nations à suivre la même voie et à faire subir à leur pays les mêmes changements. Cet argument, qui a servi de prétexte aux entreprises les plus injustes, les plus tyranniques, n'a pas le moindre fondement. Le peuple qui a modifié la forme de son gouvernement a fait un acte purement intérieur, il a usé de son droit incontestable; pourvu qu'il ne se soit pas permis de manifestations hostiles en dehors de son territoire, de tentatives de propagande, en un mot de faits qui soient de nature à convertir son action intérieure en une action extérieure, cette action est légitime, et ne peut être soumise à l'appréciation, au jugement d'aucun étranger. S'il y a

______

[1] *Le Droit des gens*, liv. II, ch. IV, § 56. Nous adoptons le principe posé par l'auteur, mais nous repoussons toutes les exceptions dont il le fait suivre.

un danger pour ce dernier, le danger résultant de la contagion, de l'exemple, que l'on a invoqué si souvent, il n'est
qu'une conséquence indirecte du fait; il est même complètement étranger à ce fait, car il n'existerait pas si les peuples,
pour lesquels on le redoute si fort, n'étaient pas eux-mêmes
disposés à suivre la voie tracée par les voisins, si les mêmes
aspirations, les mêmes désirs, les mêmes besoins, ne les pous-
saient pas vers une même révolution. On craint bien moins
le changement dont il s'agit pour les peuples que pour les
souverains : c'est donc dans l'intérêt personnel et isolé de ces
derniers que l'on redoute la prétendue contagion. Ces craintes
ne sauraient motiver aucun acte d'hostilité, aucune violence
contre le peuple qui a modifié la forme de son gouvernement;
il n'est pas permis de recourir aux armes contre lui, ni de le
contraindre par aucun moyen à reprendre des institutions
qu'il repousse. Un pareil fait serait un acte d'intervention
coupable, une violation de toutes les lois internationales.
Vattel, que nous venons déjà de citer, partage cette opinion :
« Si une nation a déposé son roi, si le peuple a reconnu l'au-
» torité d'un usurpateur, soit expressément, soit tacitement,
» s'opposer à ces dispositions domestiques, en contester la
» justice ou la validité, ce serait s'ingérer dans le gouverne-
» ment de la nation et lui faire injure [1]. »

On peut aussi poser la question de savoir si un monarque
cruel et inhumain envers ses sujets, les accablant d'impôts et
de vexations de toute nature, ne peut pas, ne doit pas être
renversé par les étrangers, lorsque surtout ses sujets, courbés
sous ce pouvoir intolérable, n'ont pas même la possibilité de
se faire justice eux-mêmes. Sans aucun doute, il est facile de
faire sur un pareil thème de grandes et belles phrases, de
parler des devoirs d'humanité, de la solidarité humaine, de
la fraternité des peuples, etc., etc.; mais en droit le souverain,
sous quelques sombres couleurs que l'on veuille bien le
peindre, ne saurait se soutenir sur le trône s'il n'était appuyé

---

[1] Voyez le *Droit des gens*, liv. II, ch. XII, § 197, et liv. II, ch. IV, §§ 54 et suiv

par une partie quelconque de la nation ; et même quand il serait vrai qu'il fût un objet d'horreur pour tous ses sujets, sans aucune exception, un étranger n'en serait pas plus autorisé à s'immiscer entre lui et son peuple. Tant que le monarque, bon ou mauvais, borne son action au territoire qui lui appartient, nul ne peut se permettre de l'attaquer. En effet, quel sera l'individu apte à déclarer que tel ou tel acte est condamnable? qui aura le droit et le pouvoir de juger si le prétendu coupable a dépassé les bornes de son autorité légale? Qui décidera enfin si le peuple est tellement opprimé qu'il n'a plus même l'énergie de secouer le joug de fer qui pèse sur lui, et que cependant il désire briser? Sera-ce celui-là même qui veut intervenir? Mais il est impossible d'attendre de lui une sentence impartiale. D'ailleurs, quels seront ses moyens d'instruction, sur quelle base pourra-t-il asseoir son jugement? Il ne pourra pas convoquer le peuple pour le consulter. Il devra s'en rapporter aux rapports plus ou moins intéressés de quelques brouillons politiques, de quelques mécontents, soudoyés par lui-même peut-être. C'est sur de pareils éléments de conviction qu'on voudrait décider du sort de tout un peuple! Enfin, il est de principe absolu qu'une nation souveraine ne reconnaît aucun juge étranger, et qu'elle ne peut en reconnaître aucun sous peine de perdre, par ce fait seul, sa nationalité. Ainsi donc, le fait dont il s'agit, pas plus que ceux que nous avons déjà examinés, ne saurait justifier une intervention matérielle.

Il en est de même lorsqu'un pays se trouve divisé, soit entre deux prétendants au trône, soit entre deux partis qui se disputent le pouvoir. Un étranger ne saurait s'ériger en juge de ces délicates questions intérieures; c'est au peuple seul qu'il appartient de les trancher suivant ses volontés. Sans doute, il pourra arriver, il arrivera même souvent, qu'une minorité factieuse et turbulente imposera sa volonté à une majorité considérable, mais craintive ou apathique. C'est un malheur peut-être, mais cette majorité ne peut l'imputer qu'à son défaut d'énergie, et elle n'a pas le droit de se faire de sa faiblesse et de son incapacité un titre pour réclamer l'intervention étrangère.

Lorsqu'une révolte éclate au sein d'une nation réunie sous le sceptre d'un même souverain ou sous un même gouvernement, les peuples voisins ont-ils le droit de se mêler de cette lutte intestine et de prendre parti pour l'une des deux factions? Non, sans doute. Agir ainsi serait faire un acte d'intervention coupable. La révolte peut avoir pour but de changer la forme même de la société, comme quelques utopistes audacieux l'ont tenté en France il y a quelques années. Elle peut avoir pour mobile de modifier la constitution gouvernementale ou de la changer complétement. Enfin les révoltés peuvent aspirer à former un peuple séparé, soit qu'une conquête leur ait enlevé, dans un temps plus ou moins éloigné, une nationalité qu'ils désirent restaurer, c'est ce qui est arrivé récemment dans les provinces de l'ancienne Pologne soumises à la Russie; soit que, n'ayant jamais eu d'existence politique séparée, ils veuillent constituer un nouveau peuple souverain, comme ont fait les États de la confédération du Sud en se détachant de l'ancienne république américaine. Dans aucun de ces cas, qui comprennent, à notre avis, toutes les espèces de révoltes, il ne saurait y avoir lieu à l'immixtion étrangère.

S'il s'agit d'une révolte sociale, c'est aux citoyens attaqués qu'il appartient de se défendre. Si la majorité de la nation croit devoir courir les chances d'un essai d'application de ces absurdes doctrines, c'est à elle qu'il appartient d'établir le nouveau régime économique; si au contraire, mieux inspirée, elle repousse les utopies, c'est encore elle, et elle seule, qui a le droit de comprimer par tous les moyens en son pouvoir, même par la force des armes, les élans insensés de la multitude égarée, et de punir suivant ses propres lois les promoteurs de la rébellion. Mais un étranger n'a aucun droit de se mêler de ces débats intérieurs; son immixtion serait une véritable intervention, c'est-à-dire un crime international.

En parlant du changement de constitution ou de souverain, nous avons établi que les révoltes ayant l'un de ces deux motifs ne peuvent donner aucun droit aux étrangers de se mêler des affaires intérieures d'un peuple. La révolte ayant pour but la conquête d'une existence séparée, d'une nationalité distincte, ne peut élever plus de doute. Il est évident que c'est un débat intérieur, dont aucune conséquence directe ne peut rejaillir sur les États étrangers : ceux-ci n'ont donc pas le droit de s'en mêler. Dans tous les cas de discordes civiles que nous venons de passer en revue, et dans ceux même que nous n'avons pas pu prévoir, mais qui tous se rangeront facilement dans l'une de ces catégories, les États voisins doivent conserver entre les deux partis la plus complète impartialité, leur accorder à tous deux les mêmes droits, dans la même mesure, et les traiter en toutes circonstances de la même manière; en un mot, se tenir à leur égard dans la plus stricte neutralité. S'il existe des conventions conclues avec la nation déchirée par la guerre civile alors qu'elle était entière, elles doivent être exécutées scrupuleusement envers les deux factions, parce qu'elles ont été consenties au nom et en faveur de toutes les deux et qu'elles sont obligatoires pour toutes les deux. S'il n'existe pas de traités spéciaux, tous les peuples sont tenus de garder envers les deux belligérants, car, tant que dure la lutte, tous deux ont droit à cette qualification, tous les devoirs d'humanité et de sociabilité qui règlent les relations des peuples civilisés. Il est indispensable de reconnaître aux factions tous les priviléges que la loi internationale accorde aux nations qui ont les armes à la main. Il ne faut jamais perdre de vue que le neutre doit, et ceci est une obligation absolue, reconnaître comme légitimes les prétentions des deux adversaires, et surtout l'état de choses existant en fait. Tout étranger qui montre de la partialité pour l'une des armées en présence, qui la favorise, qui surtout prend une part active à la lutte, attaque l'indépendance de celle dont il se fait l'ennemi ; il méconnaît ses propres devoirs, viole les droits essentiels de tout un peuple et se rend coupable d'une intervention matérielle.

Ainsi donc, aucun des actes intérieurs d'une nation, lorsqu'ils conservent complétement le caractère intérieur, ne peut motiver une intervention matérielle de la part d'un état étranger. Mais quels sont les faits constitutifs de l'intervention matérielle? Tous les faits défendus aux peuples qui veulent rester tranquilles spectateurs de la guerre survenue entre deux puissances distinctes, c'est-à-dire aux peuples neutres, pendant les hostilités ordinaires, sont également défendus aux étrangers lorsqu'il s'agit d'une lutte intestine ou de tout autre acte intérieur d'une nation indépendante. Ainsi donc, tous moyens violents, toute pression matérielle, toute menace même, et, à plus forte raison, l'emploi direct de la force, sont des faits constitutifs de l'intervention. En cas de guerre civile, l'étranger doit s'abstenir de fournir à l'une des parties les armes, les munitions, les soldats et tous les objets indispensables, ou même seulement utiles, pour soutenir la lutte. Les subsides doivent également être refusés aux combattants et à chacun d'eux, ainsi que nous l'avons fait observer en parlant du traité conclu par les État-Unis avec le président de la république mexicaine. En un mot, on ne doit donner à aucun des deux partis aucun secours réel, on ne doit rien faire qui soit de nature à le rendre plus fort ou plus apte à soutenir les hostilités. Il ne faut donc pas, comme le faisait la Prusse par la convention du 8 février 1863, concéder à un des combattants un droit de passage pour ses armées sur le territoire neutre. Tout en respectant le droit d'asile terrestre, il faut l'appliquer aux deux adversaires dans la même mesure. L'asile maritime doit être également ouvert à tous les deux. Il est difficile d'énumérer ici tous les actes qui peuvent être considérés comme des interventions matérielles; mais cette simple énonciation permet de caractériser tous les faits qui peuvent se présenter [1]. Remarquons seulement que, dans ces circonstances, comme lorsqu'il s'agit de guerre entre deux souverai-

---

[1] Pour l'énumération plus complète des actes contraires à la neutralité, voyez notre *Traité des droits et des devoirs des nations neutres en temps de guerre maritime*, tit. IV, ch. v, t. I, 2ᵉ édition.

netés indépendantes, la fourniture des objets connus sous le nom de contrebande de guerre ne peut être considérée comme constituant l'intervention qu'autant qu'elle est faite directement par le gouvernement étranger au parti qu'il veut favoriser. Quant aux faits de cette nature commis par les simples citoyens, ils ne revêtent pas toujours un caractère aussi grave. En général, ils sont considérés comme contrebande de guerre, et punis par la confiscation des objets formant le corps du délit, lorsqu'ils ont pu être saisis par l'offensé. Néanmoins, dans certains cas, et lorsque les expéditions de cette nature, même faites par des particuliers, sont opérées en quelque sorte avec l'assentiment du gouvernement; lorsque les levées de soldats se font ostensiblement et sans aucun mystère, comme cela s'est pratiqué tout récemment par les agents des États-Unis du Nord, le gouvernement devient évidemment complice de ses sujets et responsable de leurs actions condamnables ; il peut être considéré comme coupable d'intervention matérielle en faveur d'un des deux partis.

Ce principe, qui découle de la loi primitive, qui a été sanctionné par la loi secondaire, adopté par tous les peuples civilisés, défendu enfin par un grand nombre de publicistes justement célèbres, Wattel, de Martens, Pinheiro-Ferreira, Wheaton, c'est le principe de *non-intervention*. Il est absolu comme toutes les prescriptions du droit international, et ne peut admettre aucune exception. Si on suppose un instant que cette sauvegarde de l'indépendance, c'est-à-dire de l'existence des nations, peut être éludée, le monde entier se trouve plongé dans un affreux désordre, et on peut redouter de voir se renouveler les excès dont notre siècle a déjà été témoin. En effet, il dépendrait toujours d'un voisin puissant de prétendre qu'il est dans les cas d'exception, et qu'il a le droit d'intervenir matériellement dans les affaires intérieures d'un voisin plus faible, et, sous le vain prétexte de rétablir l'ordre là où il n'était nullement troublé, d'absorber l'indépendance et la nationalité d'un peuple, et de le réduire à un véritable servage. Si, comme cela est déjà arrivé, deux ou trois peuples s'associent pour cette œuvre d'iniquité, toutes les nations du monde deviendront la proie de ces contempteurs des droits les plus sacrés; en perdant leur indépendance elle tomberont sous le joug de ces maîtres, dont elles devront recevoir les lois, les institutions, les ordres souverains.

Si l'intervention était un moyen d'assurer la paix de l'univers, comme le prétendent ses partisans; si l'oppression d'un seul peuple assurait le bonheur de tous les autres, elle resterait une injustice, une violation des lois sacrées de l'humanité; mais au moins cette injustice semblerait justifiée par le but qu'elle atteindrait, par le bonheur de toutes les autres sociétés. Ce résultat de l'intervention matérielle, toujours mis en avant, n'a jamais existé et n'existera jamais. Non-seulement une pression illégitime n'éloigne pas les chances des guerres générales, mais encore elle est et doit être le plus souvent le signal de ces hostilités qui ensanglantent le monde entier. Cette conséquence est inévitable. L'intervention d'un étranger dans les affaires intérieures d'un État indépendant est, de la part de cet étranger, un acte extérieur; c'est une alliance conclue entre l'intervenant et une portion d'une nation, ou même un souverain isolé de ses sujets, contre l'autre portion ou même la généralité de cette nation; cet acte extérieur est, par sa nature même, soumis à l'appréciation de tous les autres peuples; chacun peut y trouver un sujet de plainte, un dommage, une menace, une rupture de l'équilibre; chacun peut donc, et même, dans certains cas, doit s'opposer à l'injustice commise par l'intervenant; chacun a le droit de faire alliance avec le parti opprimé par l'étranger. Dans ce cas, il faut remarquer que l'État qui prend les armes le second n'est pas coupable d'intervention; il ne fait qu'user de son droit en se mêlant d'une lutte engagée entre deux nations étrangères l'une à l'autre, et, par conséquent, à un fait extérieur qui peut lui causer un préjudice et même menacer son indépendance. Tous les peuples peuvent donc se grouper ainsi autour de l'un ou de l'autre parti; et, si comme cela est probable, ils choisissent pour le théâtre de la guerre

le territoire du pays victime de l'intervention, on peut juger
quelles effroyables calamités accableront les malheureux habitants. La violation du principe de non-intervention peut
donc amener une conflagration générale et coûter au genre
humain des malheurs qu'il est impossible de calculer. Un
exemple rendra ce raisonnement plus frappant. Les provinces
polonaises de la Russie s'étaient révoltées contre leur souverain et luttaient pour obtenir leur autonomie. La Prusse, qui,
elle aussi, détient sous sa domination une partie de l'ancienne Pologne, semblait devoir être portée à aider le czar
dans ses efforts pour étouffer la révolte. Au mois de février
1862, le bruit courut que le gouvernement de Berlin avait
conclu avec celui de Saint-Pétersbourg un traité qui favorisait
beaucoup les projets de répression. Nul ne connaissait cet
acte, on ne le connaît pas encore; mais on affirmait qu'il con-
cédait aux troupes de l'empereur, non-seulement le droit de
se réfugier sur le territoire prussien, mais celui de le traverser en armes pour aller continuer la lutte. Ce traité, s'il a
existé dans ces termes et s'il a reçu son exécution, était évidemment un acte d'intervention matérielle et complète. Les
autres puissances firent entendre de vives réclamations; la
Grande-Bretagne surtout faisait les menaces les plus vives :
elle appelait de ses vœux la guerre immédiate contre la
Russie et contre la Prusse, son alliée, en faveur des révoltés
polonais. L'Angleterre et les autres puissances étaient effectivement en droit, sans violer le principe de non-intervention,
de prendre le parti des sujets russes contre leur souverain. Si
quelques-unes eussent usé de ce droit, d'autres eussent évidemment pris parti pour la Russie et la Prusse, la conflagration s'étendait sur toute l'Europe. Mais tout ce bruit s'éteignit
bientôt. Il est vrai que la Grande-Bretagne ne voulait pas faire
la guerre elle-même, elle désirait beaucoup pousser les autres
nations, et notamment la France, à entreprendre cette croi-
sade humanitaire, à se jeter dans les hasards de la guerre à
outrance qui devait en résulter, pendant qu'elle jouirait en
paix des immenses bénéfices que devait lui rapporter une

neutralité habilement conduite. Le gouvernement prussien recula devant la conséquence de son acte, et la Grande-Bretagne se tint pour complétement satisfaite de la déclaration faite par son premier ministre, lord Palmerston, qui, reproduisant le mot de Canning, déclara au parlement que l'Angleterre tenait seulement à constater, et qu'elle avait effectivement constaté, *qu'elle avait le droit d'intervenir, mais qu'elle n'avait pas l'obligation de le faire.*

IV

Le principe de non-intervention est un principe réellement tutélaire; il protége le faible contre le fort, il assure l'indépendance intérieure de toutes les nations. Aussi toutes le proclament avec une sorte d'enthousiasme; de nos jours surtout, les gouvernements l'invoquent sans cesse. Il a été mis en avant à l'occasion des affaires d'Italie, de la guerre intestine des États-Unis, de la révolte polonaise, etc., etc. Mais, si tous les cabinets reconnaissent et invoquent cette loi si importante, il faut convenir que c'est une pure théorie. Dès qu'il s'agit d'en faire l'application, tout change de face, chacun veut interpréter la loi à son gré, l'accommoder à son ambition, à ses intérêts, à son caprice. Quelques exemples pris dans les dernières années du siècle dernier et dans le nôtre rendront plus frappante cette lutte entre là théorie et la pratique des peuples.

La révolution française venait d'éclater : c'était un fait complétement intérieur; aucune tentative de propagande, aucun appel aux peuples étrangers, n'avait modifié le caractère essentiel de cet acte. Mais tous les souverains du continent européen pensèrent que leur existence, comme pouvoir absolu, était menacée; poussés d'ailleurs par la Grande-Bretagne, qui croyait l'occasion favorable pour anéantir son ancienne rivale, ils se coalisèrent; et, sans respect pour le droit que possède chaque nation de se gouverner à sa fantaisie, ils fondirent sur la France pour lui imposer un régime conforme à leurs intérêts. C'était une intervention matérielle, une violation injustifiable de toutes les règles internationales. Mais la France était alors mise au ban des nations de l'Europe, hors la loi des peuples civilisés. Cette guerre, imprudemment commencée, ne fut pas heureuse pour ceux qui l'avaient provoquée; mais elle amena, de la part de l'État attaqué, des actes qui enlevèrent aux hostilités qu'il dut soutenir pendant de longues années tout caractère d'intervention de la part de ses ennemis. Pendant cette série d'hostilités sans cesse renaissantes, qui dura vingt ans, les quatre puissances principales de l'ancien monde, l'Autriche, la Prusse, la Russie et l'Angleterre, furent presque toujours unies dans une action commune contre la nation qu'elles appelaient l'ennemi du genre humain. De ces coalitions continues il résulta, comme le remarque avec raison Wheaton, une sorte d'alliance permanente qui survécut à la guerre. Les trois premiers États resserrèrent ces liens par les traités de 1815, et notamment par celui du 14 septembre, connu sous le nom de *Traité de la Sainte-Alliance*. Après avoir succombé dans cette lutte inégale, la France elle-même consentit plus tard à se joindre à cette réunion, en signant le protocole d'Aix-la-Chapelle. La Grande-Bretagne n'avait pas pris part à la Sainte-Alliance, mais elle fut partie au congrès de 1818. Le but de cette union de guerre en pleine paix, continuant à exister alors que tous les peuples étaient désarmés, n'était pas nettement formulé. Mais s'il était impossible de trouver un sens précis dans les protestations d'amour fraternel du traité du 14 septembre 1815, s'il était difficile de comprendre ce que les puissances entendaient par cette phase : « Considérant comme le premier de leurs devoirs » celui de conserver à leurs peuples les bienfaits que cette » paix leur assure, et de maintenir dans leur intégrité les » transactions qui l'ont fondée et consolidée... [1], » la manière

---

[1] Voyez la note adressée à M. le duc de Richelieu par les plénipotentiaires des cours d'Autriche, de Russie et d'Angleterre, le 4 novembre 1818.

dont elles furent appliquées montra bientôt quelle était leur véritable signification. C'était la proclamation du droit permanent d'intervention chez tous les peuples européens, droit que les grandes puissances s'attribuaient à elles-mêmes; c'était l'anéantissement du principe fondamental de non-intervention, et, par conséquent, de l'indépendance des nations. Les effets de cette singulière législation internationale ne se firent pas longtemps attendre.

En 1820 le peuple napolitain réclama de son souverain l'octroi d'une constitution; ce prince l'accorda, nous ne dirons pas volontairement, ni même librement, mais il l'accorda, et abdiqua la couronne au profit du duc de Calabre. Les membres de la Sainte-Alliance se réunirent en congrès, d'abord à Troppau, puis à Leybach. Les empereurs d'Autriche et de Russie, ainsi que le roi de Prusse, étaient présents en personne; la France était représentée par un ministre, la santé du roi ne lui permettant pas de voyager. L'Angleterre s'abstint de concourir aux mesures à prendre. Le motif de cette abstention fut expliqué. Le cabinet de Saint-James, « tout en reconnaissant qu'un gouvernement peut avoir le
» droit d'intervenir d'une manière sérieuse et immédiate dans
» les affaires d'un autre État, considère ce droit comme ne
» pouvant être justifié que par la plus urgente nécessité; il
» n'admet pas que ce droit puisse recevoir une application
» générale et illimitée dans tous les cas de mouvements po-
» pulaires, et surtout il croit qu'il ne saurait être appliqué
» comme une mesure de prudence, ni former la base d'une
» alliance. Ce droit doit être une exception aux principes les
» plus essentiels; il ne peut être admis que dans des circons-
» tances spéciales... [1]. » Malgré cette espèce de protestation de l'un des auteurs de la déclaration d'Aix-la-Chapelle, le congrès de Leybach examina la révolution napolitaine, et la jugea sans entendre ni même appeler ses représentants. Le roi des Deux-Siciles, qui déjà avait abdiqué la couronne, fut,

[1] Voyez la circulaire de lord Castelereagh, ministre des affaires étrangères, 19 janvier 1821.

il est vrai, invité à se rendre au congrès. Mais il ne fut pas admis aux délibérations. La sentence était prononcée avant son arrivée à Leybach; on lui en donna communication, en lui faisant savoir qu'il ne lui était permis ni de la discuter, ni de demander aucun changement. Ce prince n'avait été appelé auprès des trois souverains que pour lui rendre la liberté, et surtout, comme on l'avouait hautement, pour faciliter par sa présence l'exécution du jugement prononcé. La décision du tribunal européen portait que le gouvernement absolu serait restauré à Naples et l'ancien roi rétabli sur son trône. Pour obtenir ce double résultat on devait employer tous les moyens, même la force des armes. L'Autriche était chargée de l'exécution. Effectivement les armées de cette puissance envahirent le royaume des Deux-Siciles et installèrent de nouveau le pouvoir sans limite, avec l'ancien souverain. Pour assurer la durée de cette œuvre méritoire, les Autrichiens occupèrent les principales places du royaume de Naples pendant plusieurs années. Cette expédition et l'occupation furent, bien entendu, faites aux frais des habitants du pays conquis. N'était-il pas très-juste qu'ils fussent forcés de payer l'immense service que voulaient bien leur rendre les membres de la Sainte-Alliance!

Le 12 mars 1821 une révolution éclata dans le Piémont; la constitution espagnole de 1812 fut proclamée par le peuple. Le congrès de Leybach siégeait encore: il décida que cette manifestation serait, elle aussi, comprimée par la force; l'Autriche fut encore l'exécuteur désigné pour appliquer la sentence. Après un succès qui ne pouvait être douteux, on décida une occupation prolongée comme celle de Naples. Cette fois encore le peuple victime de cet attentat dut payer tous les frais de la guerre.

Ces interventions matérielles dans deux États indépendants furent l'œuvre d'un congrès composé de quatre grandes puissances; elles étaient la base d'un système préconçu, que ces nations proclamaient hautement comme devant désormais servir de règle internationale. D'après la circulaire collective de

l'Autriche, de la Prusse et de la Russie, « c'était un droit,
» qui dans le cas spécial devenait une nécessité urgente, de
» prendre en commun des mesures de sûreté contre les États
» dans lesquels le renversement du gouvernement opéré par
» la révolte, ne dût-il être considéré que comme un exemple
» dangereux, devait avoir pour suite une attitude hostile
» contre les constitutions et les gouvernements légitimes [1]. »
La Grande-Bretagne ne crut pas devoir approuver un système
qui pouvait avoir des conséquences aussi graves. Elle répondit à la circulaire des trois cours par une note de même nature, dans laquelle elle montra le danger d'adopter une marche
aussi extraordinaire : « Le gouvernement de Sa Majesté bri-
» tannique, dit cette importante pièce, ne croit pas que,
» d'après les traités existants, les alliés aient le droit d'assu-
» mer aucuns pouvoirs généraux de cette espèce, et il ne
» croit pas davantage qu'ils puissent s'arroger des pouvoirs
» aussi extraordinaires en vertu d'aucune nouvelle transac-
» tion diplomatique entre les cours alliées sans s'attribuer
» une suprématie incompatible avec les droits des autres
» États...., sans introduire en Europe un système fédératif
» oppresseur qui non-seulement serait inefficace dans son
» objet, mais encore pourrait avoir les plus graves inconvé-
» nients [1]. »

Malgré ces observations, qui cependant étaient loin d'être
complètes, puisqu'elles admettaient qu'il pouvait exister des
cas où l'intervention matérielle était permise, le système inau-
guré par le congrès de Laybach, et appliqué à Naples et à
Turin, continua à peser sur l'Europe. L'Espagne avait cru
devoir proclamer de nouveau la constitution de 1812. Le tribunal suprême de l'Europe s'assemble à Vérone, décide que
l'Espagne doit rester soumise au pouvoir absolu. Cette fois ce

---

[1] Voyez le texte de cette circulaire dans le Nouveau recueil de de Martens, t. V,
p. 592 (8 décembre 1820).

[2] Voyez la circulaire de lord Castelereagh aux ministres d'Angleterre près les
cours étrangères (19 janvier 1821), dans le même ouvrage, à la suite de la précédente.

fut la France, puissance constitutionnelle, qui fut chargée d'aller détruire la constitution espagnole et restaurer l'autorité despotique au delà des Pyrénées.

Jusqu'ici l'Angleterre avait refusé de participer à ces actes attentatoires à la dignité et à l'indépendance des peuples souverains, mais elle les avait laissé accomplir sans opposition sérieuse. Elle n'avait aucun intérêt à ce que Naples, le Piémont ou l'Espagne fussent gouvernés par des souverains absolus, ou soumis à un régime constitutionnel ; le seul point qui l'intéressait, c'était de pouvoir commercer avec toutes les nations. Bientôt elle sembla faire un pas de plus dans la voie que nous n'hésitons pas à appeler libérale. En 1823, les possessions espagnoles de l'Amérique qui n'avaient pas encore secoué le joug se soulevèrent contre la métropole et proclamèrent leur indépendance. Il semblait assez naturel que les membres de la Sainte-Alliance, dans le temps même où ils employaient leurs forces pour étouffer ce qu'ils appelaient une révolution en Espagne, fissent aussi tous leurs efforts pour comprimer la révolte des colonies et pour conserver les possessions d'outre-mer à l'État qu'ils avaient pris sous leur tutelle. Il fut en effet question de soutenir les droits de la métropole et d'agir contre les colonies. Mais les États-Unis, qui peut-être n'étaient pas absolument étrangers à la rébellion, s'opposèrent énergiquement à cette intervention. Ils avaient déjà reconnu l'existence politique des colonies comme États séparés et indépendants ; ils déclarèrent que toute tentative d'immixtion des puissances européennes dans le conflit existant entre l'Espagne et ses anciennes possessions serait considérée par eux comme un cas de guerre. Dans cette circonstance Monroë, qui dirigeait alors les affaires de l'Union, posa les principes d'une politique que l'on ne saurait trop louer et qui forme un contraste frappant avec celle de la Sainte-Alliance, mais que ses successeurs ont depuis complétement travestie, en supposant que cet homme d'État éminent avait voulu exclure les nations européennes de toute immixtion dans les affaires même extérieures des peuples du nouveau monde. Monroë s'était seulement opposé,

et avec raison, à ce que les puissances qui avaient figuré au
congrès de Vérone intervinssent dans la rébellion des établissements espagnols, parce que cette rébellion d'une partie des
sujets du roi Ferdinand était une affaire purement intérieure,
dont les étrangers n'avaient pas le droit de s'occuper. A cette
occasion la Grande-Bretagne sortit de la position passive qu'elle
semblait avoir adoptée. Elle déclara qu'une intervention en
faveur de l'Espagne serait à ses yeux une question complètement neuve, dans laquelle elle prendrait telle résolution que
ses intérêts pourraient requérir ; qu'elle n'entendait prendre
aucune obligation soit de refuser, soit de différer la reconnaissance des colonies espagnoles..... Que toute intervention
par les armes ou même par les menaces serait considérée par
elle comme un motif de faire immédiatement cette reconnaissance [1]. L'Angleterre semblait enfin vouloir maintenir réellement l'indépendance des peuples. Malheureusement ce motif
si louable n'était pas le seul mobile de sa conduite dans
cette circonstance, l'intérêt commercial était la cause principale du changement d'attitude du cabinet de Saint-James.
Un fait arrivé deux ans après le prouve d'une manière
évidente.

En 1825, la mort de Jean VI appelait au trône de Portugal
son fils aîné, don Pedro, empereur du Brésil ; mais la constitution de ce dernier État s'opposait à ce que les deux cou-
ronnes pussent être réunies sur la même tête. Don Pedro
abdiqua donc ses droits au royaume européen en faveur de sa
fille dona Maria, et octroya une charte au Portugal. L'infant
don Miguel, frère puîné de don Pedro, prétendant avoir des
droits supérieurs à ceux de son aîné et de sa nièce, entra en
Portugal pour les faire valoir et souleva une partie de la population ; en même temps il abolit la charte nouvelle et réta-
blit le pouvoir absolu. Ferdinand VII, dont l'autorité illimitée
venait d'être restaurée par l'intervention française, aidait
l'infant don Miguel dans son entreprise d'une manière sinon

----

[1] Voyez la conférence du 9 octobre 1823 entre M. Caning, ministre des affaires
étrangères d'Angleterre, et le prince de Polignac, ambassadeur français à Londres.

officielle, au moins très-efficace. Les bandes miguélistes s'organisaient ostensiblement sur le territoire espagnol ; elles trouvaient sur cette terre amie un asile toujours ouvert, des vivres et même des armes. Le gouvernement était évidemment complice du prétendant portugais : cependant il n'y eut pas d'actes officiels d'intervention matérielle. La régence qui gouvernait au nom de dona Maria, encore mineure, demanda à l'Angleterre des secours contre ce qu'elle appelait l'intervention du roi Ferdinand ; elle s'appuyait sur d'anciens traités par lesquels la Grande-Bretagne avait garanti l'intégrité du territoire portugais. Ces traités, il faut en convenir, pouvaient être également invoqués par don Miguel, car ils avaient été consentis avec toute la nation, et non pas avec le parti constitutionnel seulement, qui n'existait même pas à l'époque de leur conclusion. D'ailleurs ils ne se rapportaient qu'au cas d'une invasion étrangère, et non à une guerre civile qui ne portait pas atteinte à l'intégrité du Portugal et ne tendait qu'à en changer le souverain. Néanmoins un corps de troupes anglaises fut envoyé en Portugal et assura le succès du régime constitutionnel. Ainsi l'Angleterre, qui pendant les années précédentes avait refusé de prendre part aux actes iniques des autres grandes puissances, se rendit, elle aussi, coupable d'une intervention matérielle.

La coopération de la France, de la Grande-Bretagne et de la Russie en 1826, pour assurer l'émancipation des Grecs, sujets révoltés de la Turquie, fut également un acte d'intervention matérielle au premier chef. On doit qualifier de même, quoique le but fût complétement opposé, l'action exercée en 1840 par l'Angleterre, la Prusse, l'Autriche et la Russie, contre Méhémet-Ali, vassal de la Porte ottomane, qui menaçait d'envahir les États de son suzerain. Le bombardement de Beyrouth et les secours donnés aux Turcs amenèrent la restitution des provinces conquises, de la flotte ottomane, et la soumission du pacha d'Égypte. On doit cependant remarquer la grande différence qui existe entre le but de ces deux interventions. Dans la première, il s'agit d'arracher une province à l'empire ottoman, d'attaquer autant qu'il est possible son intégrité, de l'affaiblir ; dans la seconde, au contraire, le but est d'empêcher le morcellement, l'affaiblissement de ce même empire.

La guerre faite en 1841 par l'Angleterre à l'empire chinois fut un acte d'intervention. Le chef de cet État défendait le commerce de l'opium sur son territoire ; cette mesure lésait les intérêts du commerce britannique, lui enlevait une partie des immenses bénéfices qu'il faisait sur l'opium, et privait l'Échiquier des impôts énormes qu'il prélevait sur le thé. Cela est vrai, mais cette ordonnance était un acte intérieur, il ne pouvait légitimer la guerre entreprise pour le faire rapporter. Le cabinet de Londres le sentait très-bien : aussi jamais il ne proclama le motif de cette injuste agression, jamais il ne l'avoua ; mais il lui fut impossible de le dissimuler complétement, et ceux même qu'il crut devoir alléguer étaient loin de pouvoir justifier une pareille intervention dans les affaire du céleste empire.

Dans la guerre récente qui a changé la face de la péninsule italienne, on a vu des exemples d'interventions armées qui ont dû frapper tous les esprits impartiaux. Après avoir, par de longues manœuvres clandestines, ameuté contre leur souverain les populations du royaume des Deux-Siciles ; après avoir corrompu les officiers des armées de terre et de mer, et même les ministres de cet État, le roi de Piémont envoie dans les contrées ainsi préparées, un homme dont le nom populaire doit amener un soulèvement général. Il faut remarquer que le soulèvement n'existait pas encore, qu'il n'y avait aucune révolte, aucune émeute. Malgré son mécontentement, réel sur certains points, mais purement factice sur beaucoup d'autres, la population napolitaine pouvait facilement être retenue dans le devoir. Cet homme organise, dans les États piémontais, les bandes qui doivent l'accompagner au vu et au su de toutes les autorités locales ; les armes, l'argent, les bâtiments, en un mot tout ce qui est nécessaire pour une pareille expédition, sont pris dans le même pays. C'est d'un port du Piémont que met à la voile l'armée destinée à provoquer la rébellion dans un État ami et allié (L'ambassadeur de Naples était encore à Turin, et celui de Sardaigne n'avait pas quitté Naples.) Garibaldi et ses bandes étaient au service du Piémont ; c'est pour Victor-Emmanuel qu'il agit, toutes ses proclamations sont faites au nom de ce même souverain, qu'il appelle déjà roi d'Itale. Il arrive en Sicile, puis à Naples, toujours protégé, toujours assisté par le même monarque. Il y a donc, dans ce fait inqualifiable, une intervention matérielle, flagrante, quoique souvent déniée, du gouvernement piémontais dans les affaires intérieures du royaume de Naples. Plus tard, alors que ce même Garibaldi était maître de Naples sans avoir brûlé une amorce, on vit des bâtiments de guerre piémontais arriver avec des troupes piémontaises ; ces soldats furent débarqués, et combattirent sous les ordres du libérateur, à la bataille du Volturne, contre les troupes royales. Cette fois l'intervention était complète, ouverte ; elle avait déchiré le voile, bien transparent sans doute, qui avait d'abord servi à la dissimuler. Enfin le siége de Gaëte fut fait par les troupes royales de Victor-Emmanuel ; Garibaldi et les siens n'y prirent qu'une part insignifiante. Cependant à cette époque l'annexion du royaume de Naples au Piémont n'était pas encore prononcée par le souverain de ce dernier État, le fameux plébiscite n'avait pas encore été soumis à la sanction du suffrage universel. Il est impossible de trouver dans l'histoire un exemple d'intervention plus complète. Garibaldi et ses mercenaires n'étaient-ils pas des étrangers au royaume de Naples ? les bersaglieri piémontais étaient-ils des citoyens napolitains ? enfin l'armée qui assiégeait le roi dans la dernière ville qui lui fût restée fidèle n'était-elle pas composée des sujets de Victor-Emmanuel ? Pendant le siége de Gaëte, les vaisseaux français s'opposèrent longtemps à ce que la marine sarde attaquât la place par mer ; ils mirent donc réellement obstacle à l'intervention maritime. Quant aux Anglais, ils intervinrent eux-mêmes directement. Après avoir favorisé le débarquement de Garibaldi en Sicile, au moment où un seul coup de canon pouvait faire échouer son entreprise, les vaisseaux britanniques débarquèrent à Naples, des artilleurs qui, en se promenant, dit-on, arrivèrent sur les bords du Volturne (à 26 kilomètres) juste le jour de la bataille, et qui, pour se distraire sans doute, se mirent à servir les canons du libérateur. Sans ce secours étranger et malgré la présence des bersaglieri piémontais, il est probable que cette journée eût vu anéantir les bandes garibaldiennes et Naples revenir sous la puissance de son souverain.

Ainsi depuis moins d'un demi-siècle, depuis 1820, l'Autriche, la Prusse, la Russie, l'Angleterre, l'Italie, la France elle-même, ont toutes, ensemble ou séparément, violé le principe tutélaire de non-intervention ; et cependant il n'est pas une seule de ces puissances qui n'ait réclamé avec énergie, de la part des autres, le respect de ce même principe, et qui ne prétende l'avoir toujours observé religieusement. Tout le monde reconnaît le principe, et tout le monde le viole. Chacun consulte son caprice, son ambition, son intérêt surtout, car c'est là le mobile principal des actes que nous venons de signaler. Pour le prouver, il suffit d'examiner sommairement les motifs allégués par les souverains qui ont méconnu en même temps leurs devoirs et les droits des autres peuples indépendants.

Après la paix de 1815, les monarques affiliés à la Sainte-Alliance cherchèrent à pallier l'odieux de leur conduite sous le prétexte que les révoltes des peuples contre leurs souverains absolus et l'établissement des gouvernements constitutionnels étaient d'un mauvais exemple pour les autres peuples, et menaçaient de devenir contagieux ; ils prétendaient que ces révoltes, que ces convulsions intérieures étaient dangereuses pour les nations voisines, et que, par conséquent, en vertu du devoir de propre conservation, ils avaient le droit absolu d'intervenir pour faire cesser ce danger imminent, en imposant à ces États trop remuants un gouvernement semblable à ceux sous lesquels les autres peuples avaient le bonheur de vivre. Ces prétextes ne sauraient soutenir le

moindre examen, ils n'ont pas même le mérite d'être spé-
cieux. Nous avons déjà montré que le danger de l'exemple,
lorsqu'il existe réellement, ce qui est très-rare, ne vient pas
du peuple qui cherche à se donner un gouvernement à sa
convenance, mais exclusivement de ceux qui désirent l'imiter; il n'y aurait aucune crainte de contagion si ces derniers
n'avaient pas les mêmes aspirations, les mêmes besoins, s'ils
n'étaient pas eux-mêmes disposés à suivre l'exemple du premier. Supposons, en renversant la question, un peuple
vivant sous un régime constitutionnel et le changeant lui-
même pour se soumettre à un souverain absolu. Admettons
que pour arriver à ce résultat il ait dû employer les voies de la
révolte, de la guerre civile même. Il n'y aura aucun danger
de contagion, parce que tous les hommes sont naturellement
portés à préférer une liberté sage et modérée au bon plaisir
d'un despote qui, s'il est bon et habile, peut, sans doute, faire
beaucoup de bien, mais qui, trop souvent, même avec les meilleures intentions, peut se tromper ou être trompé et faire le
malheur de ses sujets. Les souverains constitutionnels voisins
ne seront pas effrayés, parce que leurs sujets, n'ayant pas les
mêmes désirs, n'éprouvant pas le même amour pour le despotisme, ne seront pas portés à imiter l'exemple qui leur est
donné. Supposons une république qui se transforme en gouvernement monarchique, la contagion ne sera pas à craindre
pour les autres républiques. D'ailleurs, on peut affirmer que
tous les souverains veilleront avec soin à ce que d'autres
gouvernements démocratiques n'interviennent pas pour rétablir le régime renversé. Ainsi la partie autrefois espagnole de
l'île de Saint-Domingue formait un petit État connu sous le
nom de République dominicaine ; incessamment tourmentés
par des discordes civiles, souvent menacés d'être asservis par
Haïti, leur voisine, plus puissante, qui, non-seulement les
attaquait ouvertement, mais encore fomentait sans cesse des
troubles intérieurs, les Dominicains prirent le parti de se
jeter dans les bras de leur ancienne métropole, de l'Espagne,
et, par conséquent, de se soumettre au gouvernement monar-

chique de la reine. Ce changement pouvait-il présenter quelque danger pour la république haïtienne? Évidemment non; et, d'ailleurs le danger eût-il existé, aucune puissance n'eût souffert que le président Geffrard intervînt pour forcer les Dominicains à restaurer le gouvernement qu'ils avaient renversé. Le danger, donc, s'il existe, ne vient pas de l'État insurgé, mais réellement de ceux qui voudraient s'insurger. Ce n'est donc pas dans l'intérêt des peuples que les interventions ont été faites, mais uniquement dans celui des souverains; c'est à cet intérêt isolé et égoïste qu'il faut attribuer les guerres que nous avons signalées, les occupations de territoires prolongées pendant des années, en un mot, les interventions faites par la Sainte-Alliance. Quant au droit et au devoir de propre conservation, de légitime défense, d'après ce qui précède, il est évident qu'ils n'ont rien à démêler dans ces questions où nul acte acte extérieur, et, par conséquent, de nature à compromettre la sûreté des peuples étrangers, n'avait été accompli; où il s'agissait exclusivement d'actes intérieurs de nations qui voulaient user de leur indépendance naturelle et changer la forme de leur gouvernement. Ces changements ne passaient pas les limites du territoire, ils ne pouvaient donc mettre aucune existence en péril. En quoi les constitutions proclamées à Naples ou à Turin pouvaient-elles menacer l'existence des peuples autrichiens, russes et prussiens? Comment le régime parlementaire installé à Madrid pouvait-il nuire à la France, qui avait un régime de même nature? Évidemment les motifs donnés à ces actes de déloyauté internationale n'avaient aucun fondement. La seule cause des interventions dont nous nous occupons fut l'intérêt personnel des souverains.

Un des prétextes le plus souvent mis en avant pour justifier les immixtions dans les affaires privées des peuples est *l'humanité*. Il est presque impossible de se rendre un compte exact de la manière dont on a abusé de cette expression depuis près d'un siècle. Ce mot, il est vrai, semble avoir une bien grande puissance, puisque toutes les nations se sont

laissé prendre par cet appât habilement jeté devant elles ;
aucune n'ose refuser de suivre le gouvernement assez habile
pour le présenter à propos, parce qu'aucune ne se sent disposée à reconnaître qu'elle a moins d'humanité que le perfide
tentateur. Et cependant tout ce bruit, tout cet enthousiasme,
tous ces grands et magnifiques sentiments se réduisent,
lorsqu'on les examine de près, à un intérêt personnel.

Ce fut sous le prétexte d'humanité que furent faites toutes
les interventions de la Sainte-Alliance, et aussi celle de 1826
pour l'affranchissement de la Grèce. Comment, en effet, pouvait-on voir le sang humain couler à flots dans cette guerre
où le despotisme turc accablait ses malheureux sujets sous
les persécutions les plus atroces? Comment pouvait-on laisser
exterminer une nation chrétienne tout entière par le fanatisme
musulman? L'humanité commandait impérieusement de
voler au secours des opprimés. Cependant le but réel de l'Angleterre était d'augmenter son influence morale et commerciale dans le bassin oriental de la Méditerranée, en créant un
petit État toujours facilement gouverné par les conseils d'une
nation puissante. La Russie désirait affaiblir l'empire ottoman et hâter sa chute, afin de pouvoir s'approprier ses provinces européennes et surtout sa capitale, objet de ses con-
voitises séculaires. La France seule n'avait rien à gagner à
cette guerre illégitime, et cependant ce fut elle qui supporta
la plus grande partie des hostilités : car, outre son action sur
mer, commune avec les deux autres puissances, elle fut
chargée seule de chasser les Égyptiens et les Turcs du Péloponèse, qu'ils occupaient encore. Elle agit ainsi, entraînée par
l'enthousiasme très-réel que produisit chez elle le zèle parfaitement calculé de ses alliés.

Cependant il faut convenir qu'en 1826 la Grande-Bretagne
fut dupe de la politique russe : elle n'avait pas encore décou-
vert que l'intégrité de l'empire turc était une condition essentielle du maintien de l'équilibre européen, et que le démem-
brement de cet État tournerait surtout au profit de son voisin,
déjà trop puissant. Aussi est-il bien certain que, si de pareilles

circonstances se représentaient, l'humanité et la religion ne suffiraient pas pour décider l'Angleterre à livrer une seconde bataille de Navarin. Dès 1840 cette différence se fit sentir assez vivement, et l'on vit que les idées s'étaient profondément modifiées : l'intervention de l'Autriche, de la Prusse, de la Russie et de l'Angleterre, en faveur du sultan contre Méhémet-Ali, le prouve clairement. En 1826 l'action des alliés avait pour but apparent de soustraire au joug des infidèles la population chrétienne de la Grèce ; en 1849, au contraire, l'intervention eut pour résultat de remettre sous la domination des Turcs les populations chrétiennes si nombreuses de l'Asie, de les exposer de nouveau à toutes les persécutions, à tous les dangers que pouvait leur faire courir le fanatisme beaucoup plus exalté des musulmans de ces pays, alors que ces populations trouvaient dans le gouvernement égyptien une protection et une sécurité plus complètes qu'elles ne pouvaient l'espérer du divan, même quand il eût désiré sincèrement les accorder. Plus tard (1854, la France et la Grande-Bretagne ont dû prenles armes, et cette fois contre la Russie, pour sauver au prix d'énormes sacrifices l'empire turc, que les trois puissances avaient si violemment ébranlé trente ans auparavant. C'est alors que l'on a pu apprécier les résultats de l'intervention de 1826.

La guerre de l'Angleterre contre l'empire chinois fut entreprise, elle aussi, au nom de l'humanité. Il était impossible, disait-on, de supporter, en plein XIXᵉ siècle, qu'un gouvernement privât ses sujets des bienfaits inestimables de la civilisation occidentale ; qu'une nation nombreuse, riche, propriétaire d'un territoire immense, fertile, produisant en abondance les plus riches denrées, et notamment le thé et la soie, restât plongée dans les ténèbres de l'ignorance et de la barbarie. C'était un devoir d'humanité d'imposer à ce peuple, même par la force des armes, les bienfaits de la civilisation. Tel fut le prétexte de l'intervention. Mais la cause réelle est bien connue ; le traité de paix lui-même s'est chargé de la divulguer : c'était un intérêt commercial. Quelques nouveaux ports

furent ouverts à la navigation étrangère, le négoce de l'opium
fut autorisé, enfin un territoire fut cédé à la Grande-Bretagne pour y fonder un établissement permanent qui lui
permît d'absorber tout le commerce du céleste empire.

Dans tous les cas où le prétexte d'humanité a été mis en
avant pour couvrir des interventions matérielles, nous trouvons les résultats les plus désastreux, les plus contraires au
motif invoqué. Sans parler du sang répandu dans la guerre
même et des terribles conséquences de l'invasion et de l'occupation, il est constant que les peuples qui ont été victimes de
ces attentats en ont longtemps souffert. Depuis l'intervention
autrichienne, Naples a gémi continuellement sous le gouvernement restauré, dont on a sans doute beaucoup exagéré les
actes répréhensibles, mais qui cependant était dans l'impossibilité de se maintenir contre la volonté de la nation sans l'opprimer. De là des révoltes partielles, réprimées par la force des
armes, les persécutions, les exils, etc., etc. Ce malheureux
peuple a dû subir ce régime pendant un grand nombre d'années et n'a pu en sortir que pour tomber aujourd'hui sous un
joug étranger, qui, s'il parvient à s'affermir, sera toujours
étranger. Le Piémont n'a pas été plus épargné par les suites
de l'intervention; il n'a recouvré sa prospérité qu'en repre-
nant le genre de gouvernement qui lui avait été interdit par
la sainte-alliance. Depuis 1823 jusqu'à il y a quelques années
à peine, l'Espagne a lutté sans cesse contre les plus mauvaises
passions; elle a vu ses populations décimées par les guerres
civiles, son industrie et son commerce anéantis, son influence
amoindrie. Enfin elle n'a pu se relever de cet état d'abaissement qu'après avoir reconquis, au prix d'immenses sacrifices,
le même gouvernement constitutionnel que l'intervention lui
avait violemment arraché. Les chrétiens de Syrie ont été per-
sécutés, massacrés par les fanatiques musulmans, et sans
doute il ne resterait plus de traces de cette malheureuse population, sans les secours que la France leur a généreusement
accordés. Nous ne craignons pas de nous tromper en affirmant
que de pareils résultats sont loin d'avoir rien de commun

avec les sentiments d'humanité si souvent mis en avant par les puissances intervenantes.

Lorsque la Grande-Bretagne s'opposa à l'intervention des puissances européennes dans l'affaire de la révolte des colonies espagnoles (1823), elle eut pour mobile unique son intérêt commercial. Le pacte qui liait les établissements d'outre-mer de l'Espagne à la métropole réservait à cette dernière le privilége exclusif du négoce tant d'importation que d'exportation ; les étrangers en étaient complétement exclus ; de plus les industries de fabrication étaient pour la plupart interdites aux colons, ce qui favorisait encore puissamment le monopole réservé à la mère patrie. Si le Mexique et les autres établissements du Nouveau Monde étaient rendus à l'Espagne, cette loi devait nécessairement être remise en vigueur et le commerce anglais était exclu de ces marchés importants. Si, au contraire, ils étaient affranchis, il était évident que les nouveaux États qui allaient se former, mécontents de l'Espagne, chercheraient à trouver chez une autre nation les produits fabriqués nécessaires à leur consommation et les débouchés indispensables pour les produits bruts de leur sol si fertile. Le pays dans lequel l'industrie était le plus développée, la Grande-Bretagne, devait s'attendre à trouver sur ces marchés nouveaux de vastes et avantageux débouchés pour ces marchandises fabriquées, et de grandes facilités pour l'achat des matières premières indispensables au travail de ses usines. Tel fut le véritable motif qui détermina la conduite de l'Angleterre. Quant aux États-Unis, ils trouvaient qu'il serait beaucoup plus facile de soumettre de petits États indépendants, mais faibles et toujours en proie aux dissensions intestines, que des colonies restées sous la protection de l'Espagne, dont la conquête ou l'annexion pouvait exciter les justes susceptibilités des souverains européens.

V

Les prétextes de légitime défense de soi-même, de propre conservation, d'humanité, de religion, etc., etc., ne sont donc en réalité que de grands mots destinés à voiler, tant bien que mal, l'ambition et l'intérêt égoïste des souverains ou des puissances qui se sont rendues coupables d'interventions matérielles dans les affaires intérieures des peuples indépendants.

Mais ne peut-il pas arriver quelquefois que les actes intérieurs d'une nation soient d'une nature telle qu'ils puissent nuire essentiellement à une autre nation, et par conséquent donner à cette dernière le droit de se défendre, même par la force, contre l'atteinte portée à sa propre indépendance? Dans notre opinion, il ne peut exister aucun acte réellement intérieur qui puisse avoir cette portée. En effet, dès qu'un fait est susceptible de porter un préjudice direct et immédiat aux droits d'un État étranger, il cesse par cela seul d'être un fait intérieur, il revêt le caractère d'acte extérieur et international, il est par conséquent soumis à l'appréciation de tous ceux qu'il menace, et peut être combattu par tous les peuples qui ont intérêt à ce qu'il ne reçoive pas son exécution. Mais, nous le répétons, dans aucun cas un acte réellement intérieur ne peut avoir ce caractère, ni par conséquent motiver une intervention matérielle. A nos yeux, le principe de non-intervention est absolu et ne comporte aucune exception. Prenons le fait intérieur le plus capable d'éveiller les craintes, d'exciter les susceptibilités des États voisins. En pleine paix, un État fait des armements extraordinaires, il fortifie ses frontières, augmente son armée et sa flotte, en un mot, semble se mettre en état de faire la guerre. Cette attitude est de nature à inquiéter ses voisins, sans doute, mais suffirait-elle pour motiver une intervention matérielle dont le but serait de forcer

cet État à désarmer? Nous ne le pensons pas. On peut demander des explications à l'auteur de ces préparatifs, qui de son
côté est libre, pour rassurer les autres États, de leur faire
connaître le but de ses démonstrations belliqueuses. Le plus
souvent même il sera porté à agir ainsi pour éviter de mécontenter les autres puissances, avec lesquelles il a toujours intérêt à entretenir de bonnes relations. Mais il peut aussi refuser toute explication; et même dans ce cas, il ne saurait y
avoir lieu à s'immiscer dans les affaires intérieures de cet État
indépendant. Les autres, s'ils sont réellement effrayés de ces
armements extraordinaires, ont parfaitement le droit d'en
faire de plus formidables encore, pour se défendre en cas
d'attaque. C'est un fait purement intérieur, qui ne nuit à
aucune autre nation; s'il y a un dommage causé, une inquiétude, une perturbation apportée dans leur sécurité, ce n'est
que par une conséquence indirecte; il ne peut donc pas y
avoir lieu à intervenir matériellement.

Nous ne nous dissimulons pas que nous sommes sur ce
point en complet désaccord avec les principes proclamés par
la Sainte-Alliance, et même avec ceux mis en avant par l'Angleterre pour s'abstenir de concourir aux interventions de
1821 et 1823. Quant aux premiers, nous avons déjà prouvé
que les traités conclus par quelques peuples dans le but
exprès d'opprimer d'autres peuples qui n'avaient pas même
été parties dans ces actes, étaient radicalement nuls et ne
pouvaient en aucun cas être opposés, d'une manière licite du
moins, à ceux qui n'avaient pas concouru à leur discussion.
L'opinion de la Grande-Bretagne est que l'intervention matérielle ne peut être considérée comme un droit que dans les
cas où *la sûreté immédiate des États ou leurs intérêts essentiels
seraient sérieusement compromis* par les transactions domestiques d'un autre État. Ce système est très-commode peut-
être pour le peuple le plus puissant; mais il laisse beaucoup
trop à l'interprétation et même à la passion des parties.
Quand est-ce, en effet, que la sûreté immédiate d'un État
sera sérieusement compromise? Quel est l'acte qui mettra en

péril évident ces intérêts essentiels? Quels sont d'ailleurs les intérêts essentiels? Sera-ce la faculté de vendre ou d'acheter du coton brut ou fabriqué, ou tous autres intérêts mercantiles de cette nature? Rien ne peut déterminer la réalité de ces dangers, le bien-fondé de ces plaintes. Entre deux nations indépendantes, il n'y a pas, il ne peut pas y avoir de juge supérieur. Qui donc sera appelé à statuer sur le degré d'imminence du péril, sur la qualité des intérêts froissés? La décision sera-t-elle laissée au peuple que l'on prétend coupable? Mais alors évidemment il jugera en sa propre faveur; d'ailleurs, son adversaire refusera de se soumettre à une sentence entachée d'une partialité incontestable, et qui, alors même qu'elle serait conforme à l'équité, n'a et ne peut avoir aucune valeur à son égard, par cela seul qu'il est complétement indépendant. Si on confie le jugement à celui qui se prétend lésé, on rencontre, en raison inverse, les mêmes inconvénients. L'auteur du prétendu trouble rejettera l'arrêt prononcé contre lui par son ennemi, comme émané de la partie intéressée; il excipera, lui aussi, de son indépendance absolue à l'égard de tous les autres peuples. La force, la guerre sera donc l'unique moyen de résoudre cette question. La doctrine anglaise est donc complétement insoutenable; on peut même dire que ce n'est pas une doctrine, puisqu'elle laisse toutes les questions d'intervention à la décision des armes; c'est la consécration du droit du plus fort.

Au reste, on doit remarquer que le pouvoir d'intervention n'a jamais été réclamé que par les peuples puissants contre les faibles, et ce fait seul suffirait pour prouver que l'intervention est un odieux abus, une injustice. Jamais on ne verra la Hollande, l'Espagne, ou tout autre pays, venir critiquer la conduite intérieure de la Grande-Bretagne, s'apitoyer sur le sort de l'Irlande, sur les malheurs de ses habitants, et, au nom de l'humanité, entrer en armes dans cette île pour l'affranchir du joug qui pèse sur elle depuis si longtemps. Il n'y aurait pas assez de voix pour crier au scandale, à la violation de tous les principes de la loi internationale! Que les nations même les plus puissantes y prennent garde, l'intervention est non-seulement le plus grave attentat contre l'indépendance essentielle des nations, c'est encore le moyen le plus dangereux pour ceux mêmes qui prétendent l'employer; il n'est pas une seule circonstance où elle ne puisse devenir la cause immédiate des plus formidables coalitions, des guerres les plus générales et les plus sanglantes; par conséquent elle peut compromettre les nations les plus puissantes et ruiner les gouvernements qui paraissaient les mieux assurés. Avant d'intervenir dans les actes intérieurs d'un peuple étranger, il faut bien examiner les conséquences de cette grave entreprise. Nous ne parlerons plus ici de la violation de la loi divine et humaine, des droits et des devoirs les plus sacrés des peuples : malheureusement ces considérations morales arrêtent rarement les peuples et les souverains ambitieux et avides; nous nous occuperons seulement des conséquences matérielles du fait. Lorsqu'une nation intervient par la force dans les affaires domestiques d'une autre nation, elle fait un acte extérieur qui est soumis à l'appréciation et au jugement de tous les peuples auxquels il peut être nuisible ou seulement désagréable; tous peuvent non-seulement critiquer cet acte, mais encore s'y opposer par tous les moyens qui sont en leur pouvoir, par la force des armes, par la guerre. Le seul fait de l'intervention autorise toutes les nations à se joindre à la partie opprimée contre l'oppresseur, et aucune de celles qui prendront ce parti n'aura violé son devoir ni méconnu les droits des autres, parce que l'acte extérieur est justiciable de tous ceux qu'il peut léser. C'est ce qu'expliquait parfaitement le ministre anglais, Canning, à l'occasion de l'intervention française en Espagne, lorsqu'il disait : « La France a donné à l'Angleterre une cause de guerre par l'atteinte portée par celle-ci à l'indépendance de l'Espagne. Le gouvernement anglais aurait eu le droit d'intervenir, en se fondant sur une convenance politique... » Un autre danger des interventions, qu'un ministre anglais lui-même crut devoir signaler aux membres de la Sainte-Alliance, est celui-ci : « Si des souverains sages et modérés peuvent faire un bon usage du droit d'intervention, un prince mauvais et ambitieux pourra se servir de ce prétendu droit au profit de ses passions et de ses intérêts personnels, et faire peser sur les peuples les plus grands malheurs. »

Plusieurs écrivains célèbres ont aussi pensé que les actes intérieurs des peuples pouvaient, dans certains cas spéciaux, légitimer l'intervention des étrangers; mais aucun n'a précisé quels sont les faits susceptibles d'entraîner d'aussi graves conséquences. Tous reconnaissent l'existence du principe de non-intervention, mais ils admettent à ce principe des exceptions si nombreuses, qu'en vérité la règle disparaît; et cependant ils ne formulent pas ces exceptions; l'un d'eux déclare même qu'il est impossible de les formuler [1], et par conséquent de rien préciser. Autant et mieux vaudrait rejeter la loi elle-même que de la reconnaître avec des exceptions laissées au choix de tous et de chacun des intéressés. Cela revient à dire, comme sir Robert Peel défendant la quadruple alliance de 1834 et l'intervention anglo-française en Espagne et en Portugal, qu'il y a des exceptions dans les cas particuliers, soit à cause du voisinage immédiat, soit à cause des circonstances d'une nature particulière et d'un intérêt urgent. Avec un principe ainsi fait, toutes les passions humaines peuvent se donner libre carrière sans craindre de violer les droits qu'il confère aux uns, les devoirs qu'il impose aux autres, attendu qu'il n'en confère ni n'en impose aucun, et que le seul intérêt d'un peuple l'autorise à porter les plus coupables atteintes à l'indépendance de tous les autres. Nous ne saurions admettre de pareils accommodements. A nos yeux les principes qui régissent les nations, c'est-à-dire des êtres complètement indépendants les uns des autres, et ne pouvant exister sans cette

---

[1] « ..... Il est en effet impossible de formuler sur ce sujet une règle absolue, et toute règle qui n'aura pas cette qualité sera nécessairement vague et sujette à l'abus qu'en feront les passions humaines dans l'application pratique.. » Wheaton, *Éléments du droit international,* t. I, p. 81.

indépendance, sont des principes absolus, et tout principe absolu peut être facilement formulé. Nous n'hésitons donc pas à le faire de la manière suivante : « Aucun acte intérieur d'un État ne peut donner lieu à l'intervention matérielle d'un étranger tant qu'il ne cesse pas d'être intérieur, et alors même que, par des conséquences médiates et éloignées, il peut nuire à cet étranger. » Ce principe est la sauvegarde de tous les peuples, des puissants et des faibles, de ces derniers surtout; il n'admet aucune exception. Où pourrait-on la trouver en effet? Qui la proclamerait? Les intéressés à la violation du principe sans doute; et ils le feraient à leur profit personnel. Irons-nous avec Vattel rechercher si une nation est malfaisante par sa nature même, toujours prête à nuire aux autres et à leur susciter des troubles domestiques... [1]? Mais les actes dont parle le savant publiciste ne sont pas des actes intérieurs, ils sont parfaitement extérieurs; ils ne rentrent donc pas dans l'application du principe, ils sont soumis à l'appréciation et à l'opposition de tous les peuples. Sans aucun doute, il peut exister une nation à laquelle s'applique la définition de Vattel; mais, quelque malfaisante qu'elle soit, ses actions intérieures ne sauraient justifier une intervention matérielle de la part des étrangers. Le principe absolu, tel que nous le comprenons, tel qu'il résulte de la loi primitive et de la loi secondaire, est également le plus conforme aux sentiments d'humanité que l'on a si souvent invoqués pour arriver à répandre des flots de sang, pour ruiner les peuples indépendants et les réduire à une triste servitude.

VI

L'action dont nous avons à nous occuper n'a aucun des caractères de l'intervention. Les conseils amicaux donnés par

---

[1] Voyez le *Droit des gens*, t. II, ch. IV, § 53.

un gouvernement à un autre gouvernement, les représenta-
tations, le rappel à l'exécution des devoirs internationaux ou
des conventions expresses, tous ces faits purement moraux,
tous ces actes d'une diplomatie pacifique, ne sauraient constituer ce que nous avons appelé une intervention. Il existe
réellement une très-grande différence entre les deux procédés.
L'intervention matérielle est l'emploi de la force ; elle prend
parti pour l'un des adversaires contre l'autre, ou contre une
nation tout entière, et recourt aux armes ; c'est la violence,
c'est la guerre. L'intervention morale ou diplomatique pro-
cède par des conseils, le plus souvent secrets et confidentiels,
toujours bienveillants ; elle cherche à montrer les dangers que
peuvent présenter certains actes intérieurs, leur injustice, s'il
y a lieu, afin d'engager la nation à ne pas persister dans une
ligne de conduite qui pourrait soulever des résistances fondées, même de la part de ses propres citoyens. En un mot,
elle se tient toujours dans des limites telles que l'indépendance de l'État auquel elle s'adresse ne se trouve jamais compromise. Un fait récent établit d'une manière bien précise
l'immense différence qui existe entre deux modes d'action
auxquels on a cependant donné le même nom.

Les provinces polonaises soumises à la Russie venaient de
se révolter contre l'autorité du czar. Le 8 février 1863, la
Prusse, qui, elle aussi, possède une partie de l'ancienne
Pologne, conclut avec la Russie un traité dont la teneur
exacte n'a jamais été bien connue, mais qui, de l'aveu de tous
les intéressés, contenait des clauses très-favorables au gouvernement de Saint-Pétersbourg, de nature à aider puissamment l'action des troupes du souverain contre les rebelles, et
par conséquent à augmenter les forces d'un parti contre
l'autre : c'était un acte d'intervention matérielle. Dans le
même temps, le gouvernement français, agissant isolément
encore, adressa à l'empereur Alexandre II des notes diplomatiques pour l'engager à se montrer juste et clément envers
ses sujets révoltés : juste en exécutant à leur égard les stipulations des traités ; clément, en amnistiant tous les Polonais

24

qui, exaspérés par la violation de ces traités, avaient pris les armes contre leur souverain. C'est un acte d'intervention diplomatique, et la France était d'autant plus fondée à le faire qu'elle avait été partie dans les traités dont elle demandait l'exécution.

L'intervention morale est toujours un droit, souvent même elle devient un devoir. Elle est toujours un droit, car on ne saurait refuser à un souverain le pouvoir d'adresser des observations bienveillantes à un autre souverain, de lui faire connaître de quelle manière il apprécie certains actes, même intérieurs, et les dangers qu'il croit apercevoir dans leur application. Le gouvernement ainsi averti n'est pas tenu de se conformer aux observations qui lui sont faites, de suivre les conseils qui lui sont donnés; son indépendance naturelle n'est nullement atteinte par les dépêches diplomatiques, il conserve toute sa liberté d'action. Il arrive même souvent que cette espèce d'intervention devient un devoir que tous les peuples doivent remplir. Les événements actuels nous en fournissent un exemple. Pendant plus de quatre ans, les anciens États-Unis d'Amérique ont été divisés en deux partis; une lutte acharnée a dévasté ce malheureux pays et dévoré les populations; exaspéré par une résistance aussi énergique qu'inattendue, le gouvernement du Nord s'est livré trop souvent à des actes que réprouvent les lois de la guerre. Ces pays, naguère si florissants, dont le commerce et l'agriculture faisaient l'admiration du monde, sont aujourd'hui couverts de ruines. N'était-il pas du devoir des peuples restés spectateurs tranquilles de cette lutte acharnée de faire entendre la voix de l'humanité, de chercher quelques moyens de concilier les deux adversaires en demandant à chacun d'eux de faire quelques concessions, ou du moins de les engager à modifier cette manière de combattre et à respecter les lois reconnues par tous les belligérants? Évidemment ce devoir existait, il incombait à toutes les nations; c'était une obligation naturelle et une obligation politique; si elle eût été remplie avec sagesse, avec un dévouement vraiment amical, elle aurait dû arriver sans aucun doute, sinon à désarmer immédiatement les deux ennemis, du moins à modérer les haines et à amener progressivement le rétablissement de la paix.

Pour être efficace, l'intervention diplomatique doit réunir certaines qualités qu'il est important de préciser. Les notes envoyées par le peuple pacifique doivent être rédigées avec une très-grande prudence et une modération complète, afin de bien établir que la bienveillance et l'amitié les ont seules dictées, et enfin, autant que possible, elles doivent rester secrètes. Il est important d'éviter de porter un jugement trop formel, trop dur, sur les faits dont on désire obtenir la modification, et surtout de donner aux observations un caractère de hauteur ou de menace qui serait de nature à blesser la juste susceptibilité et même l'indépendance du souverain auquel elles sont adressées. Une seule pression qui ressemble à une menace peut ruiner les espérances les mieux fondées, et rendre sourd aux conseils les plus sages le souverain qui auparavant était tout disposé à les écouter et à les suivre. D'ailleurs la menace est complétement contraire à l'essence même de l'intervention diplomatique. En effet, ou elle doit être suivie d'exécution, et alors elle est l'annonce de l'intervention matérielle, c'est la mise en demeure d'obéir aux ordres d'un maître, c'est un attentat contre l'indépendance du souverain auquel elle s'adresse; ou, au contraire, elle ne doit être suivie d'aucun effet, et alors elle exaspère la nation que l'on cherche à calmer, rend la lutte plus acharnée et éloigne toute chance de rétablir la paix. L'intervention matérielle de la France, de la Russie et de l'Angleterre, pour l'affranchissement des Grecs, fut précédée d'une négociation de cette nature. Les puissances alliées s'adressèrent aux deux partis et leur proposèrent de s'en rapporter à leur décision pour régler le différend, menaçant celui des deux qui refuserait cette médiation de le contraindre par la force des armes. Les Grecs acceptèrent la proposition ; mais le sultan, s'appuyant sur son droit, sur son indépendance naturelle, protesta contre le procédé des trois puissances qui se disaient ses amies, et dont les ambassadeurs étaient encore à Constantinople ; il refusa de se soumettre. La bataille de Navarin et l'expulsion des troupes turques du Péloponèse prouvèrent que les menaces des États chrétiens n'avaient pas été légèrement faites. Évidemment dans cette circonstance, comme dans toutes les autres semblables, les conférences et les dépêches diplomatiques ne furent que les premiers actes de l'intervention matérielle. Dans ce cas, il n'est pas mauvais peut-être que la nation choisie pour être la victime de la force brutale soit mise en demeure de se soumettre volontairement à la dégradation qui lui est imposée. Mais quel est le peuple qui consentira à subir le joug, s'il possède le moindre moyen de se défendre contre ses injustes agresseurs ?

Les démarches, les dépêches, les notes qui sont employées dans l'intervention diplomatique, doivent, autant que possible, être tenues secrètes par l'intervenant. Dans l'état actuel des mœurs politiques, cette condition est sans doute très-difficile à remplir, et cette circonstance même entrave beaucoup l'efficacité de l'action diplomatique. Presque tous les gouvernements constitutionnels, et surtout certains d'entre eux, ont pris l'habitude de publier tous les documents diplomatiques ; il arrive même quelquefois qce la presse périodique livre à la curiosité de ses lecteurs le contenu de dépêches avant qu'elles aient été remises au ministre auquel elles sont adressées. Ces procédés ne peuvent que nuire essentiellement au succès de l'intervention morale. Tel cabinet accepterait volontiers les moyens de pacification qui lui sont proposés, si les autres nations ignoraient qu'ils lui ont été suggérés par un étranger, s'il pouvait paraître les avoir trouvés lui-même, qui les repousse d'une manière péremptoire par ce seul motif que tout le monde sait qu'ils ont été proposés par tel ou tel peuple ; parce qu'il craint de paraître déder à des influences étrangères ou peut-être à la peur d'une rupture. Mais il faut se conformer aux usages de notre époque. Cependant il existe un moyen de ménager beaucoup l'amour-

propre et les justes susceptibilités du gouvernement auquel
les conseils sont.adressés : c'est de lui laisser l'initiative de la
publication des documents. De cette manière, il ne peut pas
se plaindre d'un mauvais procédé, et il est toujours libre de
prendre sa décision avant de faire connaître à tout le monde
les conseils qu'il a reçus de ses amis. Ce moyen nous paraît
le meilleur pour assurer autant que possible l'efficacité de
l'intervention morale. C'est ainsi que la France a tout récemment agi à l'égard des États-Unis. Lorsque l'arrestation des
commissaires de la confédération du Sud, opérée à bord d'un
bâtiment anglais, *le Trent*, menaçait d'amener un conflit
entre les États du Nord et la Grande-Bretagne, M. Thouvenel,
alors ministre des affaires étrangères à Paris, écrivit au gouvernement de Washington pour lui faire connaître son opinion
sur cette grave affaire et lui donner de sages conseils. Cette
dépêche ne fut connue en France que par les journaux
américains. La même discrétion fut gardée dans les deux
tentatives d'intervention diplomatique faites par le cabinet
français pour mettre fin à la guerre des États-Unis. Il existe,
il est vrai, certaines constitutions qui autorisent les représentants de la nation à demander la communication des actes
internationaux ; c'est ce qui a lieu notamment en Angleterre.
Mais, dans tous ces pays, et surtout dans la Grande-Bretagne,
les ministres usent parfaitement du droit, qu'ils ont toujours,
de refuser de publier les actes relatifs aux négociations encore
pendantes, et aussi ceux dont la divulgation pourrait nuire au
succès de l'action gouvernementale. Avec cette faculté il est
facile au cabinet intervenant de ne pas prendre l'initiative de
la publication des documents.

Outre ces conditions de modération, de prudence, et, autant
que possible, de secret, l'action diplomatique, pour remplir
son but, doit avoir et conserver une liberté complète et
absolue ; c'est une condition essentielle de succès. Que doit-
on donc penser de ces articles de journaux qui chaque jour
entretiennent leurs lecteurs des questions internationales
pendantes, et répandent ainsi quotidiennement des opinions

plus ou moins erronées, plus ou moins dangereuses et contraires au but des négociations suivies par le gouvernement? Ces articles, toujours rédigés dans l'esprit exclusif d'un parti politique, et souvent par des hommes complétement étrangers aux lois et aux usages internationaux, sont jetés chaque jours à des lecteurs nombreux et parfaitement hors d'état de juger, d'apprécier les graves erreurs qu'ils contiennent, et les conséquences plus graves encore qu'entraînerait l'adoption des mesures proposées par la feuille, où ils puisent des opinions qu'ils croient et qu'ils doivent croire éclairées et sincères. C'est ainsi que les journaux de certain parti ne cessent de prêcher la nécessité pour la France de courir aux armes pour aller au secours de la Pologne révoltée contre la Russie ; et cependant ces mêmes journaux ne se lassent pas de réclamer des économies sur les dépenses, la diminution des impôts, la réduction du contingent militaire annuel. Une guerre européenne, comme celles qu'ils appellent de leurs vœux, serait un moyen peu efficace d'arriver à la réalisation de leur programme politique intérieur. Il est évident que cette action de la presse nuit essentiellement au succès des négociations diplomatiques.

Il en est de même de ces assemblées populaires, de ces meetings qui, chez certains peuples, sont représentés, fort mal à propos, comme l'expression la plus exacte de l'opinion publique. Ces manifestations tumultueuses, dans lesquelles quelques individus, s'attribuant les rôles de président et d'orateur, entraînent facilement une foule ignorante et incapable de comprendre les questions posées, ne montrent nullement l'opinion d'un pays ; tout ce qu'elles peuvent établir, c'est la fougue et quelquefois le talent du tribun qui a pris la parole pour étourdir les assistants et la manière de voir du bureau dirigeant. Mais si elles ne prouvent rien, ces réunions peuvent faire le plus grand mal à la nation même qui veut s'en servir comme d'un levier pour peser sur les destinées des autres peuples. Certains gouvernements, en très-petit nombre, sont assez forts pour résister à ces clameurs ; il y en a même qui les provoquent pour les faire servir à leurs desseins occultes, et alors qu'ils sont bien résolus à ne pas s'aventurer dans la voie qu'ils se font tracer par ce qu'ils appellent l'opinion publique ; mais il en est d'autres qui, malgré tous leurs efforts, peuvent se trouver entraînés par le courant populaire, et forcés de prendre des résolutions fatales peut-être pour leur propre existence. Dans tous les cas il est impossible que l'action régulière des négociations diplomatiques ne soit pas troublée par des manifestations de cette nature, qui ont nécessairement une influence désastreuse sur les peuples intéressés dans la question, en leur faisant croire qu'ils peuvent compter sur l'appui ou craindre le ressentiment de la nation où elles ont lieu.

Un meeting monstre, composé de dix ou vingt mille individus (ce sont toujours les membres du bureau qui font les calculs), est tenu à Londres ou dans quelque autre grande ville d'Angleterre; il est présidé par le maire, par un membre du parlement ou par quelque autre personnage plus ou moins officiel; les orateurs sont également des députés ou des fonctionnaires publics. Sur leur proposition on vote des vœux en faveur des Polonais, des souscriptions pour les Polonais, des secours aux Polonais, des adresses à la reine, ou à son gouvernement, ou au parlement pour que l'on prenne les armes immédiatement pour secourir l'héroïque nation polonaise, et que l'on déclare la guerre à la Russie afin d'assurer l'émancipation de ce peuple de martyrs. Ces bruyantes manifestations n'empêcheront pas les ministres anglais de déclarer qu'ils n'interviendront pas dans les affaires de la Pologne; qu'il leur suffit d'avoir constaté que la Grande-Bretagne avait le droit d'intervenir, mais qu'elle n'y était pas obligée. Le gouvernement est assez fort pour ne pas se laisser entraîner. Mais quel effet devront produire ces meetings en Russie et en Pologne? Il est possible que le czar, qui connaît la portée réelle de ces assemblées et de leurs décisions, qui d'ailleurs sait, autant qu'il est possible de le savoir, quelles sont les intentions du gouvernement britannique, ne se trouve pas blessé des injures et des calomnies qu'on lui prodigue dans ces circonstances ; et il a certainement raison d'agir ainsi. Mais le peuple n'a pas les mêmes facilités pour apprécier la valeur de tous ces cris ; il est porté à penser qu'ils sont l'expression fidèle de l'opinion du pays où ils sont proférés. Les sujets restés soumis à leur souverain peuvent être ou découragés par ces menaces ou exaspérés par cette action étrangère qui vient peser sur leur destinée ; les sujets révoltés, au contraire, doivent penser, comme leurs chefs ne manquent pas de l'affirmer, que la nation qui se montre si pleine de sympathie pour leur cause va bientôt venir à leur secours. Ils trouvent donc dans ces faits une excitation à courir aux armes avec une nouvelle ardeur, pour aller tomber sur les champs de bataille. En présence de ce redoublement d'intensité de la révolte, dont il ne peut ignorer la cause, il est possible que le gouvernement se trouve dans la nécessité de prendre des moyens plus énergiques encore pour comprimer ses ennemis. Il est bien difficile que le souverain écoute avec faveur les conseils donnés par les États où se produisent contre lui de pareilles manifestations. Elles sont d'ailleurs parfaitement inutiles à ceux en faveur de qui elles sont faites. Qu'importent aux Polonais les belles phrases, les beaux sentiments proclamés sur les bords de la Tamise, ou les clameurs des Italiens ! Ils ne peuvent les aider ; ils les plongent de plus en plus dans l'abîme des maux dont ils n'ont déjà que trop souffert. Le comité polonais de 1831 disait avec une grande raison que ces beaux sentiments si magnifiquement proclamés avaient beaucoup contribué aux malheurs de la patrie.

Ces manifestations ne peuvent être bonnes et utiles que comme des avant-coureurs de l'intervention matérielle, ou comme moyen politique de ruiner un pays sans paraître l'attaquer. Un gouvernement a un puissant intérêt à détourner l'attention d'une autre nation d'un certain point où il veut pouvoir agir sans contrôle, à occuper les forces de cette nation dans un lieu éloigné de celui où il veut lui-même faire prévaloir son influence ou dont il désire s'emparer ; il fomente la révolte des sujets de l'État redouté; puis, pour prolonger et augmenter cette rébellion, il emploie les meetings, les réunions populaires, qui remplissent parfaitement son but, en attirant l'attention et en occupant les forces de son rival loin du lieu où un conflit aurait été possible sans cette habile mais perfide combinaison. Les excitations de cette nature peuvent aussi avoir une utilité pour une nation qui, décidée à intervenir matériellement dans les affaires intérieures d'un peuple étranger, mais ne voulant pas se déclarer tout de suite officiellement, cherche, pendant qu'elle fait ses préparatifs, à soutenir le zèle de la faction dont elle veut devenir l'alliée et à lui donner toute la force, tout l'élan qu'elle peut acquérir, afin de trouver au moment décisif un auxiliaire plus puissant, un succès plus rapide. Dans ces deux cas, les seuls dans lesquels l'explosion de la prétendue opinion publique peut avoir une efficacité réelle, nous devons faire remarquer qu'elle rentre dans la classe des menaces et constitue un commencement d'intervention matérielle.

Les mêmes reproches peuvent être adressés aux discussions parlementaires, alors même que les orateurs n'abusent pas de la liberté de la tribune, comme cela arrive trop souvent, pour calomnier, insulter même le parti qui a le malheur de ne pas avoir leurs sympathies. Ces discours sont beaucoup plus nuisibles qu'utiles à ceux mêmes qu'ils veulent favoriser. C'est ce que proclamait naguère au sein de l'une de nos assemblées le ministre qui était chargé de défendre la politique du gouvernement, et qui le fit avec un talent et une habileté qui lui ont valu un témoignage officiel de la haute satisfaction du souverain [1].

Tous ces éclats de la presse, des réunions populaires, des assemblées délibérantes, plus ou moins bruyants, plus ou moins publics, n'ont donc rien de commun avec ce qui est toujours le droit et quelquefois le devoir des gouvernements, avec l'intervention diplomatique, dont elles gênent et paraly-

---

[1] Voyez au *Moniteur* le discours de M. Billault, ministre sans portefeuille, au sénat, séance du 20 mars 1863.

sent plus ou moins l'action morale et légitime. En admettant
que l'empereur de Russie n'ait éprouvé aucune irritation à
cause des calomnies qui lui ont été prodiguées dans ces occasions, il est constant que ces manifestations n'ont pu réussir
à l'effrayer au point de le porter à céder, et encore moins à le
disposer favorablement en faveur des révoltés. Il n'est pas
moins assuré que tout ce bruit a contribué à développer le
feu de l'insurrection et l'inimitié déjà trop profonde qui existait entre les deux peuples.

Les moyens sur lesquels l'intervention morale doit surtout
s'appuyer sont l'humanité, les devoirs de celui auprès duquel elle est employée, le respect et l'exécution loyale des
traités obligatoires, les intérêts généraux, les intérêts privés
de la nation. L'intervenant doit, autant que possible, se mettre en dehors et ne jamais rien demander pour lui. Dans ces
dernières années, deux graves révoltes pouvaient appeler toute
la sollicitude des puissances européennes : celle de la Pologne
et celle des États confédérés du Sud ; nous les plaçons ensemble, bien qu'à nos yeux les deux causes soient essentiellement différentes, parce que l'une et l'autre appelaient l'attention bienveillante des peuples civilisés. Les démarches faites
et à faire devaient s'appuyer sur les bases que nous venons
d'indiquer. On pouvait montrer à la Russie combien il était
contraire à l'humanité de verser le sang humain dans les
combats partiels, qui coûtaient peut-être autant de soldats à
l'armée impériale que d'hommes aux rebelles. On pouvait
insister sur les procédés contraires aux lois de la guerre qui,
trop souvent, s'il faut en croire les récits qui nous parve-
naient, étaient employés par les deux partis. Il était facile de
lui montrer que le devoir d'un souverain est de tenir les promesses faites à ses sujets, soit par lui-même, soit par ses
prédécesseurs, et que par conséquent il devait octroyer aux
Polonais la constitution promise par les traités, et surtout par
les proclamations de son oncle et prédécesseur l'empereur
Alexandre Ier ; qu'alors même qu'il pourrait se croire dégagé
de ces engagements par la révolte de 1831, il serait encore

de son devoir d'agir avec clémence envers un peuple qui, après avoir longtemps joui de son indépendance, a été soumis par la force ; que cette conduite serait parfaitement conforme aux intérêts généraux de l'Europe, dont la tranquillité est sans cesse menacée, lorsque quelques-uns des États qui la composent sont en lutte soit avec leurs voisins, soit avec leurs propres sujets ; que d'ailleurs le feu de la rébellion pourrait s'étendre aux provinces polonaises de la Prusse et de l'Autriche, jeter une perturbation complète dans les rapports des nations et menacer l'équilibre général. L'intérêt de la Russie exigeait qu'elle éteignît le plus promptement possible une révolte qui exigeait l'emploi d'une partie très-considérable de son armée, absorbait toutes ses ressources financières, sans aucun résultat utile, et la forçait à négliger les faits de la plus haute importance qui se passaient sur les frontières asiatiques de l'empire. Si cette plaie terrible était définitivement fermée, l'empereur pourrait consacrer tous ses soins, toutes ses ressources, à l'achèvement des améliorations intérieures si noblement commencées, à la civilisation de ses peuples, et même à surveiller des voisins habiles, qui peuvent profiter de ses préoccupations actuelles pour attaquer son influence et son empire peut-être dans les régions éloignées du centre de ses États. Ces considérations, présentées amicalement, avec prudence, par des puissances dont les intentions ne sont pas suspectes, ne pouvaient manquer d'exercer une salutaire influence sur les déterminations du souverain. Cette influence devait être d'autant plus grande, d'autant plus efficace, qu'un plus grand nombre de nations auraient fait des représentations dans le même sens, en les appuyant sur les mêmes motifs. C'est ce qui est arrivé à l'occasion de l'insurrection polonaise : le plus grand nombre des peuples européens ont cru devoir s'adresser au gouvernement de Saint-Pétersbourg pour l'engager à mettre un terme prochain à cette sanglante lutte [1].

[1] La réponse russe, bien que repoussant les démarches faites, n'est pas définitive. peut-être. Il faut insister encore et s'appuyer sur ces diverses considérations.

Les mêmes considérations d'humanité, d'intérêt général et privé, pouvaient être employées par la diplomatie auprès des États-Unis d'Amérique. Notre siècle n'a pas été témoin d'une seule guerre dans laquelle les usages des peuples civilisés, les lois même les plus vulgaires de l'humanité, aient été si souvent et si complétement violés, que dans celle qui désolait naguère le territoire de la ci-devant république unie. Les États du Nord, qui récemment encore demandaient que l'on déclarât inviolable pour l'ennemi la propriété privée à la mer, comme cela avait lieu, disaient-ils, sur terre, se sont montrés les plus violents des belligérants modernes, pillant, emportant tout ce qui pouvait se transporter; ravageant, anéantissant ce qu'ils ne pouvaient pas appliquer à leur usage immédiat; rompant les digues; inondant des contrées immenses, les ruinant pour de longues années; enfin décrétant officiellement et par une loi la confiscation des propriétés immobilières mêmes de leurs ennemis; expulsant de la maison paternelle les vieillards, les femmes et les enfants, pour les punir du crime prétendu reproché à l'un des membres de la famille. Certes, ils ont bien prouvé que dans les guerres terrestres les propriétés ennemies n'étaient pas à l'abri des suites de la conquête; et, sans doute, ils ne viendront plus demander pour leurs navires les priviléges des propriétés continentales. L'intérêt privé des États-Unis était très-gravement compromis par la lutte acharnée qu'ils poursuivaient avec une si aveugle ardeur depuis plus de deux ans. Ce pays, dont la dette publique existait à peine en 1860, l'a vue s'augmenter de sept milliards de francs dans ce court espace de temps. Dans cette république, qui regardait les armées permanentes comme des menaces contre la liberté, et qui se faisait gloire de n'avoir que trente ou trente-cinq mille hommes sous les drapeaux, des millions d'hommes ont été arrachés aux travaux productifs de la paix pour marcher au combat. Un nombre immense a succombé sous le fer et le feu de l'ennemi, et surtout sous l'influence des fatigues inséparables d'une pareille guerre et des maladies si fréquentes et si terribles dans ces

contrées. Dans un pays si fier de jouir d'une liberté sans
limites, la dictature militaire a remplacé le régime légal ; des
lettres de cachet, aujourd'hui inconnues des gouvernements
les plus despotiques, frappaient les citoyens soupçonnés de
n'être pas partisans assez chauds de la guerre à outrance.
Enfin on chercherait en vain à se dissimuler les conséquences
nécessaires, fatales en quelque sorte, de ce régime nouveau.
Les chefs militaires, habitués à un commandement absolu et
sans contrôle, à regarder les libertés civiles comme leurs
jouets, seront peu propres à redevenir des citoyens paisibles
et soumis aux lois égalitaires de la république. En effet, les
intérêts matériels des États-Unis et leur avenir politique
étaient également menacés par la prolongation de la lutte. Si
l'action amicale de l'Europe avait pu les amener à y mettre
fin, elle aurait été aussi légitime dans son objet que bienfai-
sante dans ses résultats.

L'intervention morale peut employer plusieurs moyens
pour arriver au but qu'elle se propose. Nous les avons déjà
indiqués : ce sont pricipalement les représentations, le rappel
à l'exécution des traités et au respect de la loi internationale,
et la médiation directe ou indirecte. Le dernier moyen, le
seul dont nous n'ayons pas parlé jusqu'ici, est très-délicat,
nous dirons même dangereux. Il exige les plus grandes précautions, et réussit rarement lorsque l'intervenant lui-même
se propose pour arbitre. Il est, en effet, difficile que la partie
à laquelle cette ouverture est faite ne suppose pas un intérêt
matériel à celui qui offre ainsi ses propres services ; ce soup-
çon conduit nécessairement au rejet de la proposition. D'un
autre côté, la nation qui a cru devoir faire une tentative de
cette nature ne peut guère ne pas être blessée de la voir repoussée ; de ce double mécontentement il peut résulter entre
les deux parties une grande froideur diplomatique ou même
une rupture complète. L'offre d'avoir recours à une médiation en laissant aux parties le choix de l'arbitre est beaucoup
moins dangereuse, mais elle est encore très-difficile, parce
qu'elle demande l'assentiment des deux parties intéressées.

Cependant c'est un moyen qui, employé avec prudence, peut donner de bons résultats. L'année 1862 nous offre un exemple bien remarquable de la manière dont il faut pratiquer l'intervention diplomatique en général, et spécialement l'offre de médiation. Bien que cette tentative n'ait pas réussi, elle n'a pu laisser aucune froideur entre son auteur et le peuple auquel elle s'adressait.

Désirant faire cesser la lutte terrible entre les fédéraux et les confédérés, l'empereur des Français crut devoir employer la voie de l'intervention diplomatique; pour rendre son action plus sûre, il demanda le concours des gouvernements anglais et russe. Tous les deux refusèrent de s'associer à cette démarche. La France la fit seule; elle adressa au cabinet de Washington un projet de médiation par un tiers dont le choix était laissé aux intéressés. Cette offre amicale fut repoussée; mais elle avait été faite avec une telle habileté qu'elle n'amena aucune complication entre les deux nations. D'ailleurs, comme le faisait observer le ministre français dans sa dépêche aux ambassadeurs à Londres et à Saint-Pétersbourg : « Même en demeurant sans résultat immédiat, ces ouver- » tures ne resteraient peut-être pas entièrement inutiles, car » elles pourraient encourager le mouvement des esprits vers » les idées de conciliation, et contribuer ainsi à hâter le mo- » ment où le retour de la paix serait possible [1]. » Nous ne pensons pas que le refus de l'Angleterre de concourir à la démarche française ait rendu le nom britannique plus populaire à Washington ou à Richmont. Mais ce n'était sans doute pas la popularité que recherchait à ce moment lord John Russell, il avait probablement d'autres motifs pour agir de cette manière. Au reste, nous sommes convaincu que les prévisions de M. Drouyn de Lhuys se sont réalisées, et que la tentative faite par la France a puissamment aidé à la formation et au développement du parti de la paix, qui depuis ce moment signala chaque jour plus hautement son existence dans les

---

[1] Dépêche de M. Drouin de Lhuys, du 30 octobre 1862.

États fédéraux et notamment à New-York. Depuis, et croyant le moment plus opportun, la France a fait une seconde démarche auprès du gouvernement américain, mais sans plus de succès. Le sénat de Washington a même, dans cette circonstance, dépassé les bornes de ses attributions politiques en repoussant cette démarche d'une manière presque inconvenante, en menaçant de rompre les relations diplomatiques avec les peuples qui se permettraient de faire de semblables ouvertures [1]; mais la population américaine ne sembla pas partager l'esprit, trop belliqueux, sans doute, de ses sénateurs.

La France, l'Autriche, l'Angleterre, et presque tous les États de l'Europe, s'engagèrent dans une intervention diplomatique dans le but de pacifier la Pologne. Quoiqu'elle ait été souvent paralysée par la presse, par les réunions populaires et par les débats parlementaires, cette action aurait pu atteindre le but que se proposaient ses auteurs, et arriver à donner la paix aux deux partis et la sécurité à l'Europe entière.

En résumé, chaque nation est complétement indépendante de toutes les autres nations, sans exception. Les actes extérieurs par elle accomplis peuvent être contrôlés, blâmés par les peuples auxquels ils sont nuisibles; chacun d'eux a le droit de s'opposer à ces actes, même par la force, même par la guerre, et d'exiger la réparation du dommage par lui éprouvé. Il n'y a dans ce fait aucune intervention, il y a seulement l'exercice de l'indépendance du peuple qui se croit lésé. Mais lorsqu'il s'agit d'actes intérieurs, qui par conséquent ne peuvent blesser aucun autre État par leurs suites directes et immédiates, aucun souverain, même lorsqu'il serait atteint par leurs suites indirectes et médiates, ne doit s'opposer à ces actes. Nulle nation n'a le droit de se mêler des affaires d'un autre peuple, ni de demander un changement quelconque dans les lois, les usages, le gouvernement, la

---

[1] Voyez déclaration du sénat de Washington.

religion, etc., de l'un de ses voisins. Elle ne peut davantage se joindre à des rebelles, à des mécontents, fomenter des révoltes, des soulèvements, etc., sans se rendre coupable d'une intervention matérielle, d'une violation du principe de non-intervention, principe absolu, et qui n'admet aucune exception.

L'intervention morale ou politique est toujours permise dans les conditions où nous l'avons définie, dans certains cas elle devient même un devoir; mais elle doit conserver avec le plus grand soin son caractère purement moral et diplomatique, et ne peut jamais, même lorsqu'elle a été mal accueillie, servir de prétexte à l'intervention matérielle, qui reste toujours, dans tous les cas et sans exception, un des plus grands crimes internationaux.

Si nous faisons l'application de ces principes tutélaires de la liberté et de l'indépendance des sociétés humaines aux deux grandes questions qui naguère préoccupaient le monde entier, à la révolte des Polonais et à la séparation de la grande république américaine en deux républiques indépendantes, il nous sera facile d'en déduire la règle de conduite que devaient suivre les grandes puissances. Dans les deux cas, il y avait lieu, pour arrêter l'effusion inutile du sang humain et pour rendre des services réellement amicaux à tous les partis, d'employer l'intervention morale ou diplomatique. C'était un devoir pour tous les peuples, et pour les Français surtout, de faire dans cette voie tous les efforts possibles pour arriver à pacifier ces deux malheureux pays, sans se laisser rebuter par des refus même inconvenants et en restant toujours amis également dévoués des partis opposés. Mais, quel que fût le résultat de cette action, conforme aux lois divines et humaines, et alors même que tous les efforts tentés fussent complétement infructueux, le devoir de tous les États, sans exception, était de s'abstenir de toute intervention matérielle. Ce devoir était impérieux, il résultait de la loi internationale et ne pouvait être violé sans porter une atteinte terrible à la liberté et à l'indépendance de tous les peuples du monde, car tous sont solidaires les uns des autres, et le principe violé aujourd'hui contre la Russie pourrait l'être demain contre la France ou contre tout autre État indépendant. Cette règle de conduite est d'ailleurs complétement d'accord avec l'intérêt de toutes les nations. Supposons un instant que quelques peuples prennent les armes en faveur des Polonais, la Prusse prendra certainement parti pour la Russie, quelques autres nations suivront sans doute son exemple, d'autres se rangeront du côté des violateurs du principe de non-intervention. L'Europe sera livrée aux horreurs et aux hasards d'une guerre générale, elle se sera couverte du sang de vingt peuples différents pour éviter l'effusion du sang polonais ; tous les intérêts de l'ancien monde seront bouleversés pour redresser les griefs dont se plaignent des sujets du czar. Une pareille lutte ne serait profitable à aucun des peuples qui y prendraient part, aux Polonais peut-être moins encore qu'aux autres. Elle ne pourrait être avantageuse qu'à ceux qui, gardant la neutralité, pourraient tirer parti, pour leur commerce et pour leur puissance, de l'épuisement des autres. L'Angleterre donne un exemple qu'il est bon d'imiter : elle se contente, comme le disait un de ses journaux les plus autorisés, de chercher un peuple plus hardi pour ouvrir la campagne ; mais elle ne veut risquer ni un homme ni un shilling pour le triomphe de cette cause étrangère.

Nous faisons des vœux pour que ce principe tutélaire, presque toujours méconnu, cette sauvegarde de l'indépendance des nations, soit désormais appliqué sincèrement, loyalement, par les États les plus puissants, parce qu'alors il le sera par tous les autres. Que la France donne l'exemple de cette généreuse innovation ; qu'elle respecte la liberté de tous les peuples sans exception, en s'abstenant d'intervenir par la force dans les affaires intérieures. Cette preuve d'équité et de modération assurera à ses conseils une autorité bienveillante plus efficace que les menaces. Elle continuera à faire entendre sa voix amie aux gouvernements en faveur de ceux qui souffrent, elle réclamera pour ceux qui sont opprimés, elle fera de nobles efforts pour arrêter l'effusion du sang humain injustement et inutilement répandu. Cette action pacifique, toute de justice et de bienfaisance, contribuera beaucoup plus à étendre l'influence de la France sur les autres peuples qu'une guerre qui coûterait la vie à des milliers d'hommes, sans profit probable pour la cause qu'on veut servir et avec d'immenses dangers pour l'Europe entière.

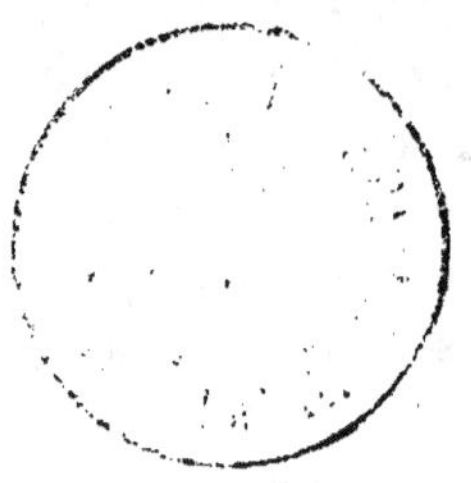

FIN.

TABLE

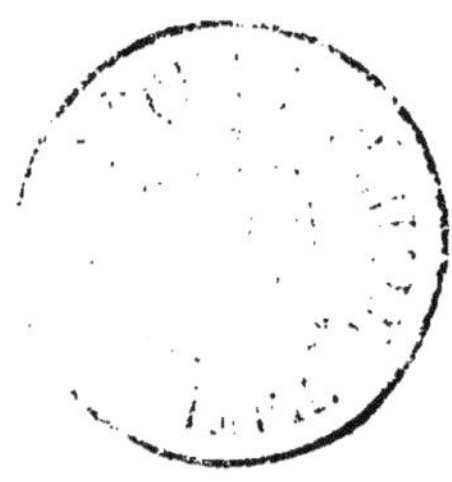

FIN DE LA TABLE.

Saint-Denis. — Typographie de A. Moulin.